Arnd Koch, Michael Kubiciel und Martin Löhnig (Hg.)

Strafrecht zwischen Novemberrevolution und Weimarer Republik

Strafrecht zwischen Novemberrevolution und Weimarer Republik

Herausgegeben von
Arnd Koch, Michael Kubiciel
und Martin Löhnig

Mohr Siebeck

Arnd Koch ist Inhaber des Lehrstuhls für Strafrecht, Strafprozessrecht, Risiko- und Präventionsstrafrecht sowie Juristische Zeitgeschichte an der Universität Augsburg.

Michael Kubiciel ist Inhaber des Lehrstuhls für Internationales, Europäisches und Deutsches Straf- und Strafprozessrecht, Medizin- und Wirtschaftsstrafrecht an der Universität Augsburg.

Martin Löhnig ist Inhaber des W3-Lehrstuhls für Bürgerliches Recht, Deutsche und Europäische Rechtsgeschichte sowie Kirchenrecht an der Universität Regensburg.
orcid.org/ 0000-0002-4616-1905

ISBN 978-3-16-159511-0 / eISBN 978-3-16-159512-7
DOI 10.1628/978-3-16-159512-7

Die Deutsche Nationalbibliothek verzeichnet diese Publikation in der Deutschen Nationalbibliographie; detaillierte bibliographische Daten sind über *http://dnb.dnb.de* abrufbar.

Das Buch wurde von Gulde Druck in Tübingen auf alterungsbeständiges Werkdruckpapier gedruckt und von der Buchbinderei Spinner in Ottersweier gebunden.

Printed in Germany.

Vorwort

Im November 2018 jährte sich die Ausrufung der Republik durch Philipp Scheidemann zum einhundertsten Mal. Die Umbruchphase – Thomas Mann sah die „Welt in ein neues, noch namenloses Sternzeichen eintreten" – war mit großen Hoffnungen verbunden, führte jedoch zu bürgerkriegsähnlichen Zuständen und mündete in dementsprechenden Enttäuschungen. Kurz: Die Zeit zwischen „Revolution und Republik" nahm die wechselvolle Geschichte der Weimarer Republik *in nuce* vorweg. Obwohl die Phase zwischen der Novemberrevolution und der Etablierung der ersten deutschen Republik im Laufe des Jahres 1919 eine tiefe Zäsur markiert, ist sie – ebenso wie die bewegten Jahre der Weimarer Republik – bislang nur ausschnittsweise Gegenstand rechtshistorischer Forschung gewesen. Dabei schlagen sich derartige Umbrüche auch auf die Ausgestaltung und Anwendung des Rechts nieder, auch und gerade des Strafrechts, das nach einem auf James Goldschmidt zurückgehenden Wort einen Seismograph der Staatsverfassung darstellt. Gleichwohl fehlt eine umfassende Aufarbeitung der Auswirkungen dieser Umbruchzeit auf das Strafrecht und die deutsche Strafrechtswissenschaft. Wenig erforscht ist auch die Frage, ob und inwieweit die Phase zwischen Revolution und Republik die Grundlagen für Institutionen und Denkfiguren legte, welche die Weimarer Republik prägten und (in radikalisierter Form) bis zur NS-Zeit fortwirkten. Der vorliegende Band, der die Referate einer am 9. und 10. November 2018 an der Universität Augsburg veranstalteten Tagung versammelt, will dazu beitragen, diese Forschungslücke schließen.

Für die großzügige Unterstützung der Tagung danken die Herausgeber dem Augsburg Center for Global Economic Law and Regulation (ACELR). Bei der Erstellung des Manuskriptes haben sich die wissenschaftlichen Mitarbeiter Sophie Steinle und Markus Schreiber verdient gemacht. Herzlich gedankt sei schließlich Daniela Taudt, LL.M. Eur., für das vorzügliche Verlagslektorat.

Augsburg/Regensburg, im März 2020 Die Herausgeber

Inhaltsverzeichnis

1918 – Deutungen der Revolution im historischen Wandel

Dietmar Süß

I. Novemberblues – die Revolution von 1918/19 als deutscher Erinnerungsort

Ein Denkmal für die meuternden Matrosen vom 3.11.1918:[1] Das war dann den Konservativen im Kieler Rat doch zu viel linke Geschichtspolitik. Im Sommer 1982 stritten in der schleswig-holsteinischen Landeshauptstadt Kommunalpolitiker darüber, ob es nicht, wie die SPD meinte, höchste Zeit sei, diese „verdrängte, aber keineswegs ehrenrührige Vergangenheit nun endlich zu ehren." Dafür hatten sie einen Ideenwettbewerb ausgeschrieben, Künstlerentwürfe gesichtet und sich schließlich für ein Denkmal aus Granitsänden entschieden, das gleichermaßen „Macht" und „Herrschaft" und deren Zerfall symbolisieren sollte. Die CDU sperrte sich gegen ein solches Projekt und schlug stattdessen vor, doch vielleicht besser (und kostengünstiger) eine Straße nach Gustav Noske zu benennen. Wozu brauchte es überhaupt ein Denkmal für einen Umsturz, der, wie es einer der lautstärksten Kritiker, Prinz Friedrich Ferdinand zu Schleswig-Holstein, meinte, „zur Zerstörung des alten deutschen Reiches beigetragen" hätte? Handelte es sich bei dem 400.000 Deutsche Mark teuren Kunstwerk nicht eher um ein „schäbiges und verunglimpfendes Denkmal"? Das mochte vielleicht eine etwas zugespitzte Position sein. Und doch lässt sich erahnen, wie groß die Vorbehalte gegen die Revolutionäre von 1918/19 jedenfalls bei einem Teil der bürgerlich-konservativen Eliten noch immer waren – und wie sehr in den Hinterköpfen eine Deutung der Novemberrevolution präsent war, die schon die Zeitgenossen kolportierten: 1918/19 sei es um die Abwehr des „Bolschewismus" gegangen, und nur das Bündnis aus Sozialdemokraten und Bürgerlichen hätte Deutschland vor einer Revolution wie in Russland bewahren können.

Von hier aus, vom Streit um das Denkmal in Kiel bis zu den Gedenk-Revolutionsfeierlichkeiten der Jahre 2018/19 war es ein weiter Weg, der andeutet, wie brüchig und ambivalent die Erinnerungen an die „deutsche Revolution" vor und nach 1989 waren. Fast könnte man von einem neuen

[1] *Spörl*, „Ein Denkmal für die Meuterer? Kiel tut sich schwer mit der Erinnerung an die Revolution 1918", Die Zeit v. 18.6.1982; Zitate nach ebd.

„revolutionären Chic“ sprechen, der sich augenblicklich in der Vielzahl kultureller Events niederschlägt und beispielsweise Theatergruppen mit roten Fahnen und als Seeleute verkleidet durch deutsche Bahnhöfe ziehen ließ, um jenen historischen Moment ins Gedächtnis zu rufen, als kriegsmüde Matrosen die Waffen niedergelegt und einen wichtigen Anstoß für jene revolutionäre Wellenbewegung gegeben hatten, die sich durch das spätherbstliche Deutschland fortan bewegen sollte. Das auch vor einem von diesem Geschehen manchmal etwas verwundertem Publikum.[2]

Der Streit um die Revolution beginnt schon beim Namen: War es eine „deutsche Revolution“? War es die „Novemberrevolution“? Waren hier, wie es die völkische Rechte schon unmittelbar nach Kriegsende beschwor, „Novemberverbrecher“ am Werk? War es eine „halbe“ oder gar eine „verratene Revolution“?[3] Und: Welchen Anteil hatte die sozialdemokratische Führung unter Friedrich Ebert und Gustav Noske an der Ermordung Rosa Luxemburgs und Karl Liebknechts?[4] In den Deutungsschlachten um die Novemberrevolution ging es jedenfalls seit 1919 nicht nur um den Streit innerhalb der politischen Linken, sondern auch um den deutschen Weg in die Moderne: Um das Verhältnis von Demokratie und Sozialismus, um die Spaltung der Arbeiterbewegung, die Rolle der „alten Eliten“ und um politische Alternativen zum Parlamentarismus und die Legitimität der politischen Ordnung im Zeichen von studentischen Protesten und Kaltem Krieg. Es gehört inzwischen zu den beliebten Topoi, von der Novemberrevolution als „vergessene(r) Revolution“ zu sprechen – und sie dann im gleichen Atemzug „wiederzuentdecken“.[5] Aber trifft dieser Befund eigentlich zu? War die deutsche „Revolution“ tatsächlich vergessen?[6] Und wenn ja, von wem? Der Beitrag will in

---

[2] Zum Projekt vgl. Die Weimarer Republik (Verein), „Die Revolution rollt. Deutschlands Aufbruch in die Demokratie“, https://www.weimarer-republik.net/1249-0–Die-Revolution-rollt.html, Stand: 1.3.2020.

[3] Grundlegend dazu *Niess*, Die Revolution von 1918/19 in der deutschen Geschichtsschreibung, 2013. Vgl. auch abwägend *Gallus*, in: ders. (Hrsg.), Die vergessene Revolution von 1918/19, 2010, S. 14 ff.; *Sabrow*, in: Braune/Dreyer (Hrsg.), Zusammenbruch, Aufbruch, Abbruch? Die Novemberrevolution als Ereignis und Erinnerungsort, 2018, S. 309 ff.

[4] Dieser alte Streit erlebte 2019 eine neuerliche Konjunktur bis hin zur Forderung, die SPD müsse sich für Ebert und Noske entschuldigen; vgl. dazu u.a.: „SPD will keine Schuld an Rosa-Luxemburg Mord tragen“, Der Spiegel v. 11.1.2019. Aus SPD-Sicht, vgl. *Nietan*, „Warum die Ermordung von Rosa Luxemburg und Karl Liebknecht nicht zur Abrechnung mit der SPD taugt“, Vorwärts v. 25.1.2019. Kontrovers *Mühlhausen/Roth*, „„Hat die SPD die Revolution verraten‘? – Die Historiker Walter Mühlhausen und Karl-Heinz Roth im Streitgespräch“, ZEIT Geschichte 6/2018, 98.

[5] Umfassend zum Forschungsstand *Stalmann*, Zeitschrift für Geschichtswissenschaft 64 (2016), 521.

[6] *Gallus* (Fn. 3).

groben Zügen den narrativen Verschiebungen nachgehen, die den „Erinnerungsort Novemberrevolution" nach 1919 bis in unsere Gegenwart prägen, wobei ein besonderer Schwerpunkt auf den 1960er Jahren liegen wird, in denen besonders leidenschaftlich und mit langanhaltender Wirkung über Räte und Revolution gestritten wurde.[7]

II. Deutungskämpfe auf den Barrikaden

Die Deutungsschlachten um die Bewertung der Novemberrevolution begannen bereits in den Momenten, als die Barrikaden gewissermaßen noch brannten. Es waren stürmische Tage im November 1918[8]: Philipp Scheidemann und Karl Liebknecht hatten beide am 9. November, jeder vor seinen Anhängern, die Republik ausgerufen. Und auch wenn beide Unterschiedliches meinten, trugen sie doch gemeinsam dazu bei, dass in diesem Moment die Monarchie zusammenbrach. Zwei Tage später, am 11. November schwiegen die Waffen und am 12. November veröffentlichte der Rat der Volksbeauftragten, die Übergangsregierung aus MSPD und USPD, ihren Aufruf „An das deutsche Volk": Gleichsam die Gründungsurkunde der neuen Demokratie, die weitgehende Freiheits- und Bürgerrechte formulierte – allen voran das Wahlrecht für Frauen, die oft unterschätzte revolutionäre Zäsur von 1918/19.[9]

Schon die erste zeitgenössische Darstellung „Aus der Werkstatt der Revolution" von Emil Barth, einem der USPD-Volksbeauftragten, atmete diesen Geist revolutionärer Enttäuschung.[10] Viel war darin vom „Verrat" der Sozialdemokraten um Ebert und Philipp Scheidemann zu lesen und auch von der exponierten Rolle, die sich der Verfasser selbst zuschrieb. Seine kleine Schrift las sich beinahe so, als hätte Barth die Revolution im Alleingang durchgesetzt. Kurz vor Jahresende 1918 schied Barth aus Protest gegen den Einsatz der Volksmarinedivision aus dem Rat der Volksbeauftragten aus und ließ keinen Zweifel, wen er für die Spaltung und Schwächung der Linken verantwortlich machte. Auch wenn seine Darstellung an vielen Stellen einseitig und als individuelle Heldengeschichte der Revolution komponiert war,

---

[7] Vgl. als frühe Quellensammlung *Ritter/Miller* (Hrsg.), Die deutsche Revolution 1918–1919. Dokumente, 1968; *Schmolze* (Hrsg.), Revolution und Räterepublik in München 1918/19 in Augenzeugenberichten, 1969.

[8] Als neuere Gesamtdarstellung vgl. u.a. *Gerwarth*, Die größte aller Revolutionen – November 1918 und der Aufbruch in eine neue Zeit, 2018.

[9] *Richter/Wolff* (Hrsg.), Frauenwahlrecht. Demokratisierung der Demokratie in Deutschland und Europa, 2018.

[10] *Barth*, Aus der Werkstatt der deutschen Revolution, 1919; vgl. *Niess* (Fn. 3), S. 419 f.

so sollte sie doch immer wieder bereits während der Weimarer Republik als Beleg für den verfehlten und verräterischen Kurs der Sozialdemokratie gelten – und eine nicht unerhebliche Wirkung entfalten.[11]

Den ersten umfassenden Versuch einer Deutung legte 1921 mit etwas mehr zeitlichem Abstand Eduard Bernstein vor.[12] Bernstein, der bedeutende sozialdemokratische Parteiintellektuelle, hatte die SPD im Streit um die „Burgfriedenspolitik" verlassen und dabei geholfen, die USPD mit zu begründen. Doch sein Buch war keine neuerliche Abrechnung mit der Politik der SPD-Führung. Leidenschaftlich sprach er sich gegen alle Versuche aus, den verlorenen Krieg auf das Konto der jungen Demokratie und ihrer Anhänger verbuchen zu lassen. Verantwortlich dafür seien die obrigkeitsstaatlichen Eliten des Kaiserreiches gewesen und nicht etwa eine schwächelnde Heimatfront. Innerhalb der entstehenden neuen Machtverhältnisse sei es für die Sozialdemokratie letztlich unabdingbar gewesen, mit den liberalen Kräften des Bürgertums zu kooperieren. Denn eine gesellschaftliche Mehrheit für eine revolutionäre Umgestaltung habe in den Monaten des Umbruches 1918/19 gefehlt; mehr noch: Der Entwicklungsstand des Deutschen Reiches sei letztlich so weit vorangeschritten, die Formen der Arbeitsteilung und der Staatsbildung so weit entwickelt, dass eine radikale Zäsur auch nicht wünschenswert wäre. Das war aus Bernsteins Sicht aber kein Widerspruch zu weitergehenden politischen Veränderungen, die durchaus denkbar gewesen wären. Aber er machte doch deutlich, dass die Strategie der MSPD und die Position Eberts doch mehr Verständnis verdiene und von weitsichtigerem politischem Kalkül geprägt gewesen sei, als viele seiner linken Kritiker dies hätten wahrhaben wollen. So sehr er auch vor den radikalen Forderungen der Bolschewisten warnte, so sehr sprach er sich aber doch im Rückblick dafür aus, das demokratische Potential der Arbeiter- und Soldatenräte zu würdigen. Seine Bilanz:

> „Im Ganzen haben die Arbeiterräte erheblich mehr Nutzen gestiftet, als sie Kosten verursacht haben. Sie haben in den ersten Wochen der Revolution, als die Wogen der allgemeinen Erregung hochgingen und Deutschland von Verfall in Anarchie bedroht schien, schon durch ihr Dasein allein auf die Massen beruhigend eingewirkt, die darauf abzielten, die Ausschreitungen anzureizen. Sie haben manchen verzopften Gemeindeverwaltungen Maßnahmen zugunsten ärmerer Volksklassen abgetrotzt, die durchaus am Platze waren. An den meisten Orten standen sie unter dem Einfluss von Leuten, die in jahrelanger Tätigkeit an hervorragender Stelle in der Sozialdemokratie und der Gewerkschaftsbewegung, als Abgeordnete, als Arbeitssekretäre oder als Ortsleiter von Gewerkschaften, genügend Einsicht in die Zusammenhänge des sozialen Lebens und die Notwendigkeiten der Volks-

---

[11] *Hofrogge*, Richard Müller: Der Mann hinter der Novemberrevolution, 2. Aufl., 2018.

[12] *Bernstein*, Die deutsche Revolution von 1918/19. Geschichte der Entstehung und ersten Arbeitsperiode der deutschen Republik. Herausgegeben und eingeleitet von Heinrich August Winkler und annotiert von Teresa Löwe, 2009 (Erstaufl. Berlin 1921).

wirtschaften gewonnen hatten, um gegen die Verführung durch tönende Schlagworte geschützt zu sein."[13]

Seine (frühe) Bilanz fiel also durchaus wohlwollend aus und seine Einschätzung der sozialdemokratischen Handlungsspielräume, die Bernstein eher gering veranschlagte, lud zumindest – um es vorsichtig zu sagen – zu Widerspruch ein. Aber er gehörte jedenfalls zu denjenigen, die sich, ähnlich wie Noske und Scheidemann, frühzeitig gegen den von links wie rechts erhobenen Vorwurf eines „Verrats" verteidigten und den sozialdemokratischen Kampf für eine parlamentarische Ordnung gewürdigt wissen wollten. Auch Philipp Scheidemann ließ in seinen 1928 veröffentlichen Erinnerungen[14] keinen Zweifel daran, dass die treibende Kraft der Erneuerung die Sozialdemokratie gewesen sei, deren reformerische Politik auch ein noch größeres Blutbad verhindert hätte. Nicht als Verräter, sondern Retter Deutschlands – so sah er die Sozialdemokratie. Und hätten die „russisch-revolutionären Redereien", so Scheidemann, nicht so viel Kraft gekostet und immer wieder zu „Straßenkämpfen und Putschen" geführt, hätte der Rat der Volksbeauftragten viel mehr von seinen weitergehenden Zielen einer demokratischen Neugestaltung erreichen können.[15]

Dass diese Deutung auf der Linken, im Umfeld von KPD und USPD, heftig kritisiert wurde, ist leicht vorstellbar. Letztlich sollte diese Konfliktlage noch lange nach 1945 die Deutungsschlachten des Kalten Krieges prägen. Gestritten wurde auch um den Charakter der Revolution, über die Träger, die Handlungsoptionen und das Demokratisierungspotential. Insgesamt lassen sich unterschiedliche Narrative unterscheiden. In konservativen, monarchischen, antidemokratischen und völkischen Kreisen galt die „Novemberrevolution" selbst als eine Form des Verrats: Ein Verrat am Kaiserreich, als Beleg für die moralische Verwerflichkeit nicht nur der Kommunisten, sondern auch der Sozialdemokratie. Denn sie seien es gewesen, die letztlich dem stolzen Heer den Dolch in den Rücken gerammt und das ungeschlagene Heer durch ihre Illoyalität in die Knie gezwungen hätten.[16] Dolchstoß-Legende, „Versailler Revisionismus" und rechtsnationale antidemokratische Ressentiments gehörten schon früh zum fest etablierten politischen Kanon der Deutschnationalen und Konservativen, die ihren Zorn auf die Weimarer Republik mit der Deutung der Revolution als „Schande" und „bolschewistischem Umsturz", gar „jüdischem Umsturz" verbanden. Oft war dann bei Hitler und der jungen NSDAP, wenn es um Friedrich Ebert ging, von „Landesverrat" zu hören. Die Novemberverbrecher" sollten seit 1922/23 zum To-

---

[13] *Bernstein* (Fn. 12), S. 239.

[14] *Scheidemann*, Memoiren eines Sozialdemokraten. Zwei Bände, Bd. 2, 1928, S. 330 ff.

[15] *Scheidemann* (Fn. 14), S. 346; vgl. zu dazu auch *Niess* (Fn. 2), S. 430 ff.

[16] Ausführlich *Niess* (Fn. 3), S. 26–59.

pos deutschnationaler und nationalsozialistischer Geschichtserinnerung werden, die weit über das Jahr 1933 hinaus ihre Wirkung als antidemokratische Parole entwickelte. Die Ablehnung der Revolution gehörte mithin zum Ideenkern der radikalen Weimarer Rechten und sollte auch die Geschichtspolitik des Nationalsozialismus bestimmen. Manche Bürgerliche sprachen lieber vom „großen Unglück“,[17] wenn sie die Revolution meinten und gingen nicht ganz so weit. Gemäßigtere Stimmen, wie Teile des linksliberalen Bürgertums, deuteten die Revolution eher als Element der „Störung“ auf dem Weg einer „friedlichen Neuordnung“.[18] Gemeint war damit die Annahme, dass es nicht nur eine historische Notwendigkeit für ein Bündnis von Sozialdemokratie und Bürgertum gäbe, sondern dass der Weg zur Demokratie über die parlamentarische Demokratie führen werde – und nicht etwa über ein Rätesystem. Aus diesem Umfeld war immer wieder besonders laut zu hören, wie gefährlich die Situation im November 1918/19 und wie zwingend notwendig die Politik der SPD gewesen sei, Deutschland vor den Gefahren der bolschewistischen Revolution zu verteidigen.

III. Unfähig zur Revolution? Deutsch-deutsche Erinnerungen nach 1945

In der jungen Bundesrepublik hatte der 9.11.1918, wie vieles andere auch, zunächst keinen echten Platz. Von den „Novemberverbrechern“ war öffentlich nur selten mehr die Rede. Dafür war das obrigkeitsstaatliche Erbe des deutschen Kaiserreiches und die antidemokratische Kritik nach dem Ende des „Dritten Reiches“ zu sehr delegitimiert. Die Hoffnung, dass „Bonn nicht Weimar“ sei oder werde,[19] war zunächst vor allem vom Wunsch nach einer intensiven Auseinandersetzung um die verfassungsrechtlichen Defizite der jungen Demokratie getragen, nicht aber von einer Suche nach verschütteten demokratisch-partizipatorischen Wurzeln der jüngeren deutschen Geschichte. Noch schien diese junge Demokratie zu gefährdet, und noch überwölbte der Antikommunismus als gemeinsame politische Ideenklammer all jene vorsichtigen Versuche, das verschüttete demokratische Erbe wiederzuentdecken. Bis weit in die 1980er Jahre dominierte in deutschen Schulbüchern eine Lesart der Novemberrevolution, die sich letztlich schon in einem viel gerühmten Aufsatz von Karl Erdmann aus dem Jahr 1955 wiederfinden ließ. Er trug den Titel: „Die Geschichte der Weimarer Republik als Problem

[17] Vgl. *Niess* (Fn. 3), S. 59–66.

[18] Dazu *Niess* (Fn. 3), S. 77–82.

[19] Vgl. *Ullrich*, Der Weimar-Komplex. Das Scheitern der ersten deutschen Demokratie und die politische Kultur der frühen Bundesrepublik 1945–1959, 2009.

der Wissenschaft“[20] und war in den damals noch ganz neuen Vierteljahrsheften für Zeitgeschichte erschienen, jenem Organ, das sich bald als das zentrale Sprachrohr der deutschen Zeitgeschichtsschreibung etablieren sollte. Erdmann prägte, in Abgrenzung zu Arthur Rosenbergs bedeutender Darstellung über die Entstehung der Weimarer Republik,[21] die eingängige Formel: In den Jahren zwischen 1918/19 habe es nur zwei Möglichkeiten geben: „die soziale Revolution im Bund mit den auf eine proletarische Diktatur drängenden Kräften oder die parlamentarische Republik im Bund mit konservativen Elementen, wie dem alten Offizierskorps“.[22] Das war die einfache, stark antikommunistisch aufgeladene Auslegung „Freiheit oder Kommunismus“. Die Revolution schien damit als eine Art des Abwehrkampfes gegen die russischen Revolutionäre, die schon an die Tore gepocht hätten. Das war keineswegs eine ganz neue Lesart, und nicht wenige Liberale und Sozialdemokraten hatten Ähnliches bereits in den 1920er Jahren immer wieder betont – ein Hinweis darauf, wie konsistent diese Erzählmuster die politische Zäsur von 1945 überdauerten. Bemerkenswert waren aber auch die Verbindungslinien, die Erdmann zog. Denn für Erdmann bildete die Zäsur des Jahres 1933 den entscheidenden Fluchtpunkt. 1933 und das „Dritte Reich“ galten ihm primär als Bruch mit allen bisherigen deutschen Traditionen – und nicht etwa als Teil eines besonders blutigen „Sonderweges“; eine Deutung, die die Entscheidung für den Nationalsozialismus u.a. als Folge einer fehlenden deutschen Demokratiegeschichte und eines Überhanges obrigkeitsstaatlicher Traditionen interpretierte. Die Vorstellung, die Republik sei gerade, wie es Arthur Rosenberg schon in den 1930er Jahren pointiert formuliert hatte, am Ausbleiben einer sozialen Revolution gescheitert, hielt er für abwegig. Erdmann formulierte also die politischen Alternativen des Jahres 1918/19 deshalb so apodiktisch, weil auf diese Weise die Zäsur des Jahres 1933 umso größer und die politischen Entscheidungsspielräume der politischen Eliten umso kleiner wirken mussten.

Dieses „Entweder-oder“ im Jahr 1918/19 hatte also eine unmittelbar politische Bedeutung, weshalb Erdmann auch seine Interpretation gegen all jene verteidigte, die sich dem Mythos eines „Dritten Weges“ hingeben würden. Zu solchen dürfte er auch Peter von Oertzen gezählt haben, jener linke Sozialdemokrat und spätere niedersächsische Wissenschaftsminister, der 1963 mit einer bahnbrechenden Studie über die Rätebewegung für Aufsehen sorgte. Seine Bilanz:

---

[20] *Erdmann*, Die Geschichte der Weimarer Republik als Problem der Wissenschaft, Vierteljahrshefte für Zeitgeschichte 3 (1955), 1.

[21] *Rosenberg*, Entstehung und Geschichte der Weimarer Republik, 1961 (erstmals erschienen Karlsbad 1935); zu Rosenberg vgl. *Kessler*, Arthur Rosenberg. Ein Historiker im Zeitalter der Katastrophen (1889–1943), u.a. 2003, bes. S. 188–204.

[22] *Erdmann* (Fn. 20), S. 7.

„Eine aus unterschiedlichen Beweggründen entspringende Volksbewegung unter Führung der Arbeiterorganisationen erkämpfte die bürgerlich-demokratische Republik. Aus dieser Bewegung erwuchs eine starke sozialistische Arbeiterströmung, welche die bürgerliche Republik zu einer demokratisch-sozialistischen Republik weiterentwickeln wollte. Diese Tendenz wurde zwischen den Kräften der radikalen sozialistischen Revolution auf der einen und der mit den konservativen Kräften verbündeten bürgerlichen Demokratie auf der anderen Seite zerrieben. Die einzige wirkliche Alternative zur bürgerlichen Demokratie war nicht der ‚Bolschewismus', sondern eine auf die Räte gestützte soziale Demokratie".[23]

Das war eine Position, die Anfang der 1960er Jahre alles andere als unumstritten war, wie von Oertzen genau wusste. Denn sie machte sich für die Pluralität der Handlungsspielräume und für die Gestaltungskraft der Räte als potentiell demokratisches Instrumentarium stark. Seine Position war in vielerlei Hinsicht anstößig:[24] Sie stelle den antitotalitären Konsens in Frage, sympathisierte mehr oder weniger offen für jene revolutionären Kreise aus dem Umfeld der USPD, die so harsch mit der SPD-Führung ins Gericht gegangen waren, und vertrat als Teil der „Politischen Wissenschaft" eine noch junge Wissenschaft, die noch ihren Platz in den konservativen Fachbereichen der westdeutschen Universitäten suchen musste. Schon in einem (von mehreren) Gutachten der Parlamentarismus-Kommission, die sein Projekt unterstützt hatte, hieß es, von Oertzen zähle zu den „doktrinären Idealisten der Wirtschaftsdemokratie",[25] und ein weiterer Gutachter hatte davon gesprochen, von Oertzens' Interpretationsansatz, der das demokratische und eigenständige Potential der Räte betone, sei eine „apologetische Deutung der ‚Diktatur des Proletariats' als ‚proletarische Demokratie'". Sein Göttinger Habilitationsverfahren war dementsprechend schwierig und von erheblichen Konflikten begleitet. Erst nachdem er sich zu erheblichen Umarbeitungen bereiterklärte, wurde die Arbeit angenommen. Und das konnte offenkundig nur deshalb geschehen, weil sich die politischen Machtverhältnisse im Fakultätsrat verschoben hatten. Mit Bruno Seidel gehört dem neuen Habilitationsausschuss ein ehemaliges Mitglied der linkssozialistischen Sozialistischen Arbeiterpartei (SAP) an, zu der auch der junge Willy Brandt gehört hatte. Als das Buch dann schließlich 1963 im renommierten Droste Verlag und eben auch in den Reihen der Parlamentarismus-Kommission erscheinen konnte, formulierte von Oertzen seine These mit der gebotenen Klarheit:

[23] *von Oertzen*, Betriebsräte in der Novemberrevolution. Eine politikwissenschaftliche Untersuchung über Ideengehalt und Struktur der betrieblichen und wirtschaftlichen Arbeiterräte in der deutschen Revolution 1918/19, 1963, S. 67.

[24] Ausführlich dazu *Kufferath*, Peter von Oertzen 1924–2008. Eine politische und intellektuelle Biografie, 2017, folgendes nach S. 240–277.

[25] Zit. nach *Latzel*, in: Maubach/Morina (Hrsg.), Das 20. Jahrhundert erzählen. Zeiterfahrung und Zeiterforschung im geteilten Deutschland, 2016, S. 86 ff., hier S. 106, folgende Zitate und Angaben nach ebd.

„Eine breite Strömung in der sozialistischen Arbeiterschaft Deutschlands war nicht gewillt, sich bereits mit der parlamentarischen Regierungsform zufrieden zu geben. Sie verlangte als mindestes eine soziale Demokratie, die als erster Schritt auf dem Wege zum Sozialismus gelten konnte. Die organisatorische Form, in die dieser soziale fortschrittliche Charakter der neuen Republik gekleidet werden sollte, war das Rätesystem".[26]

Von Oertzens' Deutung, die auch andere jüngere Historiker zunehmend teilten,[27] lief quer zur „Entweder-oder" Deutung Erdmanns. Sie ließ sich aber keineswegs so einfach als DDR-Spielart umdeuten. Ohne die deutsch-deutsche Systemkonkurrenz ist jedenfalls das Nachdenken über den Erinnerungsort des 9. Novembers nicht denkbar. Denn fast zeitgleich mit der Studie von Oertzens' diskutierten auch DDR-Historiker über die Rolle der Räte.[28] Vor allem Albrecht Schreiner[29] hatte frühzeitig in seinen Analysen dafür geworben, das sozialistische Potential der Räte zu würdigen und sie nicht alleine als sozialdemokratische Büttel zu denunzieren. In der stark an die sowjetische Geschichtsschreibung angelehnten Debatte galt die „deutsche Revolution" als eine bürgerliche – und eben nicht als eine „sozialistische", weil ihr – ganz im marxistischen Sinne – eine starke, die Massen führende kommunistische Partei gefehlt habe. Der Streit, der vor allem in den Jahren 1957/58 ausgetragen wurde, entfachte sich also an mehreren Grundfragen kommunistischer Geschichtsschreibung: Welche Rolle spielte die Partei in der Revolution? Wie stark waren die „bürgerlichen" Kräfte? Hatten die Räte womöglich nicht nur einen „demokratisierenden", sondern auch einen „revolutionären" Charakter? Oder waren sie am Ende gegen die „bolschewistische Revolution" gerichtet? In den Debatten spiegelte sich nicht nur der Herrschaftsdiskurs, sondern immer wieder auch lebensweltliche Erfahrungen.[30] Schreiner jedenfalls war selbst Gründungsmitglied der KPD in Württemberg gewesen, ein junger Revolutionär aus Stuttgart, der im Herbst 1918 an der Spitze der Stuttgarter Daimler-Arbeiter in der Stadt protestiert hatte. Später dann war er Teil der KPD-Bezirksleitung geworden, bis er 1927 als angeblicher „Rechter" im Streit mit Ernst Thälmann aus der Partei ausgeschlossen wurde und ihr erst 1935 in der Illegalität wieder beitrat. 1941 gelang ihm die Flucht vor den Nationalsozialisten in die USA, bevor er 1946 wieder nach Deutschland zurückkehrte. In seinen Beiträgen betonte er, dass es möglich sei, die Rätebewegung sowohl als bürgerlich-demokratische wie als re-

---

[26] *von Oertzen* (Fn. 23), S. 60.

[27] *Kolb*, Die Arbeiterräte in der deutschen Innenpolitik. 1918–1919, 1962; *Rürup*, Probleme der Revolution in Deutschland 1918/1919, 1968.

[28] Folgendes nach *Kessler*, Die Novemberrevolution und ihre Räte. Die DDR-Debatten des Jahres 1958 und die internationale Forschung, 2008.

[29] Vgl. zur Biographie *Kessler*, Albert Schreiner. Kommunist mit Lebensbrüchen (1892–1979), 2014.

[30] Ausführlich dazu *Latzel* (Fn. 25), S. 109–117.

volutionäre Bewegung zu verstehen. Es sei indes wichtig, allen voran auch an die revolutionären Obleute und ihren Widerstand gegen die „rechten" Sozialdemokraten und Gewerkschafter zu erinnern, die ja den „Sozialismus bereits aufgegeben" hätten.[31] Innerhalb der Räte, so seine These – und so letztlich auch seine Selbstwahrnehmung – hätte es ein erhebliches revolutionäres Potential gegeben.

Der Streit um diese Deutung war nicht irgendein kleines Historikergerangel. Mehreres kam zusammen: Denn tatsächlich ging es in der Auseinandersetzung eben nicht nur um theoretische Fragen oder die Auseinandersetzung mit der westdeutschen Sozialdemokratie und ihren Historikern, sondern auch um eine spezifische Selbstdeutung der kommunistischen Erfahrungsgeschichte in den Jahren zwischen 1918/19, die allerdings ein abruptes Ende fand. Walter Ulbricht höchstselbst hatte gemeinsam mit führenden Historikern aus der Sowjetunion die Debatte beendet und setzte seine Lesart der Revolution staatsoffiziell durch. Damit nutzte er die Kontroverse auch dafür, das, wie es Martin Sabrow genannt hat, „Diktat des Konsenses" zu exekutieren und andere Interpretationen auszuschalten.[32] Nun war gleichsam „ex cathedra" von einer „bürgerlich-demokratischen" Revolution die Rede, die Deutschland durchlaufen habe, die lediglich durch „proletarische Mittel und Methoden" mitgetragen worden sei. Das Politbüro nahm sich der Sache an, und der sozialistische deutsche Staat sei, so Ulbricht, zu der Einschätzung gekommen, dass die „falschen Auffassungen vom sozialistischen Charakter der Novemberrevolution"[33] zurückgewiesen werden müssten. Denn: Eine revolutionär-marxistische Arbeiterpartei, die eigentliche Trägerin der Revolution wie in der Sowjetunion, habe es in Deutschland 1918/19 nicht gegeben. Ein Parteibeschluss machte der Diskussion ein Ende, an der sich neben Schreiner noch andere Historiker wie Helene Berg und Ernst Hoffmann beteiligt hatten, und gab der DDR-Erinnerungspolitik bis 1989 ihre spezifische Richtung.

IV. 1968 und die deutsche Revolution

„Vergessen" war die Novemberrevolution in beiden deutschen Staaten jedenfalls in den 1950er und 1960er Jahren keineswegs. Nicht immer war die offizielle Erinnerungspolitik an die Jahrestage der Revolution gekoppelt, sondern bündelte sich beispielsweise auch im Gedenken an den ersten Reichs-

[31] *Kessler* (Fn. 29), S. 16; folgendes nach ebd.

[32] *Sabrow*, Das Diktat des Konsenses. Geschichtswissenschaft in der DDR 1949–1969, 2001; zur Kritik an Albrecht Schreiner als „kanonischer Konkordanz", vgl. S. 208 f.

[33] Zit. nach *Kessler* (Fn. 29), S. 18.

präsidenten der Weimarer Republik, Friedrich Ebert.[34] Man könnte sogar mit guten Gründen argumentieren: Insbesondere um 1968 rückte die Erinnerung an 1918/19 ins Zentrum der geschichtspolitischen Debatte der Bundesrepublik und erhielt größeres Gewicht als der Nationalsozialismus, vom Mord an den europäischen Juden ganz zu schweigen. Beinahe alle größeren deutschen Tages- und Wochenzeitungen begleiteten den 50. Geburtstag 1968 mit großen Artikelserien,[35] und allen voran erinnerte die Sozialdemokratie an das demokratische Erbe der Weimarer Republik und ihrer besonderen staatspolitischen Verantwortung. In den Landesverbänden war hier die Tonlage durchaus vielschichtig.[36] Blind verteidigen mochte jedenfalls kaum jemand in der Partei alle Entscheidungen der Parteiführung um Ebert. Immer wieder ging es um die gleichen Fragen: Um die Bündnispolitik mit den alten Eliten, die Bereitschaft zum Einsatz von Militär und Gewalt gegen Teile der revolutionären Bewegung oder die Zurückhaltung beim Versuch, neue Formen demokratischer Partizipation zu erproben. Selbst Willy Brandt sparte anlässlich der zentralen SPD-Gedenkveranstaltung 1968 nicht mit verhaltener Kritik: Die Sozialdemokratie sei es gewesen, die diesen neuen demokratischen Staat aufgebaut und geprägt habe, erinnerte Brandt seine Genossinnen und Genossen: „(A)ber wir müssen uns eingestehen, daß die gesellschaftliche Erneuerung fast schon im Ansatz stecken" geblieben sei. „Ich habe nur das deutliche Empfinden, daß die Frage der Macht im demokratischen Staat nicht klar genug gestellt wurde, und daß nicht nur die innenpolitischen Gegner, sondern vor allem die Feinde der Demokratie viel zu zögerlich und zu zimperlich angegangen worden sind."[37]

In der DDR galt diese Haltung eines „rechten Sozialdemokraten", als der Brandt galt, immer noch als „Verrat" an der proletarischen Revolution. Doch schmerzhafter für die Sozialdemokratie war die Debatte, die Sebastian Haffner im „Stern" zeitgleich losgetreten hatte. „Die verratene Revolution" hieß seine zwölfteilige Serie, eine leidenschaftliche Abrechnung mit den sozialdemokratischen „Verrätern". Haffner gehörte zu den bekanntesten Publizisten und Geschichtsdeutern des Landes, und seine Thesen, die wenig später

---

[34] Vgl. u.a. „Dem Gedächtnis Friedrich Eberts", Neuer Vorwärts v. 24.2.1950; „Zum 30. Todestag. Friedrich Ebert", Welt v. 26.2.1955; „35. Todestag Friedrich Eberts", Frankfurter Allgemeine Zeitung v. 27.2.1960.

[35] *Sillner,* „Vor fünfzig Jahren. Revolution in Deutschland", Süddeutsche Zeitung v. 2./3.11.1968 (Auftakt einer mehrteiligen Serie); *Haffner*, „Der große Verrat", Der Stern v. 22.9.1968 (Auftakt zu einer 12-teiligen Serie); Malanowski, „November 1918: ‚Kartoffeln – keine Revolution'", Der Spiegel v. 4.11.1968 (Auftakt zur einer vierteiligen Serie).

[36] Vgl. den kritischen Bericht der linkssozialistischen Wochenzeitung: „SPD-Feierlichkeiten", Die Andere Zeitung v. 21.11.1968.

[37] Rede des SPD-Vorsitzenden *Willy Brandt* am 10.11.1968: „1918–1968: 50 Jahre danach", abgedruckt in: Pressemitteilungen und Informationen der SPD v. 10.11.1968.

auch in Buchform erschienen,[38] sorgten für erheblichen Wirbel: Friedrich Ebert – das war für Haffner ein Mann des Verrates, der gemeinsam mit seinem Reichswehrminister Noske die Revolution unterrückt, die Arbeiterbewegung hintergangen und damit letztlich für das Scheitern der Demokratie gesorgt habe. Strahlend leuchteten in seiner Geschichte Karl Liebknecht, Rosa Luxemburg und Kurt Eisner, leidenschaftliche, bisweilen etwas weltfremde Revolutionäre, die das falsche Spiel der SPD mit dem Tod hätten bezahlen müssen. Das war eine gerade im linken, außerparlamentarischen Milieu gern gehörte Deutung des Jahres 1918, die sich unmittelbar auf die politische Gegenwart der „Großen Koalition" beziehen ließ. Dahinter steckte, so könnte man argumentieren, ein bisweilen ausgeprägtes Gefühl der Melancholie, ein „Novemberblues", der mächtiger wurde, je länger die „ausgebliebene" Revolution von 1918 zurücklag.

1968 fiel diese harsche Kritik Haffners auch deshalb auf so fruchtbaren Boden, weil sie sich mit einer anderen Kontroverse verband: Der Frage nämlich eines „deutschen Sonderweges" in die Moderne. Warum also fehlte den Deutschen, anders als den Franzosen, eine positiv besetzte Revolutionserfahrung? War dies womöglich auch der Grund für das demokratische „Zuspätkommen" der Deutschen, letztlich auch der Grund für den Erfolg des Nationalsozialismus? Im „Spiegel" erschien, fast zeitgleich mit Haffners Mehrteiler, ein Essay von Joachim Fest, der zu dieser Zeit gerade an seiner Biographie über Albert Speer arbeitete. An den Beginn seiner weit ausholenden Überlegungen hatte er den kühnen Satz gestellt:

> „Ihrem ungeliebten ersten Präsidenten gleich, hassen die Deutschen die Revolution wie die Sünde. Hundertfünfzig Jahre lang, die in ganz Europa eine Epoche der Unruhen und Umwälzungen waren, blieb Deutschland nahezu unbewegt und seinen Verspätungen treu. Immer haben höhere Gesichtspunkte: Ordnung beispielsweise und Vaterland oder Sicherheit es verhindert, die politischen und sozialen Fragen, wie es die Zeit verlangte, zu bewältigen."[39]

Die Deutschen, das war Fests' Botschaft, plage eine „Schwäche des Willens", und die vielen radikalen Denker und ihre Theorien seien im Grunde nichts als eine Art „Ersatzhandlung" für diesen Mangel an Entschlossenheit. Ablesen lasse sich das vor allem an der sozialistischen Bewegung in Deutschland. Denn so sehr sie sich verbal auch radikal gebärde, im Herzen sei sie doch eher bieder und angepasst und allzu sehr vertrauensselig auf die Macht der Geschichte, die die Veränderungen doch eines Tages gewissermaßen von selbst bringen würde. Die Sozialdemokraten waren in Fests Interpretation jedenfalls eine Partei, auf die man nicht zu setzen brauche. Sie seien eben keine von

---

[38] *Haffner*, Die verratene Revolution. Deutschland 1918/19, 1969.

[39] *Fest*, „,Es gibt hier nichts zu schießen…'! Die Deutschen und die Revolution", Der Spiegel v. 4.11.1968, S. 84 ff., hier S. 84.

besonderem „Mutwillen getriebene Erscheinungen“: Männer, die lieber Parteibeschlüssen folgen würden, als selbst das Heft in die Hand zu nehmen; eine Partei, die geprägt sei durch eine „Mischung von revolutionärer Rhetorik und Arglosigkeit“, die es überhaupt der „etablierten Macht“ ermöglicht habe, ihre Herrschaft zu sichern. Mit einer solchen allzu schwächlichen und kompromisslerischen Partei sei eine Revolution jedenfalls nicht zu machen. Und mit Blick auf die Zäsur des Jahres 1918/19 hielt Fest, ähnlich wie Haffner, über die Rolle der Sozialdemokratie fest:

> „Was Wunder, daß auch die revolutionäre Chance, die sich mit dem Ende des Ersten Weltkrieges und dem klanglosen Abgang der deutschen Fürsten bot, ungenutzt blieb; denn was die Umgangssprache ‚Novemberrevolution‘ nennt, war nur ein wirrer, aus Erschöpfung und Depression herrührender Militärstreik, keine Erhebung, sondern ein Zusammenbruch. Im Gedächtnis der Nation haben jene Wochen und Monate sich denn auch nie als Überwältigung des Alten und Neubeginn dargestellt, sondern als ein wirres Gemisch von Meuterei, Niederlage, Verrat, Chaos und Grauen vor dem ‚roten Mob‘. Die Erinnerungen an 1789, die Ängste des 19. Jahrhunderts, drückten noch immer.“[40]

Friedrich Ebert, auch darin waren sich Fest und Haffner einig, sei deshalb letztlich der Inbegriff des „hausväterlichen Biedersinn(s)“, der „die Zukunft vor allem in der Vergangenheit gesehen“ habe. Bemerkenswert war nicht nur die Schärfe der Polemik gegen die Sozialdemokratie, sondern auch der geringe Wert, den die Errungenschaften der ersten deutschen Demokratie für Publizisten wie Fest oder Haffner hatten. In einem öffentlichen Streitgespräch mit Sebastian Haffner hatte das Günther Grass in aller Klarheit und Leidenschaft auf den Punkt gebracht:[41] Haffners (und damit auch indirekt auch Fests) Polemik gegen die Sozialdemokratie sei eine Form „schlechter“, ja „konservativer“ Geschichtsschreibung. Denn anstelle der alten „Dolchstoßlegende“ werde nun an der neuen Legende vom sozialdemokratischen „Verrat“ gestrickt und damit die SPD für den Untergang der Republik verantwortlich gemacht – und nicht die „wahren“, bürgerlich-konservativen oder linksradikalen Feinde der Demokratie.

In den Jahren um 1968/69 ließ sich jedenfalls beobachten, wie leidenschaftlich der Streit um die Rolle Friedrich Eberts und die Novemberrevolution ausgetragen wurde – und wie sehr auch den zeitgenössischen Beobachtern bewusst war, dass es dabei keineswegs nur um „Geschichte“, sondern um die Grundausrichtung der parlamentarisch-demokratischen Grundordnung selbst ging. Schützenhilfe bekamen die SPD und Ebert auch von eher konservativen Zeitungen wie der FAZ. Wer heute das hohe Lied auf die

---

[40] *Fest* (Fn. 39), S. 94.

[41] Stiftung-Medienarchiv, G. G. (2016). „Die verratene Revolution – Diskussion über das Buch von Sebastian Haffner“ am 20.10.1969. Günter-Grass-Stiftung Bremen – Medienarchiv, https://doi.org/10.20379/dbaud-0303, Stand: 1.3.2020; folgende Zitate nach ebd. (Transkript des Verf.).

Spartakisten und die Rätebewegung singe und behaupte, Friedrich Ebert hätte den Durchbruch zur „wahren Demokratie verhindert“, hieß es in einem Kommentar, solle auch klar sagen, „dass er die Weimarer wie dann auch die bundesdeutsche Demokratie für keine hält (…). Der Streit um Friedrich Ebert ist kein historischer, er ist eine aktuelle Diskussion.“ Es sei eben gerade sein Verdienst, eine solche Entwicklung, wie sie die „Revolutionshysteriker“ dieser Tage wünschten, verhindert zu haben. Deshalb könne es auch keinen Zweifel geben: „Wer verdammt, was Ebert vor fünfzig Jahren tat, sagt der parlamentarischen Demokratie von heute ab.“ So apodiktisch hätten das wohl nicht einmal Willy Brandt oder Helmut Schmidt formuliert.[42] Gerade jüngere Historiker und Politikwissenschaftler wie Karl-Dietrich Bracher[43] sprachen sich dafür aus, die lange dominierende „Entweder-oder“-Haltung hinter sich zu lassen, die defizitäre Demokratisierung der deutschen Gesellschaft nach 1918/19 zu benennen, aber auch an die politischen Zwänge und den besonderen Mut gerade auch der Sozialdemokratie zu erinnern, aus der obrigkeitsstaatlichen Konkursmasse eine neue demokratische Ordnung zu formen – mit all ihren Fehlern und Defiziten. Doch bei all dieser Kritik an der „fehlenden Phantasie für die Neuordnung“ dürfe eben auch nicht vergessen werden, wer die Feinde der Demokratie in Weimar gewesen seien. „Der Feind stand rechts“, urteilte Bracher in einem Beitrag zum Revolutionsjubiläum in der „Zeit“. Und weil es gerade die konservativen Kräfte gewesen seien, die einen gründlichen Bruch mit dem Alten verhindert hätten, fehle Deutschland bislang die „Erfahrung einer erfolgreichen Revolution“. Das sei auch der Grund, weshalb Deutschland den demokratischen Traditionen des Westens so lange hinterhergehinkt habe. „Es ist die Erfahrung von 1918 auch für heute“, so seine Bilanz, „daß eine solche Gesellschaft in doppelter Weise bedroht ist: von den radikalen Feinden der Demokratie, die ihre Toleranz mißbrauchen, aber auch von jenen unpolitischen Anhängern eines veralteten Staatsbegriffs, die Ordnung und Stabilität höherstellen als politische Freiheit und Mitbestimmung“. Die Debatten des Jahres 1968 über die Rolle der Räterepublik waren damit Teil der öffentlichen Kontroversen um den Zustand der westdeutschen Nachkriegsdemokratie, über die möglichen Gefahren einer zu währenden Großen Koalition von SPD und CDU/CSU und der Suche nach alternativen Formen der Partizipation, die eine als lediglich „formal“ empfundene parlamentarischen Demokratie grundlegend verändern könnten.

So leidenschaftlich wie 1968/68 wurde über das demokratische Potential der Räte in den 1970er und 1980er Jahren nicht mehr gestritten, und doch blieb diese Frage alleine deshalb präsent, weil sich eine jüngere Forscherge-

---

[42] *Rapp*, „Spartakus mit Lorbeerkranz“, Frankfurter Allgemeine Zeitung v. 6.11.1968.

[43] *Bracher*, „Der Feind stand rechts“, Die Zeit v. 16.2.1968.

neration daran machte, diese offenen Fragen mit empirischer Forschung zu unterfüttern.[44] Insbesondere im Umfeld der SPD berührte der Streit um die Rolle der Räte aber weiterhin einen sensiblen Nerv. Ihren Aufsatz über „Konservative Republik oder soziale Demokratie?" konnte Helga Grebing, damals bereits eine der führenden deutschen Historikerinnen der Arbeiterbewegung, in der „Neuen Gesellschaft", der Zeitschrift der Friedrich-Ebert-Stiftung, nicht veröffentlichen. Der Grund: Ihre Einschätzung der Räte und der Politik Friedrich Eberts sei zu APO-nah. Vermutlich hatte sich die Redaktion auch über die zweifelsohne zugespitzte, wenngleich zutreffende Beobachtung über die veränderte historiographische Landschaft nach 1945 geärgert, die die SPD in den Vorhof der Macht geführt hatte:

> „Nun war jene Umorientierung in der Beurteilung der deutschen Sozialdemokratie und ihrer Führer 1918/19 möglich, die einen offenen Bruch mit dem traditionellen Geschichtsbild der alten deutsch-nationalen Historiographie darstelle. Wenn man es überpointiert ausdrücken will, so könnte man sagen: es entstand – nun unter demokratischen Vorzeichen, eine *neue* deutsch-nationale Historiographie, die die Rehabilitation der Sozialdemokratie für die Nation vollzog. Die Sozialdemokraten waren nun die würdigen, zuverlässigen Söhne des deutschen Volkes aus dem Arbeiterstand, die sich mit Staat und Nation und nicht mit ihrer Klasse identifizierten und dadurch das ‚Reich' oder, politisch unprätentiöser, ‚die Einheit Deutschlands' gerettet hatten."[45]

Das konnte man in der Bonner Baracke durchaus als Kritik an jenem „Gemeinsamkeits-Kurs" der Parteiführung verstehen, die die SPD in die Große Koalition geführt hatte. So etwas las man dort jedenfalls nicht gerne, und auch Grebings Kritik an der mangelnden Bereitschaft der SPD-Führung, weitergehende gesellschafts- und wirtschaftspolitische Reformen umzusetzen, hatte offenkundig die Schmerzgrenze der Redaktion überschritten. „Verschwunden" war die Debatte um 1918/19 jedenfalls nicht. Sie hatte aber doch ihren Fluchtpunkt verändert und allen voran das strittige Demokratisierungspotential des Umbruchs in den Mittelpunkt gerückt.

V. Eine Revolution für das vereinigte Deutschland? Die Novemberrevolution nach 1989

Wie sehr der 9.11.1918 und mit ihm die Deutung der Revolution auch nach 1989 nachwirkten und wie sehr er sich auch als Parabel der deutschen Linken und ihrer Suche nach Gemeinsamkeit deuten lässt, kann man an den aufgeregten Debatten um ein zentrales Denkmal für Rosa Luxemburg erkennen,

[44] Nur als ein Beispiel *Kolb/Schönhoven* (Bearb.), Regionale und lokale Räteorganisationen in Württemberg 1918/19, 1976; *Brandt/Rürup* (Bearb.), Arbeiter-, Soldaten- und Volksräte in Baden 1918/19, 1980.

[45] *Grebing*, in: dies. (Hrsg.), Die deutsche Revolution 1918/19, 2008, S. 15 ff., hier S. 15.

die Anfang der 2000er Jahre die Bildung der rot-roten Koalition in Berlin begleiteten.[46] Im Umfeld der Berliner SPD-Linken hatte es solche Initiativen schon Ende der 1980er Jahre gegeben. Tatsächlich gab es in Berlin zahlreiche Erinnerungszeichen, eine äußerst plurale Erinnerungskultur, nicht nur im Osten der Stadt, sondern auch im Westen. Im Koalitionsvertrag stand das ganze gewissermaßen im Kleingedruckten: „Die Koalition will das geplante Denkmal für Rosa Luxemburg nach einem künstlerischen Wettbewerb auf dem gleichnamigen Platz in Mitte realisieren."[47] Und ganz offenkundig hatte es darüber keinen Streit gegeben – bis die Pläne öffentlich wurden. Eine ganze Gruppe sozialdemokratischer Historiker, allen voran Heinrich August Winkler und Dieter Dowe vom Historischen Zentrum der Friedrich-Ebert-Stiftung, liefen Sturm gegen die Pläne. Ihre Sicht auf ein solches Denkmal war eindeutig: Luxemburg habe die Errichtung der parlamentarischen Demokratie mit allen Mitteln bekämpft. Die Nationalversammlung sei für sie ein „gegenrevolutionäres Bollwerk"[48] gewesen, das bestenfalls als „Tribüne der Ablehnung und des Protests gelten"[49] konnte. „Ihr Ziel war die Diktatur des Proletariats, dessen Freiheit stets die nichtproletarischen Kräfte ausschloss. Luxemburgs' berühmter Satz von der „Freiheit der Andersdenkenden" sei immer wieder gründlich missverstanden worden. Dieses Argument, so Dowe, gelte vor allem innerhalb der kommunistischen Bewegung und ziele gegen die Interpretationshoheit Lenins und sein Avantgarde-Prinzip. Mit der „Freiheit Andersdenkender" für Sozialdemokraten konservativen Typs habe Luxemburg weniger im Sinn, und auch nicht mit Freiheit für kommunistische Gegner. Dowe wies in seiner empörten Reaktion darauf hin, wie beißend Luxemburg die sozialdemokratischen Führer Ebert und Scheidemann mit Spott übergossen hatte, als „Judasse der sozialistischen Bewegung", oder „Zuchthäusler, die überhaupt nicht in eine anständige Gesellschaft hineingehörten".[50] Für eine solche Person brauche es, so wichtig sie historisch und für die Arbeiterbewegung sei, vieles, aber eines nicht: Ein Denkmal, das ihr die neue Berliner Republik setzen solle. Winkler lehnte ein solches Denkmal ebenfalls ab. Aus seiner Sicht sei diese Initiative der PDS lediglich der „willkommene Kontrapunkt zu den geschichtspolitischen Zugeständnissen, die sie in der Präambel des Koalitionsvertrages den Sozialdemokraten hat ma-

---

[46] Zu dieser Debatte vgl. die, wenngleich aus einer gemeinsamen Perspektive formulierten Beiträge, in: *Dowe* (Hrsg.), Arbeit am Mythos Rosa Luxemburg. Braucht Berlin ein neues Denkmal für die ermordete Revolutionärin? Gesprächskreis Geschichte 44, 2002.

[47] *Winkler*, Nachdenken über Rosa L. Ein Denkmal als Kampf um die kulturelle Hegemonie, in: *Dowe* (Fn. 46), S. 9 ff., hier S. 9.

[48] Zit. nach Rosa Luxemburg und die Sozialdemokraten. Ein Diskussionspapier aus den Reihen der Berliner SPD, in: Dowe (Fn. 46), S. 25 ff., hier S. 27.

[49] *Dowe*, Vorbemerkung des Herausgebers, in: *Dowe* (Fn. 46), S. 5 ff., hier S. 6

[50] *Dowe* (Fn. 46), S. 6 f.

chen müssen." Leicht jedenfalls, so sein süffisantes Urteil, könnte es der PDS nicht gefallen sein, die Berliner Mauer als „Symbol für Totalitarismus und Menschenverachtung" zu bezeichnen und offen auszusprechen, dass die Verantwortung für das Leid, das das unmenschliche Grenzregime über viele Menschen gebracht hat, „ausschließlich bei den Machthabern in Ost-Berlin und Moskau" gelegen habe. Winkler erkannte in der geschichtspolitischen Initiative eine Strategie der PDS, sich als wahre Verwalterin des reformkommunistischen Erbes zu inszenieren – und ihre Verbindungslinien zur SED-Diktatur auf diesem Weg zu kappen.

Ganz unrecht hatte Winkler mit diesen Einschätzungen nicht. Denn das, was sich damals in Berlin anbahnte, eine rot-rote Koalition, hatte Bedeutung weit über die Stadt hinaus. Sich gemeinsam auf Rosa-Luxemburg zu verständigen, schien in diesem Moment auch als ein Versuch, das verschüttete, linkssozialistische Erbe der Arbeiterbewegung neu zu entdecken, gleichsam über den Gräbern von Liebknecht und Luxemburg einen historischen Frieden der „verfeindeten Schwestern" SPD und KPD zu schließen und die Spaltung der Arbeiterbewegung endlich zu überwinden. Rosa Luxemburg und die Suche nach dem sozialistischen Potential öffnete die Chance, sich nun, nach dem Ende der DDR und der Sowjetunion auf ein gemeinsames historisches Erbe zu berufen, dessen Weg nicht unmittelbar in die Diktatur führte. Das war alles andere als einfach, nicht zuletzt auch wegen der anhaltenden Wunden, die die Zwangsvereinigung von SPD und SED im Osten hinterlassen hatte; Wunden, die vielerorts noch nicht verheilt und vergessen waren. Das Projekt scheiterte, aber für die deutsche Linke war der Umgang mit dem 9. November eben kein abgeschlossenes Kapitel, eben gerade nicht einfach nur „Geschichte". Das ließ sich auch an anderen Orten wie in München sehen. Dort sollte es bis 1989 dauern, bis dem von einem Rechtsradikalen ermordeten Kurt Eisner mit einer Bodenplatte am Promenadenplatz, direkt am legendär-gediegenen Bayerischen Hof, ein zumindest erstes, kleines, wenn auch eher unscheinbares Erinnerungszeichen gesetzt werden konnte – begleitet von nicht nachlassender Kritik der CSU im Münchener Stadtrat.[51]

Wie lange manche Reflexe wirksam sind, lässt sich auf den verschiedenen Seiten des politischen Spektrums beobachten. Beim Parteitag der Linken in Cottbus 2008 war es der damalige Parteivorsitzende Oskar Lafontaine, der die Parallelen zwischen den „sozialdemokratischen Verrätern" von „einst und jetzt" bemühte.[52] Lafontaine griff die SPD frontal an und erneuerte die

[51] Vgl. u.a. *Braunmüller*, „Schwieriges Gedenken an Kurt Eisner", Abendzeitung v. 21.2.2019, https://www.abendzeitung-muenchen.de/inhalt.100–todestag-muenchen-schwieriges-gedenken-an-kurt-eisner.90efca08-b6a2-4ccf-b48a-07d3dba6959b.html, Stand: 1.3.
2020.

[52] Folgende Zitate nach *Gallus* (Fn. 3), S. 20 ff.

inzwischen in die Jahre gekommene „Verrats-These“: Die Sozialdemokratische Führung habe 1918/19 mit ihrer Burgfrieden-Politik die Arbeiterbewegung gespalten, ja, mehr noch, sie habe die „Weichen für die unselige Geschichte der Weimarer Republik gelegt“. „Seinen“ Haffner hatte Lafontaine jedenfalls gelesen und zog eine glatte Linie zwischen Friedrich Ebert und Gerhard Schröders „Agenda-Politik“. Schließlich seien die Harz-IV-Gesetze die „größte Sozialkürzung in der Geschichte der Bundesrepublik“. Und in den Krieg geführt hätte die Schröder-SPD die Bundesrepublik auch. Beinahe also noch schlimmer als 1918.

Die Aktualisierung der Novemberrevolution hatte also ihre eigenen Konjunkturen, auch nach 1989. Zum 100-jährigen Revolutionsjubiläum gibt es ähnlich wie 1968 noch einmal eine erstaunliche Aufmerksamkeitskonjunktur, wenngleich in einem doch sehr unterschiedlichen Deutungskontext, in dem kaum mehr über „Verlust“ und „Verrat“ als vielmehr über den verschütteten Ursprungsort der deutschen Demokratie sinniert wird. Ein „Stiefkind der Demokratiegeschichte“ sei der 9.11.1918, bilanzierte Bundespräsident Frank-Walter Steinmeier bei der Gedenkveranstaltung 2018 im Deutschen Bundestag;[53] ein vergessenes und unterschätztes Datum in der deutschen Geschichte. Steinmeier machte es sich in seiner Rede nicht einfach. Er erinnerte an die widersprüchlichen Erwartungen der Beteiligten, kritisierte manch übertriebene Zurückhaltung und Furcht auch seiner eigenen Genossen und sprach aus, was bis dahin noch kein Bundespräsident je getan hatte: Er gedachte dem Mord an Karl Liebknecht und Rosa Luxemburg und durchbrach damit das antikommunistische Ressentiment, das über Jahrzehnte die Gedenkstunden des Deutschen Bundestages überschattet hatte. Steinmeier warb für eine Sicht auf die Weimarer Republik, die die Geschichte der Demokratie nicht von ihrem Ende her interpretierte und betonte die besondere Wirkung der Weimarer Erfahrung für die Geschichte der Bundesrepublik. Die Republik, so sein Argument, war an der Übermacht ihrer Gegner, nicht aber an einem „Zuviel“ an Demokratie gescheitert. Der 9. November war deshalb ein „Meilenstein der Demokratiegeschichte“, weil er für die „Geburt der Republik in Deutschland“ stehe – trotz aller Irrwege und Enttäuschungen. Der Bundespräsident ließ keinen Zweifel daran, dass der 9. November selbstverständlich verbunden bleibe mit den antisemitischen Pogromen des Jahres 1938 und der antisemitischen Gewalt des „Dritten Reiches“. Und doch hielt er es für dringend geboten, angesichts der feindlichen Töne in der Gegenwart, die besondere demokratische Kraft dieses Datums zu betonen. Daraus, so folgerte er, ergebe sich auch der Mut, sich „für diese

[53] Rede des Bundespräsidenten *Frank-Walter Steinmeier* in der Gedenkstunde des Bundestages am 9.11.2018, http://www.bundespraesident.de/SharedDocs/Reden/DE/Frank-Walter-Steinmeier/Reden/2018/11/181109-Gedenkstunde-Bundestag.html, Stand: 1.3. 2020.

Demokratie zu engagieren. Denn: Mut, den braucht es dafür auch heute. Aber: Ihn zu haben, ist heute zum Glück doch so viel leichter als in der ersten deutschen Demokratie nach 1918!" Die Rede des Bundespräsidenten war der bis dahin ranghöchste Versuch, Novemberrevolution, Nationalversammlung und Weimarer Verfassung als positives Demokratiegedenken zu etablieren. Tatsächlich ist zu beobachten, dass die Zäsur des Jahres 1918/19 inzwischen zum neuen Fixpunkt deutscher Demokratiegeschichte geworden ist. Ob sich das Datum wirklich eignet, ob die Uneindeutigkeit jener Umbruchjahre sich wirklich so glatt einfügen lassen in die Demokratiegeschichte der Gegenwart – und mit ihr die Abwehr ihrer alten und neuen Feinde – das wird sich wohl erst noch zeigen.[54] Es dürfte auf der Hand liegen, dass die Suche nach dem demokratischen Quell deutscher Geschichte einher geht mit dem Stresstest, den der gesamte europäisch-transatlantische Parlamentarismus derzeit erlebt. Die Sogwirkung scheint derzeit so groß, dass sich selbst konservative Geschichtspolitiker an die Spitze der November-Revolutionsfeierlichkeiten setzen und 1918/19 gleichsam als Ouvertüre zur demokratischen „Erfolgsgeschichte" nach 1945 inszenieren – nun aber gänzlich ohne all die Widersprüchlichkeiten, glatt gebügelt und einseitig vereinnahmt.[55] So schnell geht es manchmal, dass aus einer vermeintlich „vergessenen" eine heiß „geliebte Revolution"[56] wird – so sehr geliebt, dass sie das Ereignis fast schon wieder erdrückt.

---

[54] Zu den neueren Versuchen, die Novemberrevolution in einen breiteren internationalen Kontext zu stellen, vgl. u.a. *Weinhauer/McElligott/Heinsohn* (Hrsg.), Germany 1916–23. A Revolution in Context, 2015.

[55] Dafür stehen insbesondere die einseitigen Feierlichkeiten der bayerischen Staatsregierung zum 9.11.2019, u.a. „Staatsakt ohne Eisner: Eine Geschichtsstunde bei der CSU", Münchner Merkur v. 8.11.2018; *Maubauch*, in: Aus Politik und Zeitgeschichte 18–20 (2018), 4; anregend und intensiv diskutiert nun: *Jones*, Am Anfang war Gewalt. Die deutsche Revolution 1918/19 und der Beginn der Weimarer Republik, 2017.

[56] Zit. nach *Heinsohn/Süß*, Archiv für Sozialgeschichte 59 (2019), 3 (6).

„Vertrauenskrise der Justiz“

Justizkritik im späten Kaiserreich und in der Weimarer Republik

Daniel Siemens

I. Einführung

Kann ich der Justiz vertrauen? Mit dieser klassischen Frage hat sich vor einigen Jahren der ehemalige Präsident des Bundesgerichtshofs Günter Hirsch in einem Vortrag auseinandergesetzt. Seine spontane erste Antwort war die verblüffte Gegenfrage „Ja, was denn sonst? Wenn eine Institution Vertrauen verdient, dann doch wohl die Justiz.“[1]

Ein Blick in die Geschichte des deutschsprachigen Raums der letzten 150 Jahre zeigt, dass dieser normative Anspruch von der Richterschaft immer wieder erhoben wurde. Er beschreibt gewissermaßen ein zentrales Element des richterlichen Selbstverständnisses, das allerdings insbesondere in den ersten Jahrzehnten des zwanzigsten Jahrhunderts auf mehr oder weniger starke Kritik stieß. Darum soll es im folgenden Beitrag gehen, der bewusst als diachron angelegter Überblick angelegt ist. Er wertet die einschlägige Fachliteratur aus und stützt sich partiell auf bereits andernorts publizierte Arbeiten des Verfassers. Er erhebt ausdrücklich nicht den Anspruch, das seinerzeit unter dem Schlagwort der „Vertrauenskrise“ subsumierte Phänomen der Justizkritik im Detail zu analysieren, sondern begnügt sich damit – angelehnt an die ursprüngliche Vortragsform – Schlaglichter auf Episoden und Probleme zu werfen, in der Hoffnung, dass diese zum besseren Verständnis des Gesamtkomplexes beitragen.

Die folgenden Überlegungen sind in fünf Abschnitte gegliedert. Zunächst analysiere ich einleitend zentrale Merkmale der Justizkritik, wie sie sich in Deutschland zwischen 1848 und damit dem Ende der starken Zensurauflagen, die auf die Karlsbader Beschlüsse von 1819 zurückgingen, bis zum Ersten Weltkrieg entwickelte. In einem zweiten Abschnitt steht die Revolution von 1918/19 und ihre Bedeutung für das Strafrecht im Mittelpunkt, wobei ich

[1] *Hirsch*, in: Sonntag (Hrsg.), Vertrauen. Sammelband der Vorträge des Studium Generale der Ruprecht-Karls-Universität Heidelberg im Wintersemester 2009/2010, 2011, S. 41.

exemplarisch zwei konträre Positionen skizzieren werde, an denen sich das damalige Meinungsspekturm ablesen lässt. In einem kurzen dritten Abschnitt spreche ich über die Ambivalenz des damaligen Schlagwortes von der „Klassenjustiz“. Daran schließen sich als Viertes Ausführungen zur Debatte um eine „Vertrauenskrise der Justiz“ in der zweiten Hälfte der Weimar Republik an, die maßgeblich von engagierten Journalisten und Rechtsanwälten vorangetrieben wurde. Ein fünfter bilanzierender Abschnitt fasst die Ergebnisse zusammen und ordnet die historische Analyse vor dem Hintergrund gegenwärtiger Entwicklungen ein.

II. Justizkritik im Kaiserreich: Von Erfahrungsräumen und Erwartungshorizonten (Reinhart Koselleck)

Eine Grundvoraussetzung für jede Form politisch relevanter Justizkritik ist die Öffentlichkeit des Strafverfahrens sowie die Freiheit, in den Massenmedien von den entsprechenden Prozessen unabhängig zu berichten. Im Deutschland des 19. Jahrhunderts war dies eigentlich erst seit der Revolution von 1848 gegeben – selbst wenn bereits einige Jahre zuvor, 1842, der Hochverratsprozess gegen den Königsberger Arzt Johann Jacoby zu einem vieldiskutierten Thema im Deutschen Bund wurde. Ein einschneidendes Ereignis, jedenfalls für die Genese einer modernen Justizkritik, war dann der sogenannte Kölner Kommunistenprozess von 1852, in dem sich Mitglieder des Bundes der Kommunisten vor dem Kölner Geschworenengericht wegen revolutionärer Umtriebe und Hochverrats verantworten mussten. Nicht zuletzt weil der Charakter eines politischen Schauprozesses klar erkennbar war – der preußische König Friedrich Wilhelm IV hatte persönlich angeordnet, „das ersehnte Schauspiel eines aufgedeckten und (vor allem) bestraften Komplotts“ zu geben –, berichteten auch bürgerlich-liberale Zeitungen ungewöhnlich kritisch über diese Form politischer Justiz.[2] Zugleich ist festzuhalten, dass die Presseberichterstattung in Deutschland bis zu Beginn des 20. Jahrhunderts ganz überwiegend herrschaftskonform blieb.[3] Dieser „Law and Order“-Dialog mit der breiteren Öffentlichkeit war keinesfalls ein deutsches Spezifikum, sondern auch für andere europäische Länder wie auch für China und Japan in dieser Zeit typisch. Dies verweist nicht zuletzt darauf,

[2] *Livingstone*, in: The Cologne Communist trial. Revelations concerning the Communist trial in Cologne, by Karl Marx, Heroes of the Exile, by Karl Marx and Frederick Engels, together with other writings by Marx and Engels on the Cologne trial. Translated with an introduction and notes by Rodney Livingstone, 1971, Introduction; *Bittel*, Der Kommunistenprozeß zu Köln 1852 im Spiegel der zeitgenössischen Presse, 1955.

[3] *Müller*, Auf der Suche nach dem Täter. Die öffentliche Dramatisierung von Verbrechen im Berlin des Kaiserreichs, 2005, m.w.N.

dass die Entwicklung einer modernen Justizkritik nicht vom Aufkommen der finanziell unabhängigen „Massenpresse“ zu trennen ist, die sich herrschaftskritische Berichterstattung auch ökonomisch erlauben konnte.[4]

In politischer Hinsicht waren die Fronten im Kaiserreich klar abgesteckt. Auf der einen Seite stand der monarchische Staat, der die Strafgewalt (Rechtsprechung wie materielles Recht) fest in der Hand behielt, um sie im Bedarfsfall gegen Andersdenkende einzusetzen. Die verbeamteten Richter waren sich dieses Auftrags sehr bewusst und teilten vielfach die Auffassung, dass sie zu Verteidigern der öffentlichen Ordnung, von Anstand und Moral berufen seien. Auf der anderen Seite sammelten sich die Kräfte, die für politische und gesellschaftliche Veränderungen eintraten und ihre Kritik an der deutschen Monarchie exemplarisch an der Arbeit der deutschen Justiz festmachten, die sie als willfähriges Instrument der politischen Macht ansahen.[5]

Von der extremen Linken abgesehen, teilten beide Lager jedoch die Überzeugung, dass Rechtsstaatlichkeit als Prinzip und als angewandte Praxis ein hohes Gut war. Umstritten war allerdings die Frage, wie Rechtsstaatlichkeit in einer zunehmend moderneren, partizipatorischen und sozial durchlässiger werdenden Gesellschaft realisiert werden konnte. Ein schlagendes Beispiel für diese dominierende Tendenz war die Justizkritik, die der 1893 gegründete Centralverein deutscher Staatsbürger jüdischen Glaubens (CV) an antisemitisch grundierten Urteilen deutscher Gerichte übte. Wie Christoph Jahr und andere in empirisch gesättigten Studien gezeigt haben, richtete sich die Kritik des CV stets gegen konkrete Urteile, niemals aber gegen die Justiz als solche. Beklagt wurden vermeintliche Fehler und Unzulänglichkeiten – aber stets vor dem Ideal einer tatsächlich unparteiischen, an die Buchstaben der Gesetze gebundenen Justiz, die der Centralverein nicht nur für wünschenswert, sondern auch für realisierbar hielt.[6]

Auf diesen Idealismus, der der Justizkritik im Kaiserreich ganz überwiegend zu Grunde lag, aber auch für die späteren Debatten in der Weimarer Republik wichtig blieb, hat Uwe Wilhelm in seiner grundlegenden Habilitationsschrift aus dem Jahr 2006 nachdrücklich hingewiesen. Gerade im internationalen Vergleich zeichnete sich das deutsche Kaiserreich durch ein hohes Maß an Rechtsstaatlichkeit aus. Justizkritik war daher gewissermaßen

---

[4] *Siemens*, in: Johansen/Knepper (Hrsg.), The Oxford Handbook of the History of Crime and Criminal Justice, 2016, S. 555 ff.

[5] Instruktiv hierzu *Joseph*, in: ders. (Hrsg.), Rechtsstaat und Klassenjustiz. Texte aus der sozialdemokratischen „Neuen Zeit“ 1883–1914, 1996, S. 359 ff.

[6] *Jahr*, Antisemitismus vor Gericht. Debatten über juristische Ahndung judenfeindlicher Agitation in Deutschland (1879–1960), 2011; *Steinitz*, Der Kampf jüdischer Anwälte gegen Antisemitismus. Die strafrechtliche Rechtsschutzarbeit des Centralvereins deutscher Staatsbürger jüdischen Glaubens (1893–1933), 2008; zum Gesamtkomplex *Hecht*, Deutsche Juden und Antisemitismus in der Weimarer Republik, 2003.

das notwenige Korrektiv zu einem standesbewussten, mit hohem Sozialprestige ausgestatteten Berufsstand, der sich selbst eine tragende Rolle im Staat zuschrieb. Die deutsche Richterschaft trug selbst entscheidend zu den hohen Erwartungen bei, die die Bevölkerung an eine „gerechte" Justiz hatte.[7]

Diese „beträchtliche Fallhöhe" (Wilhelm) wurde spätestens dann zum Problem, als nach dem Ende des Ersten Weltkriegs die tiefen politischen und sozialen Spaltungen in der deutschen Gesellschaft offen zutage traten und auch symbolisch nicht mehr überbrückt werden konnten. Die Polarisierung der Jahre 1918–1933 stürzte die deutschen Richter in eine tiefe Verwirrung, nicht nur, weil angesichts der scharfen innenpolitischen Auseinandersetzungen ihr Selbst- und Fremdbild zunehmend auseinanderfielen, sondern auch, weil die Justiz nun selbst zum Gegenstand der politischen Debatte wurde.

III. Die Revolution von 1918/19 und die Justiz

Ich möchte diesen Abschnitt mit dem Schlusssatz aus der bereits erwähnten Arbeit von Uwe Wilhelm beginnen. Er lautet: „Die distanzierte, ja offen feindselige Haltung vieler Richter gegenüber der Republik und ihren Anhängern war, wie so vieles andere auch, in erster Linie das Ergebnis der durch den Ersten Weltkrieg und seine Folgen bewirkten Radikalisierung."[8] Erst die Revolution, so Wilhelms Annahme, habe dazu geführt, dass es nicht zu einer Modernisierung der Justiz im liberalen Sinne gekommen sei, sondern zu einer verstärkten Polarisierung. Abgesehen davon, dass bei Wilhelm offenbleibt, ob nicht auch eine Art radikale Modernisierung der Justiz als Folge der Revolution möglich gewesen wäre, erscheint auch die von Wilhelm behauptete Kausalität zweifelhaft. Die Novemberrevolution gehörte gewissermaßen noch zum Ersten Weltkrieg und ist, da ist sich die historische Forschung einig, von den vorangegangenen vier langen Jahren zunehmender Desillusionierung, Erschöpfung und Hunger nicht zu trennen. Die Radikalisierung war also keineswegs auf die wenigen Tage der Revolution beschränkt, sondern ein längerer Prozess, der dann 1918/19 politisch voll wirksam wurde.[9]

---

[7] *Wilhelm*, Das deutsche Kaiserreich und seine Justiz. Justizkritik – politische Rechtsprechung – Justizpolitik, 2010, S. 636.

[8] *Wilhelm* (Fn. 7), S. 646.

[9] Vgl. pars pro toto *Leonhard*, Die Büchse der Pandora. Geschichte des Ersten Weltkriegs, 2014. Aus Anlass des 100jährigen Jubiläums der Novemberrevolution ist eine Fülle neuer Literatur erschienen, die nicht selten im Gegensatz zu früheren Ansichten die Bedeutung der Revolution als Meilenstein der deutschen Demokratiegeschichte würdigen. Siehe etwa *Gerwarth*, Die größte aller Revolutionen: November 1918 und der Aufbruch in eine neue Zeit, 2018; *Förster*, 1919. Ein Kontinent erfindet sich neu, 2018. Dagegen die destruktiven Potentiale hervorhebend *Jones*, Am Anfang war Gewalt. Die deutsche Revolution 1918/19 und der Beginn der Weimarer Republik, 2017.

Hier ist nicht der Ort, um im Detail auf diesen und andere Aspekte der Novemberrevolution einzugehen. Ich werde mich im Folgenden auf die Bedeutung der Revolution für die Justiz beschränken. Hier ist zunächst festzuhalten, dass die Novemberrevolution – ähnlich wie 1848/49 – nicht zuletzt auch ein Kommunikationsereignis war. Nach dem Burgfrieden der Vorjahre konnte nun die allgemeine Unzufriedenheit mit der verheerenden Situation und die Abrechnung mit den wahren oder auch nur vermeintlich Schuldigen beginnen. Vor diesem Hintergrund kann kaum überraschen, dass nun auch die Justiz als Herrschaftsinstrument des untergegangenen Staates stärker in die politische Auseinandersetzung einbezogen wurde. Die zeitgenössischen Stimmen lassen sich grob in zwei Lager teilen. Auf der einen Seite standen diejenigen, die die Novemberrevolution zum Anlass nahmen, grundlegende Veränderungen in der Justiz einzufordern, um sie gewissermaßen den neuen bzw. den erst noch zu realisierenden Verhältnissen anzupassen. Auf der anderen Seite fanden sich diejenigen, die gerade vor dieser Entwicklung warnten, interessanterweise mit dem Argument, dass eine zunehmende Politisierung der Justiz drohe – um jedoch gleich darauf einer noch stärkeren Politisierung der Justiz das Wort zu reden. Für beide Lager möchte ich jeweils ein Beispiel bringen.

Zu den schärfsten Kritikern der frühen Weimarer Justiz gehörte der Sozialdemokrat Erich Kuttner, von 1921 bis 1933 Abgeordneter für die SPD im Preußischen Landtag.[10] Kuttner war in der Weimarer Republik eine der wichtigsten Stimmen seiner Partei, wenn es um Fragen des Rechts und der Rechtsprechung ging. Geboren 1887 in Berlin in eine bürgerliche deutsch-jüdische Familie, hatte Kuttner drei Jahre lang Rechtswissenschaften an der Berliner Universität sowie in München studiert. Das erste Staatsexamen bestand Kuttner 1908; ein Jahr später begann er das Referendariat am Berliner Kammergericht, das er jedoch bald darauf wegen politischer Differenzen abbrach. Schon zuvor hatte er – gefördert unter anderem von Rudolf Breitscheid – erste journalistische Arbeiten im „Freien Volk“, dem Publikationsorgan der linksliberalen „Demokratischen Vereinigung“, veröffentlicht.

Während viele seiner Parteigenossen seinerzeit trotz der im Kaiserreich erlittenen Ausgrenzungs- und Verfolgungserfahrungen glaubten, dass sich die deutsche Justiz nach 1918 den neuen politischen Verhältnissen anpassen werde und frühere Vorbehalte gegen die Sozialdemokratie rasch ablegen würde, hatte Kuttner kein Vertrauen in den mutmaßlichen guten Willen der deutschen Richter zur weltanschaulichen Neutralität. Dennoch blieb er auch nach 1918 ein bürgerlicher Idealist. Im Preußischen Landtag der Weimarer

[10] Die folgenden Ausführungen zu Kuttner sind erstmals veröffentlicht in *Siemens*, in: Dreyer/Braune (Hrsg.), Zusammenbruch, Aufbruch, Abbruch? Die Novemberrevolution als Ereignis und Erinnerungsort, 2018, S. 233 ff.

Republik war Kuttner einer der führenden Köpfe, die sich – ganz ähnlich wie der heute bekanntere Heidelberger Privatdozent Emil Julius Gumbel – eine Aufdeckung der zahlreichen „Fememorde“ der Nachkriegszeit zum Ziel gesetzt hatten.[11]

Eine erste Bilanz der frühen nachrevolutionären Rechtsprechung zog Kuttner 1921 mit seinem Buch „Warum versagt die Justiz?“, einer einhundertseitigen politischen Kampfschrift gegen die, wie er es sah, skandalösen Auswüchse fortwährender Klassenjustiz gegen die politische Linke in Deutschland. Kuttners Ausführungen zufolge agierte die Justiz inzwischen nicht mehr als verlängerter Arm des alten Obrigkeitsstaates, sondern sei zum aktiven Gegner sozialer und politischer Reformanliegen mutiert.[12] Dies machte Kuttner besonders in zwei Unterkapiteln deutlich, die sich mit der vorrevolutionären und nachrevolutionären Justiz befassten. Trotz der politischen Umwälzungen habe sich der „innere Geist der Gerichte“ nicht geändert.[13] Lediglich bei der Auswahl der Schöffen konstatierte Kuttner eine gewisse Verbesserung, weil in der Weimarer Republik vermehrt darauf geachtet werde, dass auch Vertreter der zuvor übergangenen Bevölkerungsgruppen auf den Wahllisten platziert wurden.[14]

Trotz dieser eindeutigen Analyse blieben die Reformvorschläge Kuttners erstaunlich zurückhaltend. Eine „Rotjustiz“ – so sein Begriff – lehnte er wie viele andere Sozialdemokraten ab. Stattdessen sollte, im Einklang mit dem Görlitzer Programm der SPD vom September 1921, eine „soziale Rechtsauffassung“ an die Stelle der bisherigen „privatrechtlichen“ Rechtsauffassung treten: Zwar dürfe „für die hasserfüllten Feinde unserer republikanischen Verfassung (...) in der republikanischen Justiz keine Stätte sein“, wie er schrieb, doch waren die konkreten Vorschläge, diesen Anspruch auch zu verwirklichen, bescheiden: Die Justizministerien wurden angehalten, den juristischen Nachwuchs sowie neue Staatanwälte sorgfältig auszuwählen, um mittelfristig „für die Erneuerung des Geistes in unserer Justiz“ Sorge zu tragen. Die Justizausbildung sei zu reformieren. Den Justizministern müsse die Kompetenz zugebilligt werden, die Urteile aller außerordentlichen Gerichte der letzten Jahre zu überprüfen und bei Bedarf Begnadigungen auszusprechen. Die Strafgerichte seien anteilig mit Laienrichtern zu besetzen, und der gesamte Justizapparat weiblichen Bewerbern „schleunigst“ zu öffnen.[15]

---

[11] Vgl. in diesem Zusammenhang die inzwischen „klassischen“ Schriften von *Gumbel*, Vier Jahre politischer Mord, 1922; und *ders*., Zwei Jahre Mord, 1921. Zur Biographie Gumbels siehe *Jansen*, Emil Julius Gumbel. Porträt eines Zivilisten, 1991.

[12] *Kuttner*, Warum versagt die Justiz?, 1921, S. 20 ff.

[13] *Kuttner* (Fn. 12), S. 22.

[14] *Kuttner* (Fn. 12), S. 29.

[15] *Kuttner* (Fn. 12), S. 79 f.

Dass all diese Forderungen dazu geeignet gewesen wären, die Realität der Weimarer Justiz im Sinne der Sozialdemokraten zu verändern, steht außer Frage. Ebenso klar scheint jedoch auch, dass es sich dabei um mittel- bis langfristig wirkmächtige Reformziele handelte, die am gegenwärtigen Zustand einer reaktionären Justiz im aktiven Kampf gegen die Republik allenfalls minimal etwas würden ändern können. Bemerkenswert ist weiterhin, dass selbst ein so scharfer Kritiker wie Kuttner das eigentlich Naheliegende nicht einmal formulierte – nämlich den aktiven politischen Eingriff in die Justiz, gestützt auf die Idee der sich in der Revolution artikulierenden Volkssouveränität. Diese spielte in Kuttners Überlegungen durchaus eine wichtige Rolle, jedoch immer nur in Verbindung mit bzw. als Begründung für mittel- bis langfristige Reformvorhaben. Er glaubte gewissermaßen an „Legitimation durch Verfahren“ (Niklas Luhmann) und nicht an Legitimation durch revolutionären Umsturz.[16] Die Novemberrevolution als Grundlage für ein neues demokratisches Recht wird in den Schriften Kuttners allenfalls abstrakt, nie jedoch konkret als Begründung angeführt.

Auf der anderen Seite des politischen Spektrums stand Axel von Freytagh-Loringhoven (1878–1942), seit 1917 Ordinarius für Staats- und Völkerrecht in Breslau. Der aus einer deutsch-baltischen Adelsfamilie stammende Jurist lehnte die Novemberrevolution und das daraus resultierende demokratische Regierungssystem scharf ab. Er betrachtete sich als „auf völkischem Boden stehender Monarchist“, gehörte 1919 dem Vorstand der Breslauer Ortsgruppe des antisemitischen Deutschvölkischen Schutz- und Trutzbundes an und wurde 1924 für die DNVP in den Reichstag gewählt, dem er auch nach 1933 – nun eher nominell – weiter angehörte.[17]

Instruktiv für Freytagh-Loringhovens sehr frühe Justizkritik von rechts ist seine Rede „Revolution und Recht“, die er am 14.1.1919 in Breslau hielt und bald darauf auch im Druck verbreiten ließ.[18] Er bestritt darin die Legitimität der Revolution und ihrer Folgen für das Recht, unter anderem mit legalistischen Begründungen. So sei die Abdankungsurkunde des Kaisers nicht von einem Minister gegengezeichnet worden und damit rechtlich unwirksam – ein durchsichtiger, im Januar 1919 allerdings noch nicht ganz aussichtsloser Versuch, die Tür für eine Rückkehr Wilhelm II. offen zu hal-

---

[16] *Luhmann*, Legitimation durch Verfahren, 1969.

[17] Zur Biographie Freytagh-Loringhovens siehe *Stolleis*, Geschichte des öffentlichen Rechts in Deutschland, S. 161 ff.; sowie den Nachruf in: Der Ost-Express (Berlin), Nr. 258 v. 3.11.1942, online einsehbar über die Presseausschnittsammlung des Hamburgischen Welt-Wirtschafts-Archivs, http://webopac.hwwa.de/PresseMappe20/PM20.cfm?T=P&qt=135714&CFID=3444961&CFTOKEN=20794576, Stand: 1.3.2020.

[18] *v. Freytagh-Loringhoven*, Revolution und Recht. Rede, gehalten am 14.1.1919 im Friedeberg-Saal zu Breslau (Veröffentlichung der Deutschnationalen Volkspartei: Provinzialverband Schlesien), 1919.

ten.[19] Die Revolution sei eine „offenkundige Nachahmung des bolschewistischen Regimes“[20] und ein „unzweifelhafter Rechtsbruch“, eine „Anknüpfung an das alte Recht“ habe nicht stattgefunden.[21] Diese Vorwürfe brachte Freytagh-Loringhoven in einer gewalttätigen und sexualisierten Sprache vor. So seien die Träger der Rechtspflege zwar „nicht grundsätzlich, aber in zahlreichen einzelnen Fällen vergewaltigt“ und Richter „gegen ihren Willen versetzt und abgesetzt worden“.[22] Von dem eingeleiteten Übergang von der Monarchie zur Demokratie wollte er nichts wissen; unter rechtlichen Gesichtspunkten herrsche in der Gegenwart nichts anderes als „revolutionäre Willkürherrschaft“, mit einem Wort „Chaos“.[23]

Freytagh-Loringhoven formulierte hier bereits einige der zentralen Kritikpunkte, die besonders in der Spätphase der Weimarer Republik die öffentlichen Debatten prägen sollten. Statt von Volkssouveränität und revolutionärem Recht zu reden, prangerte die extreme Rechte auch zehn Jahre später noch die vermeintliche Pöbelherrschaft an, die sich ein allzu dürftiges Mäntelchen des Rechts zugelegt habe. Damit habe sie den wahren Kern des revolutionären Umsturzes verhüllen wollen, nämlich die nackte und durch nichts zu legitimierende Gewalt der Straße, der durch Leidenschaften und Agitation aufgeputschten Menschenmenge.[24] Unter dem Pseudonym Gottfried Zarnow giftete etwa der Journalist Ewald Moritz im Jahr 1930 gegen die „parlamentarische Kanaille (...), die es versucht, die Rechtspflege in ihre Gewalt zu bekommen und gegen jene Justiz, die sich zur Dirne hat machen lassen“.[25]

Neben diesen Kontinuitäten nationalistischer Justizkritik enthielt Freytagh-Loringhovens Rede aber noch ein weiteres bemerkenswertes Element, nämlich den Aufruf zu offenem Widerstand und zurObstruktion: „Es besteht die Neigung, den Gehorsam und die Hochachtung, die wir für unsere gesetzmäßige Obrigkeit hegten, ohne weiteres auf die neuen revolutionären Gewalten zu übertragen,“ so Freytagh-Loringhoven, und er fuhr fort: „Nichts

[19] *v. Freytagh-Loringhoven* (Fn. 18), S. 11.

[20] *v. Freytagh-Loringhoven* (Fn. 18), S. 13.

[21] *v. Freytagh-Loringhoven* (Fn. 18), S. 15.

[22] *v. Freytagh-Loringhoven* (Fn. 18), S. 16.

[23] *v. Freytagh-Loringhoven* (Fn. 18), S. 16.

[24] Zur „Menschenmenge“ als zentraler Topos der Erinnerung an die Revolution von 1918/19 siehe auch *Weinhauer/McElligott/Heinsohn*, in: dies. (Hrsg.), Germany 1916–1923. A Revolution in Context, 2015, Introduction, S. 7 ff., hier S. 33 f.

[25] *Zarnow* (d. i. Moritz, Ewald), Gefesselte Justiz. Politische Bilder aus deutscher Gegenwart, Bd. 1, 1930, S. 5, sowie *Siemens*, in: Föllmer/Graf (Hrsg.), Die „Krise“ der Weimarer Republik. Zur Kritik eines Deutungsmusters, 2005, S. 139 ff., hier S. 157–160. Zur politischen Einstellung der Richter in der Weimarer Republik siehe außerdem *Angermund*, Deutsche Richterschaft 1919–1945. Krisenerfahrung, Illusion, politische Rechtsprechung, 1990.

wäre verfehlter als das. Wir müssen uns ein Recht und rechtmäßige Ordnung erst von neuem schaffen.“ Nötig seien nun „bürgerlicher Mut“ und „Zivilkurage“ – gewissermaßen als Fortsetzung des im Weltkrieg gezeigten deutschen „Heldenmutes“.[26]

Diese und ähnliche Aufrufe von Vertretern der politischen Rechten lassen sich als fundamentale Justizkritik bezeichnen, die das Ziel verfolgte, den einzelnen Beamten im Justizdienst zu widerständigem Handeln gegen die neue staatliche Gewalt zu ermächtigen. Vor diesem Hintergrund sticht der vergleichsweise zurückhaltende Ton sozialdemokratischer Justizkritik wie der von Kuttner umso stärker ins Auge. Um es zuzuspitzen: Die angeblichen Revolutionäre waren vielfach auf Kontinuität und Respektabilität bedacht, während die vermeintlichen Bewahrer des Rechts tatsächlich revolutionäre Gewalt predigten.

IV. Zur „Klassenjustiz“ in der Weimarer Republik

Der in den 1920er Jahren vielfach erhobene Vorwurf der „Klassenjustiz“ war keineswegs neu, sondern bereits ein integraler Bestandteil sozialdemokratischer Justizkritik im Kaiserreich gewesen. Er lag, wie Ernst Ludwig 1909 formulierte, „aller Kritik zugrunde, mit der unsere Parteipresse den Urteilen der Gerichte entgegentritt“. Ludwig definierte Klassenjustiz als „die Erscheinung, daß die Urteile unserer gelehrten Gerichte häufig mit der Rechtsüberzeugung der großen Masse des Volkes nicht übereinstimmen, ganz abgesehen davon, daß sich diese Urteile oft gegen die wichtigsten Interessen der arbeitenden Klasse richten (und) als Waffe gegen die Bestrebungen der Arbeiterschaft gebraucht werden“.[27]

Vergleicht man etwa die Publikationen des Sozialdemokraten Kuttner von vor 1914 mit denen nach 1918, so fällt zunächst einmal auf, wie wenig sich bei ihm die Befunde und Argumente unterscheiden. Sozialdemokraten argumentierten spätestens seit dem Sozialistengesetz von 1878, dass die Justiz die Dienstmagd der herrschenden Klasse(n) sei. Neu und nun zunehmend skandalisierbar war in der Weimarer Republik eher das Auseinanderfallen von politischer Herrschaft und juristischer Dienstbarkeit. Dies zeigen insbesondere die justizkritischen Äußerungen der KPD-Zeitung „Die Rote Fahne“. Sie bemängelte nicht Parteilichkeit als solche, sondern vielmehr falsche Parteilichkeit. Die Justiz verrate die Arbeiterklasse, anstatt ihren berechtigten Anliegen zum Durchbruch zu verhelfen. Den kommunistischen

---

[26] *v. Freytagh-Loringhoven* (Fn. 18), S. 16f.

[27] *Ludwig*, in: Joseph (Hrsg.), Rechtsstaat und Klassenjustiz. Texte aus der sozialdemokratischen „Neuen Zeit“ 1883–1914, 1996, S. 271ff.

Gerichtsreportern wie auch Kuttner ging es darum, anhand von Fallbeispielen aus dem Alltag der deutschen Justiz den Beweis anzutreten, dass die „Klassenjustiz“ weder bloße Propagandaformel im politischen Meinungskampf noch eine inzwischen überwundene Erscheinung sei. Sie richteten sich in erster Linie an die gebildeten bzw. klassenbewussten Arbeiter, denen das „Wesen unseres Klassenstaates“ (Kuttner) bzw. die „Herrschaft der besitzenden Klasse“ (Kommunisten) nachdrücklich vor Augen geführt werden sollte.[28]

Die Formel von der „Klassenjustiz“ war jedoch politisch überaus ambivalent, zumindest für die deutsche Sozialdemokratie. Einerseits verdichtete sie offensichtliche Missstände, schloss an die Alltagserfahrung vieler Menschen an und lieferte zudem eine ideologisch konsistente Erklärung, die daran anknüpfendes politisches Handeln zu sanktionieren schien. Andererseits verdeutlichte sie das grundsätzliche Dilemma sozialdemokratischer Politik in den frühen 1920er Jahren, einerseits den Status quo mit guten Gründen zu kritisieren und auf Veränderungen zu drängen, andererseits aber die als defizitär erkannten Strukturen und Institutionen „staatstragend“ verteidigen zu müssen, um nicht dem (auch innerparteilichen) Vorwurf ausgesetzt zu sein, einer Klassenjustiz von links das Wort zu reden. Angesichts dieser Problemlage war es denn auch nur folgerichtig, dass die optimistische Angriffslust, die Kuttners Interventionen in den ersten Nachkriegsjahren prägte, in seinen späteren Beiträgen zur „Vertrauenskrise der Justiz“ in der zweiten Hälfte der 1920er Jahre bereits deutlich nachgelassen hatte und beinahe schon resignative Züge trug. Für die Justizkritik von rechts galt dies, wie gesehen, nicht.

V. Die „Vertrauenskrise der Justiz“ in der Weimarer Republik[29]

Am 9.1.1926 hielt der Journalist und Historiker Erich Eyck, Mitarbeiter der „Vossischen Zeitung“ und dort verantwortlich für die wöchentliche Beilage „Recht und Leben“, einen kontrovers diskutierten Vortrag in der „Berliner Juristischen Gesellschaft“ zum Thema „Die Kritik an der deutschen Rechtspflege“.[30] Ausgehend von diesem Vortrag entwickelte sich bald eine in Justiz, Medien und Politik ausführlich geführte Grundsatzdiskussion über die sogenannte „Vertrauenskrise der Justiz“.[31] Einen Monat nach Eycks Anstoß

[28] *Kuttner*, Klassenjustiz!, 1913, S. 5.

[29] Eine längere Fassung des folgenden Abschnitts ist erstmals abgedruckt bei *Siemens* (Fn. 25).

[30] „Die Kritik an der deutschen Rechtspflege. Erörterungen in der Juristischen Gesellschaft“, Vossische Zeitung v. 10.1.1926.

[31] Zur Genese des Begriffs „Vertrauenskrise der Justiz“ siehe auch *Kuhn*, Die Vertrau-

meldete sich der frühere Reichsjustizminister Gustav Radbruch in der angesehenen „Frankfurter Zeitung“ zu Wort. Er warnte vor einer Entfremdung von Justiz und öffentlicher Meinung und hob die Dringlichkeit einer umfassenden Aussprache hervor. Zu einem solchen Austausch der Meinungen sei es bisher jedoch nicht gekommen, da die Justiz jegliche Kritik barsch zurückgewiesen habe: „Der Justiz ist jede Kritik, wenn sie nur sachlich ist, hochwillkommen, – in jedem Einzelfall aber ist sie erstens unmöglich und zweitens vom (sic) Übel.“[32]

Auch viele republikanische Politiker sprachen in den folgenden Monaten offen von „Vertrauenskrise“,[33] während die Mehrheit der professionellen Juristen vor den Folgen eines vermeintlich „herbeigeredeten“ Vertrauensverlustes in die Rechtsprechung warnte.[34] Verteidigt wurde die Justiz auch von großen Teilen der konservativen Presse, die die Kritik der linken und liberalen Presse an der Justiz scharf kritisierte. So konnte man in der „Berliner Volks-Zeitung“ im Oktober 1926 lesen: „Aber wir wollen unsererseits auch diesmal wieder nicht unterlassen, auf das nachdrücklichste gegen die systematische Untergrabung des Vertrauens zum deutschen Richterstand und gegen die skrupellose Hetze gegen unsere Justiz zu protestieren. (...) Diese Linksradikalinskis nehmen sich immer das Recht heraus, den Oberrichter zu spielen. (...) Es ist ganz unausbleiblich, dass auf diese Weise das Vertrauen derjenigen Deutschen, die keine andere Zeitung als das Berliner Tageblatt und ähnliches lesen, vollständig erschüttert wird und dass das schließlich zu Konsequenzen führen muß, durch die der Bestand des Staates selbst bedroht wird.“[35]

Diese Kritik richtete sich insbesondere gegen die gesellschaftskritischen Gerichtsreporter, die in der liberaldemokratischen Presse Mitte der zwanziger Jahre eine wichtige Rolle spielten.[36] Insbesondere Paul Schlesinger

---

enskrise der Justiz, 1926–1928. Der Kampf um die Republikanisierung der Rechtspflege in der Weimarer Republik, 1983, S. 43 ff.

[32] *Radbruch*, „Justiz und Kritik“, Frankfurter Zeitung v. 16.2.1926.

[33] So Reichsjustizminister Johannes Bell bei seinem Amtsantritt. Vgl. „Irrwege der Justiz“, Frankfurter Zeitung v. 19.8.1926. Und der preußische Justizminister Schmidt-Lichtenberg stellte im Justizausschuss des Preußischen Landtages 1927 klar: „Reichsjustizminister Dr. Hergt (hat) ausdrücklich das Bestehen einer Vertrauenskrise der Justiz bejaht und zahlreiche richterliche Urteile als falsch und unverständlich preisgegeben (...). Meine ersten praktischen Erfahrungen haben mir bestätigt, dass das Mißtrauen gegen die Gerichte im beachtlichen Umfange fortbesteht und dass es großer Anstrengungen bedürfen wird, das gesunkene und teilweise verschwundene Vertrauen zur Rechtspflege wieder herzustellen.“ (zit. nach: „Preußen und die Justizkrise“, Vorwärts v. 6.5.1927).

[34] *Wildhagen*, Das Schlagwort: ‚Vertrauenskrise der Justiz‘, Deutsche Juristenzeitung 34 (1929), Sp. 729 ff., hier Sp. 731.

[35] *Oestreich*, „Wie die ‚Justizkrise‘ gemacht wird“, Berliner Volks-Zeitung v. 16.10.1926.

[36] Vgl. umfassend *Siemens*, Metropole und Verbrechen. Die Gerichtsberichterstattung

(Sling)[37] und Moritz Goldstein (Inquit)[38] von der „Vossischen Zeitung“, in geringerem Maße auch Gabriele Tergit[39] und Rudolf Olden[40] vom „Berliner Tageblatt“ verbanden ihre Augenzeugenberichte von Sensations-, aber auch alltäglichen Strafprozessen mit konkreter Justizkritik. Diese neue journalistische Praxis, die den im Kaiserreich vorherrschenden „richteroffiziösen“ Gerichtsbericht ablöste, stieß bei zahlreichen Richtern und Staatsanwälten auf starke Ablehnung. Ihrer Meinung nach durfte der deutsche Richterstand nicht durch Kritik an einzelnen Richtern und ihren Entscheidungen erschüttert werden, und dies müsse für die Zeitungen bedeuten, dass sie „politisch-parteilos objektiv“ und „juristisch sachlich“ argumentieren sollten.[41] Verteidiger der neuen journalistischen Praxis wie der Zeitungswissenschaftler Emil Dovifat nahmen dagegen die neuen, „feuilletonistischen“ Gerichtsreportagen gegen den Vorwurf mangelnder Objektivität in Schutz und betonten, dass jede journalistische Arbeit subjektiv sei. Es käme allein darauf an, ob sie „subjektiv wahrhaftig“ sei.[42]

Der Streit um die Gerichtsreportage war nur ein Nebenschauplatz in der großen Debatte um die „Vertrauenskrise“, er beleuchtet jedoch die dahinterstehenden, grundlegend verschiedenen Konzeptionen von Justiz und Öffentlichkeit. Während insbesondere die liberalen oder sozialdemokratischen Justizkritiker öffentliche Kritik an der Justiz als notwendig und wünschenswert in einem demokratischen Rechtsstaat erachteten, betrachtete die konservative Mehrheit der Juristen bereits die öffentliche Diskussion über die Arbeit der Justiz als Gefahr für deren Ansehen und Arbeitsfähigkeit. Diese Einschätzung ging über die immer wieder im Zusammenhang mit der Gerichts-

in Berlin, Paris und Chicago, 1919–1933, 2007; *Hammerschmidt*, Literarische Justizkritik in der Weimarer Republik. Der Beitrag der Schriftsteller in der Auseinandersetzung mit der Justizwirklichkeit unter besonderer Berücksichtigung des Werkes von Kurt Tucholsky, 2002; *Schöningh*, „Kontrolliert die Justiz“. Die Vertrauenskrise der Weimarer Justiz im Spiegel der Gerichtsreportagen von Weltbühne, Tagebuch und Vossischer Zeitung, München 2000; *Petersen*, Literatur und Justiz in der Weimarer Republik, 1988.

[37] Schlesinger war der bekannteste Gerichtsreporter der Weimarer Republik. Bereits 1929 erschien eine gesammelte Auswahl seiner Gerichtsfeuilletons unter dem Titel „Richter und Gerichtete“. Ein Kurzporträt von Sling gibt *Sösemann*, in: Haarmann u.a. (Hrsg.), Berliner Profile, 1993, S. 51 ff.

[38] Moritz Goldstein folgte Sling als Gerichtsreporter bei der Vossischen Zeitung nach. Vgl. *Goldstein*, Berliner Jahre. Erinnerungen, hrsg. von Kurt Koszyk, 1977.

[39] Zu Gabriele Tergit, mit bürgerlichem Namen Elisa Hirschmann, siehe *Larsen*, Die Welt der Gabriele Tergit, 1987; *Tergit*, Etwas Seltenes überhaupt. Erinnerungen, 1983.

[40] Olden war als Journalist, Schriftsteller und Rechtsanwalt beim Kammergericht Berlin für die Gerichtsreportage gleich doppelt qualifiziert, er schrieb allerdings nur gelegentlich Gerichtsreportagen. Ein instruktives Porträt Oldens liegt vor von *Müller*, in: Kritische Justiz (Hrsg.), Streitbare Juristen. Eine andere Tradition, 1988, S. 180 ff.

[41] *Bewert*, Deutsche Richterzeitung 19 (1927), 436.

[42] *Dovifat*, Zeitungs-Verlag 20 (1929), Sp. 1820 ff., hier: Sp. 1820.

berichterstattung erhobenen Manipulationsvorwürfe hinaus[43] und verweist auf das Problem, dass die Mehrheit der Juristen wenig Verständnis für fundamentale demokratische Rechte und Abläufe aufbrachte, während die demokratischen Justizkritiker jene Grundüberzeugungen gerade als Basis für die Berechtigung ihrer Position anführten.

Die Bilanz der Diskussion um die „Vertrauenskrise der Justiz" fällt zwiespältig aus. Eine Analyse der Debatte zeigt, dass der Konflikt um eine „Demokratisierung der Justiz" tiefer ging als zu Beginn der zwanziger Jahre von vielen angenommen worden war: Die konservativ-reaktionäre Justiz hatte sich geirrt, denn die Republik war keine kurzfristige Übergangserscheinung, sondern schien sich zur Zeit der Debatte um die „Vertrauenskrise" politisch und wirtschaftlich zu festigen, was sich daran zeigte, dass manche konservative Juristen durchaus mit ihren neuen Spielregen zurechtkamen.[44] Demokraten und Liberale wiederum mussten einsehen, dass das Gros der Richterschaft doch keine verkappten Demokraten waren, die in kurzer Zeit für die Weimarer Republik gewonnen werden konnten. Dieser Irrtum zeigt die begrenzte Reichweite ihrer Strategie, das Problem statt durch staatliche Intervention mit den Mitteln einer umfassenden Aussprache und der damit verbundenen Hoffnung auf einen tragfähigen gesellschaftlichen Konsens lösen zu können. Für weiterreichende Vorschläge wie eine umfassende Justizreform, wie sie die radikale Linke insbesondere in den ersten Jahren der Weimarer Republik gefordert hatte, fehlten nun nicht nur der Wille, sondern auch die politischen Mehrheiten.

Dass der Diskurs um eine „Vertrauenskrise der Justiz" gerade in der sogenannten Stabilisierungsphase der Weimarer Republik (1924–1929) am deutlichsten vernehmbar war, deutet auf das Unbehagen der demokratischen Kräfte an der Entwicklung der Republik hin, die nach außen zwar gefestigt erschien, sich in ihren Institutionen jedoch kaum gewandelt hatte. Gleichzeitig zeigt es aber auch das Selbstvertrauen der Demokraten, die glaubten, mit einer diskursiven Politisierung der „Vertrauenskrise" den Einstellungswandel in einer Institution mit großer Beharrungskraft vorantreiben zu können.

---

[43] Ausführlich hierzu *Wassermann* (Hrsg.), Justiz und Medien, 1980.

[44] Aufschlussreich ist das Beispiel des Amtsgerichtsrates Überhorst. Er veröffentlichte im Juli 1927 eine Art Rezension zum Buch „Acht Jahre politische Justiz" (hrsg. von der Deutschen Liga für Menschrechte, 1927). Von Interesse ist der Artikel vor allem deshalb, weil Überhorst im Buch selbst als „politischer Richter" genannt wird. Seine Verteidigung, die er relativ sachlich und überzeugend vorbringt, zeigt, dass die Fundamentalkritik an der deutschen Justiz im Einzelfall durchaus eine differenziertere Betrachtung verdient, als es hier auf wenigen Seiten möglich ist. Sie ist auch einer der seltenen mir bekannten Fälle, wo Richter von sich aus die Öffentlichkeit suchten und auf Kritik differenziert, souverän und partiell selbstkritisch reagierten. Vgl. *Überhorst*, „Acht Jahre politische Justiz-‚Kritik'", Berliner Lokal-Anzeiger v. 6.7.1927.

VI. Schlussüberlegungen

Ich möchte mit einem kurzen Blick auf die Gegenwart schließen. Wie sieht es heute aus mit der publizierten Justizkritik, sei es in Form von Leitartikeln oder Gerichtsreportagen? Das Genre der Gerichtsreportage fristet ein Schattendasein in den gegenwärtigen Massenmedien – sieht man einmal von den wenigen großen Verfahren wie zuletzt dem Münchner NSU-Prozess ab, die als Ausnahme die Regel bestätigen.[45] Es ist ein Bereich des Journalismus, der, wie Frauke Höbermann schon 1989 festgestellt hat, kaum dazu geeignet ist, sich einen Namen in diesem Beruf zu machen.[46] Dieser allgemeine Mangel steht der Abfassung von einigen wenigen herausragenden Gerichtsreportagen nicht im Wege, er verhindert aber eine fundierte Justizkritik, die am Beispiel konkreter Strafverfahren entwickelt wird. „In den Regionalzeitungen, die ja das große Heer der Leser erreichen, beschränkt sich die ‚Gerichtsberichterstattung' meist auf die brave Schilderung dessen, was sich in der Öffentlichkeit im Gerichtssaal abspielt", hielt etwa vor einigen Jahren der Presserechtler Rudolf Gerhardt fest, um dann mit ironischem Unterton fortzufahren: „Über den Fall, die Tat und den Täter wird berichtet, und dann schildert der Journalist meist in wenigen Zeilen, wie die Gerechtigkeit wieder einmal ihren Lauf nimmt. Der Richter, der diese Gerechtigkeit in seinen Händen hält, ist meist sakrosankt."[47] In gewisser Weise sind wir damit qualitativ hinter den Diskussionsstand der Weimarer Republik zurückgefallen.

Man könnte nun einwenden, dass dies ein natürlicher Umstand sei angesichts der Tatsache, dass unser Rechtssystem in der Bevölkerung hohe Wertschätzung genießt und die früheren politischen Systemkämpfe überwunden scheinen. Die Demokratie hat gesiegt und damit gewissermaßen einer herrschaftskritischen Justizkritik den Boden entzogen, so ließe sich eine solche Position verkürzt zusammenfassen. Eine solche selbstbequeme Erklärung ist jedoch aus mehreren Gründen problematisch, nicht nur angesichts der „Vertrauenskrise" der Demokratie, die Wissenschaftler wie Publizisten angesichts des Aufstiegs neuer populistischer Parteien und Bewegungen seit einigen Jahren zu beobachten meinen,[48] sondern auch, weil etwa eines der Streitthemen des frühen zwanzigsten Jahrhunderts, die Ausbildung und soziale Herkunft der deutschen Richter, gegenwärtig kaum noch diskutiert wird.

---

[45] Siehe hierzu *Friedrichsen*, Der Prozess. Der Staat gegen Beate Zschäpe u.a., 2019; *Schulz*, NSU. Der Terror von rechts und das Versagen des Staates, 2018. Der Prozessverlauf ist minutiös abgebildet in *Ramelsberger* u.a. (Hrsg.), Der NSU-Prozess. Das Protokoll, 4 Bde., 2018.

[46] *Höbermann*, Der Gerichtsbericht in der Lokalzeitung. Theorie und Alltag, 1989.

[47] *Gerhardt*, in: Müller/Osterloh/Stein (Hrsg.), Festschrift für Günter Hirsch zum 65. Geburtstag, 2008, S. 563 ff., hier S. 563–565.

[48] Einführend *Manow*, Die Politische Ökonomie des Populismus, 2018.

Ich würde mir daher auch für die Gegenwart ein wenig mehr „Vertrauenskrise der Justiz“ wünschen, denn bekanntlich ist jede Krise nicht nur Bedrohung, sondern auch Chance. Spricht man von „Krise“, dann nutzt man diese Metapher für eine Mininarration, eine Ein-Wort-Erzählung, die Vergangenheit, Gegenwart und Zukunft zu einem „plot“ verbindet.[49] Eine solche Mininarration trifft also nicht allein Aussagen über den mutmaßlichen Zustand der Justiz zum Zeitpunkt des jeweiligen Sprechakts, sondern sie beinhaltet immer auch (implizite) Aussagen über vormalige Zeiten und kommende Ziele. Und gerade vor diesem Hintergrund erscheint mir als Historiker mit dem Abstand von gut einhundert Jahren die Justizkritik im späten Kaiserreich und in der Weimar Republik in einem anderen, weniger bedrohlichem Licht als vielen damaligen Zeitgenossen. Die Justizkritiker, beinahe egal welcher politischen Richtung sie angehörten, haben durch ihre Kritik dem Rechtssystem insgesamt nicht geschadet, sondern genutzt. Ihre Kritik basierte, von ganz wenigen Ausnahmen abgesehen, auf einer idealen Vorstellung von dem, was eine Justiz leisten sollte, war letztendlich also einem erst in der Zukunft realisierbar erscheinenden Ideal verpflichtet. Die damaligen Vorstellungen mögen im Einzelnen unrealistisch gewesen sein, doch hätte es vielen in Politik und Justiz seinerzeit gut angestanden, souveräner und offener auf ihre Kritiker zuzugehen. Diese Chance wurde jedoch aus verschiedenen Gründen, allen voran wegen der starken gesellschaftlichen Polarisierung des Nachkriegsjahrzehnts, kaum genutzt.

Heute lässt sich von einer grundlegenden, gesellschaftlich relevanten Justizkritik nicht sprechen, doch ist es sicher nur eine Frage der Zeit, bis politisch interessierte Kreise eine neue „Vertrauenskrise der Justiz“ ausrufen werden. Die Geschichte legt nahe, dass es klüger ist, darauf nicht reflexartig ablehnend zu reagieren. Wer sich der kritischen Auseinandersetzung verschließt, selbst wenn diese prinzipiell ergebnisoffen geführt wird, mag dafür kurzfristig gesehen politisch gute Gründe haben, untergräbt aber auf lange Sicht genau den Zustand politischer Stabilität, den er vermeintlich erreichen will.

---

[49] *Nünning*, in: Grabes u.a. (Hrsg.), Metaphors shaping culture and theory, 2009, S. 231 ff.

Die Weimarer Reichsverfassung und das Strafrecht

Sven Großmann

I. Einleitung

Für Strafrechtswissenschaft und Praxis ist es seit Jahrzehnten selbstverständlich, das Strafrecht und seine Anwendung im Kontext der Verfassung und insbesondere der Grundrechte zu sehen. Viele seiner Grundprinzipien fußen auf der Grundrechtsintensität der strafrechtlichen Eingriffsformen. Bei Festlegung von Inhalt und Reichweite der Rechte Betroffener kommt deshalb der Rechtsprechung des Bundesverfassungsgerichts eine zentrale Rolle zu. In Vergessenheit gerät häufig, dass bereits das Reichsstrafgesetzbuch von 1871 sowie die 1879 in Kraft getretene Reichsstrafprozessordnung eine Vielzahl freiheitsschützender, rechtsstaatlicher Garantien enthielten. Obwohl die Bismarck'sche Reichsverfassung selbst keinen Grundrechtsteil aufwies, wurden der bürgerlichen Freiheit auf diese Weise im einfachen Recht elementare Schutzsphären vor willkürlichen staatlichen Eingriffen gewährt. Als erste demokratische Verfassung des Deutschen Reichs nahm die Weimarer Reichsverfassung von 1919 wichtige Grundprinzipien dieses rechtsstaatlichen Strafrechts, wie etwa das Gesetzlichkeitsprinzip, in seinen umfangreichen Grundrechtsteil auf. Der nachfolgende Beitrag ist dem Zusammenspiel der Weimarer Reichsverfassung mit dem Strafrecht gewidmet und möchte dabei insbesondere der Frage nachgehen, ob und wie sie Einfluss auf das damals geltende Recht nahm.

Nach einem Überblick über Aufbau und Regelungsinhalt der Weimarer Reichsverfassung (II.), soll dabei zunächst auf die Entwicklungen des materiellen Strafrechts in Weimar eingegangen werden, wobei ein Schwerpunkt auf den Bemühungen um einen strafrechtlichen Schutz der Republik und seiner neuen Verfassungsordnung liegt (III.). Sodann wenden wir uns der Frage zu, warum die nunmehr erstmals reichsweit geltenden Grundrechte der Weimarer Reichsverfassung das Strafverfahren und die Beschuldigtenrechte kaum beeinflussten (IV.).

II. Aufbau und Regelungsinhalt der Weimarer Reichsverfassung

Die Weimarer Reichsverfassung (WRV) gliederte sich in zwei Hauptteile auf. Während die Art. 1–108 WRV *Aufbau und Aufgabe des Reichs* normierten, widmete sich der zweite Hauptteil den *Grundrechten und Grundpflichten der Deutschen* (Art. 109–165 WRV).

1. Erster Hauptteil (Aufbau und Aufgabe des Reichs)

Der erste Hauptteil der Weimarer Reichsverfassung hatte im Wesentlichen staatsorganisatorische Regelungen zum Gegenstand. Art. 1 WRV bringt zunächst den Bruch mit der konstitutionellen Monarchie des Deutschen Kaiserreichs zum Ausdruck: „Das Deutsche Reich ist eine Republik. Die Staatsgewalt geht vom Volke aus." Die anschließenden Regelungen des ersten Hauptteils befassten sich mit dem Verhältnis des Reichs zu den Ländern (Art. 1–19 WRV) sowie den Aufgaben und Beziehungen der einzelnen Staatsorgane des Reiches (Art. 20–67 WRV). Die nachfolgenden Bestimmungen betrafen die Reichsgesetzgebung und -verwaltung sowie die Rechtspflege (Art. 68–108 WRV).

Durch die Abschaffung der Monarchie kam dem neuen Amt des Reichspräsidenten eine besondere Bedeutung zu. Nachdem der Verfassungsausschuss lange Zeit kontrovers über die künftige Rolle und Stellung des Reichspräsidenten debattiert hatte, entschied man sich für einen „plebiszitären, parlamentarischen Mittelweg".[1] Danach sollte der durch Direktwahl (Art. 41 Abs. 1 WRV) mit großer demokratischer Legitimation ausgestattete Reichspräsident ein Gegengewicht zum Parlament bilden.[2] Wegen Verzögerungen bei der Ausgestaltung der zur Wahl erforderlichen gesetzlichen Grundlagen kam es allerdings erst im Jahr 1925 zur ersten Wahl des Reichspräsidenten. Bis dahin hatte der am 11. Februar 1919 von der Nationalversammlung gewählte Friedrich Ebert gem. Art. 180 Abs. 2 WRV übergangsweise das Amt inne.[3]

Der Reichspräsident verfügte als höchster Repräsentant des Staates über zentrale verfassungsmäßige Kompetenzen.[4] Von herausragender Bedeutung

---

[1] *Stern*, Das Staatsrecht der Bundesrepublik Deutschland – Band V, 2000, S. 591 f.; *Anschütz,* Verfassung des Deutschen Reichs, 14. Aufl. 1933, S. 243; *Pohl,* in: Anschütz/Thoma (Hrsg.), Handbuch des Deutschen Staatsrechts Band I, 1930, S. 469.

[2] *Winkler*, Weimar 1918–1933, 2018, S. 105; *Gusy*, Die Weimarer Reichsverfassung, 1997, S. 99; *Huber*, Deutsche Verfassungsgeschichte seit 1789 – Band 6, 1993, S. 308 und 320 ff.; *Kielmansegg,* in: Dreier/Waldhoff (Hrsg.), Das Wagnis der Demokratie, 2018, S. 232.

[3] *Huber* (Fn. 2), S. 311; *Gusy* (Fn. 2), S. 99.

[4] Neben dem Oberbefehl über die gesamte Wehrmacht des Reichs (Art. 47 WRV) zähl-

für das Schicksal der Weimarer Republik waren die in Art. 48 Abs. 2 WRV vorgesehenen, weitreichenden Notstandskompetenzen des Reichspräsidenten. Diese sog. „Diktaturgewalt“[5] führte im Fall ihrer Aktivierung zu einer massiven Kompetenzverschiebung zugunsten des Reichspräsidenten. Bei einer erheblichen Störung oder Gefährdung der öffentlichen Sicherheit und Ordnung konnte der Reichspräsident die zu ihrer Wiederherstellung nötigen Maßnahmen treffen. In aller Regel bediente er sich dabei der Möglichkeit Notverordnungen zu erlassen, wodurch einfache Gesetze aufgehoben, geändert oder durchbrochen werden konnten.[6] Dabei durfte eine Reihe von Grundrechten ganz oder zum Teil außer Kraft gesetzt werden.[7] Viele Diktaturverordnungen enthielten auch Verschärfungen bestehender Straftatbestände oder gänzlich neue Strafandrohungen.[8]

Aufgrund der enormen wirtschaftlichen und politischen Turbulenzen der 1920er Jahre stand die Weimarer Republik insgesamt neun Jahre unter der Diktaturgewalt des Reichspräsidenten.[9] Während Ebert in seiner Amtszeit ganze 136 Notverordnungen erließ,[10] verzichtete Hindenburg in den ersten fünf Jahren seiner Präsidentschaft gänzlich auf dieses Instrument.[11] Gleichwohl weigerte er sich, das in Art. 48 Abs. 5 WRV vorgesehene, konkretisierende Ausführungsgesetz zu erlassen.[12] Einen entsprechenden Entwurf wies Hindenburg als unzulässige Beschränkung der Kompetenzen des Reichspräsidenten zurück.[13] Infolge der mit der Weltwirtschaftskrise einhergehenden politischen Instabilität bediente sich auch Hindenburg ab 1930 der Diktaturgewalt.[14] Unter ihm kam es zu einer derart ausgedehnten Anwendung von Art. 48 WRV, dass die Gesetzgebung letztlich ausschließlich im Rahmen

---

ten hierzu die Ernennung und Entlassung des Reichskanzlers und der Reichsminister (Art. 53 WRV) sowie das Recht, den Reichstag aufzulösen (Art. 25 Abs. 1 WRV). All dies verlieh ihm große politische Gestaltungsmacht, vgl. hierzu *Schneider*, in: Isensee/Kirchhof (Hrsg.), Handbuch des Staatsrechts – Band I, 3. Aufl. 2003, S. 215; *Stern* (Fn. 1), S. 594; *Gusy* (Fn. 2), S. 101 ff.

[5] Umfassend *Grau,* in: Anschütz/Thoma (Hrsg.), Handbuch des Deutschen Staatsrechts Band II, 1932, S. 274 ff.; zum Begriff *Stern* (Fn. 1), S. 599 m.w.N.

[6] *Stern* (Fn. 1), S. 604; *Anschütz* (Fn. 1), S. 284 f.

[7] Art. 114 (Freiheit der Person), 115 (Unverletzlichkeit der Wohnung), 117 (Brief- und Fernmeldegeheimnis), 118 (Meinungsfreiheit), 123 (Versammlungsfreiheit), 124 (Vereinigungsfreiheit) und Art. 153 WRV (Eigentum).

[8] Vgl. die Übersicht bei *Huber* (Fn. 2), S. 720.

[9] *Stern* (Fn. 1) S. 599.

[10] *Kielmansegg* (Fn. 2), S. 232.

[11] *Kielmansegg* (Fn. 2), S. 234.

[12] *Schneider* (Fn. 4), S. 216; *Stern* (Fn. 1), S. 601.

[13] Vgl. das Schreiben Hindenburgs an Reichskanzler Marx v. 22.11.1926 bei *Flemming/Krohn/Stegmann/Witt* (Hrsg.), Die Republik von Weimar – Band 1, 1979, S. 31 f.

[14] *Kielmansegg* (Fn. 2), S. 233 f.

eines „Verfassungsnotstandes“ im Verordnungswege erfolgte.[15] In den letzten Jahren der Weimarer Republik verdrängten die ursprünglich als Ausnahme vorgesehenen präsidialen Eingriffsbefugnisse die in der Verfassung normierte Kompetenzverteilung komplett.[16]

2. Zweiter Hauptteil (Die Grundrechte und Grundpflichten der Deutschen)

Der zweite Teil der Weimarer Verfassung regelte die *Grundrechte und Grundpflichten der Deutschen*. Entgegen der Formulierung waren nach damals vorherrschender Auslegung Ausländer nicht grundsätzlich vom Grundrechtsschutz ausgeschlossen (vgl. etwa die Art. 114, 116 WRV).[17] Die Bestimmungen des zweiten Hauptteils enthielten zudem nicht nur subjektive Rechte und Pflichten der Bürger, sondern auch eine Vielzahl von Gesetzgebungsaufträgen und Institutsgarantien.[18] Inhaltlich folgten die Vorschriften dabei keiner einheitlichen gesellschaftspolitischen Zielsetzung. Im Grundrechtsteil fanden sich vielmehr die unterschiedlichsten politischen Positionen wieder, sodass er auch als „überfraktionelles Parteiprogramm“ bezeichnet wurde.[19] Zu beachten ist zudem, dass auch im ersten Hauptteil einige Grundrechte enthalten waren, wie z.B. die Garantie des gesetzlichen Richters in Art. 105 Abs. 1 S. 2 WRV.[20]

Die Heterogenität der im Grundrechtsteil der Weimarer Reichsverfassung enthaltenen Bestimmungen machte eine inhaltliche Strukturierung erforderlich.[21] Hierzu trug u.a. eine maßgeblich von Carl Schmitt entwickelte Unterteilung bei. Zentral war für ihn die Unterscheidung zwischen „echten“ Grundrechten auf der einen und institutionellen Garantien auf der anderen Seite: „Für einen wissenschaftlich brauchbaren Begriff muß daran festgehalten werden, daß Grundrechte im bürgerlichen Rechtsstaat nur solche Rechte sind, die als vor- und überstaatliche Rechte gelten können, die der Staat nicht nach Maßgabe seiner Gesetze verleiht, sondern als vor ihm gegeben anerkennt und schützt (…). Diese Grundrechte sind also ihrer Substanz nach keine Rechtsgüter, sondern Sphären der Freiheit, aus der sich Rechte, und zwar Abwehrrechte, ergeben.“[22] Dazu zählte er die Freiheits-,

---

[15] *Stern* (Fn. 1), S. 604 m.w.N.

[16] *Stolleis,* Geschichte des öffentlichen Rechts in Deutschland – Dritter Band, 1999, S. 115 f.; *Kielmansegg* (Fn. 2), S. 233; *Stern* (Fn. 1), S. 604.

[17] *Dreier,* in: Dreier (Hrsg.), Grundgesetz Kommentar – Band 1, 3. Aufl. 2013, Vorb. Art. 1 Rn. 16; *Anschütz* (Fn. 1), S. 510 ff.; *Gusy* (Fn. 2), S. 272.

[18] *Gusy* (Fn. 2), S. 272.

[19] So *Koch,* DJZ 1919, Sp. 611 (zitiert nach *Stern*, Das Staatsrecht der Bundesrepublik Deutschland Band III/1, 1988, S. 121 (dort Fn. 338)); *Stolleis* (Fn. 16), S. 110.

[20] *Dreier,* in: Merten/Papier (Hrsg.), Handbuch der Grundrechte – Band I, 2004, S. 159.

[21] *Anschütz* (Fn. 1), S. 517.

[22] *Schmitt*, Verfassungslehre, 5. Aufl. 1928, S. 163.

Gleichheits- und Eigentumsrechte.[23] Daneben standen institutionelle Garantien, worunter er die Gewährleistung von Grundeinrichtung des bürgerlichen Rechts (z.B. Familie und Erbrecht) und des öffentlichen Rechts (z.B. das Berufsbeamtentum und die Gerichtsbarkeit) fasste.[24] Aufgrund der Vielgestaltigkeit der Bestimmungen des zweiten Hauptteils diskutierte bereits der Verfassungsausschuss intensiv, welche Geltungskraft den Verbürgungen dieses Abschnitts zukommen soll. So sah ein Entwurf vor, dem Grundrechtsteil folgende Passage klärend voranzustellen: „Die Grundrechte und Grundpflichten bilden Richtschnur und Schranken für Gesetzgebung, die Verwaltung und die Rechtspflege im Reich und in den Ländern."[25] Es dürfte nicht zuletzt auf die Einwirkung von Preuß zurückzuführen sein, dass dieser Passus nicht Einzug in die endgültige Fassung fand.[26] Seiner Ansicht nach war die Frage, wann Grundrechte unmittelbare Geltungskraft entfalten sollen, nur im Einzelfall, nach dem Wortlaut der jeweiligen Norm zu beantworten.[27] Die Streichung dieser Passage interpretierten Gegner und Befürworter der Aufnahme eines Grundrechtsteils als verfassungspolitischen Kompromiss.[28]

III. Bedeutung der Weimarer Reichsverfassung für das materielle Strafrecht

Gem. Art. 178 Abs. 2 WRV blieb das gesamte bisherige Reichsrecht und damit auch das geltende Straf- und Strafverfahrensrecht in Kraft, soweit es nicht im Widerspruch zur neuen Verfassung stand.[29] Während der gesamten Weimarer Republik bemühte sich die Strafrechtswissenschaft zwar um eine durchgreifende Reform des Strafrechts.[30] Umgesetzt wurden indes nur 13

---

[23] Überblick bei *Schmitt* (Fn. 22), S. 170; *Schmitt,* in: Anschütz/Thoma (Hrsg.), Handbuch des Deutschen Staatsrechts Band II, 1932, S. 590 ff.; hierzu auch *Huber* (Fn. 2), S. 101.

[24] Er unterschied dabei weiter zwischen institutionellen Garantien und Institutsgarantien, vgl. *Schmitt* (Fn. 23), S. 595 f.; siehe hierzu auch *Huber* (Fn. 2), S. 101; *Gusy* (Fn. 2), S. 272; *Schmitt* (Fn. 22), S. 170 f.: „Die institutionelle Garantie ist ihrem Wesen nach begrenzt. Sie besteht nur innerhalb des Staates und beruht nicht auf der Vorstellung einer prinzipiell unbegrenzten Freiheitssphäre, sondern betrifft eine rechtlich anerkannte Institution, die als solche immer etwas Umschreibendes und Umgrenztes, bestimmten Aufgaben und bestimmten Zwecken Dienendes ist (…)."

[25] *Kühne,* Die Entstehung der Weimarer Verfassung, 2018, S. 73.

[26] *Kühne* (Fn. 25), S. 72 f.

[27] Vgl. *Stern* (Fn. 19), S. 123.

[28] Hierzu *Kühne* (Fn. 25), S. 74.

[29] Hierzu *Ross*, Die Einwirkung des Ersten Hauptteils der Weimarer Reichsverfassung auf das Reichsstrafrecht, 1931, S. 1.

[30] Vgl. etwa den wichtigen Entwurf des damaligen Reichsjustizministers *Radbruch* aus

Änderungen des Strafgesetzbuchs, wovon viele redaktioneller Natur waren.[31] Dabei hatten auch in der Reichsverfassung enthaltene Neuerungen zum Teil direkten Einfluss auf das Strafrecht. So wurden u.a. Straftatbestände, die dem Schutz der allgemeinen Wehrpflicht dienten, gegenstandslos, da eine solche in der Weimarer Reichsverfassung nicht mehr vorgesehen war.[32] Deutlich äußerte sich das Zusammenspiel von Verfassung und materiellem Strafrecht in der verfassungsrechtlichen Verankerung des Gesetzlichkeitsprinzips in Art. 116 WRV (I.) sowie im Staatsschutzstrafrecht (II.).

1. Verfassungsrechtliche Verankerung des nulla poena sine lege-*Grundsatzes*

Nachdem das Gesetzlichkeitsprinzip in Deutschland erstmals im Bayerischen Strafgesetzbuch von 1813 kodifiziert wurde, fanden sich vergleichbare Regelungen im preußischen Strafgesetzbuch von 1851, dem Strafgesetzbuch für den Norddeutschen Bund von 1870 und schließlich im Reichsstrafgesetzbuch von 1871 wieder. So hieß es in § 2 Abs. 1 RStGB: „Eine Handlung kann nur dann mit einer Strafe belegt werden, wenn diese Strafe gesetzlich bestimmt war, bevor die Handlung begangen wurde."[33]

Mit der Aufnahme in Art. 116 WRV wurde der *nulla poena*-Grundsatz nunmehr unter verfassungsrechtlichen Schutz gestellt. Auffallend ist der von § 2 Abs. 1 RStGB abweichende Wortlaut. Der im Übrigen gleichlautende Art. 116 WRV stellte im Unterschied zu § 2 Abs. 1 RStGB nicht auf die gesetzliche Bestimmung der „Strafe", sondern auf die der „Strafbarkeit" ab. Diese Abweichung im Wortlaut verleitete einige Vertreter im Schrifttum zu der Annahme, dass ein materieller Unterschied zwischen den Regelungen bestehe.[34] Entscheidend war dies insbesondere für die Frage, ob Art. 116 WRV auch vor nachträglichen Straf*verschärfungen* ohne inhaltliche Änderung der Strafbarkeitsvoraussetzungen schützte.[35] Während eine Minderheit dies verneinte,[36] vertrat die h.L. letztlich die Auffassung, dass die beiden Regelungen inhaltlich identisch seien.[37] Uneinheitlich war indes die Recht-

dem Jahre 1922, der u.a. die Abschaffung der Todesstrafe vorsah, hierzu: *Goltsche*, Der Entwurf eines Allgemeinen Deutschen Strafgesetzbuches von 1922 (Entwurf Radbruch), 2010; *Vormbaum*, Einführung in die moderne Strafrechtsgeschichte, 3. Aufl. 2016, S. 163 ff.

[31] *Vormbaum* (Fn. 30), S. 161.

[32] *Ross* (Fn. 29), S. 40.

[33] Zum dogmengeschichtlichen Hintergrund vgl. *Dannecker,* in: LK-StGB, 12. Aufl. 2007, § 1 S. 68 ff.; ausführlich *Krey*, Keine Strafe ohne Gesetz, 1983.

[34] Übersichten bei *Gerland,* in: Nipperdey (Hrsg.), Die Grundrechte und Grundpflichten der Reichsverfassung – Band 1, 1929, S. 369 f.; *v. Liszt/Schmidt*, Lehrbuch des Deutschen Strafrechts, 25. Aufl. 1927, S. 110 f. (dort Fn. 3); *Scherner*, Einwirkung der Grundrechte der Weimarer Reichsverfassung auf das geltende Strafrecht, 1931, S. 6 ff.

[35] *Gusy* (Fn. 2), S. 296.

[36] Vgl. Nachweise bei *Gerland* (Fn. 34), S. 369 f.

[37] *Anschütz* (Fn. 1), S. 548; *Düringer,* JW 1919, 701 (702); *Käckell,* ZStW 41 (1920), 680, 684; *Kiesow,* DJZ 1919, 870 (871); *Gerland* (Fn. 34), S. 368 ff.

sprechung des Reichsgerichts hierzu:[38] Während eine Entscheidung aus dem Jahr 1922 zunächst davon sprach, dass § 2 Abs. 1 RStGB durch Art. 116 WRV ersetzt worden sei,[39] vertrat das Reichsgericht in einem späteren Urteil die Auffassung, dass die beiden Normen inhaltlich übereinstimmten.[40] Im Jahr 1933 gab das RG in seinem berüchtigten Reichstagsbrand-Urteil diese Sichtweise letztlich auf, indem es § 1 des Gesetzes über den Vollzug der Todesstrafe vom 29.3.1933 für vereinbar mit Art. 116 WRV erklärte:[41]

> „Das (...) Gesetz vom 29.3.1933 hebt für den von ihm geregelten Fall den Grundsatz des § 2 Abs. 1 StGB (...) auf, nicht dagegen den des Art. 116 RVerf. (...). Denn nicht die Strafbarkeit der aufrührerischen Brandstiftung (wie des Hochverrats) ist rückwirkend bestimmt, sondern lediglich die Strafe für die schuldhafte Verwirkung des bereits vorher strafbaren Tatbestandes erhöht. Der § 2 Abs. 1 StGB aber kann formell durch den Gesetzgeber jederzeit – auch unbeschadet seines Fortbestandes für den Regelfall – durch entgegenstehende Gesetzesbestimmung im Einzelfall außer Kraft gesetzt werden und könnte das als einfaches Reichsgesetz selbst dann, wenn der Gesetzgeber nicht wie hier nach dem Gesetz vom 24.3.1933 auch zum Erlaß verfassungsändernder Reichsgesetze als Regierungsgesetze befugt wäre."[42]

Diese inhaltliche Entkernung von Art. 116 WRV durch das RG verschaffte den Nationalsozialisten in der Folge die Möglichkeit, auf vermeintlich verfassungskonforme Weise eine Reihe rückwirkender Strafverschärfungen zu erlassen.[43] Das Beispiel zeigt eindringlich, dass der bloße Text einer Verfassung fundamentale, revolutionäre politische Veränderungen nicht aufhalten kann. Die Richter des RG haben hier eine sprachliche Unschärfe bzw. einen Meinungsstreit gezielt dazu genutzt, um eine zentrale Garantie rechtsstaatlichen Strafrechts auszuhebeln. Selbst wenn die Weimarer Reichsverfassung an dieser Stelle sprachlich eindeutig gewesen wäre, hätte *dieses* RG wohl einen Weg gefunden, das politisch Gewollte zu erreichen.

2. *Strafrechtlicher Republikschutz*

Im materiellen Strafrecht stand in den 1920er Jahren besonders der Staatsschutz im Fokus der Gesetzgebung. Dabei musste zum einen geklärt werden, inwieweit sich die staatsschützenden Straftatbestände des Kernstrafrechts aus der Kaiserzeit auf die Republik und ihre neue Verfassung übertragen ließen. Zum anderen bestand aufgrund der Vielzahl politisch motivierter

[38] Hierzu *v. Liszt/Schmidt* (Fn. 34), S. 111 (dort Fn. 3); *Scherner* (Fn. 34), S. 8 f.

[39] So in RGSt 56, 318; so auch 57, 59 und 57, 119.

[40] So in RGSt 57, 404 (406); vgl. auch 58, 401 (406).

[41] Hierzu *Dannecker* (Fn. 33), § 1 S. 72.

[42] RG, Urteil v. 23.12.1933 – XII H 42/33 – openJur 2013, 21602, Rn. 269.

[43] Vgl. die Übersicht bei *Dannecker* (Fn. 33), § 1 S. 72 f., siehe dort auf S. 74 (dort Fn. 78) auch den Hinweis auf die zahlreichen Durchbrechungen des Rückwirkungsverbots durch die Nationalsozialisten.

Angriffe auf die Republik und ihre Repräsentanten die Notwendigkeit, neue spezialgesetzliche Maßnahmen zum Republikschutz zu erlassen.

a) Schutz der Republik im Kernstrafrecht

Die Transformation des Deutschen Kaiserreichs in eine Republik ließ eine Reihe strafrechtlicher Bestimmungen zum Schutz des Kaisers und des Adels hinfällig werden. Nach den Art. 45 ff. WRV löste der Reichspräsident den Kaiser als höchsten Repräsentanten des Staates ab. Dies hatte zur Folge, dass eine Vielzahl der Kompetenzen des Kaisers auf den Reichspräsidenten übertragen wurden.[44] Einem stillschweigenden Austausch der Schutzobjekte der – ehemals die Rechtsgüter des Kaisers schützenden – Straftatbestände stand indes das Analogieverbot entgegen. Entsprechend dem in Art. 178 WRV aufgestellten Grundsatz wurde damit eine Reihe von Straftatbeständen bereits vor ihrer formellen Aufhebung gegenstandslos. Dies betraf etwa den Fürstenmord nach § 80 RStGB oder die Majestätsbeleidigung nach den §§ 94 ff. RStGB.[45] Gleiches galt für andere zu Zeiten des Kaiserreichs strafrechtlich besonders geschützte Mitglieder des Hochadels sowie für Landesfürsten.[46] Umstritten war u.a. auch die Frage, ob die Anmaßung eines adligen Namens auch weiterhin gem. § 360 Nr. 8 RStGB strafbar blieb.[47] Ein besonderes Problem stellte in diesem Zusammenhang der Tatbestand des Hochverrats gem. § 81 RStGB dar, der trotz verschiedener Reformbemühungen während der gesamten Zeit der Weimarer Republik unverändert blieb und erst 1934[48] von den Nationalsozialisten angepasst wurde.[49]

Soweit § 81 RStGB auf den Kaiser bzw. dessen Thronfolge Bezug nahm, wurden diese Bestimmungen ebenfalls gegenstandslos.[50] Fraglich war jedoch, ob die neue Weimarer Verfassung ein taugliches Schutzobjekt von § 81 Nr. 2 RStGB darstellen konnte. Hätte man der Norm ausschließlich ein formelles Schutzobjektverständnis zugrunde gelegt, so wäre auch sie ab 1918 gegenstandslos geworden, da sie ursprünglich zum Schutz der Reichsverfassung von 1871 sowie der größtenteils ebenfalls monarchisch ausgerichteten Lan-

---

[44] Hierzu *Ross* (Fn. 29), S. 22 f.; *Kiesow,* DJZ 1919, 870 (873); *Käckell,* ZStW 41 (1920), 680, 699.

[45] *Gusy,* Weimar – die wehrlose Republik?, 1991, S. 108; *von Lewinski,* NJW 2018, 3357 (3358); *Ross* (Fn. 29), S. 8 f.; *Kiesow,* DJZ 1919, 870 (873 f.); *Käckell,* ZStW 41 1920, 680, 684.

[46] *von Lewinski,* NJW 2018, 3357 (3359).

[47] *von Lewinski,* NJW 2018, 3357 (3361); *Käckell,* ZStW 41 (1920), 680, 699 f.; *Scherner* (Fn. 34), S. 46 ff.

[48] RG v. 24.4.1934, RGBl I S. 341.

[49] *Gusy* (Fn. 45), S. 108; hierzu auch *Gusy,* GA 1992, 195; *Vormbaum* (Fn. 30), S. 157.

[50] *Kern,* DJZ 1919, 566; *Gusy* (Fn. 45), S. 108 (vgl. dort Nachweis bei Fn. 57); hierzu auch *Ross* (Fn. 29), S. 8 f. (dort Fn. 5); *Huber* (Fn. 2), S. 654.

desverfassungen geschaffen wurde.[51] U.a. unter Bezugnahme auf die republikanischen Verfassungen der freien Hansestädte wurde allerdings argumentiert, dass die Norm wertungsfrei jede geltende Verfassung schütze.[52] Das RG vertrat in der Folgezeit einen sog. „gemischten Verfassungsbegriff", wonach jede faktisch bestehende Ordnung geschützt werden sollte, die rechtlich wirksam wurde, wodurch bereits die Phase zwischen der Novemberrevolution von 1918 und der Verkündung der Weimarer Reichsverfassung im August 1919 dem strafrechtlichen Schutz des Hochverrats unterfiel.[53] Das RG erkannte die Weimarer Verfassung sodann als Schutzgut von § 81 Nr. 2 RStGB an.[54] Es führte dazu in einer Entscheidung vom 21.12.1921 aus: „Die strafgesetzgeberischen Bestimmungen über Hochverrat schützen die Verfassung in ihrer jeweils geltenden Form, keineswegs nur in der Gestalt, wie sie gerade zur Zeit des Erlasses des Strafgesetzbuches bestand."[55] Aufgrund der fehlenden gesetzgeberischen Anpassung des Tatbestandes kam der Auslegung der Tatbestandsmerkmale durch die Rechtsprechung eine erhebliche Bedeutung zu. So zeigte sich insbesondere ein äußerst weites Verständnis der „Vorbereitung zum Hochverrat" nach § 86 RStGB.[56] Dabei lässt sich jedoch beobachten, dass die Rechtsprechung verfassungsfeindliche Aktivitäten der KPD erheblich strenger beurteilte als solche der NSDAP.[57]

b) Notstandsstrafrecht und Republikschutzgesetze

Politisch motivierte Gewalt und Angriffe auf die neue Verfassungsordnung waren für die Weimarer Republik prägend. Das bestehende Rechtssystem schien keinen ausreichenden Schutz gegen verfassungs- und republikfeindliche Aktivitäten zu bieten.[58] Dem ersten Republikschutzgesetz aus dem Jahr 1922 ging eine Reihe von Notverordnungen voraus, die auf Grundlage von Art. 48 Abs. 2 WRV verhängt wurden:

Als Reaktion auf den Mord am republikanisch orientierten Politiker Erzberger durch zwei Freikorpskämpfer am 26.8.1921 und eine die Tat begleitende Hetzkampagne in rechtsextremistischen Publikationen, erließ der

---

[51] *Gusy* (Fn. 45), S. 109.

[52] Hierzu: *Kern*, DJZ 1919, 566 (567); *Gusy* (Fn. 45), S. 109.

[53] So *Gusy* (Fn. 45), S. 110 mit Bezugnahme auf RGSt 54, 102 (104).

[54] Vgl. RGSt 56, 173; eine weitere Konkretisierung erfuhr der gemischte Verfassungsbegriff in RGSt 57, 209 (211), hierzu *Gusy* (Fn. 45), S. 112; *Huber* (Fn. 2), S. 654 f.; *Schneider* (Fn. 4), S. 220.

[55] RGSt 56, 259 (261).

[56] Hierzu *Huber* (Fn. 2), S. 658 f.; *Gusy* (Fn. 45), S. 120 ff.

[57] Hierzu *Vormbaum* (Fn. 30), S. 158; *Gusy* (Fn. 45), S. 117 ff., 119 f., 127.

[58] *Huber* (Fn. 2), S. 660; *Graf zu Dohna,* in: Anschütz/Thoma (Hrsg.) Handbuch des Deutschen Staatsrechts Band I, 1930, S. 204 f.

Reichspräsident zunächst am 29.8.1921 eine Notverordnung,[59] die u.a. die Möglichkeit der Beschlagnahme von Presseerzeugnissen und Maßnahmen gegen Versammlungen und Vereinigungen vorsah.[60] Nach Protesten der Länder, die sich gegen die in § 4 der Notverordnung vorgesehene Vollzugszuständigkeit des Reichsministers des Inneren richteten, wurde sie bereits einen Monat nach ihrem Inkrafttreten aufgehoben und durch eine – abgesehen von der Kompetenzverteilung – weitgehend inhaltsgleiche Notverordnung vom 28.9.1921 ersetzt.[61] Nach Aufhebung auch dieser Verordnung am 23.12.1921[62] folgte auf den Mord an Rathenau und einer Reihe weiterer politisch motivierter Attentate am 26.6.1922 die „Erste Verordnung zum Schutze der Republik".[63] Neben Regelungen gegen Versammlungen und Kundgebungen, sah diese auch Straftatbestände sowie die Schaffung eines Staatsgerichtshofs zum Schutze der Republik (RepStGH) vor.[64] Letzterer war als Sonderstrafgericht u.a. zuständig für die Verhandlung republikfeindlicher Straftaten.[65] Die nur drei Tage darauf erlassene „Zweite Verordnung zum Schutze der Republik"[66] führte weitere Straftatbestände ein, die u.a. Todesstrafen bzw. lebenslange Freiheitsstrafen für Mitglieder von Vereinigungen vorsahen, die die Tötung republikanischer Minister zum Ziel hatten.[67] Diese in den Verordnungen zum Schutze der Republik geregelten Strafbestimmungen waren dabei längst nicht die einzigen, die auf dem Verordnungsweg zustande gekommen waren. Über die gesamte Dauer der Weimarer Republik wurde eine Vielzahl sog. Diktaturverordnungen erlassen, die zum Teil massive Strafverschärfungen bis hin zur Todesstrafe oder gänzlich neue Strafandrohungen[68] vorsahen.[69]

Nach Erlass der Juniverordnungen des Jahres 1922 beabsichtigte die Reichsregierung, diese möglichst schnell durch ein ordentliches Gesetz abzulösen. Ziel war es, ein Gesetz zu erlassen, mit dem nicht nur auf aktuelle Krisen reagiert werden konnte, sondern das präventiv die Entstehung neuer

---

[59] RGBl. S. 1239.

[60] *Gusy* (Fn. 45), S. 128 ff.; *Jasper*, Der Schutz der Republik, 1963, S. 34 ff.; *Vormbaum* (Fn. 30), S. 159.

[61] RGBl. S. 1271; *Huber* (Fn. 2), S. 660; *Gusy* (Fn. 45), S. 132 f.; siehe aber auch *Jasper* (Fn. 60), S. 45 f.

[62] Zum Hintergrund *Gusy* (Fn. 45), S. 134 (dort Fn. 227 m.w.N.).

[63] RGBl. I S. 521.

[64] *Gusy* (Fn. 45), S. 135 f.

[65] *Jasper* (Fn. 60), S. 58; *Huber* (Fn. 2), S. 660.

[66] RGBl S. 532.

[67] *Jasper* (Fn. 60), S. 58; *Gusy* (Fn. 45), S. 138.

[68] So bspw. das in der Verordnung des Reichspräsidenten zur Wiederherstellung der öffentlichen Sicherheit und Ordnung v. 15.9.1923 geregelte Verbot des Aufrufs zum Steuerstreik.

[69] Vgl. die Übersicht bei *Huber* (Fn. 2), S. 720.

Krisen verhindern sollte.[70] Im Wesentlichen sollte das neue Republikschutzgesetz auf den bereits ergangenen Verordnungen beruhen, was bei einigen Ländervertretern großen Protest hervorrief. So kritisierte der bayerische Ministerpräsident Graf Lerchfeld an dem Entwurf u.a., dass durch das geplante Gesetz in unzulässiger Form bayerische Zuständigkeiten beschnitten würden und die vorgesehenen Strafmaße unverhältnismäßig hoch seien.[71] Im Zentrum der Diskussion stand jedoch die Frage, ob sich das Gesetz ausschließlich gegen das rechtsextreme Lager oder gegen alle republikfeindlichen Bestrebungen richten sollte. Während in den Notverordnungen noch allgemein von der „republikanischen Staatsform" die Rede war, verwendete das erste Republikschutzgesetz die Formulierung „*verfassungsmäßige*, republikanische Staatsform". Damit stellten die Verfasser klar, dass die Räterepublik nicht dem Schutzbereich des Gesetzes unterfällt und trugen der Forderung Bayerns und Württembergs Rechnung, alle verfassungsfeindlichen Bestrebungen unabhängig von ihrer politischen Zielrichtung zu erfassen.[72]

Am 21.7.1922 wurde mit verfassungsändernder Zweidrittelmehrheit das „Gesetz zum Schutz der Republik"[73] erlassen. Aus strafrechtlicher Sicht von Interesse sind hierbei der 1. Teil mit den „Strafbestimmungen zum Schutze der Republik" sowie die im 2. Teil geregelten Sonderzuständigkeiten des RepStGH. Die Geltungsdauer des ersten Republikschutzgesetzes war gem. § 27 Abs. 2 RepSchG I auf fünf Jahre beschränkt. Als im Sommer des Jahres 1927 das Ende des Republikschutzgesetzes bevorstand, kam im Reichstag die Diskussion um eine Verlängerung des Gesetzes auf. Reichskanzler Marx von der Zentrumspartei machte das Schicksal seiner Regierungskoalition von dieser Frage abhängig. Die mittlerweile in der Regierung sitzenden Deutschnationalen (DNVP), die 1922 noch von der Oppositionsbank aus vehement gegen die Einführung des RepSchG gestimmt hatten, waren nunmehr zu einer Verlängerung des Gesetzes um weitere zwei Jahre bereit.[74] Zur Voraussetzung machten sie allerdings, dass der Staatsgerichtshof zum Schutze der Republik wieder aufgehoben wurde. Im Jahr 1929 war aufgrund der veränderten politischen Kräfteverhältnisse sodann eine erneute Verlängerung ausgeschlossen, womit das erste Republikschutzgesetz im Juli auslief.[75] Nachdem Ende des Jahres 1929 verfassungsfeindliche Ausschreitungen und Ge-

[70] *Gusy* (Fn. 45), S. 139; *Huber* (Fn. 2), S. 661 f.

[71] Vgl. die Erklärung des bayerischen Ministerpräsidenten v. 28.6.1922 bei *Huber*, Dokumente zur deutschen Verfassungsgeschichte – Band 4, 3. Aufl. 1991, S. 288 ff.

[72] *Jasper* (Fn. 60), S. 70 ff.; *Gusy* (Fn. 45), S. 140 f.

[73] RGBl. S. 585.

[74] Vgl. das Gesetz zur Verlängerung des Schutzes der Republik v. 2.6.1927 RGBl. I S. 125; *Gusy* (Fn. 45), S. 140 f.

[75] *Huber* (Fn. 2), S. 683 f.

walttaten zunahmen, erarbeitete u.a. Reichsinnenminister Severing den Entwurf eines neuen Republikschutzgesetzes. Insbesondere vor dem Hintergrund, dass es bis zu diesem Zeitpunkt nicht gelungen war, zentrale Straftatbestände des ersten Republikschutzgesetzes in das Kernstrafrecht zu überführen, bestand die Notwendigkeit, den Schutz der Republik erneut spezialgesetzlich abzusichern. Trotz kontroverser Diskussionen im Reichstag nahm die Mehrheit der Abgeordneten den Entwurf weitgehend unverändert an; er trat als „Zweites Gesetz zum Schutz der Republik" am 29.3.1930 in Kraft. Einige Tage vor seinem in § 15 RepSchG II ohnehin gesetzlich vorgesehenen Ablauf wurde es durch eine Notverordnung des Reichspräsidenten am 20.12.1932 aufgehoben.[76]

aa) Strafbestimmungen zum Schutze der Republik

Das erste Republikschutzgesetz enthielt in seinem ersten Teil Strafbestimmungen, die gestaffelt nach der Höhe der Strafandrohungen angeordnet waren. In den §§ 1–6 RepSchG I waren zunächst Straftatbestände gegen den Ministermord geregelt. Während der in § 211 RStGB geregelte Mord selbst bereits mit der Todesstrafe strafbewehrt war, richteten sich die §§ 1–6 RepSchG I gegen die Mitglieder und Unterstützer sog. „Mörderorganisationen", die sich die Tötung von Mitgliedern von Landes- oder Reichsregierungen (einschließlich des Reichspräsidenten) zum Ziel genommen hatten (§ 1 Abs. 1 RepSchG I). Mit erhöhter Strafe wurden dabei neben der Teilnahme an einer solchen Organisation auch die Teilnahme an einer Geheimverbindung i.S.v. § 128 RStGB bedroht, sofern dort zumindest auch Ziele iSv. § 1 Abs. 1 RepSchG I verfolgt wurden. Ferner sah das Gesetz hohe Strafen für die Unterstützung derartiger Vereinigungen sowie für die Nichtanzeige geplanter bzw. die Begünstigung von Beteiligten versuchter oder vollendeter Taten vor. Mit Gefängnis (bzw. in besonders schweren Fällen mit Zuchthaus) wurde ferner in § 7 RepSchG I eine Reihe verfassungsfeindlicher Handlungen belegt. Darunter etwa die Begehung von Gewalttätigkeiten gegen Mitglieder von Landes- oder Reichsregierungen, die öffentliche Billigung oder Verherrlichung verfassungsfeindlicher Gewaltpläne oder -taten oder die Nichtanzeige von Waffenlagern.[77]

Vor dem Hintergrund der in Art. 118 WRV verfassungsrechtlich garantierten Meinungsfreiheit stellte sich § 8 RepSchG I, in dem der Schutz der Republik vor Beschimpfung oder Herabwürdigung geregelt war, als besonders spannungsgeladener Tatbestand dar.[78] Während die Äußerung von Kri-

[76] RGBl. S. 548; *Gusy* (Fn. 45), S. 175.

[77] Vgl. *Huber* (Fn. 2), S. 674 f.; ausführlich *Gusy* (Fn. 45), S. 149 f.; *Vormbaum* (Fn. 30), S. 159.

[78] *Gusy* (Fn. 45), S. 159.

tik an der Regierung grundsätzlich straffrei möglich sein sollte, war der Tatbestand der Beschimpfung erfüllt, „wenn die Kritik, ihrer äußeren Form nach, ein besonders verletzendes, rohes Gepräge trug – etwa durch den Gebrauch von Schimpfwörtern – oder wenn die Umstände der Äußerung, insbesondere ihre Form bzw. ihr Zusammenhang den Kritisierten der Verachtung preisgab.“[79] Eine besondere Problematik zeigte sich bei der Verwendung des Begriffs „Judenrepublik“. Um hierin eine die Republik als Ganzes herabwürdigende Äußerung zu erkennen, musste von den Gerichten das Wertesystem der völkisch gesinnten, antisemitischen Verwender des Begriffs zugrunde gelegt werden. Dies vermied die Rechtsprechung der frühen Weimarer Republik durch eine rein isolierte Betrachtung des Begriffs ohne Einbeziehung der Umstände, unter denen er gefallen war. Seine Verwendung blieb deshalb zunächst zumeist straflos.[80] In späteren Jahren bemühte sich die Rechtsprechung jedoch um eine Einbeziehung der Gesamtumstände und der politischen Gesinnung des Täters.[81] So hat das Reichsgericht die Verwendung des Begriffs „Judenrepublik“ etwa in einer Entscheidung aus dem Jahr 1929 als Beschimpfung der Republik und Angriff auf die Verfassung des Deutschen Reichs interpretiert, indem es die hierfür erforderliche Beleidigungsabsicht des Täters daraus schloss, „daß nach seinen Anschauungen (…) in dem Wort ‚Jude‘ alles das zusammengefaßt ist, was man an schlechten und verächtlichen Eigenschaften den Juden glaubt vorwerfen zu können.“[82]

Das zweite Republikschutzgesetz aus dem Jahr 1930 ordnete die Strafbestimmungen neu an und gestaltete sie auch inhaltlich teilweise um. So wurden etwa die Straftatbestände gegen die „Mörderorganisationen“ allgemein auf die Teilnahme an Vereinigungen zum Zwecke der Begehung von Verbrechen gegen das Leben ausgeweitet. Die Beschränkung auf gegen Repräsentanten der Republik bzw. der Länder gerichtete Taten wurde damit, bei gleichzeitiger Absenkung des Strafrahmens auf drei Monate bis zehn Jahre Zuchthaus, aufgehoben. Es kam ferner zu einer Neufassung des Schutzes der Republik gegen Beschimpfung in § 5 RepSchG II und einer Erweiterung um die Tathandlung des böswillig und mit Überlegung Verächtlich-Machens der Republik.[83]

Es muss jedoch konstatiert werden, dass, wenngleich die Strafvorschriften der beiden Republikschutzgesetze zum Teil erhebliche Strafandrohungen vorsahen und es ausweislich der Kriminalstatistiken auch zu vielen Verurtei-

---

[79] So der RepSchStGH, JW 1923, 517 (Nr. 1), zitiert nach *Gusy* (Fn. 45), S. 159.

[80] Ausführlich *Gusy* (Fn. 45), S. 160 ff.; krit. *Vormbaum* (Fn. 30), S. 160, *Angermund*, Deutsche Richterschaft 1919–1945, 1990, S. 33 f.; vgl. zur zeitgenössischen Kritik dieser Rechtsprechung *Foerder*, Justiz 1925/26 (Band 1), 519, 527 ff.

[81] *Gusy* (Fn. 45), S. 162.

[82] RG JW 1930, 1219.

[83] Vgl. die Darstellung zum RepSchG II bei *Gusy* (Fn. 45), S. 175 ff.

lungen auf ihrer Grundlage gekommen war,[84] sie letztlich kein ausreichendes Bollwerk gegen den demokratiefeindlichen, radikalen Zeitgeist der späten Weimarer Republik sein konnten.[85]

bb) Staatsgerichtshof zum Schutze der Republik

Das erste Republikschutzgesetz sah die Einrichtung eines speziellen Staatsgerichtshofs zum Schutze der Republik (RepStGH) vor. Gem. § 13 Abs. 1 RepSchG I war er im Strafrecht zuständig für die in den §§ 1–8 geregelten Taten, für Hochverrat sowie für (versuchte) Tötung von Mitgliedern einer früheren republikanischen Regierung. In die Zuständigkeit des RepStGH fielen gem. § 13 Abs. 4 RepSchG I auch Taten, die vor Inkrafttreten des RepSchG I begangen worden sind. Diese Verletzung der in Art. 105 Abs. 1 S. 2 WRV festgeschriebenen Garantie des gesetzlichen Richters war nach Weimarer Lehre der Verfassungsdurchbrechungen[86] zulässig, da das Gesetz mit einer gem. Art. 76 WRV verfassungsändernden Zweidrittelmehrheit beschlossen wurde.[87]

Der RepStGH sah sich zeit seines kurzen Bestehens großen Akzeptanzproblemen ausgesetzt. Eine Ursache hierfür war zunächst das in § 13 Abs. 1 RepSchG I geregelte Nebeneinander der Zuständigkeiten von Reichsgericht und Staatsgerichthof. Danach wurde die Zuständigkeit des Staatsgerichtshofs bei Taten, die gegen eine Landesverfassung, die Mitglieder einer ehemaligen oder aktuellen republikanischen Landesregierung oder gegen Landesfarben gerichtet waren, nur dann begründet, wenn von der jeweiligen Landesregierung oder dem Verletzten ein Antrag auf Einleitung oder Übernahme des Verfahrens gestellt wurde. Gem. § 13 Abs. 3 RepSchG I konnte der Oberreichsanwalt die Untersuchung auch in anderen Fällen direkt an die zuständige Staatsanwaltschaft verweisen; bei bereits anhängigen Verfahren konnte dies auf Antrag des Oberreichsanwalts durch den Staatsgerichtshof geschehen. Diese häufig parallele Zuständigkeit von RepStGH und RG führte, gepaart mit dem Umstand, dass jedem Senat des RepStGH jeweils drei Richter des RG angehörten, dazu, dass die Rechtsprechungspraxis der beiden Spruchkörper überwiegend synchron verlief.[88]

Insbesondere in Süddeutschland stieß die Einrichtung des RepStGH auf Ablehnung. Nachdem Bayern sich zunächst durch eine Landesverordnung weigerte, die im RepSchG I vorgesehenen Justizkompetenzen umzusetzen,[89]

---

[84] Zum RepSchG I vgl. *Jasper* (Fn. 60), S. 312 f.; zum RepSchG II ebd. S. 314 f.

[85] *Gusy* (Fn. 45), S. 189 f.; *Huber* (Fn. 2), S. 686 f.

[86] Vgl. hierzu *Huber* (Fn. 2), S. 421 ff.; *Gusy* (Fn. 2), S. 147.

[87] *Huber* (Fn. 2), S. 664; *Gusy* (Fn. 45), S. 143.

[88] *Huber* (Fn. 2), S. 676.

[89] Vgl. hierzu die bayerische „Verordnung zum Schutze der Verfassung der Republik" v. 24.7.1922 bei *Huber* (Fn. 71), S. 291.

vereinbarten die Reichsregierung und die bayerische Staatsregierung am 11.8.1922 das sog. Berliner Protokoll. Darin war zum einen vorgesehen, einen eigenen süddeutschen Senat am RepStGH zu schaffen, dessen Mitglieder die Länder Bayern, Baden, Württemberg und Hessen vorschlagen konnten.[90] Zum anderen sollte, mit Ausnahme von Verfahren „deren Bedeutung so erheblich ist, daß ihre Entscheidung durch einen höchsten Gerichtshof angemessen erscheint",[91] in der Regel von den in § 13 Abs. 3 RepSchG I vorgesehenen Verweisungsmöglichkeiten Gebrauch gemacht werden.[92] Trotz dieses weiten Entgegenkommens der Reichsregierung stellte die nachfolgende bayerische Landesregierung den Vollzug des RepSchG I bereits im September 1923 wieder ein,[93] was – historisch durchaus bedeutsam – zur Folge hatte, dass die im Zusammenhang mit dem Münchener Hitler-Putsch vom 8./9.11.1923 begangenen Taten vor dem Volksgericht München I und eben nicht vor dem Staatsgerichtshof verhandelt wurden.[94]

Nachdem dem RepStGH im März 1926 zunächst die strafrechtlichen Zuständigkeiten entzogen wurden, kam es ein Jahr später zu seiner vollständigen Aufhebung. Die ordentliche Gerichtsbarkeit führte ihre strafrechtlichen Kompetenzen nunmehr wieder in Gänze aus.[95] Das zweite Republikschutzgesetz aus dem Jahre 1930 sah ein vergleichbares Sondergericht nicht mehr vor.

IV. Die Grundrechte und die strafprozessualen Beschuldigtenrechte

Im folgenden Abschnitt soll der nach heutigem Grundrechtsverständnis erstaunlich geringe Einfluss der in der Weimarer Verfassung erstmals reichsweit kodifizierten Grundrechte auf die strafprozessualen Beschuldigtenrechte erläutert werden. Hierbei bietet es sich zunächst an, einen Blick auf die Zeit vor Weimar und dabei insbesondere auf die Schaffung der Reichstrafprozessordnung zu richten, die gem. Art. 178 Abs. 2 WRV auch nach Erlass der Weimarer Reichsverfassung in Kraft blieb.

---

[90] *Hueck,* Der Staatsgerichtshof zum Schutze der Republik, 1996, S. 86; *Jasper* (Fn. 60), S. 100 ff.

[91] Vgl. *Huber* (Fn. 71), S. 295.

[92] *Hueck* (Fn. 90), S. 85 f.; *Gusy* (Fn. 45), S. 145 f.

[93] Vgl. den Erlass v. 29.9.1923 bei *Huber* (Fn. 71), S. 340 f.

[94] *Gusy* (Fn. 45), S. 146 f.; *Huber* (Fn. 2), S. 657; vgl. hierzu auch die Niederschriften zu den Besprechungen im Reichsjustizministerium zwischen Vertreten des Reiches und des Landes Bayern bei *Huber* (Fn. 71), S. 386 ff.

[95] Vgl. *Graf zu Dohna* (Fn. 58), S. 206; *Gusy* (Fn. 45), S. 146; *Hueck* (Fn. 90), S. 294 ff.

1. Rechtstaatlicher Strafprozess unter der Bismarck'schen Reichsverfassung

Die infolge der revolutionären Bewegungen der Jahre 1848/49 erlassene, aber letztlich nie wirksam in Kraft getretene Frankfurter Reichsverfassung (FRV) vom 28.3.1849 enthielt einen 59 Paragrafen umfassenden Grundrechtskatalog. Darin waren auch einige wichtige Vorschriften zum Strafverfahrensrecht vorgesehen, wie etwa Regelungen zur Verhaftung von Personen (§ 138), zur Hausdurchsuchung (§ 140) sowie zur Beschlagnahme (§ 141). Für all diese Maßnahmen war ein Richtervorbehalt geregelt, der gepaart mit der ebenfalls verfassungsrechtlich abgesicherten richterlichen Unabhängigkeit (§ 175) den Schutz vor willkürlicher staatlicher Einflussnahme garantieren sollte.[96] In der Frankfurter Reichsverfassung lässt sich zudem bereits ein eindeutiger Bezug zum Menschenwürdekonzept feststellen. Zwar wurde die Menschenwürde nicht wie in Art. 1 Abs. 1 GG ausdrücklich im Verfassungstext selbst niedergeschrieben, sie findet sich jedoch als argumentatives Fundament an vielen Stellen des Verfassungstextes wieder. Für das Strafrecht ist hierbei die in § 139 vorgesehene (weitgehende) Abschaffung grausamer Strafen hervorzuheben, also der Todesstrafe, dem Pranger, der Brandmarkung und der körperlichen Züchtigung.[97] Zur Begründung wurde hierzu angeführt: „Ein freies Volk (hat) selbst bei dem Verbrecher die Menschenwürde zu achten."[98]

Anders als die Frankfurter Reichsverfassung und die meisten Landesverfassungen des 19. Jahrhunderts, sah die Bismarck'sche Reichsverfassung von 1871 (wie bereits ihr unmittelbarer Vorläufer, die Verfassung des Norddeutschen Bundes[99]) keinen Grundrechtskatalog vor. Im Zusammenhang mit der Reichsgründung schien die Klärung staatsorganisatorischer Fragen im Vordergrund zu stehen, weshalb sich die Reichsverfassung schwerpunktmäßig dem Aufbau des Reichs und der Kompetenzverteilung zwischen Reich und Ländern widmete.[100] Es dürfte bei der Entscheidung, auf einen eigenen Grundrechtsteil zu verzichten, auch eine Rolle gespielt haben, dass nach damals vorherrschendem Verständnis Grundrechtsschutz als Aufgabe der Länderverfassungen gesehen wurde.[101] Carl Schmitt führte (unter Bezugnahme auf Smend) das Fehlen eines Grundrechtskatalogs zudem darauf zurück, dass mit der Reichsverfassung von 1871 anders als bei der gescheiterten

---

[96] *Kühne,* in: Merten/Papier (Hrsg.), Handbuch der Grundrechte – Band I, 2004, S. 106 f. mit Hinweis auf *Theodor Mommsen* (dort Fn. 50).

[97] Hierzu auch *Kühne* (Fn. 96), S. 107 m.w.N.; ausführlich *Kühne*, Die Reichsverfassung der Paulskirche, 1985, S. 334 ff.

[98] Zitat bei *Kühne* (Fn. 97), S. 348.

[99] Vgl. hierzu *Huber*, Deutsche Verfassungsgeschichte seit 1789 – Band 3, 3. Aufl. 1988, S. 665 f.

[100] *Anschütz* (Fn. 1), S. 507; *Huber*, Bewahrung und Wandel, 1975, S. 133; *Dreier* (Fn. 17), Vorb. Art. 1 Rn. 15.

[101] Kritisch zu diesem Argument *Huber* (Fn. 100), S. 133 f.

Märzrevolution kein „völlig neues Prinzip staatlicher Integration aufgestellt" wurde, sondern der Staatsethos der einzelnen monarchischen Staaten übernommen wurde und diese wiederum in ihren Landesverfassungen zumeist Grundrechte enthielten.[102] Es bedurfte nach dieser Auffassung also überhaupt keines eigenen Grundrechtskatalogs in der Reichsverfassung.

In den nachfolgenden Jahren kompensierte der Reichsgesetzgeber den fehlenden (*reichs*)*verfassungsrechtlichen* Grundrechtsschutz jedoch in vielen Bereichen, indem er im einfachen Recht freiheitliche Schutzsphären vor staatlicher Willkür schuf.[103] Wie eine Übersicht von Huber zeigt, wurde auf diese Weise zwischen dem Erlass der Reichsverfassung und dem Beginn des Ersten Weltkriegs eine Vielzahl klassischer Freiheitsgrundrechte im Reichsrecht verankert.[104] Speziell für das Strafrecht von Bedeutung waren dabei die bereits dargelegte Kodifizierung des Gesetzlichkeitsprinzips in § 2 RStGB,[105] das Briefgeheimnis in § 10 PostG,[106] die Regelungen zur Beschlagnahme in den §§ 98 ff. RStPO[107] sowie die Gewährleistung der Unverletzlichkeit der Wohnung (§§ 102 ff. RStPO), der persönlichen Freiheit (§ 114 RStPO) und des Fernsprech- und Telegraphengeheimnisses (§ 8 TelegraphenG)[108] vor willkürlichen Eingriffen. Das Fehlen eines „echten", verfassungsrechtlich garantierten Grundrechtsschutzes dürfte vor dem Hintergrund, dass nach Art. 78 BismRV auch verfassungsändernde Gesetze im Reichstag bereits mit einfacher Mehrheit beschlossen werden konnten und es insoweit nur im Bundesrat einer qualifizierten Mehrheit bedurfte, letztlich weniger dramatisch erscheinen.[109]

Die im Jahr 1879 in Kraft getretene Reichsstrafprozessordnung (RStPO) trug als Teil der sog. Reichsjustizgesetze maßgeblich zur Vereinheitlichung des Rechts im Deutschen Reich bei.[110] Die seit dem 17./18. Jahrhundert geführten Diskussionen um eine Humanisierung des Strafrechts und seines Prozesses,[111] die im Laufe des 19. Jahrhunderts bereits zu einer teilweise er-

---

102 *Schmitt* (Fn. 22), S. 161 m.w.N.

103 *Huber,* in: Isensee/Kirchhof (Hrsg.), Handbuch des Staatsrechts – Band I, 3. Aufl. 2003, S. 153 f.; *Willoweit*, Deutsche Verfassungsgeschichte 7. Aufl. 2013, S. 298; *Anschütz* (Fn. 1), S. 507; *Thoma,* in: Triepel (Hrsg.), Verwaltungsrechtliche Abhandlungen, 1925, S. 189 f.

104 Vgl. die Übersicht bei *Huber* (Fn. 100), S. 138 f.

105 Gesetz v. 31.5.1870, RGBl, 197.

106 Gesetz v. 28.10.1871, RGBl. 347.

107 Gesetz v. 1.2.1877, RGBl. 253.

108 Gesetz v. 18.4.1892, RGBl. 467.

109 Hierzu *Huber* (Fn. 100), S. 140.

110 *Kühne,* in: Löwe/Rosenberg, StPO, 27. Aufl. 2016, Einl. Abschn. F Rn. 1; *Klingbiel*, Die Gerichtsverfassung des Strafprozesses in ihrer Entwicklung seit 1879, 1936, S. 23; ausführlich *Landau,* in: FS-Reichsjustizamt (1977), S. 161 ff.

111 Vgl. die Darstellung bei *Eb. Schmidt*, Einführung in die Geschichte der deutschen

heblichen Umgestaltung von Partikulargesetzen führten,[112] mündeten gewissermaßen in ihr. Ungeachtet der Vielzahl der in der RStPO enthaltenen Kompromisse und der sich daraus notwendigerweise ergebenden Unzulänglichkeiten, dürfte ihr besonderer Verdienst in der reichsweiten Einführung des reformierten Strafprozesses und damit in der endgültigen Überwindung der inquisitionsrechtlichen Personalunion von Ankläger und Richter liegen.[113]

2. Die Entwicklung des Strafprozesses in der Weimarer Republik

Anders als bei der Zivilprozessordnung, die ebenfalls im Jahr 1879 nahezu im Wortlaut ihrer Entwurfsfassung in Kraft trat,[114] prägte den Gesetzgebungsprozess zur RStPO eine Vielzahl inhaltlicher Kontroversen:[115] Wichtige Streitpunkte waren etwa der Umfang und die Form der Beteiligung von Laienrichtern, die Ausgestaltung von Zeugnisverweigerungsrechten, die Notwendigkeit eines Richtervorbehalts bei Durchsuchung und Beschlagnahme, der Umfang der notwendigen Verteidigung und die Gewährleistung eines geschützten Verkehrs zwischen Beschuldigten und Verteidigern.[116] Dass die im Gesetzestext gefundenen Kompromisse eine Menge unzufriedener Stimmen sowohl im liberalen Lager als auch bei den Vertretern obrigkeitsstaatlicher Konzepte hinterließen und die RStPO damit von Beginn an von einer intensiven Reformdiskussion begleitet wurde, kann daher kaum verwundern. Trotz verschiedener Reformvorschläge blieb sie gleichwohl in den ersten 40 Jahren ihres Bestehens weitgehend unverändert.[117]

Auch in der Weimarer Republik ebbten die Diskussionen nicht ab. Einer der bedeutendsten Reformvorschläge der frühen 1920er Jahre war der maßgeblich von Goldschmidt verfasste „Entwurf eines Gesetzes über den Rechtsgang von Strafsachen". Darin wurde der Versuch unternommen, viele der liberalen Reformvorschläge der vorangegangenen Jahrzehnte umzusetzen und die noch verbliebenen inquisitionsrechtlichen Elemente aus dem Straf-

---

Strafrechtspflege, 3. Aufl. 1965, S. 212 ff.; speziell zum Strafverfahrensrecht *Ignor*, Geschichte des Strafprozesses in Deutschland 1532–1846, 2002, S. 147 ff.

[112] So etwa in Preußen und Bayern, vgl. die Ausführungen bei *Eb. Schmidt* (Fn. 111), S. 279 ff.; *Rüping/Jerouschek*, Grundriss der Strafrechtsgeschichte, 5. Aufl. 2007, S. 107 ff.

[113] *Kühne* (Fn. 110), Einl. Abschn. F Rn. 1; *Eb. Schmidt* (Fn. 111), S. 346; *Vormbaum* (Fn. 30), S. 100 f.

[114] *Schubert/Regge*, Entstehung und Quellen der Strafprozessordnung von 1877, 1989, S. 26 f.

[115] *Kühne* (Fn. 110), Einl. Anschn. F Rn. 11.

[116] Guter Überblick bei *Schubert/Regge* (Fn. 114), S. 28 ff.

[117] *Kühne* (Fn. 110), Einl. Anschn. F Rn. 15; *Vormbaum*, Beiträge zur juristischen Zeitgeschichte, 1999, S. 245; *Eb. Schmidt* (Fn. 111), S. 413; *Schünemann*, ZStW 114 (2002), 1, 4 ff.

prozess zu entfernen.[118] Verwirklicht werden sollte dies u.a. durch eine Abschaffung der gerichtlichen Voruntersuchung bei gleichzeitiger Ausweitung der staatsanwaltschaftlichen Ermittlungsbefugnisse im Vorverfahren. Der Entwurf beinhaltete ferner einen starken Ausbau der Beschuldigtenrechte, etwa durch ein Anwesenheitsrecht des Verteidigers bei allen Vernehmungen im Vorverfahren oder durch Anhebung der Anordnungsvoraussetzungen der Untersuchungshaft.[119] Erwähnenswert ist auch die darin vorgesehene Durchbrechung des Legalitätsprinzips durch ein Anklageverbot im Bereich der Bagatellkriminalität.[120] Dieser von der Reichsregierung veröffentlichte Entwurf wurde aufgrund des Widerstandes im Reichsrat jedoch nicht der Nationalversammlung zugeleitet.[121]

Erst die sog. EmmingerVO vom 4.1.1924 führte zu grundlegenden, strukturellen und zum Teil bis heute wirksamen Veränderungen der Strafgerichtsverfassung und des Strafverfahrensrechts.[122] Vorrangig durch prozessökonomische Motive geleitet, wurde dabei u.a. das Schwurgericht faktisch aufgehoben und in ein großes Schöffengericht umgewandelt, die erstinstanzlichen Zuständigkeiten der Amtsgerichte ausgebaut und erstmals das Legalitätsprinzip durch die §§ 153 und 154 RStPO eingeschränkt.[123]

Während es sodann bis Anfang der 1930er Jahre zu keinen weiteren grundlegenden Reformen des Strafprozessrechts mehr kam, erfolgten gegen Ende der Weimarer Republik noch einmal größere Anpassungen. Aufgrund der infolge der Weltwirtschaftskrise zunehmend prekären Finanzlage des Reichs und der Länder und der zugleich wachsenden politischen Instabilität standen Einsparmaßnahmen im Mittelpunkt der weiteren Reformen. Wegen der immer größeren Schwierigkeiten, im Reichstag erforderliche Mehrheiten zu finden, ergingen die weiteren Änderungen als reichspräsidiale Notverordnungen. Durch diese Verordnungen wurden u.a. die Einstellungsmöglichkeiten aus Opportunitätsgründen ausgeweitet, der Umfang der Beweiserhebung bei Verfahren vor Amtsgerichten und Berufungsinstanzen ins Ermessen der Gerichte gestellt sowie das sog. Wahlrechtsmittel eingeführt, wonach gegen Urteile von Amtsgerichten jedes Prozesssubjekt nur noch Berufung *oder* Revision einlegen durfte.[124]

---

[118] Umfassend hierzu *Rentzel-Rothe,* Der Goldschmidt-Entwurf, 1995; *Vormbaum* (Fn. 117), S. 245.

[119] *Vormbaum,* Die Lex Emminger vom 4. Januar 1924, 1988, S. 47; *Eb. Schmidt* (Fn. 111), S. 417; *Kühne* (Fn. 110), Einl. Anschn. F Rn. 32.

[120] *Vormbaum* (Fn. 117), S. 247.

[121] *Vormbaum* (Fn. 119), S. 48; vgl. die Nachweise zur inhaltlichen Kritik an dem Entwurf bei *Goldschmidt,* ZStW 41 (1920), 569.

[122] *Kühne* (Fn. 110), Einl. Anschn. F Rn. 32; umfassend hierzu *Vormbaum* (Fn. 119).

[123] *Kühne* (Fn. 110), Einl. Anschn. F Rn. 36 ff.; *Eb. Schmidt* (Fn. 111), S. 418 f.; *Vormbaum* (Fn. 30), S. 174; *Schünemann,* ZStW 114 (2002), 1, 8 ff.

[124] Ausführlich hierzu *Nobis*, Die Strafprozeßgesetzgebung der späten Weimarer Re-

3. Geringer Einfluss der „neuen" Grundrechte auf das Strafprozessrecht

Anders als etwa im Beamtenrecht, wo die Rechtsprechung in größerem Umfang auf die neuen Grundrechte Bezug nahm,[125] beeinflusste das Verfassungsrecht und die darin enthaltenen Grundrechte die Strafrechtspraxis nur in verhältnismäßig geringem Maße. Goldschmidt führte in einer Auseinandersetzung mit der Kritik an seinem Reformentwurf aus, dass es schwer zu glauben sei, dass die erfolgte politische Umwälzung die Strafgerichtsverfassung und das Strafverfahren unberührt lassen werden.[126] Die durch die Weimarer Verfassung erreichte Demokratisierung sollte sich – so wohl die Hoffnung Goldschmidts – durch eine Abschaffung obrigkeitsstaatlicher Elemente auch im Strafverfahrensrecht widerspiegeln.

Der neue Grundrechtskatalog hatte indes kaum direkte Auswirkung auf die geltende Strafgerichtsverfassung und das Strafverfahrensrecht. Zwar ist an dieser Stelle selbstverständlich die, trotz der unter männlichen Juristen damals erschreckend weit verbreiteten ablehnenden bzw. klar frauenfeindlichen Einstellung,[127] erreichte Öffnung aller Berufe des Justizwesens für Frauen hervorzuheben, die – wenn wohl auch nicht verfassungsrechtlich zwingend[128] – auf die Bestimmungen von Art. 109 Abs. 2 und 128 Abs. 2 WRV zurückzuführen ist.[129] Auch die Aufhebung des Zwangs, die in § 63 RStPO festgeschriebene, theistische Eidesform zu verwenden, beruht auf der nunmehr in Art. 136 WRV verfassungsrechtlich garantierten Religionsfreiheit.[130] Gleichwohl ist entgegen dem naheliegenden Gedanken, dass die neue

---

publik (1930–1932), 2000, S. 31 ff.; *Kühne* (Fn. 110), Einl. Anschn. F Rn. 42 ff.; *Eb. Schmidt* (Fn. 111), S. 419 f.; *Vormbaum* (Fn. 30), S. 174.

[125] *Buschke*, Die Grundrechte der Weimarer Verfassung in der Rechtsprechung des Reichsgerichts, 1930, S. 63 ff.

[126] *Goldschmidt,* ZStW 41 (1920), 569.

[127] Vgl. etwa *v. Staff,* DStrZ 1920, 6 f.

[128] Aufgrund der Formulierung von Art. 128 Abs. 2 WRV: „Alle Ausnahmebestimmungen gegen weibliche Beamte *werden* beseitigt" war umstritten, ob es sich hierbei um unmittelbar geltendes Recht oder nur um eine Richtlinie handelte, vgl. hierzu *Anschütz* (Fn. 1), S. 585 ff.; auch die Formulierung in Art. 109 Abs. 2 WRV, wonach „Männer und Frauen *grundsätzlich* dieselben staatsbürgerlichen Rechte und Pflichten" haben sollen, eröffnete Interpretationsspielräume, vgl. *Anschütz* (Fn. 1), S. 529 f.

[129] Gesetz über die Zulassung der Frauen zu den Ämtern und Berufen der Rechtspflege v. 11.7.1922, RGBl. I S. 573; hierzu auch *Kühne* (Fn. 110), Einl. Abschn. F Rn. 34.

[130] Trotz der eindeutigen Formulierung von Art. 136 Abs. 4 WRV („Niemand darf (…) zur Benutzung einer religiösen Eidesform gezwungen werden") kam es indes zu keiner Anpassung des Gesetzeswortlauts, womit gem. Art. 177 WRV die bestehende Regelung wirksam blieb, jedoch ohne Angabe von Gründen auf die religiöse Eidesformel verzichtet werden konnte, vgl. *Anschütz* (Fn. 1), S. 627 f. Erst im Jahr 1950 und damit unter Geltung des Grundgesetzes wurde die Formulierung des Eides ohne religiöse Beteuerung ausdrücklich im Gesetz niedergeschrieben, vgl. hierzu *Ignor/Bertheau,* in: Löwe/Rosenberg, StPO, 27. Aufl. 2017, § 64 Rn. 1.

demokratische Verfassung und die erstmalig reichsweite Geltung von Grundrechten auch direkten Einfluss auf das Strafprozessrecht mit seinen – aus heutigem Verständnis – grundrechtsintensiven Eingriffsmöglichkeiten haben musste, festzustellen, dass von den Grundrechten selbst nahezu keine, die Position der Beschuldigten weiter stärkende Wirkung, ausging.[131] Dies lag vor allem an der nach heutigen Maßstäben unterentwickelten Grundrechtssystematik der Weimarer Reichsverfassung, aber auch an der im einfachen Recht bereits erreichten, verhältnismäßig hohen Qualität rechtsstaatlicher Verfahrensgarantien. Neben der oben erörterten Verankerung des Gesetzlichkeitsprinzips in Art. 116 WRV sind insbesondere der in Art. 114 WRV geregelte Freiheitsschutz, die Unverletzlichkeit der Wohnung (Art. 115 WRV) und des Briefgeheimnisses (Art. 117 WRV) als klassische Freiheitsgrundrechte für das Strafverfahren von Bedeutung. Anhand dieser Grundrechte lassen sich exemplarisch die Schwächen des Grundrechtsschutzes in der Weimarer Verfassung darstellen.

a) Rechtliche Geltung und Bindungswirkung der Grundrechte

In den 1920er Jahren war die Frage der rechtlichen Geltung der neuen Grundrechte ein Hauptdiskussionsgegenstand der deutschen Staatsrechtswissenschaft. Dabei ging es vorrangig darum, ob den Grundrechten eine *unmittelbare* Geltungskraft zugesprochen werden konnte.[132] Thoma ging etwa der Frage nach, ob hierzu eine allgemeine Auslegungsregel bestimmt werden könnte: „Sei es die Vermutung, daß einer grundrechtlichen Norm im Zweifel nur die Bedeutung einer Richtlinie oder unverbindlichen Proklamation zuzusprechen sei, sei es umgekehrt die Vermutung, daß jedem Verfassungssatz im Zweifel der Charakter eines aktuellen Rechtssatzes zukomme (…).“[133] Während Thoma zu dem Ergebnis kam, dass der Inhalt von Grundrechtsvorschriften im Zweifel als unmittelbar geltender Rechtssatz auszulegen sei,[134] vertrat die von Carl Schmitt angeführte h.M. die Auffassung, dass die unmittelbare Vollziehbarkeit des Inhalts und damit die konkrete Ausgestaltung des Grundrechts entscheidend sei.[135] Das Reichsgericht hat in einer Entscheidung aus dem Jahr 1926 festgestellt: „Die Vorschriften

---

[131] Vgl. etwa zu Art. 114 WRV *Gusy* (Fn. 2), S. 295 („kaum neue freiheitsverbürgende Impulse“).

[132] *Stern* (Fn. 19), S. 123 m.w.N.

[133] *Thoma,* in: Nipperdey (Hrsg.), Die Grundrechte und Grundpflichten der Reichsverfassung – Band 1, 1929, S. 5.

[134] *Thoma* (Fn. 133), S. 14.

[135] *Schmitt* (Fn. 23), S. 599; so wohl auch die damals h.M.: etwa *Anschütz* (Fn. 1), S. 515 („Die Frage läßt sich nur von Fall zu Fall beantworten“); weitere Nachweise bei *Stern* (Fn. 1), S. 664 (dort Fn. 621).

über die Grundrechte haben ganz verschiedene rechtliche Tragweiten. Aus der einen können daher keine Schlüsse für die andere gezogen werden."[136]

Unklar blieb, ob die Grundrechte auch eine den Gesetzgeber bindende Wirkung entfalten konnten. Sie konnten zum Teil durch einfaches Recht eingeschränkt, jedenfalls aber im Wege einer Verfassungsänderung nach Art. 76 WRV angepasst werden. Eine im Wesentlichen von Thoma entworfene Klassifizierung[137] unterschied die Grundrechte daher nach der Art ihrer Einschränkbarkeit.[138] Dabei zeichneten sich „reichsverfassungskräftige Grundrechte ersten Grades" dadurch aus, dass sie nur durch eine Änderung der Reichsverfassung einzuschränken waren. Hierzu gehörten u.a. die Gleichberechtigung von Mann und Frau (Art. 109 WRV), das strafrechtliche Rückwirkungsverbot (Art. 116 WRV) und die Religionsfreiheit (Art. 135 WRV).[139] Zu den „reichsverfassungskräftigen Grundrechten zweiten Grades" zählte Thoma alle Grundrechte, die im Fall eines Notstandes durch die Diktaturgewalt des Reichspräsidenten nach Art. 48 WRV vorübergehend außer Kraft gesetzt werden konnten, etwa die persönliche Freiheit (Art. 114 WRV), das Wohnungsgrundrecht (Art. 115 WRV) oder das Brief-, Post-, Telegraphen- und Fernsprechgeheimnis (Art. 117 WRV).[140] Auf dritter Stufe standen danach die sog. „reichsgesetzeskräftigen Grundrechte", also diejenigen, die zwar durch ein einfaches Reichs-, nicht aber durch ein Landesgesetz beschränkt werden konnten, etwa die Freizügigkeit (Art. 111 WRV) oder das Brief-, Post-, Telegraphen- und Fernsprechgeheimnis (Art. 117 WRV).[141] Auf unterster Stufe siedelte Thoma schließlich alle Grundrechte an, die „nur auf Grund des Gesetzes" einschränkbar waren, womit all diejenigen Grundrechte gemeint sind, in die jeder Gesetz- und Verordnungsgeber auf Reichs- und Landesebene eingreifen konnte.[142] Dies waren u.a. die persönliche Freiheit (Art. 114 WRV) und das Wohnungsgrundrecht (Art. 115 WRV). Thoma hielt diese Art von Grundrechten für leerlaufend und überflüssig, da sie nichts sagten, was nicht ohnehin gelte.[143]

Betrachtet man diese Staffelung, wird deutlich, dass die häufig geäußerte Behauptung, die Grundrechte hätten in der Weimarer Republik insgesamt „*nur* im Rahmen der Gesetze" gegolten,[144] so apodiktisch nicht zutrifft.[145] So

[136] RGZ 114, 16 (20); hierzu auch *Stern* (Fn. 1), S. 663.

[137] Vgl. hierzu auch *Anschütz* (Fn. 1), S. 517 ff.; *Schmitt* (Fn. 22), S. 178 ff.

[138] *Dreier,* in: Dreier/Waldhoff (Hrsg.), Das Wagnis der Demokratie, 2018, S. 180 ff.; siehe auch die Übersichten bei *Gusy* (Fn. 2), S. 282; *Huber* (Fn. 2), S. 98 f.

[139] *Thoma* (Fn. 103), S. 191 f.; *Thoma* (Fn. 133), S. 33.

[140] *Thoma* (Fn. 103), S. 192 f.; *Thoma* (Fn. 133), S. 33.

[141] *Thoma* (Fn. 103), S. 193 f.; *Thoma* (Fn. 133), S. 33.

[142] *Thoma* (Fn. 103), S. 194 ff.; *Thoma* (Fn. 133), S. 37.

[143] *Thoma* (Fn. 103), S. 196; *Thoma* (Fn. 133), S. 38.

[144] So *Krüger*, DVBl. 1950, 625 (626).

[145] So auch *Dreier* (Fn. 17), Vorb. Art. 1 Rn. 16; *Dreier* (Fn. 138), S. 183; a.A. *Stern* (Fn. 1), S. 665.

zeigt etwa Art. 114 Abs. 2 WRV, der eindeutige verfahrensrechtliche Garantien aufstellte[146] und zweifellos als unmittelbar geltendes Recht angesehen wurde, dass die Weimarer Reichsverfassung auch über den „Rahmen der Gesetze" hinaus neues Recht setzte, das fehlende Bestimmungen im einfachen Recht ergänzen konnte.[147] Dennoch steht außer Frage, dass der Weimarer Verfassung keine mit der heutigen Verfassungssystematik vergleichbare Grundrechtsbindung des Gesetzgebers zu attestieren ist.[148]

b) Keine Beschränkung des verfassungsändernden Gesetzgebers

Die geringe Grundrechtsbindung des Gesetzgebers ist zunächst auf das Fehlen einer mit Art. 76 Abs. 3 GG vergleichbaren Ewigkeitsklausel zurückzuführen. Mit der gem. Art. 76 WRV erforderlichen Zweidrittelmehrheit konnten alle Bestimmungen der Verfassung gänzlich abgeändert oder aufgehoben werden. Anschütz führte in seiner Kommentierung von Art. 76 WRV aus: „Auf dem durch Art. 76 geregelten Gesetzgebungswege können (…) Verfassungsänderungen jeder Art bewirkt werden. (…) Die (…) verfassungsändernde Gewalt ist gegenständlich unbeschränkt."[149] Es gab folglich keinen absolut geschützten Kernbereich der Verfassung, vielmehr unterlag alles dem Willen der verfassungsändernden Mehrheit, worin die h.M. einen Inbegriff demokratisch legitimierter „kollektiver Selbstherrschaft" erblickte.[150] Hierzu gab es jedoch auch Gegenstimmen. Allen voran Carl Schmitt sprach den Grundrechten einen unantastbaren Kern zu: „Kein deutsches Gesetz darf im Widerspruch mit ihnen ausgelegt oder angewendet werden; kein deutsches Gesetz darf ein echtes Grundrecht vernichten. Diese grundlegenden Prinzipien können weder durch einfaches Gesetz noch durch ein verfassungsänderndes Gesetz nach Art. 76, sondern nur durch einen neuen Akt der verfassungsgebenden Gewalt des deutschen Volkes beseitigt werden."[151] Dieses Abstellen auf verfassungsimmanente Beschränkungen von Verfassungsänderungen fand bekanntlich erst in Art. 79 Abs. 3 GG eine gesetzliche Entsprechung.[152]

---

[146] Wortlaut von Art. 114 Abs. 2 WRV: „Personen, denen die Freiheit entzogen wird, sind spätestens am darauffolgenden Tage in Kenntnis zu setzen, von welcher Behörde und aus welchen Gründen die Entziehung der Freiheit angeordnet worden ist; unverzüglich soll ihnen Gelegenheit gegeben werden, Einwendungen gegen ihre Freiheitsentziehung vorzubringen."

[147] Vgl. zu Art. 114 Abs. 2 WRV *Gusy* (Fn. 2), S. 295; *Anschütz* (Fn. 1), S. 545.

[148] Zur Grundrechtsbindung in Fällen der Meinungs-, Religions- und Kunstfreiheit *Dreier* (Fn. 17), Vorb. Art. 1 Rn. 16 (Fn. 103).

[149] *Anschütz* (Fn. 1), S. 403; so auch *Thoma* (Fn. 133), S. 38 ff.; *Dreier* (Fn. 20), S. 170.

[150] *Dreier* (Fn. 20), S. 171; *Gusy* (Fn. 2), S. 149 m.w.N.

[151] *Schmitt* (Fn. 22), S. 163; hierzu kritisch *Thoma* (Fn. 133), S. 39 ff.

[152] *Schneider* (Fn. 4), S. 224 f.

Das Fehlen jeglicher Beschränkung des verfassungsändernden Gesetzgebers war auch vor dem Hintergrund der in Weimar praktizierten „Verfassungsdurchbrechungen" problematisch. Hierbei handelte es sich um außerhalb der Verfassung im einfachen Recht vollzogene Verfassungsänderungen. Diese „stillschweigenden" Verfassungsänderungen ermöglichten Abweichungen von der Verfassung, ohne den jeweils betroffenen Verfassungsartikel ändern zu müssen.[153] Dies geschah in der Praxis deutlich häufiger als ausdrückliche Änderungen des Verfassungstextes selbst.[154] Ein wichtiges Beispiel hierfür war die bereits angesprochene, eigentlich gegen das aus Art. 105 Abs. 1 S. 2 WRV folgende Prinzip des *gesetzlichen Richters* verstoßende, rückwirkende Zuständigkeitsbegründung des Staatsgerichtshofs zum Schutz der Republik.[155] Neben dem Umstand, dass viele es als „systemwidrig" empfanden, dass die verfassungsdurchbrechenden Gesetze zwar der nach Art. 76 WRV erforderlichen Mehrheit bedurften, die sodann im einfachen Recht entstandenen Normen aber mit einfachen Mehrheiten abgeändert oder aufgehoben werden konnten, lag die besondere Problematik der Verfassungsdurchbrechungen darin, dass es hierdurch zunehmend unmöglich wurde, den tatsächlich geltenden Inhalt des Verfassungsrechts bestimmen zu können.[156]

c) Keine Beschränkung des Gesetzesvorbehalts

Für die fehlende Wirkmacht der Grundrechte war jedoch praktisch am bedeutsamsten, dass das Weimarer Verfassungsrecht dem Gesetzgeber bei der Einschränkung der grundrechtlichen Schutzbereiche durch einfaches Recht keine Grenzen setzte.[157] Sofern die Grundrechte unter dem Vorbehalt des Gesetzes standen (was bei vielen der klassischen Freiheitsrechte der Fall war), konnte deren Schutzbereich in jeder Hinsicht begrenzt werden. Der Gesetzgeber war nicht an einen mit dem Verhältnismäßigkeitsgrundsatz vergleichbaren Abwägungsmechanismus gebunden. Die nicht zuletzt durch die umfassende Rechtsprechung des Bundesverfassungsgerichts höchst ausdifferenzierte Schranken-Schrankensystematik des heutigen Verfassungsrechts fehlte.[158] Auch aus der Verfassung selbst ergab sich keine Begrenzung des grundrechtsbeschränkenden Gesetzgebers, wie es das in Art. 19 Abs. 2 GG verankerte Wesentlichkeitsprinzip nunmehr vorsieht. Zwar bezeichnete das Reichsgericht in einer berühmten Passage die Grundrechte „als Heiligtum des Deutschen Volkes",[159] gleichzeitig wirkte es jedoch nicht auf eine zurück-

---

[153] *Huber* (Fn. 2), S. 421 ff.; vgl. auch RGSt 58, 121.
[154] *Gusy* (Fn. 2), S. 146 f.; *Schneider* (Fn. 4), S. 223.
[155] Siehe weitere Beispiele bei *Huber* (Fn. 2), S. 423.
[156] *Gusy* (Fn. 2), S. 146 f.; *Huber* (Fn. 2), S. 423.
[157] *Dreier* (Fn. 20), S. 171 f.
[158] *Dreier* (Fn. 20), S. 172.
[159] RGZ 102, 161 (165).

haltende Anwendung des Gesetzesvorbehalts hin und akzeptierte Grundrechtseinschränkungen selbst durch ungeschriebenes Gewohnheitsrecht.[160] Dies hatte zur Folge, dass den Grundrechten der Weimarer Verfassung die Kraft fehlte, die Spielräume des Gesetzgebers zugunsten des Schutzes bürgerlicher Freiheitssphären einzuschränken.[161] Es kann daher auch nicht verwundern, dass die strafprozessualen Eingriffsbefugnisse, soweit sie Freiheitsgrundrechte einschränkten, unverändert in Kraft blieben.[162] Zwar kam es im Jahr 1926 im Bereich der Untersuchungshaft zu einer Gesetzesänderung, die zu deutlichen Verbesserungen der Rechte von Untersuchungshäftlingen führten (u.a. Einführung einer mündlichen Verhandlung, eines Haftprüfungsverfahrens und eines Benachrichtigungsrechts),[163] jedoch stellten diese Anpassungen eine Reaktion auf einen spektakulären Einzelfall dar und waren allenfalls mittelbar durch Art. 114 WRV beeinflusst.[164] Die Novelle stellte jedenfalls keine Anpassung des bis dahin geltenden Rechts an die Anforderungen von Art. 114 Abs. 2 WRV dar, da diese bereits zuvor durch die §§ 112 ff. RStPO erfüllt waren.[165] Abschließend ist zudem festzuhalten, dass Diktaturverordnungen gem. Art. 48 Abs. 2 WRV die Art. 114 Abs. 1 und Abs. 2, 115 sowie Art. 117 WRV außer Kraft setzen konnten, was eine weitere massive Einschränkung des Grundrechtsschutzes bedeutete.

---

[160] Hierzu *Stern* (Fn. 1), S. 665 m.w.N.; insgesamt zum Einfluss der Grundrechte auf die damalige Rechtsprechung: *Hensel,* in: Schreiber (Hrsg.), Die Reichsgerichtspraxis im deutschen Rechtsleben – Band I, 1929, S. 1 ff. sowie *Buschke*, Die Grundrechte der Weimarer Verfassung in der Rechtsprechung des Reichsgerichts, 1930.

[161] So auch zutreffend *Stern* (Fn. 1), S. 665.

[162] Vgl. die §§ 99 f., 102 ff. und 112 ff. RStPO; hierzu auch *Gusy* (Fn. 2), S. 294 ff.

[163] Sog. Lex Höfle (RGBl. I 1926 S. 529), benannt nach dem ehemaligen Reichspostminister, der in der Untersuchungshaft an einer Krankheit verstarb. Der Fall löste eine Diskussion über die Verbesserung der Situation von Untersuchungshäftlingen aus. Vgl. hierzu etwa *Wehner*, Die Haftgründe: Reformdiskussion und Gesetzgebung seit 1877, 2000, S. 81.

[164] Vgl. *Schäfer,* in: Löwe/Rosenberg, StPO, 24. Aufl. 1988, Einl. Kap. 3 Rn. 14, der darin einen wachsenden Einfluss der Grundrechte auf die Gestaltung des Strafverfahrens erkennt.

[165] Vgl. Löwe/Rosenberg, StPO, 16. Aufl. 1925, § 115 Rn. 3 („Der Angeschuldigte soll namentlich Gelegenheit zu solchen Ausführungen erhalten, welche geeignet sind, die alsbaldige Aufhebung des Haftbefehls herbeizuführen.“, so auch bereits in der 3. Aufl. (1882), § 115 Rn. 3).

V. Fazit

Die durch die Weimarer Reichsverfassung erreichte Absicherung elementarer Grundsätze rechtsstaatlichen Strafrechts stellte ohne Zweifel eine erhebliche Verbesserung gegenüber der Bismarck'schen Reichsverfassung dar. Hervorzuheben sind hierbei speziell die Verankerung des Gesetzlichkeitsprinzips sowie der Verfahrensregelungen bei Freiheitsentziehungen, die unmittelbar geltendes Recht darstellten. Zwar wurde damit im Wesentlichen nur nachgeholt, was im einfachen Recht bereits umgesetzt war, dank der gem. Art. 76 WRV für Verfassungsänderungen erforderlichen Zweidrittelmehrheit war das Schutzniveau der Regelungen allerdings deutlich erhöht. Aufgrund der fehlenden Begrenzung des grundrechtseinschränkenden Gesetzgebers vermochten es die vielen unter Gesetzesvorbehalt stehenden Grundrechte indes nicht, aus sich heraus einen effektiven Schutz bürgerlicher Freiheitssphären zu gewährleisten. Es mag daher auch nicht verwundern, dass von ihnen in der Praxis kaum Impulse für das Strafverfahrensrecht und dabei insbesondere für die Beschuldigtenrechte ausgingen. Zwar war die Kodifizierung von Grundrechten eine wichtige Grundsatzentscheidung für die Republik, ohne eine belastbare Bindung des Gesetzgebers an diese Grundrechte war ihr Wert jedoch von vornherein begrenzt. In Weimar konnte sich die seit dem 18. Jahrhundert zunehmend anerkannte Achtung der Subjektstellung von Beschuldigten, die, wie gesehen, durch eine Vielzahl von Beschuldigtenrechten auch Einzug in die RStPO fand[166] und die sich heute zentral aus der in Art. 1 Abs. 1 GG garantierten Menschenwürde speist, nicht auf ein vergleichbares, verfassungsrechtliches Fundament stützen. Bedenkt man die wichtige Rolle, die dem Bundesverfassungsgericht heute bei der Ausgestaltung und Wahrung der Beschuldigtenrechte und damit bei dem Versuch, strafprozessuale „Waffengleichheit“ zu gewährleisten, zukommt,[167] wird deutlich, wie sehr dem Weimarer Verfassungssystem die Möglichkeit, Verfassungsbeschwerden erheben zu können, fehlte.[168]

---

[166] Vgl. zur Subjektstellung von Beschuldigten durch die RStPO *Beling,* in: Kohler (Hrsg.), Enzyklopädie der Rechtswissenschaft in systematischer Bearbeitung – Band V, 7. Aufl. 1914, S. 153 f.; *Meyer*, Parteien im Strafprozess, 1889, S. 16 ff.; vgl. auch *Suess,* Stellung der Parteien im modernen Strafprocesse, 1898, S. 113 ff.; vgl. zur Entwicklung der Beschuldigtenstellung im 18 und 19. Jahrhundert auch *Vormbaum* (Fn. 30), S. 91 ff.

[167] Vgl. etwa BVerfG NJW 2019, 41 (46); NJW 2007, 3138 (3140); NJW 1990, 563 (564 f.); siehe auch *Rogall,* in: SK-StPO, 5. Aufl. 2016, Vorb. § 133 Rn. 132.

[168] *Dreier* (Fn. 145), S. 192; vgl. zum Streit um die Frage, wer „Hüter der Verfassung“ sein soll, *Schmitt,* in: Schreiber (Hrsg.), Die Reichsgerichtspraxis im deutschen Rechtsleben – Band I, 1929, S. 154 ff.; *Schmitt*, Der Hüter der Verfassung, 1931; *Thoma,* in: Schreiber (Hrsg.), Die Reichsgerichtspraxis im deutschen Rechtsleben – Band I, 1929, S. 179; *Kelsen,* Die Justiz 6 (1931), S. 576 (576 ff.).

Gleichwohl ist der heutige Blick auf die Weimarer Republik immer auch durch das Wissen um die ihr nachfolgende Barbarei getrübt. Es wäre zu kurz gegriffen, auf das Grundgesetz und die Erfolgsgeschichte der Bundesrepublik zu verweisen und die Weimarer Reichsverfassung auf ihre Defizite zu reduzieren. Denn bei allen ihren nicht zu bestreitenden Schwächen ist stets auch die dramatische politische Instabilität jener Jahre zu berücksichtigen, die sich nicht zuletzt in der dargestellten Staatsschutzstrafgesetzgebung und der Vielzahl von Notverordnungen widerspiegelte. Gerade gegen Ende der Republik kam es in der Staatsrechtswissenschaft zu wichtigen Diskussionen um Herausarbeitung und Schutz des Wesenskerns von Grundrechten.[169] Letztlich war der ersten deutschen Demokratie wohl zu wenig Zeit gegeben, hieraus ein System effektiven Grundrechtsschutzes zu entwickeln.

In der im Februar 1933 erschienenen 14. und letzten Auflage seines Kommentars zur Verfassung des Deutschen Reichs hinterließ Anschütz, damals Professor für öffentliches Recht an der Universität Heidelberg und einer der wichtigsten Kommentatoren der Weimarer Reichsverfassung, das folgende nachdenklich stimmende Vorwort:

> „Die Neubearbeitung erscheint in einer Zeit schwerster innerpolitischer Kämpfe und Erschütterungen, – Erschütterungen, welche die Weimarer Verfassung in ihren Grundlagen und ihrer Geltungskraft bedrohen. (…) Noch freilich hält die Verfassung stand, unter anderem auch deshalb, weil die Gegner in ihren Absichten und Angriffszielen keineswegs einig sind. Immerhin – es ist nicht unmöglich, daß das Werk von Weimar der normativen Kraft irgend eines Faktischen erliegt (…). Möglich auch, daß es in einzelnen Stücken oder Teilen, sei es legal, sei es illegal, dermaßen verändert wird, daß damit und insoweit auch die ihm gewidmete rechtswissenschaftliche Arbeit entwertet wird und dann nur mehr geschichtliche Bedeutung besitzt. Der Entschluß, einen Kommentar der Reichsverfassung heute trotz alledem, abermals neubearbeitet, herauszubringen, erforderte kein kleines Maß von Vertrauen und Zuversicht. (…) Ob diese Zuversicht recht behalten wird, muß und wird eine – vielleicht nahe – Zukunft lehren."

Bereits einen Monat später wurde er auf sein Gesuch hin emeritiert und verbrachte die folgenden zwölf dunklen Jahre in der inneren Emigration.[170] Mit der durch das Ermächtigungsgesetz vom 24.3.1933[171] erfolgten Übertragung der Gesetzgebungsgewalt auf die Reichsregierung wurde die Weimarer Reichsverfassung komplett entkernt, sie blieb jedoch über die gesamte Zeit der nationalsozialistischen Diktatur formell in Kraft.[172]

---

[169] Vgl. hierzu *Dreier* (Fn. 20), S. 171 ff. m.w.N.

[170] *Heun,* in: Grundmann/Kloepfer/Paulus (Hrsg.), FS Humboldt-Universität zu Berlin, 2010, S. 456.

[171] RGBl. I, S. 141.

[172] *Grimm,* in: Dreier/Waldhoff (Hrsg.), Das Wagnis der Demokratie, 2018, S. 274 f.; vgl. zum Ende der Weimarer Republik auch *Kielmansegg* (Fn. 2), S. 234; *Schneider* (Fn. 4), S. 227 ff.; *Stolleis* (Fn. 16), S. 110.

Das Strafrecht der Münchener Räterepublik

Traum oder Albtraum des modernen Strafrechts?

Martin Asholt

I. Überblick

Es sind gut einhundert Jahre vergangen, dass in München der Freistaat ausgerufen wurde – in den Morgenstunden des 8.11.1918 erklärte der Vorsitzende des neu gebildeten „Rates der Arbeiter, Soldaten und Bauern", Kurt Eisner, dass Bayern nunmehr eine „demokratische und soziale Republik" sei. Damit wurde die Republik in Bayern kurz vor derjenigen in Berlin ausgerufen.

Sucht man nach strafrechtshistorischen Einordnungen der von November 1918 bis Mai 1919 andauernden Räterepublik, wird man nur sehr eingeschränkt fündig.[1] Die Erinnerung an die Münchener Revolution ist zudem wenig positiv. Im bekannten Lehrbuch von Jescheck und Weigend wird ein – nur in Anführungszeichen als solches genanntes – Gesetz als erstes Beispiel für die „Gefahren für die Rechtssicherheit" genannt, die „mit strafrechtlichen Generalklauseln verbunden sein können".[2] Unmittelbar darauf folgt als zweites Beispiel die Analogienovelle von 1935. Die sich hier ausdrückende Ablehnung geht auf einen Bericht Ernst Belings über die „Bayerische Sondergesetzgebung" zurück. Beling bemerkt nach einer Wiedergabe des Inhalts der „Verordnung über die Einsetzung von Revolutionstribunalen" vom 7.4.1919, dass es für „den Juristen (...) keiner Ausführung darüber (bedürfe), daß diese Verordnungen nicht nur vom Standpunkte des Reichsrechts aus ungültig sind, sondern auch die fundamentalsten Gesetzgebungsgrundsätze preisgeben" – gemeint waren „absolut unbestimmte Strafgesetze; Ausnahmegerichte".[3] Die sich anschließende Bemerkung zu einer strafrechtlichen Verfolgung der Protagonisten der „Münchener Diktaturherrschaft" dürfte

---

[1] Die Arbeiten von *Eb. Schmidt*, Einführung in die Geschichte der deutschen Strafrechtspflege, 3. Aufl. 1965, und *Rüping/Jerouschek*, Grundriss der deutschen Strafrechtsgeschichte, 6. Aufl. 2011, erwähnen die Räterepublik nicht, bei *Pieth*, Strafrechtsgeschichte, 2015, findet sich eine Randbemerkung.

[2] *Jescheck/Weigend*, AT, 5. Aufl. 1996, S. 129. Vgl. auch *Jakobs*, AT, 2. Aufl. 1996, 4/28.

[3] *Beling*, ZStW 40 (1920), 511, 512.

große Zustimmung von Seiten Belings ausdrücken. Auf die Norm, die Belings Ärger in durchaus nachvollziehbarer Weise hervorgerufen hat, ist später noch näher einzugehen.

Sucht man nach jüngeren Arbeiten zum Strafrecht der Münchener Räterepublik, bleibt die Quellenlage spärlich. Wolfgang Naucke hat zu Beginn des neuen Jahrtausends eine Dissertation zu diesem Thema betreut. Ninette Barreneche ist vor der Fertigstellung ihrer Arbeit verstorben. Erhalten sind jedoch eine Beschreibung der strafrechtlichen Normgebung zwischen November 1918 und Mai 1919 und eine Materialsammlung, die für diesen Beitrag von großem Wert waren.[4] In seinem Vorwort zu dem posthum veröffentlichten Teil der Dissertation ordnet Naucke das Strafrecht der Münchener Räterepublik als „missing link zwischen Kriegsstrafrecht 1914–1918 und Strafrecht der Jahre nach 1919“ ein.[5] Die Einschätzung dieser Entwicklung ist wenig positiv – sie repräsentiere „ein Strafrechtsmodell (...), das von jeder rechtsstaatlich ungezügelten Macht kopierbar“ sei. Naucke kritisiert dabei mehrere Aspekte:

1. Erhebliche Einschränkung der „Gesetzlichkeit des Strafrechts“, die „politisiert und damit entwertet“ worden sei. Die Vielzahl von „Verordnungen, Erlasse(n), Verfügungen, Bekanntmachungen, Befehle(n) und Plakatanschläge(n)“ zeige die Nähe zur „politische(n) Macht“.[6]
2. Die weitgehende Missachtung des Bestimmtheitsgebotes. Neben der Verordnung über die Revolutionstribunale kritisiert Naucke noch die „strafrechtliche Generalklausel als normale Regelungstechnik in Massen“.[7]
3. Inhaltlich gehe es um die „Sicherung politischer Macht und – eng damit verbunden – (um einen) intensive(n) Beitrag zur Regulierung der Wirtschaft“. „Feinde der Räterepublik und Störer eines bestimmten Wirtschaftssystems“ sollen „bis zur Vernichtung“ bekämpft werden.[8]
4. „Deformierung des Strafverfahrensrechts“.[9]
5. Der Übergang vom Individualstrafrecht zu einem „Nebenstrafrecht(...) als Recht der kollektiven Sicherheit in Anlehnung an das Polizeirecht“.[10]

---

[4] *Barreneche*, Materialien zu einer Strafrechtsgeschichte der Münchener Räterepublik 1918/19, hrsg. von Naucke und Seifert, 2004, mit einer Einführung von *Naucke*. Die bisher nicht publizierte *Materialsammlung* wurde mir freundlicherweise von Achim Seifert zur Verfügung gestellt. Ihm gilt mein herzlicher Dank. Gewidmet ist dieser Beitrag der beeindruckenden Arbeit von Frau Barreneche.

[5] *Naucke* (Fn. 4), S. XII.

[6] *Naucke* (Fn. 4), S. XII f. Vgl. auch *ders.*, ZStW 94 (1982), 525, 552 f.

[7] *Naucke* (Fn. 4), S. XIII.

[8] *Naucke* (Fn. 4), S. XIII f.

[9] *Naucke* (Fn. 4), S. XIV.

[10] *Naucke* (Fn. 4), S. XV.

All diese Entwicklungen seien aber keine Erfindung der Zeit der Räterepublik. Diese nehme nur eine vorhandene – und nicht zuletzt im Strafrecht des Ersten Weltkrieges zu erkennende – Entwicklung auf, deren Fortsetzung auch nach 1919 deutlich erkennbar bleibe.[11]

Tendenziell ebenfalls in diese Richtung zielt die Einschätzung von Thomas Vormbaum, der in der Räterepublik die Fortsetzung eines autoritären Strafrechtsdenkens verwirklicht sieht. Die dortige „Flut von Strafnormen" sei Ausdruck eines Strafrechtsverständnisses, das dieses „als Instrument staatlicher Steuerung, nicht als Begrenzung staatlicher Tätigkeit" auffasse und einer zunehmenden Tendenz der „Instrumentalisierung und Funktionalisierung – d.h. der Politisierung – des Strafrechts" zuzuordnen sei.[12]

Will man die verfügbaren Einschätzungen des Strafrechts der Räterepublik bildlich zusammenfassen, so bietet sich ein jüngerer Titel zur Revolution in München an. Volker Weidermann hat seine Beschreibung der Geschehnisse unter dem Titel „Träumer" publiziert.[13] Die Strafrechtswissenschaftler neigen weniger zu einem traumhaften Bild dieser Zeit. Hier ließe sich bildlich viel mehr an Goyas Radierung zum „Schlaf der Vernunft" denken, der „Ungeheuer produziert".[14]

Insofern besteht auch über das hundertjährige Gedenken zur Revolution von 1918 hinaus heute ein Anlass, sich mit dem Strafrecht der Räterepublik zu befassen. Dafür soll im Folgenden zunächst ein kurzer Überblick über die allgemeine Entwicklung des Geschehens der Münchener Revolution gegeben werden, um anschließend die Reformen des damaligen Strafrechts näher zu betrachten. Dies ermöglicht es, in einem dritten Schritt eine nähere Analyse der Einordnung des Geschehens als Traum oder Albtraum vorzunehmen.

II. Historische Entwicklung der Räterepublik

Im Herbst 1918 standen die deutschen Kriegshoffnungen nicht gut. Auch die allgemeine Versorgung der Bevölkerung – und auch der Bevölkerung in München – standen nicht zum Besten.[15] Vor diesem Hintergrund sollte am

---

[11] *Naucke* (Fn. 4), S. XII ff., insb. S. XV.

[12] *Vormbaum*, Einführung in die moderne Strafrechtsgeschichte, 3. Aufl. 2016, S. 148.

[13] *Weidermann*, Träumer – Als die Dichter die Macht übernahmen, 2017.

[14] Die Inschrift „El sueño de la razón produce monstruos" findet sich im Capricho Nr. 43 von Goya, vgl. *Hennis*, Die Vernunft Goyas und das Projekt der Moderne, in: ders., Politikwissenschaft und Politisches Denken. Politikwissenschaftliche Abhandlungen II, 2000, S. 350.

[15] Vgl. *Mitchell*, Revolution in Bayern 1918/1919. Die Eisner-Regierung und die Räterepublik, 1967, S. 66 ff. und 79 sowie *Maier*, Der Weg zur Revolution 1918, in: Hefte zur Bayerischen Geschichte und Kultur 37 (2008), 5, 6 ff. und *Ay*, Appelle einer Revolution. Dokumente aus Bayern zum Jahr 1918/1919, 1968, S. 12.

7.11.1918 auf Initiative Kurt Eisners eine Demonstration für den Frieden stattfinden, an der sich auch die MSPD beteiligte – nicht zuletzt um eine Eskalation des Geschehens zu verhindern.[16] Dass es anders gekommen ist, ist bekannt. Eisner nutzte die Demonstration, um nicht mit der Mehrheitspartei zu marschieren, sondern für einen Zug zu den Kasernen der Stadt – die sich überwiegend gewaltlos den Revolutionären anschlossen.[17] Noch in der Nacht vom 7. auf den 8. November verkündete der neugeschaffene Rat der Arbeiter, Soldaten und Bauern, dass Bayern „fortan ein Freistaat" und zudem „demokratische und soziale Republik" sei. Vorsitzender des Rates war der spätere Ministerpräsident Kurt Eisner.[18] Rechtlich war es eine wenig revolutionäre Revolution.[19] Schon am 8. November wurde darauf hingewiesen, „daß die geltenden Gesetze durchaus in Kraft bleiben".[20] Zudem sollten die Beamten „in ihren Stellungen" verbleiben.[21]

Die neue Regierung unter Eisner bestand vor allem aus Vertretern von MSPD und USPD. Neben Eisner und dem SPD-Führer Erhard Auer gehörten dem Kabinett Johannes Hoffmann (SPD) und Johannes Timm (SPD) als Minister für Unterricht und Kultus bzw. als Justizminister an.[22] Es folgt eine einigermaßen ruhige Phase der Münchener Republik. Politisch bestand die ungelöste Frage in dem Verhältnis von Parlament und Räten, wobei Eisner die Räte als demokratisches Bindeglied zwischen Gesellschaft und Parlament sah, während sein Gegenspieler Auer eine rein parlamentarische Lösung bevorzugte.[23] Letztlich setzte sich die auf das Parlament fokussierte Lösung durch, so dass am 12.1.1919 Parlamentswahlen stattfanden. Bei diesen erlebte die USPD mit Kurt Eisner eine heftige Niederlage – sie kam auf einen Stimmanteil von nur 2,5 Prozent, während die MSPD bei 33 Prozent lag und die BVP bei 35 Prozent.[24] Der Weg in eine parlamentarische Demokratie wäre wohl von hier an recht reibungslos verlaufen, wenn nicht Eisner am 21.2.1919 auf dem Weg in den Landtag, wo er seinen Rücktritt erklären

[16] *Mitchell* (Fn. 15), S. 79 f.; *Hitzer*, Der Mord im Hofbräuhaus, Unbekanntes und Vergessenes aus der Baierischen Räterepublik, 1981, S. 25.

[17] *Mitchell* (Fn. 15), S. 83 f.; *Hitzer* (Fn. 16), S. 25 f.

[18] Münchener Neueste Nachrichten v. 8.11.1918, 1, in: *Barreneche,* Materialsammlung (Fn. 4), S. 30.

[19] Zum auch insgesamt ruhigen revolutionären Ablauf, *Mitchell* (Fn. 15), S. 90.

[20] Aufruf „An die Bevölkerung Münchens", in: *Barreneche,* Materialsammlung (Fn. 4), S. 31.

[21] Münchener Neueste Nachrichten v. 8.11.1918, 1; in: *Barreneche,* Materialsammlung (Fn. 4), S. 30. Vgl. auch *Mitchell* (Fn. 15), S. 100; *Ay* (Fn. 15), S. 10; *Grau*, Kurt Eisner, 1867–1919. Eine Biographie, 2001, S. 360.

[22] Aufstellung bei *Mitchell* (Fn. 15), S. 92.

[23] *Schnupp*, Revolution und Regierung Eisner, in: Hefte zur Bayerischen Geschichte und Kultur 37 (2008), 12, 16; ähnlich *Grau* (Fn. 21), S. 370 und eingehend S. 421 ff.

[24] Zahlen bei *Mitchell* (Fn. 15), S. 186 ff.

wollte, von Graf Arco zu Valley erschossen worden wäre.[25] Kurze Zeit später wurde Ehrhard Auer im Parlament durch einen Schuss schwer verwundet, so dass der Landtag die an diesem Tag anstehende Sitzung abbrach.

Dies war der Beginn der zweiten Phase der Münchener Räterepublik,[26] die sich wahlweise als „Interregnum“[27] oder als „Herrschaft der Arbeiter- Bauern- und Soldatenräte“ bezeichnen ließe,[28] die mangels Ministerpräsidenten und Landtag allein übrig blieben.[29] Es kam zunächst zu einer Räteversammlung, in deren Verlauf ein Zentralrat mit Ernst Niekisch von der SPD als Vorsitzenden geschaffen wurde. Doch im Laufe des ab dem 28. Februar tagenden Rätekongresses setzten sich die Befürworter des Parlamentarismus durch, so dass der Landtag für den 17.3.1919 einberufen wurde und das Interregnum endete.[30]

Mit dem Zusammentritt des Landtages am 17.11.1919 begann die dritte Phase der Revolution, die in einigen Teilen von Bayern bis zu ihrem Ende andauerte. In der ersten Landtagssitzung wurde eine von dem (Mehrheits-) Sozialdemokraten Johannes Hoffmann geführte Regierung gewählt, die auch zu gesetzgeberischem Tätigwerden ermächtigt wurde.[31] Abermals hätte das revolutionäre Geschehen in eine Ruhephase einmünden können – das vorhandene Recht sollte überwiegend in Kraft bleiben[32] und die provisorische Verfassung hatte sich für ein rein parlamentarisches System entschieden.[33] Doch abermals kam es anders. Die Entscheidung gegen ein Rätesystem reizte dessen Befürworter, die zudem auf die jüngsten Erfolge in Ungarn verweisen konnten, wo seit dem 20.3.1919 eine Räterepublik bestand.[34] Hinzu kam ein heftiger Wintereinbruch in München. Dieser verschlechterte die ohnehin schon schlechte Versorgung der Bevölkerung, die unter großer Arbeitslosigkeit litt.[35]

---

[25] Vorsichtiger *Grau* (Fn. 21), S. 472. Zu den wirtschaftlich-politischen Hintergründen, vgl. *Winkler*, Weimar 1918–1933. Die Geschichte der ersten deutschen Demokratie, 2018, S. 82.

[26] *Winkler* (Fn. 25), S. 76

[27] *Mitchell* (Fn. 15), S. 240.

[28] Rudolf Schollenbruch, zit. nach *Hitzer* (Fn. 16), S. 15 f.

[29] *Schmalzel*, Die zweite Revolution: Parlamentarismus oder Räterepublik, in: Hefte zur Bayerischen Geschichte und Kultur 37 (2008), 19; *Ay* (Fn. 15), S. 24.

[30] *Winkler* (Fn. 25), S. 77.

[31] *Winkler* (Fn. 25), S. 77 f. Das Ermächtigungsgesetz findet sich in: BayGVBl. 1919, S. 112 f., in: *Barreneche,* Materialsammlung (Fn. 4), S. 380. Vgl. auch *Ay* (Fn. 15), S. 26.

[32] Übergangsgesetz v. 28.3.1919, BayGVBl. 1919, S. 113, in: *Barreneche,* Materialsammlung (Fn. 4), S. 381.

[33] Vgl. v.a. § 3 Vorläufiges Staatsgrundgesetz des Freistaates Bayern v. 17.3.1919, BayGVBl. 1919, S. 109 f., in: *Barreneche,* Materialsammlung (Fn. 4), S. 377.

[34] *Hitzer* (Fn. 16), S. 50; *Winkler* (Fn. 25), S. 78.

[35] *Winkler* (Fn. 25), S. 78; *Mitchell* (Fn. 15), S. 262. Vgl. auch *Ay* (Fn. 15), S. 12 und 20.

In Augsburg formierte sich Anfang April eine neue Initiative für eine Räterepublik. Da auch Teile der SPD sich zwischenzeitlich für eine Räterepublik aussprachen[36] und der Ministerpräsident in Berlin war, konnte am 7.4.1919 die Räterepublik ausgerufen werden. Sie ist auch unter der Bezeichnung „Scheinräterepublik" bekannt geworden, die sie von den Kommunisten bekam. Diese hatten sich gegen die Beteiligung an einer Räterepublik ausgesprochen.[37] Geführt wurde diese Räterepublik vom Zentralrat – zunächst unter Ernst Niekisch, dann unter Ernst Toller (USPD). Territorial führte diese Regierung zu einer Spaltung Bayerns. Die Regierung unter Hoffmann war nach Bamberg geflohen und herrschte über einen Teil Bayerns, die Münchener Räterepublik über den anderen, den Mitchell als das „Dreieck Augsburg-Rosenheim-Garmisch" beschreibt.[38]

Die Konfrontation zweier Regierungen führte auch zum baldigen Ende dieser Phase der Räterepublik.[39] Nach dem gescheiterten Versuch, die Räteregierung am Palmsonntag, den 13. April, zu stürzen, revidierten die Kommunisten ihre ablehnende Entscheidung und führten die letzte Phase der Räterepublik an.[40] Nunmehr herrschte der Aktionsausschuss unter Eugen Leviné.[41] Doch die Konfrontation mit Bamberg – und letztlich mit Berlin – war nicht beendet. Unter Zuhilfenahme von Freiwilligenverbänden, Freikorps und Reichswehrteilen wurde München bis Anfang Mai blutig zurückerobert. Den Verantwortlichen der Räterepublik wurde der Prozess gemacht und sie wurden zu hohen Strafen verurteilt.[42]

Zusammenfassend lässt sich die Geschichte der Münchener Räterepublik also in fünf Abschnitte einteilen. Nach der Revolution beginnt mit Kurt Eisner die erste Phase, es folgt ein Interregnum als zweite und die Regierung Hoffmann als dritte Phase. Die eigentliche Räterepublik bildet die letzten beiden Phasen des Geschehens. Sicherlich ließen sich noch weitere Unterscheidungen vornehmen – z.B. am Ende der Räterepublik, als die Rote Armee z.T. die Führung übernahm[43] –, für die hiesigen Zwecke genügt die vorgestellte und durchaus übliche Einteilung jedoch.

---

[36] Zur Rolle von Ernst Schneppenhorst, vgl. *Mitchell* (Fn. 15), S. 268 f.

[37] Vgl. die Erklärung von Eugen Leviné, wiedergegeben bei *Hitzer* (Fn. 16), S. 51 f. Vgl. auch *Mitchell* (Fn. 15), S. 272 und *Ay* (Fn. 15), S. 27.

[38] *Mitchell* (Fn. 15), S. 275.

[39] *Barrenche*, Materialien (Fn. 4), S. 97 ff.

[40] *Winkler* (Fn. 25), S. 79 f.

[41] *Hitzer* (Fn. 16), S. 56; *Winkler* (Fn. 25), S. 80.

[42] *Winkler* berichtet (Fn. 25) – neben den Ermordungen von Landauer und Egelhofer – von einem Todesurteil (Eugen Leviné) und mehreren Freiheitsstrafen (15 Jahre für Erich Mühsam, fünf Jahre für Ernst Toller, zwei Jahre für Ernst Niekisch), S. 81. Näher *Barreneche,* Materialsammlung (Fn. 4), S. 109 Fn. 487.

[43] Vgl. *Winkler* (Fn. 25), S. 80 f.

III. Strafrechtliche Normgebung

In strafrechtlicher Hinsicht – so wird zu zeigen sein – wäre auch eine Zweiteilung der Entwicklung der Räterepublik denkbar. Auch hier bildet die Regierung Eisner die erste Phase des Geschehens. Sie stellt mit einer Dauer von vier Monaten zeitlich den Hauptteil der Entwicklung. Die nachfolgenden Phasen lassen sich aus strafrechtlicher Sicht hingegen zu einem zunehmend dynamisch werdenden Geschehen mit der Dauer von etwa zwei Monaten zusammenfassen.

1. Regierung Eisner (7. November 1918 bis 21. Februar 1919)

Schon erwähnt wurde die normative Kontinuität, in der die Revolution zu den Gesetzen der Monarchie stand. Und nicht nur die vorhandenen Gesetze blieben in Kraft – auch die Beamten blieben an ihren Plätzen. Die Wirkungen dieser wenig revolutionären Revolution sind klar erkennbar – zumal die Minister im Gegensatz zur weiterbestehenden Bürokratie kaum Erfahrung im Regieren hatten.[44]

Die Ziele der neuen Regierung im Bereich der Justiz betreffen drei Felder. Neben den hier nicht weiter verfolgten Amnestien finden sich zwei Aspekte. „Schärfstes Vorgehen gegen gewinnsüchtige Ausnützung der Notlage des Volkes" und ein Neuaufbau von „Zivil- und Strafrecht (...) nach sozialen Grundsätzen".[45]

a) Strafrecht und Notlage

Der Umstand der Notlage (i.w.S.) ist der wohl zentrale des strafrechtlichen Handelns der neuen Regierung. Technisch hilft ihr dabei die Kontinuität zum vorherigen Recht, dessen Rechtsgrundlagen und Regelungstechniken sie ebenfalls nutzt. Neben der Wiederherstellung der Sicherheit, die der Regierung „überraschend schnell gelang",[46] lagen wichtige Aufgaben in den Bereichen der Sicherstellung der Versorgung der Bevölkerung und in der Bewältigung der „Demobilisierung und der Umstellung der Kriegs- auf die Friedenswirtschaft".[47] Betrachtet man die Felder, auf denen unter der Regierung Eisner im Strafrecht Änderungen vorgenommen werden, passen sie zu diesen Zielen. Es ging um die Bereiche Demobilisierung und Versorgung, um die öffentliche Sicherheit und um die verfahrensrechtliche Umsetzung der hierfür getroffenen materiellen Regelungen.

---

[44] *Mitchell* (Fn. 15), S. 95 f.

[45] Das Programm der neuen bayerischen Regierung, Münchener Neueste Nachrichten v. 16.11.1918, 1; wiedergegeben bei *Ay* (Fn. 15), Anlage 10.

[46] *Grau* (Fn. 21), S. 362.

[47] *Grau* (Fn. 21), S. 357 und S. 367.

aa) Demobilisierung und Versorgung

Zahlreiche Gesetzesänderungen finden sich in den kriegsbedingten Aufgaben der Demobilisierung und der Versorgung. Hier wurden insgesamt fast zwanzig neue Strafnormen zwischen November 1918 und Februar 1919 geschaffen.[48] Ein Beispiel ist die Anordnung des Staatskommissars für Demobilisierung mit dem Betreff „Stellenvermittlung und Arbeitsnachweise". Hier wird u.a. den Arbeitgebern die Pflicht auferlegt, „offene Stellen, die binnen drei Tagen nach der Erledigung nicht besetzt sind, spätestens am vierten Tage (...) anzumelden".[49] Für einen Verstoß gegen die so beschriebene Pflicht wurde eine Geldstrafe von bis zu 100.000 Mark angedroht.[50]

Die Befugnis des Staatskommissars zum Erlass von Strafnormen stützte sich auf eine Verordnung des Bundesrates, die es im Ergebnis den Staatskommissaren für Demobilisierung erlaubte, Anordnungen zu treffen, „um Störungen des Wirtschaftslebens infolge der wirtschaftlichen Demobilmachung vorzubeugen".[51] Verstöße gegen derartige Anordnungen waren nach der Verordnung „mit Geldstrafe bis zu einhunderttausend Mark" bedroht.[52] Die Verordnungsermächtigung stützte sich ihrerseits auf das Gesetz über die Ermächtigung des Bundesrats zu wirtschaftlichen Maßnahmen über die Verlängerung der Fristen des Wechsel- und Scheckrechts im Falle kriegerischer Ereignisse.[53] Dieses erlaubte dem Bundesrat „während der Zeit des Krieges diejenigen gesetzlichen Maßnahmen anzuordnen, welche sich zur Abhilfe wirtschaftlicher Schädigungen als notwendig erweisen".[54] Die bayerische

[48] Die Änderungen sind der Materialsammlung von *Barreneche,* Materialsammlung entnommen (Fn. 4). Hier soll es nur um die Neuschaffung von Strafnormen gehen. Hinzu kommen zahlreiche Streichungen von Sanktionsnormen aus der Zeit des Ersten Weltkrieges, vgl. nur *Barreneche* (Fn. 4), S. 32 f.

[49] Bekanntmachung Betreff „Stellenvermittlung und Arbeitsnachweise" v. 29.11.1918, in: BSZ v. 3.12.1918, Bl. 2, in: *Barreneche,* Materialsammlung (Fn. 4), S. 90 f. Vgl. hierzu auch *Barreneche,* Materialsammlung (Fn. 4), S. 39.

[50] Bekanntmachung Betreff „Stellenvermittlung und Arbeitsnachweise" v. 29.11.1918, in: BSZ v. 3.12.1918, Bl. 2, in: *Barreneche,* Materialsammlung (Fn. 4), S. 90 f. Vgl. hierzu auch ebd., S. 39.

[51] Vgl. §§ 1, 2 und 4 der Verordnung über die wirtschaftliche Demobilmachung v. 7.11.1918, RGBl. I, S. 1292. Näher zum bayerischen Staatskommissar, *Barreneche,* Materialsammlung (Fn. 4), S. 37 ff.

[52] § 6 der Verordnung. Mit der Verordnung v. 27.11.1918 wurde der mögliche Strafrahmen erheblich erhöht – nun sollte auch eine Freiheitsstrafe bis zu fünf Jahren möglich sein, daneben wurden Einziehung und Verfall zugelassen, Verordnung über den Erlass von Strafbestimmungen durch das Reichsamt für die wirtschaftliche Demobilmachung, RGBl. I., S. 1339.

[53] Gesetz über die Ermächtigung des Bundesrats zu wirtschaftlichen Maßnahmen und über die Verlängerung der Fristen des Wechsel- und Scheckrechts im Falle kriegerischer Ereignisse, v. 4.8.1914, RGBl. I, S. 327.

[54] § 3 Abs. 1 des Gesetzes. Vgl. dazu *Vormbaum* (Fn. 12), S. 147 m.w.N. und eingehend

Normgebung stand insofern in einer doppelten Kontinuität. Nicht nur musste der bayerische Staatskommissar auf unmittelbar vorrevolutionäres Reichsrecht zurückgreifen, dieses verwies seinerseits auf das zentrale Ermächtigungsgesetz für das Kriegswirtschaftsstrafrecht von 1914.[55]

Insgesamt finden sich im Bereich der Demobilisierung neun in Bayern erlassene Strafdrohungen, die neben dem schon erwähnten Staatskommissar auch vom Reichsamt für Demobilisierung stammten.[56] Eine Verordnung der bayerischen Regierung findet sich zudem, in der aber nur geringe Strafen angedroht waren.[57] Inhaltlich finden sich neben dem beispielhaft erwähnten Wohnraum, der nicht zuletzt für die heimkehrenden Soldaten benötigt wurde, vor allem Sanktionen zum Arbeitsschutz. Als Strafdrohungen sind überwiegend Geldstrafen vorgesehen, die von 1.000 bis 100.000 Mark reichen. Es finden sich aber auch Freiheitsstrafen im unteren Bereich, die von drei Monaten bis hin zu einem Jahr reichen.[58]

Im Bereich der Versorgung wird das Spektrum in mehrfacher Hinsicht reichhaltiger. Neben einer Reichsstelle für Gemüse und Obst[59] finden sich hier Normen der Bayerischen Lebensmittelstelle[60], der Bayerischen Fleischversorgungsstelle[61], des Bayerischen Innenministeriums[62] und (erneut) auch

---

Naucke, Über die Zerbrechlichkeit des rechtstaatlichen Strafrechts. Materialien zur neueren Strafrechtsgeschichte, 2000, S. 290 ff.

[55] Näher dazu *Barreneche,* Materialsammlung (Fn. 4), S. 13 ff., S. 34 ff.

[56] Zu dessen Tätigkeit, *Barreneche,* Materialsammlung (Fn. 4), S. 35 f.

[57] Verordnung betreffend Wohnungsmangel und Obdachlosigkeit v. 22.11.1918, BayVBl. 1918, S. 1244. Es waren nur „Zuwiderhandlungen gegen Meldevorschriften" mit „Geldbuße bis zu 1000 M" bedroht.

[58] Das Reichsamt erließ hierzu die Verordnung v. 23.11.1918, BSZ v. 6.12.1918 (*Barreneche,* Materialsammlung [Fn. 4], S. 70) und diejenige v. 25.1.1919, BSZ v. 26.2.1919 (*Barreneche,* Materialsammlung [Fn. 4], S. 228). Der Staatskommissar erließ neben der beispielhaft erwähnten Anordnung v. 29.11.1918 eine Bekanntmachung v. 6.12. (BSZ v. 8.12.1918) (*Barreneche,* Materialsammlung [Fn. 4], S. 111 f.), eine v. 18.12. (BSZ v. 19.12.1918) (*Barreneche,* Materialsammlung [Fn. 4], S. 139), eine allgemeine Bekanntmachung v. 28.12. (BSZ v. 29.12.1918) (*Barreneche,* Materialsammlung [Fn. 4], S. 159) und eine Bekanntmachung v. 18.2. (BSZ v. 21.2.1919) (*Barreneche,* Materialsammlung [Fn. 4], S. 284). Daneben findet sich eine Verordnung des Reichsamtes zum Verkehr mit Opium v. 15.12. (BSZ v. 1.1.1919) und eine Verordnung zur Einschränkung von Tanzlustbarkeiten v. 13.2. (BSZ v. 14.2.1919) (*Barreneche,* Materialsammlung [Fn. 4], S. 278).

[59] Bekanntmachung v. 16.11.1918, BSZ v. 29.11.1918, in: *Barreneche,* Materialsammlung (Fn. 4), S. 47.

[60] Bekanntmachung v. 2.12.1918 (BZS v. 6.12.1918), in: *Barreneche,* Materialsammlung (Fn. 4), S. 99; Bekanntmachung v. 5.2.1919 (BSZ v. 11.2.1919), in: *Barreneche,* Materialsammlung (Fn. 4), S. 266.

[61] Bekanntmachung v. 6.12.1918 (BSZ v. 7.12.1918), in: *Barreneche,* Materialsammlung (Fn. 4), S. 109 und Bekanntmachung v. 31.1.1919 (BSZ v. 2.1.1919), in: *Barreneche,* Materialsammlung (Fn. 4), S. 245 f.

[62] Bekanntmachung v. 9.1.1919 (BSZ v. 11.1.1919), in: *Barreneche,* Materialsammlung

der Regierung insgesamt.[63] Inhaltlich geht es hier vom Absatz von „Grünkohl und Dauerweißkohl"[64] über die „Hausschlachtung von Schweinen"[65] bis hin zum „Absatz (...) von Obstweinen".[66] Die Sanktionen liegen etwa im Bereich derjenigen für die Zwecke der Demobilmachung, vorgesehen sind Geldstrafen im Bereich von 1.000 bis 50.000 Mark und Freiheitsstrafen zwischen sechs Monaten und einem Jahr. Eine Ausnahme bildet die Verordnung der bayerischen Regierung. Diese sollte die „gleichmäßige Erfassung und Verteilung der Gebrauchsmittel des täglichen Bedarfs" sichern und drohte für Störungen „in gewinnsüchtiger Absicht" eine Zuchthausstrafe von nicht unter einem Jahr an (also bis 15 Jahren).[67] Diese im Vergleich erheblich strengere Strafe dürfte der Regierung schon im eingangs erwähnten Regierungsprogramm vorgeschwebt haben, das sich ja gegen die „gewinnsüchtige Ausnützung der Notlage des Volkes" richtete.

bb) Sicherheit

Das zweite große Feld war dasjenige der Sicherheit – ein Bereich, in dem man gerade kurz nach einer Revolution größere gesetzgeberische Tätigkeit erwarten würde. Dies war unter der Regierung Eisner allerdings nicht der Fall. Hier wird zwar vor allem die Regierung als Normgeberin tätig, die Strafdrohungen sind aber überaus moderat. Die Verordnung zur Sicherung der Wahl[68] ist eher symbolisch zu verstehen, da sie die vorhandenen Strafdrohungen unterschritt,[69] hinzu kommen eine Passpflicht mit vorgesehenen Freiheitsstrafen bis zu einem Jahre[70] und das Verbot des Verbergens von Kriegs-

(Fn. 4), S. 186; Bekanntmachung v. 27.1.1919 (BSZ v. 29.1.1919); Bekanntmachung v. 29.1.1919 (BSZ v. 7.2.1919), in: *Barreneche,* Materialsammlung (Fn. 4), S. 236 f. und Bekanntmachung v. 10.2.1919 (BSZ v. 12.2.1919), in: *Barreneche,* Materialsammlung (Fn. 4), S. 273 f.

[63] Verordnung v. 20.11.1918, BayGVBl. 1918, S. 1235, in: *Barreneche,* Materialsammlung (Fn. 4), S. 58.

[64] Bekanntmachung v. 16.11.1918 (BSZ v. 29.11.1918), in: *Barreneche,* Materialsammlung (Fn. 4), S. 47.

[65] Bekanntmachung v. 6.12.1918 (BSZ v. 7.12.1918), in: *Barreneche,* Materialsammlung (Fn. 4), S. 109.

[66] Bekanntmachung v. 5.2.1919 (BSZ v. 11.2.1919), in: *Barreneche,* Materialsammlung (Fn. 4), S. 266 f.

[67] Verordnung v. 20.11.1918, BayGVBl. 1918, S. 1235, in: *Barreneche,* Materialsammlung (Fn. 4), S. 58. Dazu *Barreneche,* Materialsammlung (Fn. 4), S. 44 f.

[68] Verordnung v. 31.12.1918 (BSZ v. 4.1.1919), in: *Barreneche,* Materialsammlung (Fn. 4), S. 163.

[69] Vgl. *Barreneche,* Materialsammlung (Fn. 4), S. 65.

[70] Bekanntmachung über die Paßpflicht v. 14.1.1919 (BayGVBl. 1919, 15), in: *Barreneche,* Materialsammlung (Fn. 4), S. 212.

gefangenen mit Haft oder Geldstrafen bis zu 150 Mark.[71] Die geringe Tätigkeit der Regierung dürfte auf die zügig wiederhergestellte öffentliche Sicherheit in der ersten Phase der Republik zurückzuführen sein.[72]

cc) Prozessrecht

Größere Anstrengungen finden sich aber im dritten Feld – das die prozessuale Umsetzung der vorhandenen und neu geschaffenen Strafvorschriften betraf. Neben einem Nationalgerichtshof, dessen Vorschriften wohl nicht zu praktischer Umsetzung kamen,[73] findet sich prozessual vor allem die Schaffung von Volksgerichten.[74] Mitte November 1918 wurde den noch einzusetzenden Volksgerichten eine Zahl schwerer Delikte (u.a. „Mord, Totschlag, (...) Raub (oder) Plünderung") zugewiesen, wobei sich materiell-rechtlich keine Änderung ergeben sollte. Verfahrensrechtlich waren allerdings erhebliche Vereinfachungen vorgesehen. Stattfinden sollte ein summarisches Verfahren mit dem Ziel der „rascheste(n) Aburteilung des Beschuldigten".[75] Neben dem Einsatz neuester technischer Mittel anstelle des Schriftverkehrs sollte dies auch durch den Ausschluss von Rechtsmitteln sichergestellt werden.[76] Durchsuchungen sollten nahezu unbegrenzt zulässig sein und auch die regulären Voraussetzungen der Untersuchungshaft wurden aufgehoben.[77] Kam das Gericht zu keinem Urteil, so fand ein Übergang ins Normalverfahren statt. Kam es zu einer Verurteilung, so war diese „sofort vollstreckbar". Allein bei Todesurteilen musste eine Prüfung und Genehmigung durch den Ministerrat abgewartet werden.[78] Neben der hier nur grob skizzierten Entformalisierung des Strafverfahrens[79] findet sich bei der Besetzung der Volks-

---

[71] Verordnung zur Sicherung der Auslieferung der feindlichen Kriegsgefangenen v. 21.1.1919 (BayGVBl. 1919, S. 19), in: *Barreneche,* Materialsammlung (Fn. 4), S. 216.

[72] *Grau* (Fn. 21), S. 362 und 379, vgl. aber *Ay* (Fn. 15), S. 20 f.

[73] Vgl. *Barreneche,* Materialsammlung (Fn. 4), S. 61 ff. insb. S. 64.

[74] Verordnung über die Errichtung von Volksgerichten v. 16.11.1918, ergänzt am 19.11.1918 (BSZ v. 27.11.1918) (in: *Barreneche,* Materialsammlung [Fn. 4], S. 50), die Fassung vom 16.11. findet sich bei *Beling*, ZStW 40 (1920), 397. Zur Reform im Militärgerichtsverfahren, vgl. *Barreneche,* Materialsammlung (Fn. 4), S. 46 ff. Zur späteren Ausweitung der Regelungen zu den Volksgerichten, vgl. *Barreneche,* Materialsammlung (Fn. 4), S. 56 ff.

[75] § 2 der Bekanntmachung über die Volksgerichte, BayJMBl. 1918, 231, in: *Barreneche,* Materialsammlung (Fn. 4), S. 51.

[76] §§ 12 f. der Bekanntmachung.

[77] § 15 der Bekanntmachung.

[78] §§ 28 f. der Bekanntmachung.

[79] Näher *Barreneche,* Materialsammlung (Fn. 4), S. 52. Allerdings müsste eine nähere Analyse eines Entformalisierungsprozesses die vorangehenden Möglichkeiten der Abweichung vom Normalverfahren einbeziehen, so v.a. die Verfahrensregeln zum Ausnahmezustand, vgl. dazu *Kern,* Der gesetzliche Richter, 1927, S. 284 ff. Vgl. ähnlich auch *Barreneche,* Materialsammlung (Fn. 4), v.a. S. 5, 51, 57 und 82 f.

gerichte ein Zeichen für den Einfluss der Räte in der ersten Phase der Republik. Diese waren bei der Auswahl der Laienrichter einzubeziehen.[80]

Das Ziel der Verordnung war die „schnellere (...) Ausübung der Justiz bei allen Vergehen gegen die öffentliche Sicherheit“[81] – woran sich zeigt, dass die Sicherheit nach der Revolution zwar schnell, aber nicht sofort und abschließend wiederhergestellt wurde.[82] Anders als die Regelungen zur Sicherheit im materiellen Strafrecht, lassen sich an den sukzessive ausgeweiteten Regelungen zur Volksgerichtsbarkeit die zunehmenden Auseinandersetzungen auch in der ersten Phase der Republik ablesen.[83]

b) Neuaufbau des Strafrechts

Während die Maßnahmen, die sich dem Aspekt der Notlage zuordnen lassen, durchaus zahlreich waren, wurde der im Regierungsprogramm erwähnte Neuaufbau des Strafrechts „nach sozialen Grundsätzen“ nicht umgesetzt. Das ist angesichts der kurzen Regierungszeit Eisners sicherlich nicht verwunderlich. Allerdings lassen sich zumindest Ansätze für eine Richtungsbestimmung des Strafrechtsdenkens in dieser Phase erkennen. Neben der Entformalisierung des Strafverfahrens zeigen diese sich vor allem im materiellen Recht. Dieses wird erkennbar auf Prävention ausgerichtet. Die neue Regierung kommuniziert nicht nur mit ihren Bürgern über vielfältige Plakate oder Bekanntmachungen – was sich als normbildendes bzw. abschreckendes Vorgehen auffassen ließe. Auch inhaltlich lässt sich eine starke präventive Ausrichtung der Überlegungen erkennen. In einer Bekanntmachung begründete das Justizministerium die Strafbarkeit der Nichtablieferung von Erzeugnissen der Landwirtschaft: „Strengstes Einschreiten (...) ist umsomehr geboten, als (der Täter) durch sein schlechtes Beispiel auch andere Ablieferungspflichtige in ihrem guten Willen zur Erfüllung ihrer Pflicht schwankend macht.“ Hier zeigt sich dann auch die Verbindung zum Prozessrecht: „Bei der Bedeutung dieser Strafsachen ist es hier ganz besonders wichtig, daß die Strafe möglichst bald der Tat folgt. Die Strafverfahren sind deshalb mit größter Beschleunigung durchzuführen und die Strafen tunlichst rasch zu vollstrecken“.[84] Es bleibt jedoch – wie gesagt – bei Andeutungen.

---

[80] § 3 Abs. 3 der Bekanntmachung.

[81] Wiedergegeben bei *Beling*, ZStW 40 (1920), 397; vgl. dazu auch *Barreneche,* Materialsammlung (Fn. 4), S. 50 f.

[82] Vgl. die Beschreibung bei *Barreneche,* Materialsammlung (Fn. 4), S. 54 ff.

[83] Vgl. dazu *Barreneche,* Materialsammlung (Fn. 4), S. 54 ff.

[84] Bekanntmachung, die mangelhafte Erfüllung der Ablieferungspflicht betreffend v. 13.1.1919 (BayJMBl. 1919, S. 15), in: *Barreneche,* Materialsammlung (Fn. 4), S. 200 (mit handschriftlichem Verweis der Verf. auf die Generalprävention).

2. Interregnum (21. Februar bis 17. März 1919)

Mit der Ermordung Eisners änderte sich der Fokus der strafrechtlichen Normgebung. Zwar fanden sich noch weitere Regelungen zur Demobilisierung, die Geldstrafen androhten,[85] quantitativ und qualitativ stand jedoch nunmehr die Sicherheit im Zentrum der Aufmerksamkeit.

Noch am Tag des Mordes wurde der Belagerungszustand ausgerufen.[86] Und auch sonst wurde der Ton rauer. Der Vollzugsrat unter Niekisch ließ eine Bekanntmachung plakatieren, nach der „gemäß den noch zu veröffentlichenden Bestimmungen über den Belagerungszustand" derjenige „erschossen" werde, der „Handlungen gegen die jetzige Regierungsgewalt unternimmt oder zu solchen Handlungen auffordert" oder „wer raubt, plündert oder stiehlt".[87] Da die vorhandenen Vorschriften diese Rechtsfolgen nicht trugen, muss hierbei von einer echten Strafgesetzgebung ausgegangen werden.[88] Es folgte auf einem Plakat von Ende Februar die Androhung der Todesstrafe für den „Verkauf von militärischen Waffen".[89]

3. Regierung Hoffmann, SPD (17. März bis 7. April 1919 und 7. April bis 3. Mai 1919 parallel zur Münchener Räterepublik)

Mit der Wahl der Regierung Hoffmann änderte sich der Fokus wieder. Die Tätigkeit ging zurück zu Demobilisierung und Versorgung, sicherheitsrelevante Überlegungen finden sich eher im Verfahrensrecht.

Zur Demobilisierung wurden in den „Münchener Wochen" der Regierung Hoffmann vier Strafnormen erlassen[90], in der Bamberger Zeit folgte eine weitere.[91] Zur Versorgungssicherung finden sich drei Normen[92] und dem Be-

---

[85] Gesetz von vor dem 6.3. (BSZ v. 6.3.1919), in: *Barreneche,* Materialsammlung (Fn. 4), S. 317 und Anordnung v. 8.3.1919 (BSZ v. 19.3.1919), in: *Barreneche,* Materialsammlung (Fn. 4), S. 319.

[86] Näher *Barreneche,* Materialsammlung (Fn. 4), S. 80 ff.

[87] *Ay* (Fn. 15), Anlage 54.

[88] *Barreneche,* Materialsammlung (Fn. 4), S. 84.

[89] *Ay* (Fn. 15), Anlage 59. Näher dazu *Barreneche,* Materialsammlung (Fn. 4), S. 84 ff.

[90] Bekanntmachung v. 17.3. (BSZ v. 18.3.1919), in: *Barreneche,* Materialsammlung (Fn. 4), S. 328; Verordnung v. 17.3. (BSZ v. 22.3.), in: *Barreneche,* Materialsammlung (Fn. 4), S. 329; Anordnung v. 25.3. (BSZ v. 26.3.1919), in: *Barreneche,* Materialsammlung (Fn. 4), S. 345 und Verordnung v. 14.4. (BayGVBl. 1919, S. 419), in: *Barreneche,* Materialsammlung (Fn. 4), S. 404 f.)

[91] Bekanntmachung v. 22.4. (BayGVBl. 1919, 421), in: *Barreneche,* Materialsammlung (Fn. 4), S. 433. Näher *Barreneche,* Materialsammlung (Fn. 4), S. 108 ff.

[92] Bekanntmachung v. 21.3. (BSZ v. 23.3.1919), in: *Barreneche,* Materialsammlung (Fn. 4), S. 340 f.; Bekanntmachung v. 24.3. (BSZ v. 26.3.1919), in: *Barreneche,* Materialsammlung (Fn. 4), S. 343 und Bekanntmachung v. 28.3. (BSZ v. 30.3.1919), in: *Barreneche,* Materialsammlung (Fn. 4), S. 346 f. Zur „Bamberger Zeit", vgl. *Barreneche,* Materialsammlung (Fn. 4), S. 108 ff.

reich der Sicherheit lässt sich wohl die Vorschrift zur Entsorgung von Tierkadavern zuordnen.[93] Inhaltlich ging es wieder um Arbeitsvermittlung[94] oder um Fleischverbrauch.[95] Auch die Strafdrohungen lagen wieder im Bereich der Regierung Eisner. Es ging um Geldstrafen zwischen 150 und 100.000 Mark und um Freiheitsstrafen bis zu einem Jahr. Darauf, dass allzu viel Normalität allerdings auch noch nicht hergestellt war, deuten allerdings die prozessualen Tätigkeiten hin. Die Volksgerichte wurden weiterhin ausgebaut.[96]

Die Regierung Hoffmann stand damit nicht nur inhaltlich in Kontinuität zu derjenigen unter Eisner. Auch formal sollte das dort geschaffene Recht weitgehend fortgelten.[97]

4. Räterepublik I unter Ernst Toller (7. April bis 13. April 1919)

Der Ton änderte sich mit Beginn der ersten eigentlichen Räterepublik wieder schlagartig. Allerdings finden in ihrer kurzen Regierungszeit einige – und erhebliche – Rechtsänderungen statt. Neben den zu erwartenden revolutionsbedingten Änderungen auf dem Gebiet der Sicherheit, die prozessual flankiert werden, findet sich aber auch weiterhin ein Versorgungssicherungs- bzw. Demobilisierungsstrafrecht.

a) Versorgungssicherung und Demobilisierung

In dem wohl technischsten Bereich ging es vor allem um Wohnungsnot. Es finden sich Regelungen zur Nutzung von Ateliers[98] und gegen „Mietwucher".[99] Dabei bleiben die Strafdrohungen am oberen Rand des bisher üblichen. Vorgesehen sind Freiheitsstrafen von bis zu einem Jahr oder Geldstrafen von bis zu 100.000 Mark.[100]

---

[93] Vorschriften v. 1.4. (BayGVBl. 1919, 148), *Barreneche,* Materialsammlung (Fn. 4), S. 369 ff.

[94] Anordnung v. 25.3. (BSZ v. 26.3.1919), in: *Barreneche,* Materialsammlung (Fn. 4), S. 345.

[95] Bekanntmachung v. 21.3. (BSZ v. 23.3.1919), in: *Barreneche,* Materialsammlung (Fn. 4), S. 340 f.

[96] Vgl. nur die Bekanntmachung v. 31.3. (BayGVBl. 1919, S. 123), in: *Barreneche,* Materialsammlung (Fn. 4), S. 363.

[97] Übergangsgesetz v. 28.3.1919, BayGVBl. 1919, S. 113, in: *Barreneche,* Materialsammlung (Fn. 4), S. 381. Dazu näher *Barreneche,* Materialsammlung (Fn. 4), S. 94.

[98] Bekanntmachung v. 9.4.1919, in: *Barreneche,* Materialsammlung (Fn. 4), S. 395.

[99] Verordnung v. 9.4.1919, in: *Barreneche,* Materialsammlung (Fn. 4), S. 393. Zu weiteren Maßnahmen, vgl. *Barreneche,* Materialsammlung (Fn. 4), S. 103.

[100] Vgl. auch *Barreneche,* Materialsammlung (Fn 4), S. 103 f.

b) Sicherheit

Im Bereich der Sicherheit wird der Ton schon am 7. April auf einem Plakat gesetzt: „Wer tätlich gegen die Vertreter der Räterepublik vorgeht, wer plündert, raubt und stiehlt, wird erschossen."[101] Das ist nahezu die Vorschrift, die auch nach der Ermordung Eisners plakatiert wurde. Ähnliches findet sich am Folgetag: „Wer plündert wird erschossen! Mit strengsten Strafen durch das Revolutionstribunal sofort abgeurteilt wird jeder, der gegenrevolutionäre Umtriebe anzettelt, wer Druckschriften verbreitet, auf denen die für Abfassung und Druck Verantwortlichen sich nicht nennen, wer Gerüchte verbreitet, welche die öffentliche Sicherheit gefährden, wer zu einer Form des Bürgerstreiks auffordert oder sich derart beteiligt, daß Gesundheit und Wohl der arbeitenden Bevölkerung bedroht sind".[102]

c) Prozessrecht

Materielles und formelles Recht kulminierten in der Schaffung der Revolutionstribunale. Nachdem am 7. April der „verschärfte Belagerungszustand" ausgerufen wurde[103] und zudem auf das fortbestehende Standrecht und den Belagerungszustand hingewiesen wurde,[104] wurden am 9. April die Revolutionstribunale eingesetzt.[105] Sie sind es, die den eingangs wiedergegebenen Zorn Belings auf sich zogen und der Münchener Räterepublik zu strafrechtlichem Ruhm verhalfen.

Die materiell-rechtliche Seite war denkbar einfach formuliert: „Jeder Verstoß gegen revolutionäre Grundsätze wird bestraft. (...) Die Art der Strafe steht im freien Ermessen des Richters."[106] Das war die Aufgabe aller begrenzenden Funktion des materiellen Strafrechts. Einen kleinen Schritt in Richtung des Bestimmtheitsgebotes unternahmen immerhin die Ausführungsbestimmungen, die zwischen schweren und sonstigen Verbrechen unterschieden und hierfür unterschiedliche Strafenkataloge andeuteten:

> „Als schwere Verbrechen gelten tätlicher Angriff oder Widerstand mit der Waffe in der Hand, Raub, Plünderung, Aufreizung zu tätlichem Vorgehen und Unterstützung von Feinden der Räterepublik. Diese Vergehen werden nach freiem Ermessen der Richter mit Gefängnis, Zuchthaus, Zwangsarbeit oder mit dem Tode bestraft. Alle sonstigen Verbrechen oder Vergehen, die die Wirksamkeit der Revolution hemmen ohne den Bestand der Räterepublik zu gefährden oder den Kampf zwischen Volksgenossen heraufzubeschwören, sind nach freiem Ermessen der Richter mit Freiheits- oder sonstigen Strafen zu ahnden. Bei leichteren Fällen können Verwarnungen stattfinden."[107]

---

[101] Plakat v. 7.4.1919, in: *Barreneche,* Materialsammlung (Fn. 4), S. 388.

[102] Plakat v. 8.4.1919, in: *Barreneche,* Materialsammlung (Fn. 4), S. 391, vgl. auch die Bekanntmachung v. 9.4.1919, in: *Barreneche,* Materialsammlung (Fn. 4), S. 394.

[103] Plakat v. 7.4.1919, in: *Barreneche,* Materialsammlung (Fn. 4), S. 388.

[104] Verhängung v. 7.4.1919, in: *Barreneche,* Materialsammlung (Fn. 4), S. 387.

[105] Vgl. zu diesen auch *Barreneche,* Materialsammlung (Fn. 4), S. 104 f.

[106] Bekanntmachung v. 9.4.1919, zit. nach *Beling*, ZStW 40 (1920), 511.

Prozessual stellte das Revolutionstribunal einen weiteren Schritt auf dem schon mit den Volksgerichten beschrittenen Weg der Entformalisierung und Beschleunigung des Prozessrechts dar. Rechtsmittel waren nicht vorgesehen und die Strafen sollten „sofort vollstreckt" werden.[108] Dieses Verfahren war „für die unruhige Übergangszeit bestimmt" und sollte dazu dienen, „eventuell auftretende Widerstände gegen die revolutionären Grundsätze zu brechen und Verstöße zu ahnden, die geeignet sind, das Bestehen der Räterepublik zu gefährden oder zum Bürgerkrieg zu führen".[109] In der Bewertung dieser Normen ist Beling tatsächlich wenig hinzuzufügen. Hier werden die „fundamentalsten Gesetzgebungsgrundsätze preis(ge)geben".[110] Ob allerdings sein anderer Aspekt zutrifft – dass es für „den Juristen keiner Ausführung darüber" bedürfe – wird zum Schluss noch zu erörtern sein.

Dass diese Form der Strafverfolgung auch den Münchener Zeitgenossen suspekt war, deutet sich in den Berichten über die Tätigkeit der Tribunale an. Wenn auch im Verlauf der Räterepublik zumindest ein Todesurteil verhängt wurde, blieben die verhängten Strafe wohl eher milde.[111]

5. Räterepublik II unter Eugen Leviné (13. April bis 3. Mai 1919)

Nach dem Versuch vom Palmsonntag, die Räterepublik zu stürzen, wurde die strafrechtliche Tonlage – soweit dies möglich ist – noch ein wenig schriller. Der Vollzugsrat machte bereits am 14. April ein Agitationsverbot bekannt: „Wer in Wort, Schrift oder Tat öffentlich gegen den Vollzugsrat, seine Organe und seine amtlichen Anordnungen auftritt, wird unverzüglich vor ein Revolutionstribunal gestellt und sofort abgeurteilt."[112] Der Stadtkommandant plakatierte am selben Tag, dass derjenige, der seine Waffen nicht innerhalb von 12 Stunden abliefere, erschossen werde.[113] Etwas weniger streng war das folgende Plakat des Stadtkommandanten, das nur noch die Überstellung an das Revolutionstribunal in Aussicht stellte.[114] Neben der Waffenfrage und der

---

[107] Zit. nach *Beling*, ZStW 40 (1920), 511, 512.

[108] Bekanntmachung v. 9.4.1919, zit. nach *Beling*, ZStW 40 (1920), 511.

[109] Zit. nach *Beling*, ZStW 40 (1920), 511, 512.

[110] *Beling*, ZStW 40 (1920), 511. Vgl. auch *Barreneche,* Materialsammlung (Fn. 4), S. 105 f. und *Klemperer*, Man möchte immer weinen und lachen in einem, Revolutionstagebuch 1919, 2015, S. 139.

[111] Anschaulich *Klemperer* (Fn. 110), S. 134 ff., insb. S. 136. Näher *Barreneche,* Materialsammlung (Fn. 4), S. 104, Fn. 464 m.w.N.

[112] Bekanntmachung v. 14.4.1919, in: *Barreneche,* Materialsammlung (Fn. 4), S. 408; hierzu *Barreneche,* Materialsammlung (Fn. 4), S. 106. Vgl. auch die Verordnung zur Autorisierung von Plakaten etc. v. 15.4.1919, in: *Barreneche,* Materialsammlung (Fn. 4), S. 411 und die Bekanntmachung bezüglich der Verbreitung „unwahre(r) Gerüchte" v. 28.4.1919, in: *Barreneche,* Materialsammlung (Fn. 4), S. 447.

[113] Plakat v. 14.4.1919, in: *Barreneche,* Materialsammlung (Fn. 4), S. 407a.

[114] Plakat v. vor dem 16.4., in: *Barreneche,* Materialsammlung (Fn. 4), S. 413; vgl. auch das Plakat v. 19.4.1919, in: *Barreneche*, Materialsammlung (Fn. 4), S. 428.

Verhinderung politischer Kritik richtete sich eine größere Aufmerksamkeit auf verschiedene Formen der Plünderung. Natürlich wurde, wie schon zuvor, die Plünderung im eigentlichen Sinne mit der Todesstrafe bedroht.[115] Zur Abschreckung wurde auch der Einsatz dieser Strafe dokumentiert, das Revolutions-Tribunal Miesbach plakatierte am 27. April die Nachricht über die Erschießung eines Soldaten „wegen Plünderei".[116] Sanktioniert werden sollten aber auch neue Formen der Plünderung – bei der Beschlagnahme von Lebensmitteln hatte es Unregelmäßigkeiten gegeben, was ebenfalls streng bestraft werden sollte.[117]

Die Sicherstellung der ordnungsgemäßen Lebensmittelbeschlagnahme bildet inhaltlich die Brücke zwischen den Bereichen der Sicherheit und der Versorgungssicherung. Mit dieser Bekanntmachung erreichte das Strafrecht der Revolutionstribunale ausdrücklich[118] den Versorgungsbereich, der bis dahin von Geld- und (geringeren) Freiheitsstrafdrohungen geprägt war. Hier findet sich eine Kaskade von Ankündigungen der Verfolgung durch ein Revolutionstribunal: Falsche Angaben über Kraftstoffe – Revolutionstribunal;[119] böswillige Schließung eines Lebensmittelgeschäfts – Revolutionstribunal;[120] Hamstern von Bargeld – Revolutionstribunal;[121] Verstöße gegen Anordnungen zum Verkehrswesen – Revolutionstribunal.[122] Die Liste ließe sich verlängern[123]. Hier zeigt sich, dass der vorher eher zivile Bereich der Versorgung zu einer Frage der Existenz der belagerten Republik geworden war, so dass die Verarbeitung von „Milch zu Butter und Käse (...) als Sabotageakt gegenüber der Räterepublik" eingestuft wurde.[124]

---

[115] Bekanntmachung v. 25.4.1919, in: *Barreneche,* Materialsammlung (Fn. 4), S. 441.

[116] Plakat v. 27.4.1919, in: *Barreneche,* Materialsammlung (Fn. 4), S. 445.

[117] Bekanntmachung v. 17.4.1919, in: *Barreneche,* Materialsammlung (Fn. 4), S. 424; Beschluss v. 18.4.1919, in: *Barreneche,* Materialsammlung (Fn. 4), S. 427; vgl. auch die Strafdrohung für das Verschaffen falscher Ausweise, Bekanntmachung v. 25.4.1919, in: *Barreneche,* Materialsammlung (Fn. 4), S. 441. Vgl. dazu auch *Barreneche* (Fn. 4), S. 107.

[118] Zur Möglichkeit einer Einbeziehung über die allgemeinen Regelungen, vgl. *Barreneche,* Materialsammlung (Fn. 4), S. 105 f.

[119] Beschluss v. 15.4.1919, in: *Barreneche,* Materialsammlung (Fn. 4), S. 412.

[120] Bekanntmachung v. 15.4.1919, in: *Barreneche,* Materialsammlung (Fn. 4), S. 411.

[121] Aufruf v. 17.4.1919, in: *Barreneche,* Materialsammlung (Fn. 4), S. 425.

[122] Anordung v. 18.4.1919, in: *Barreneche,* Materialsammlung (Fn. 4), S. 427.

[123] Beschluss v. 19.4.1919, in: *Barreneche,* Materialsammlung (Fn. 4), S. 428; Bestimmung v. 21.4.1919, in: *Barreneche,* Materialsammlung (Fn. 4), S. 430.

[124] Plakat v. 17.4.1919, in: *Barreneche,* Materialsammlung (Fn. 4), S. 420. Zur Lebensmittelversorgung in dieser Zeit, *Barreneche,* Materialsammlung (Fn. 4), S. 107.

IV. Fazit

Allan Mitchell schreibt am Ende seiner Arbeit zur Räterepublik, dass das was „am 7. November als eine Demonstration für internationalen Frieden begonnen hatte, (...) genau sechs Monate später mit der Tragödie eines Bürgerkrieges" endete.[125] Strafrechtlich – so könnte man meinen – findet sich eine Entwicklung genau zwischen diesen beiden Punkten: Das Strafrecht der Räterepublik ist anfangs moderat und gerät auf eine schiefe Ebene, bis es im Kriegszustand jede Kontur verliert und zum Feindstrafrecht übergeht. Ist dieses Bild überzeugend?

Um diese Frage zu beantworten, muss man zur eingangs aufgezeigten Kritik am Strafrecht der Räterepublik zurückkehren. Vorgeworfen werden fünf Punkte:[126]

- Missachtung der Gesetzlichkeit
- Missachtung des Bestimmtheitsgebotes
- Ausrichtung auf Machtsicherung
- Destruktion des Verfahrensrechts und
- Übergang zum Polizeirecht

1. Gesetzlichkeit und Bestimmtheitsgebot

Zumindest in der ersten Phase ist es materiell wohl weniger das Bestimmtheitsgebot, das missachtet wird, sondern eher die Produktion von Strafnormen am parlamentarischen Gesetzgeber vorbei. Hier liegt ein wesentlicher Punkt für die Einordnung des Strafrechts der Räterepublik als „missing link" zwischen dem Strafrecht des ersten Weltkrieges und der späteren Entwicklung.[127] Dieser Vorwurf an die Räterepublik ist zwar in der Sache berechtigt, verkennt aber zugleich zwei Umstände. Zum einen ist fraglich, wer in der Räterepublik diese Strafnormen inhaltlich zu verantworten hatte. Oben wurde schon darauf hingewiesen, dass die Beamtenschaft nicht ausgewechselt wurde. Dazu passend weist die historische Forschung darauf hin, dass Eisner der „Wille zum Bruch mit dem Geist und den Institutionen des monarchischen Obrigkeitsstaates gefehlt" habe – ja, dass er auch keine Möglichkeit hatte, mit diesem praktisch zu brechen.[128] Dass die vorhandenen Institutionen für die Bewältigung der Nachkriegsnöte auf die Instrumente zur

[125] *Mitchell* (Fn. 15), S. 289.

[126] Zusammenfassend zu *Naucke* (Fn. 4).

[127] *Naucke* (Fn. 4), S. XII.

[128] *Grau* (Fn. 21), S. 369 und 367 ff.; ähnlich *Mitchell* (Fn. 15), S. 100. Vgl. auch *Ay* (Fn. 15), S. 10. Zur zentralen Bedeutung der Beamten bei Versorgung der Bevölkerung, vgl. *Grau* (Fn. 21), S. 374.

Bewältigung der Kriegsnöte zurückgriffen, ist insofern also wenig verwunderlich. Zum anderen wird die Missachtung des Gesetzlichkeitsprinzips der Situation in einem weiteren Punkt nicht gerecht. Die Konstruktion der gesetzgebenden Macht war gerade einer der in der Münchener Revolution umstrittenen Punkte – verwiesen sei auf die Diskussion um das Verhältnis von Parlament und Räten. Vor diesem Hintergrund ist es wenig überraschend, dass die Gesetzgebung mehrfach zumindest provisorisch an die Regierung übertragen wurde. Die von Naucke vermisste „zähmende Wirkung einer parlamentarisch kontrollierten Gesetzlichkeit" wurde insofern nicht „verleugnet"[129] – die Rolle des Parlaments war gerade in der Diskussion.

In den späteren Phasen trifft der Vorwurf der Missachtung zumindest des Bestimmtheitsgebotes allerdings – wie deutlich gezeigt werden konnte – zweifellos zu.

2. Machtsicherung

Der Vorwurf der Orientierung an der Sicherung politischer Macht ist sachlich sicherlich ebenfalls berechtigt. Hier geht es um die von Naucke beklagte Tendenz, zur „Vernachlässigung des am individuellen Täter und am individuellen Opfer orientierten Kernstrafrechts".[130] Das gilt zweifellos schon im Strafrecht der Regierung Eisner, mit dem die Versorgung der Bevölkerung und die Demobilisierung gesichert wurde.[131] In sehr viel größerem Maße gilt dies aber auch für das Strafrecht der unruhigen Phasen der Räterepublik. Hier wimmelt es von härtesten Strafdrohungen für verschiedene Angriffe auf die Republik, die in der Generalklausel der Revolutionstribunale und im Agitationsverbot der letzten Phase der Räterepublik münden. Letzteres stellt klar, dass schon öffentliches Auftreten „gegen den Vollzugsrat" als strafwürdig angesehen wird.[132]

Auch diese Kritik ist zutreffend. Allerdings ist auffällig, dass sich nicht nur das Strafrecht mit der politischen Macht verbindet, sondern auch seine (zumindest zeitgenössische) Kritik. Neben der völligen Unbestimmtheit der eben genannten Strafdrohungen dürften die zahlreichen Todesstrafdrohungen in Plakatform sicherlich Ablehnung hervorrufen. Doch ist ein hartes Vorgehen gegen den politischen Gegner auch anderswo nicht unbekannt. Verwiesen sei auf „den berüchtigten, durch kein Gesetz gedeckten Befehl

---

[129] *Naucke* (Fn. 4), S. XII.

[130] *Naucke* (Fn. 4), S. XV.

[131] Allerdings ist die Bekämpfung von Feinden zumindest für Eisner selbst fraglich, der sich gegen eine Verhaftung Max Leviens aussprach und zudem selbst „als Journalist, der zweimal ins Gefängnis geworfen worden war, (...) einen fanatischen Glauben an das Grundrecht auf freie Meinungsäußerung" hatte, *Mitchell* (Fn. 15), S. 217 und 181. Vgl. auch *Grau* (Fn. 21), S. 372.

[132] Bekanntmachung v. 14.4.1919, in: *Barreneche,* Materialsammlung (Fn. 4), S. 408.

(Gustav Noskes im März 1919 in Berlin): ‚Jede Person, die mit Waffen in der Hand gegen Regierungstruppen kämpfend angetroffen wird, ist sofort zu erschießen'".[133] Hier ging es unter anderem um die verfahrenslose Erschießung gefangener Gegner und auch in Berlin wurden „außerordentliche Kriegsgerichte" mit „beschleunigten Verfahren" angekündigt.[134] Zudem wird Noskes Befehl in ganz ähnlicher Form auch im Rahmen der Rückeroberung Münchens im Mai genutzt.[135] Noske verteidigt sich damals durchaus erfolgreich mit der Zurückweisung „juristische(r) Tüfteleien" und dem „Mut zur Verantwortlichkeit".[136] Eine entschiedene Zurückweisung dieses Vorgehens durch die Strafrechtswissenschaft, vergleichbar mit derjenigen Belings, ist hingegen nicht ersichtlich.

3. Strafverfahren

Der Vorwurf der „Deformierung des Strafverfahrens" trifft sicherlich die gesamte Phase der Räterepublik. Auch wenn sich einige durchaus rührende Überlegungen zur Liberalisierung des Verfahrens finden,[137] ist die Richtung auf einen schnellen und flexiblen Prozess deutlich zu erkennen. Dies beginnt bei den Volksgerichten und endet bei den Revolutionstribunalen. Zur Ehrenrettung sei nur auf einen Punkt – der sich zudem auch zu dem vorherigen Kritikpunkt anführen ließe – hingewiesen. Nicht gesichert ist, inwieweit es sich um „law in the books" oder um „law in action" handelte. Schon Mitchell hat für die Räterepublik unter Toller darauf hingewiesen: „Verordnungen, Ankündigungen, Proklamationen, Befehle und Gegenbefehle wurden, sozusagen am laufenden Band, entworfen, gedruckt und verteilt."[138] Und oben wurde schon zu den Revolutionstribunalen auf die Zurückhaltung der dortigen Richter hingewiesen. Inwieweit die vorgestellten Ankündigungen also tatsächlich Geltung erhielten und nicht nur aufgeschriebene Normen blieben, ist unklar. Das könnte nur eine sehr viel eingehendere Studie klären. Ist es deshalb aber entbehrlich, sich mit diesen Normmengen zu beschäftigen, wie es Mitchell folgert?[139] Das erscheint nicht überzeugend, spiegeln diese Normen – wenn auch kein praktisch wirksames – so doch zumindest ein

---

[133] *Winkler* (Fn. 25), S. 76; vgl. dazu auch *Jung*, Militärgeschichtliche Mitteilungen 45 (1989), S. 51 ff.

[134] *Jung* (Fn. 133), S. 51.

[135] *Jung* (Fn. 133), S. 68.

[136] Näher *Jung* (Fn. 133), S. 55.

[137] Vgl. die Bekanntmachung des Staatsministeriums der Justiz, die Untersuchungshaft und die Verteidigung in Strafsachen betreffend, v. 28.3.1919, JmBl 1919, S. 175 ff., in: *Barreneche,* Materialsammlung (Fn. 4), S. 352 ff. Dort soll u.a. die Untersuchungshaft eingeschränkt und die Position der Verteidigung gestärkt werden.

[138] *Mitchell* (Fn. 15), S. 271.

[139] *Mitchell* (Fn. 15), S. 272.

vorhandenes Strafrechtsdenken der Regierenden wider, das es zu untersuchen lohnt.

4. Bilanz: Polizei- bzw. Präventionsrecht?

Der letzte Kritikpunkt – die Entwicklung zu einem Polizei- bzw. Präventionsstrafrecht – ist wohl das Kondensat der schon diskutierten Kritik. Das erlaubt es, an dieser Stelle zum Ausgangspunkt der hiesigen Überlegungen zurückzukehren: Zur Auswahl für die Charakterisierung des Strafrechts der Räterepublik standen zwei Bilder, dasjenige von Weidermann und dasjenige von Goya. In der Bilanz zwischen „Träumern" und „Traum der Vernunft" dürfte die Entscheidung wohl auch hier zugunsten der verbreiteten strafrechtlichen Ansicht zuneigen – und damit zu einer kritischen Sicht auf das revolutionäre Strafrecht. Es ist demnach also eher der „Traum der Vernunft", der „Ungeheuer produziert". Doch ist die Metapher vom „Schlaf" bzw. „Traum der Vernunft" durchaus ambivalent.[140] Zwei Interpretationen von Goyas Diktum sind denkbar. Ist es die schlafbedingte Abwesenheit der Vernunft, die die Monster produziert oder ist es gerade der Traum (von) der Vernunft selbst, der das hervorruft?[141]

Üblich ist zweifellos die erste Deutung. Sie soll hier für die bürgerkriegsorientierte Seite des Strafrechts der Räterepublik stehen. Die Abwesenheit der Vernunft führte zum blutigen Ende der Republik und mit ihm zu zahllosen Strafdrohungen, die zu ihrer Verteidigung erlassen wurden. Hier aber stellt sich die schon im Zusammenhang mit dem Befehl Noskes angedeutete Frage: Kann man diese Phase als Ausnahmezustand einordnen und Folgerungen für das reguläre Strafrecht damit verneinen?[142]

Die zweite Deutung soll hier eher dazu dienen, diese Möglichkeit der Beruhigung zu verneinen. Nach dieser ist es der Traum von der Vernunft selbst, der zu Ungeheurem führt. Und dazu passend ist es ein funktionales Strafrechtsdenken, das sich vom individuellen Unrecht löst und der gesellschaftlichen Steuerung zuneigt und das sich schon zu Anfang der Räterepublik zeigt.

Spätestens der für die Zeit der letzten Phase der Räterepublik gezeigte Übergang des sicherheitsorientierten Strafrechts, das hier der ersten Deutung zugeordnet wurde, zum versorgungsorientierten Strafrecht, das der zweiten Deutung zugeordnet wurde, zeigt, dass beide Deutungen miteinander verbunden sind.[143] Es sind zwei Funktionen vernünftigen bzw. modernen

---

[140] Zur Doppeldeutigkeit der Bedeutung der Wendung „El sueño de la razón produce monstruos", vgl. *Hennis* (Fn. 14), S. 350 ff.

[141] Vgl. *Hennis* (Fn. 14), S. 350 ff., insb. S. 351, 359.

[142] Vgl. dazu *Naucke* (Fn. 4), S. XIII und *ders.* ZStW 94 (1982), 525, 552 f. und 561.

[143] Vgl. oben zur „Räterepublik II" 2. e) nach Fn. 117.

Strafrechts, die hier wirken und die nicht voneinander zu trennen sind.[144] Insofern sollte unser Interesse beiden Bereichen gelten – dem des Exzesses und demjenigen der regulären Funktionalität. Und das ist es, was die in der eingangs dargestellten strafrechtlichen Kritik angesprochenen Probleme des Strafrechts der Räterepublik nicht nur für das Strafrecht des beginnenden zwanzigsten Jahrhunderts, sondern auch für das heutige Strafrechtsdenken interessant machen. Ottmar Jung warnte in seiner Studie zu Noskes Befehl vom März 1919, „daß Methoden, wie sie damals angewandt, und Argumente, wie sie danach vorgebracht wurden, immer wieder auf uns zukommen können, solange der große Präzedenzfall nicht aufgearbeitet und verarbeitet ist."[145] Ganz in diesem Sinne sollte uns das Strafrecht der Räterepublik auch heute noch interessieren.

---

[144] Ähnlich *Naucke* (Fn. 54), S. 289.
[145] *Jung* (Fn. 133), S. 51.

Die Rechtsprechungstätigkeit der bayerischen Volksgerichte (1918–1924)

Mareike Preisner

I. Einführung

Zeiten gesellschaftlicher und politischer Umbrüche stellen die betroffenen Zeitgenossen stets vor besondere Herausforderungen. Die Abdankung der deutschen Monarchien im November 1918 und die doppelte Ausrufung der Republik stehen sinnbildlich für eine Zäsur in der deutschen Geschichte, für Ende und Neubeginn. Das alte System hatte in der Tat die Bühne freigemacht. Darin lag die Möglichkeit für einen politischen und gesellschaftlichen Neuanfang. Doch die alten Eliten hatten ihren Nachfolgern auch erhebliche Altlasten hinterlassen. Das Land stand noch im Krieg. Gesellschaft und Wirtschaft waren von dem Jahre andauernden Krieg gezeichnet. Erforderlich war zudem nicht weniger als die Etablierung einer neuen staatlichen Ordnung einschließlich der Durchsetzung der staatlichen Gewalt nach innen. Die Bewältigung dieser Herausforderung stand den politischen Protagonisten im November 1918 erst bevor.

Für Historiker und historisch Interessierte sind derartige Umbruchszeiten stets von besonderem Interesse. Die Fragestellungen, unter denen die Ereignisse beleuchtet, zueinander in Bezug gesetzt und die historischen Ereignisse schließlich gedeutet werden, sind dabei einem Wandel unterworfen. Historische Abhandlungen – wie die vorliegende – sind daher stets auch zugleich eine Überprüfung der gängigen Narrative, die diese bestätigen, gegebenenfalls ergänzen oder teilweise oder vollständig in Frage stellen. Zu den gängigen Narrativen der Geschichte der Weimarer Republik gehört das einer auf dem rechten Auge blinden, rechtslastigen Klassenjustiz. Gezeichnet wird das Bild von Richtern und Staatsanwälten, die, selbst nicht in der neuen Staatsordnung angekommen, die rechten Feinde der Demokratie schonten und so zum Untergang der ersten demokratischen Republik beitrugen.

Diese Abhandlung geht von der Grundprämisse aus, dass es eine wesentliche Aufgabe der Justiz ist, einen Beitrag zur Durchsetzung und Aufrechterhaltung staatlicher Macht zu leisten. Damit die Justiz Rechtsdurchsetzung gewährleisten kann, bedarf es eines geeigneten Instrumentariums. Hierzu gehören insbesondere geeignete Gesetze sowie eine ausreichende personelle und sachliche Ausstattung. Die Gewährleistung der erforderlichen Rahmenbedingungen ist Aufgabe der politischen Protagonisten. Dies umfasst auch, die Arbeit der Justiz und die gesellschaftlichen Entwicklungen stets kritisch daraufhin zu überprüfen, ob eine Anpassung des Instrumentariums erforderlich ist. Der Justiz kann so eine befriedende und ordnungsstiftende Rolle in Staat und Gesellschaft zukommen, sie kann aber auch Vertrauen in die staatliche Ordnung zerstören und damit die Akzeptanz einer staatlichen Ordnung schwächen und aushöhlen.

Ausgehend von den vorgenannten Annahmen werden im Folgenden in fragmentarischer Form rechtspolitische Entscheidungen der verantwortlichen politischen Entscheidungsträger und die Tätigkeit von Strafgerichten in Bayern im Zeitraum von 1919 bis 1924 beleuchtet sowie eine Einordnung der Ergebnisse in den historischen Forschungsstand vorgenommen.

II. Das Gesetz über die Errichtung von Volksgerichten bei inneren Unruhen

Aus einem Artikel der „Zeitschrift für Rechtspflege in Bayern“ aus dem Jahr 1919 erfahren wir:

> „Das am 1. August 1919 für das Gebiet des Freistaats in Kraft getretene Gesetz vom 12. Juli 1919 über die Einsetzung von Volksgerichten bei inneren Unruhen ermächtigt das Gesamtministerium, für das ganze Gebiet oder Teile des Freistaats Volksgerichte einzusetzen. (…) Das Gesetz schafft Recht für einen Ausnahmezustand; seine Maßregeln sind außerordentliche Maßnahmen. Die Volksgerichte sind Ausnahmezustandsgerichte und wesenseins mit den auf dem StGB von 1813 beruhenden Standgerichten (…); als deren Nachfolger sind sie reichsgesetzlich zugelassene Ausnahmegerichte. Mit den Standrechten des Kriegszustandsgesetzes haben sie außer der Eigenschaft als Ausnahmezustandsgericht nichts gemein. In ihnen verkörpert sich der Gedanke des früheren Standrechts nur daß er den strafrechtlichen und strafprozessualen Grundsätzen der Gegenwart angepaßt und daß das militärische Element bis auf wenige Rechte ausgeschaltet ist. (…)“[1]

Die Volksgerichte, deren Errichtung unmittelbar nach dem Ende der bayerischen Monarchie durch Verordnungsrecht[2] erfolgt war, wurden im Juli 1919 durch eine breite Mehrheit der Abgeordneten von MSPD, BVP und DDP im Bayerischen Landtag legitimiert. Bereits seit Februar 1919 waren im ganzen rechtsrheinischen Bayern sogenannte Volksgerichte tätig. Der Erlass des Volksgerichtsgesetzes stellte nach allgemeiner Auffassung die einzige Möglichkeit Bayerns dar, sich für die Zeit nach Inkrafttreten der Reichsverfassung am 14.8.1919 eine eigene gesetzliche Grundlage für die Einsetzung

[1] *Lunglmayr*, Zeitschrift für Rechtspflege in Bayern 1919, 437.

[2] „Verordnung über die Errichtung von Volksgerichten“ v. 19.11.1918; geändert durch die „Verordnung über die Errichtung von Volksgerichten“ v. 24.1.1919, BayGVBl. 1919, S. 23 f.

dieser Gerichte im Fall des inneren Notstands zu behalten. Aufgrund der bayerischen Reservatsrechte im Bündnisvertrag wurde das Gesetz auf Grundlage des Art. 178 Abs. 3 WRV als fortbestehend eingestuft.

Nicht allein die Stärkung der staatlichen Souveränität Bayerns im neuen Verfassungsgefüge war es, welche die bayerischen Abgeordneten im Juli 1919 zur Unterstützung des Gesetzes veranlasste. Der MSPD-Abgeordnete Alwin Saenger[3] begründete seine Haltung im Landtag wie folgt:

„Das Gesetz enthält den klaren und richtigen Grundgedanken, dass für jede organisierte Gemeinschaft und für jedes Staatswesen Zeiten eintreten können, in denen außerordentliche Umstände den Staat und die Regierungsgewalt zwingen, zu außerordentlichen Mitteln zu greifen. (...) Das Gesetz richtet sich nach unserer politischen Auffassung nicht gegen einen Angehörigen irgendeiner politischen Partei, es richtet sich gegen jeden, der dem Willen der Mehrheit die Gewalt der Minderheit entgegen setzen will, (Rufe: Sehr richtig!) gegen jeden, der der Demokratie den brutalen Terror entgegengestellt. (...) Meine politischen Freunde werden (…) dem Gesetzentwurfe zustimmen (…). Eine wesentliche Verbesserung gegenüber dem bisherigen Rechtszustand ist es vor allem, daß nunmehr über die Angeklagten ein Gericht entscheidet, das überwiegend aus Laienrichtern zusammengesetzt ist. Damit ist eine wesentliche sozialistische, demokratische Forderung restlos erfüllt worden (…)“[4].

Während die Revolutionsregierung bei der Errichtung und Einsetzung der Volksgerichte im Winter 1918/1919 vorrangig die schnelle Aburteilung von Diebstahl, Landfriedensbruch und Plünderungen zur Aufrechterhaltung der öffentlichen Ordnung im Blick hatte, dürfte den Abgeordneten des bayerischen Landtages bei der abschließenden Beratung des Entwurfs am 5.7.1919 vor allem eine andere Gefährdung der neuen staatlichen Ordnung vor Augen gestanden haben. Seit Beginn des Jahres 1919 war auch in Bayern immer offensichtlicher geworden, dass es hinsichtlich der anzustrebenden neuen staatlichen Ordnung keinen allgemeinen Konsens gab. Weder der Erlass eines vorläufigen „Staatsgrundgesetz(es) der Republik Bayern“ vom 4.1.1919[5] noch die Durchführung der ersten allgemeinen, freien und gleichen Landtagswahlen konnten eine Befriedung herbeiführen. Unter den Kritikern des eingeschlagenen Wegs der parlamentarischen Demokratie bestand zunehmend die Bereitschaft, die eigenen politischen Vorstellungen auch gewaltsam durchzusetzen. Wie gefährdet die neue staatliche Ordnung in Bayern war, hatten die neu gewählten Landtagsabgeordneten selbst erlebt. Der erste bayerische Ministerpräsident Kurt Eisner war am 21.2.1919 auf dem Weg zur konstituierenden Sitzung des neu gewählten Landtags von einem rechtsnationalen Studenten ermordet worden. Am 17.3.1919 wählten die Abgeord-

[3] Alwin Saenger (* 12.7.1881 in Eutin; † 18.2.1929 in München) war ein deutscher Jurist und Politiker (SPD).

[4] Sitzungsprotokoll der 17. Sitzung des Bayerischen Landtags v. 5.7.1919, S. 310.

[5] Aufgehoben durch das „Vorläufige(s) Staatsgrundgesetz des Freistaates Bayern“ v. 17.3.1919, GVBl. S. 109.

neten den Mehrheitsozialdemokraten Johannes Hoffmann, bekannt als Verfechter einer pluralistisch-parlamentarischen Demokratie, zum neuen Ministerpräsidenten und Außenminister Bayerns und beschlossen das „Vorläufige(s) Staatsgrundgesetz des Freistaates Bayern". In dem aus 18 Paragraphen bestehenden Gesetz wurde in § 2 die Volkssouveränität festgeschrieben. Hinsichtlich der Ausübung bestimmte § 3: „Das Volk äußert seinen Willen durch die auf der Verfassung beruhenden Organe, dann durch die Wahlen und die von der Verfassung vorgesehenen Abstimmungen der Staatsbürger." Die Legislative oblag nach § 4 dem Landtag. Die Exekutive lag nach § 7 beim Gesamtministerium. Die Abgeordneten bestätigten mit dem Erlass des vorläufigen Grundgesetzes den bereits eingeschlagenen Weg, der in Richtung der parlamentarischen Demokratie wies. Allein die Durchsetzung dieses Weges erwies sich als schwierig. Bereits kurz nach dem Beschluss flohen Regierung und Landtag – vertrieben durch die kurz aufeinanderfolgenden Ausrufungen zweier Räterepubliken in München ab dem 7.4.1919 – ins Exil nach Bamberg. Die Wiederherstellung der staatlichen Ordnung, die Rückeroberung der Landeshauptstadt und der Gemeinden, die sich der Räterepublik angeschlossen hatten, konnte nur mit Hilfe von Reichswehrverbänden durchgesetzt werden. Insbesondere in München hatte sie zu einer erheblichen Zahl von Toten und Verletzten auch unter der Zivilbevölkerung geführt. Das besondere Instrument des Standrechts, welches seit Mai 1919 nun auch zur justiziellen Aufarbeitung der beiden Räterepubliken eingesetzt wurde, wollten die politischen Protagonisten auch für die Zukunft erhalten wissen. Ihnen erschien eine Ahndung allein nach den allgemeinen strafrechtlichen Bestimmungen mit seiner Gerichts- und Verfahrensordnung ganz offenbar als zu schwerfällig.

III. Verfahrensordnung

Das Volksgerichtsgesetz und seine Ausführungsbestimmungen orientierten sich – mit wenigen, aber nicht unbedeutenden Unterschieden – an den durch das Kriegszustandsgesetz von 1912[6] modifizierten standrechtlichen Vorschriften des Bayerischen Strafgesetzbuches von 1813 sowie an den zu diesem Gesetz am 18.3.1913 erlassenen Vollzugsvorschriften.[7]

Anders als das ordentliche Strafverfahren bezweckte die Einrichtung des Volksgerichts „die rasche Aburteilung des Beschuldigten". Hierzu wurden die Kompetenzen der Staatsanwaltschaft im Ermittlungsverfahren gegen-

[6] Text bei *Huber*, Dokumente zur deutschen Verfassungsgeschichte, Band 3, 3. Aufl. 1990, Nr. 51, S. 90 ff.

[7] BayGVBl. 1913, S. 97 ff.

über denen im Reichsstrafgesetzbuch deutlich ausgedehnt. Für die Erhebung der Anklage war keine Anklageschrift mehr erforderlich. Eine gerichtliche Voruntersuchung war nicht vorgesehen. Bei hinreichendem Tatverdacht konnte die Staatsanwaltschaft beim Vorsitzenden des Volksgerichts schriftlich unter kurzer Schilderung der Tat, Hervorhebung ihrer gesetzlichen Merkmale, Angabe des Strafgesetzes und Bezeichnung der Beweismittel die Anberaumung eines Termins beantragen. Die Klage wurde in der Verhandlung mündlich erhoben. Das Gerichtsverfahren selbst war summarisch und nicht an die Förmlichkeiten des ordentlichen Strafverfahrens gebunden. Rechtsmittel gegen die Urteile waren nicht statthaft. Dem verfahrensrechtlichen Schutz des Angeklagten diente die Bindung der Urteilsfindung an eine qualifizierte 4:1-Mehrheit der Richter. Die Vollstreckung von Todesurteilen wurde unter den Vorbehalt einer Bestätigung der Regierung gestellt.

Anders als bei den standrechtlichen Bestimmungen nach dem Kriegszustandsgesetz war bei der Besetzung des Spruchkörpers anstelle einer Beteiligung von Militärangehörigen die Beteiligung juristischer Laien vorgesehen. Als erkennendes Gericht entschied das Volksgericht in einer Besetzung von zwei Berufsrichtern und drei Laienrichtern. Zudem war dem Angeklagten, soweit er nicht selbst einen Rechtsbeistand wählte, zwingend ein Pflichtverteidiger zu bestellen. Der dritte wesentliche Unterschied zum bisherigen Standrecht ist nur auf den zweiten Blick zu sehen. Im Hinblick auf das anzuwendende materielle Recht wurde auf die bis dahin obligatorische erhebliche Strafverschärfung verzichtet. Hinsichtlich der Strafrahmen verblieb es damit in vollem Umfang bei den Bestimmungen des Reichsstrafgesetzbuches.

IV. Die Rechtsprechungstätigkeit der bayerischen Volksgerichte

Die Spruchtätigkeit der bayerischen Volksgerichte dauerte (je nach Landgerichtsbezirk) von Dezember 1918/Februar 1919 bis April bzw. Mai 1924 ohne Unterbrechung fort. Da der Zuständigkeitskatalog sich auf nahezu alle Delikte mittlerer und schwerer Kriminalität erstreckte, fand deren strafrechtliche Verfolgung in Bayern mehr als vier Jahre ausschließlich durch Volksgerichte und damit auf Grundlage der zugehörigen Verfahrensordnung statt.

Insgesamt erließen die bayerischen Volksgerichte rund 31.000 Urteile.[8] Ausweislich der bayerischen Justizchronik betrug allein beim Volksgericht München I der Gesamtanfall im Zeitraum seiner Tätigkeit von Ende Dezember 1918 bis zum 14.5.1924 6.400 Sachen, wobei es in 5.591 Sachen zu Verhandlungen kam, während 522 im Wege des durch Verordnung vom 6.10.1923[9] eingeführten Strafbefehlsverfahrens erledigt wurden.

---

[8] Justizchronik München, auch für die folgenden Angaben.

Ein erheblicher Teil – insgesamt 3.182 Verfahren gegen 5.649 Personen – betraf die Aburteilung von Eigentumsdelikten, namentlich schweren Diebstahl, Hehlerei, Erpressung und Begünstigung. Wegen Mord und Totschlag fanden insgesamt 119 Verfahren gegen 159 Beteiligte statt. Die Akten dieser Strafverfahren sind ganz überwiegend nicht erhalten geblieben. Erhalten geblieben sind erhebliche Teile der 195 geführten Verfahren wegen Hochverrats und Landesverrats gegen insgesamt 338 Beteiligte, der 776 geführten Verfahren wegen Vergehen gegen die öffentliche Ordnung gegen 1.210 Beteiligte sowie der 999 geführten Verfahren wegen Widerstands gegen die Staatsgewalt gegen 1.173 Beteiligte.[10]

Funktionsweise und Rechtsprechungstätigkeit der Volksgerichte wurden bisher kaum dokumentiert und historisch aufgearbeitet. Eine systematische historische Aufarbeitung fehlt. Zuständigkeit, Zusammensetzung und Verfahrensrecht waren durch die gesetzlichen Vorgaben, insbesondere durch das Volksgerichtsgesetz und die zugehörigen Verordnungen, insbesondere die Ausführungsverordnung, geregelt. Darüber, ob und wie die Beteiligten den ihnen gesetzten Rahmen tatsächlich ausfüllten und nutzten, geben sie keine Auskunft. Von Historikern wurden bislang erst wenige Prozesse näher betrachtet und bewertet. Hierbei lag der Fokus in der Regel nicht auf dem Charakter des Gerichts, sondern auf den Protagonisten. Allein die Betrachtung der Verfahren und Urteile gegen Ernst Toller, Felix Fechenbach, Adolf Hitler und Erich Ludendorff ermöglicht es nicht, allgemeingültige Bewertungen der Rechtsprechungstätigkeit der bayerischen Volksgerichte und der Funktionsfähigkeit vorzunehmen. Rückschlüsse sind nur auf einer breiteren Quellenbasis möglich. Zumindest die Rechtsprechungstätigkeit der bayerischen Volksgerichte in Bezug auf politische Straftaten lässt sich anhand des umfangreichen, erhaltenen Aktenbestands nachzeichnen.

Die meisten erhaltenen Verfahrensakten weisen einen geringen Umfang auf, in weiten Teilen handelt es sich um handschriftliche Dokumente. Enthalten sind regelmäßig eine sogenannte Vorführungsnote, welcher der Tag der Verhaftung zu entnehmen ist, zudem das Protokoll der Beschuldigtenvernehmung, teilweise auch protokollierte Zeugenvernehmungen, der staatsanwaltschaftliche Antrag auf Anberaumung eines Termins sowie das Verhandlungsprotokoll mit Urteil und Gründen. In diesem sind die Aussagen der Beschuldigten oder Zeugen allerdings weit überwiegend nicht protokolliert, so dass Rückschlüsse auf den mutmaßlichen Inhalt ihrer Angaben – mit den hieraus folgenden Einschränkungen – nur aus den anderen Dokumenten, insbesondere aus einer Zusammenschau von vorherigen Einlassungen und Bezugnahmen in den Urteilsgründen, möglich sind.

---

[9] § 1 der Verordnung des bayerischen Gesamtministeriums zum Schutze der öffentlichen Sicherheit und Ordnung v. 6.10.1923 Nr. 42218, BayStA 1923, Nr. 232.

[10] Bestand des Bayerischen Staatsarchivs München, StA 1968 ff.

V. Die justizielle Aufarbeitung der Räterepubliken

Die Strafverfahren gegen die Beteiligten der Räterepublik wurden zunächst sowohl vor Standgerichten alten Rechts als auch vor den neu errichteten Volksgerichten geführt. Bei Ausrufung der Räterepubliken war das Delikt des Hochverrats im Zuständigkeitskatalog der durch Verordnungsrecht neugeschaffenen Volksgerichte nicht erfasst. Um gleichwohl die standrechtliche Aburteilung der Beteiligten zu ermöglichen, hatte die bayerische Regierung am 25.4.1919 nach Art. 6 Abs. 1 Nr. 1 des bayerischen Kriegszustandsgesetzes die Verhängung des Standrechts angeordnet, wobei die Zuständigkeit der Standgerichte nach dem Kriegszustandsgesetz auf die Delikte beschränkt wurde, welche – dies betraf vor allem Hoch- und Landesverrat – nicht bereits in die Zuständigkeit der Volksgerichte fiel. Mit Inkrafttreten des Volksgerichtsgesetzes am 1.8.1919 wurde die Zuständigkeit der Volksgerichte auf die Delikte des Landes- und Hochverrats erstreckt. Durch Verordnung vom 19.7.1919[11] wurde die Beibehaltung der Volksgerichte für das ganze rechtsrheinische Bayern auf Grundlage des Gesetzes auch ab dem 1.8.1919 angeordnet und die unbeendeten standgerichtlichen Verfahren auf diese übergeleitet.

Die politischen Protagonisten hatten die Justiz mit dem Instrument des Standrechts und des Volksgerichts verfahrensrechtlich mit einem scharfen Schwert zur Durchsetzung der Ordnung ausgestattet. Aber auch das geltende materielle Recht bot eine erhebliche Sanktionsbreite, um das Verhalten der Beteiligten während der Zeit der Räterepublik juristisch zu ahnden. Eine derartige Situation hatte es zuvor nicht gegeben. Die Bandbreite erstreckte sich vom Delikt des Hochverrats bis zum Vergehen der Bandenbildung und bot eine Differenzierung nach der Art der Beteiligung. Für die Aburteilung des Hochverrats war das Standgericht, für die Verfahren wegen Bandenbildung das Volksgericht zuständig. Die gesetzlichen Strafrahmen unterschieden sich erheblich.

Mit der Bewertung eines Verhaltens als tatbestandsmäßig im Sinne der Bestimmungen des Strafgesetzbuches oblag es damit letztlich Staatsanwälten und Richtern, die Härte der Ahndung festzulegen. Es gab keine historischen Vorläufer, an denen sich die Entscheidungsträger bei der Auslegung orientieren konnten, es gab keine gefestigte Rechtsprechung. Die juristische Bewertung des gescheiterten Staatsstreiches war eine terra incognita. Mit der Zuordnung eines Verhaltens zu einem gesetzlichen Straftatbestand war gesetzlich ein Strafrahmen festlegt. Wie dieser gesetzliche Rahmen genutzt wurde, lag letztlich in der Hand der Richter, denn sie entschieden, welche Kriterien bei der Strafzumessung zugunsten bzw. zulasten der Angeklagten berücksichtigt wurden.

---

[11] BayGVBl. 1919, S. 370.

Neben den volksgerichtlichen Verfahrensakten sind in München auch die Akten von 464 der geführten standgerichtlichen Verfahren gegen insgesamt 765 Beteiligte erhalten. Insgesamt wurden 62 der Beteiligten wegen Hochverrats und 688 Beteiligte wegen Beihilfe zum Hochverrat angeklagt. Es ergingen 271 Freisprüche und in 65 Fällen erfolgte eine Verweisung an das Volksgericht wegen Unzuständigkeit. Weitere 179 Fälle endeten ohne Urteil. Lediglich in 20 Fällen wurden Zuchthausstrafen verhängt, in 113 Fällen erfolgte die Verhängung der gesetzlichen Mindeststrafe von einem Jahr und 3 Monaten Festungshaft, lediglich in 43 Fällen wurden Festungshaftstrafen von zwei Jahren und mehr verhängt. In der Regel erfolgte eine Anrechnung von verbüßter Untersuchungshaft.

Die justizielle Aufarbeitung der Räterepublik beschäftigte das ab August ausschließlich zuständige Volksgericht München I noch bis weit in das Jahr 1922 hinein. Ein erheblicher Teil der Beteiligten der Räterepublik wurde nicht wegen des Verbrechens des Hochverrats[12] oder der Beihilfe[13] zum Hochverrat angeklagt, sondern wegen des Vergehens der Bandenbildung nach § 127 Abs. 2 RStGB.[14]

Staatsanwälte und Richter schöpften also das rechtliche Instrumentarium des StGB, das ihnen zur Verfügung stand, nicht aus: Der Kreis der Personen, deren Beteiligung tatbestandlich als Hochverratshandlung eingestuft wurde, wurde auf den inneren Kreis der leitenden Figuren beschränkt. Die Handlungen von Beteiligten, die – nicht selten über Tage hinweg – wesentliche

[12] § 81 Abs. 1 RStGB: Wer außer den Fällen des § 80 es unternimmt, (…)

Nr. 2 die Verfassung des Deutschen Reichs oder eines Bundesstaats oder die in demselben bestehende Thronfolge gewaltsam zu ändern, (…)

wird wegen Hochverraths mit lebenslänglichem Zuchthaus oder lebenslänglicher Festungshaft bestraft.

Abs. 2: Sind mildernde Umstände vorhanden, so tritt Festungshaft nicht unter fünf Jahren ein.

Abs. 3: Neben der Festungshaft kann auf Verlust der bekleideten öffentlichen Aemter, sowie der aus öffentlichen Wahlen hervorgegangenen Rechte erkannt werden.

§ 47 RStGB: Wenn Mehrere eine strafbare Handlung gemeinschaftlich ausführen, so wird Jeder als Thäter bestraft.

[13] § 49 Abs. 1 RStGB: Als Gehülfe wird bestraft, wer dem Thäter zur Begehung des Verbrechens oder Vergehens durch Rath und That wissentlich Hülfe geleistet hat.

Abs. 2: Die Strafe des Gehülfen ist nach demjenigen Gesetze festzusetzen, welches auf die Handlung Anwendung findet, zu welcher er wissentlich Hülfe geleistet hat, jedoch nach den über die Bestrafung des Versuches aufgestellten Grundsätzen zu ermäßigen.

[14] § 127 Abs. 1 RStGB: Wer unbefugterweise einen bewaffneten Haufen bildet oder befehligt oder eine Mannschaft, von der er weiß, daß sie ohne gesetzliche Befugniß gesammelt ist, mit Waffen oder Kriegsbedürfnissen versieht, wird mit Gefängniß bis zu zwei Jahren bestraft.

Abs. 2: Wer sich einem solchen bewaffneten Haufen anschließt, wird mit Gefängniß bis zu Einem Jahre bestraft.

Unterstützung durch die Wahrnehmung von organisatorischen Aufgaben in verantwortlichen Positionen geleistet hatten, wurden lediglich als Beihilfehandlung eingestuft. Nicht zuletzt stufte man die Mitgliedschaft in der zur Verteidigung der Räterepublik aufgestellten Roten Armee tatbestandlich nicht einmal als Beihilfe zum Hochverrat ein. Damit wählte die Justiz zur justiziellen Aufarbeitung einen Weg der – gemessen an der juristisch möglichen Ahndung – geringe Bestrafungen ermöglichte. Wäre das Ziel eine möglichst harte Ahndung der Beteiligten gewesen, wäre dies ohne weiteres möglich gewesen. Weder die von den Standgerichten noch die von den Volksgerichten verhängten Strafmaße stehen im Einklang mit dem Narrativ der rachsüchtigen oder auf dem rechten Auge blinden Siegerjustiz. Im Gegenteil ist – trotz der Fülle der Strafverfahren – in den Urteilsgründen zudem deutlich zu erkennen, dass die Spruchkörper um eine differenzierte Bewertung des Verhaltens eines jeden Beteiligten bemüht waren. Dies gilt auch für Verfahren, in denen zugleich gegen mehrere Beschuldigte verhandelt wurde.

Exemplarisch soll dies an drei Verfahren veranschaulicht werden: So wurde am 12.7.1919 vor dem Volksgericht München I gegen insgesamt fünf Angeklagte zwischen 17 und 25 Jahren in einem gemeinsamen Verfahren wegen Vergehens gegen die öffentliche Ordnung nach § 127 Abs. 2 RStGB verhandelt.[15] Das Gericht sah folgenden Sachverhalt als erwiesen an:

> „Die Brüder Franz Xaver und Heinrich Bauer sind am 15. April 1919 der Roten Armee beigetreten und haben bei der Polizeiwache im 14. Bezirk durch Postenstehen und Patrolieren Sicherheitsdienste geleistet. Franz Xaver Bauer schied am 27. und Heinrich Bauer am 28. April 1919 wieder aus dem Dienst aus. Biebl Josef ist am 25. April 1919 bei der Roten Armee eingetreten und war bis zum 29.4. Schreiber bei der in der Kirchenschule untergebrachten Abteilung. Dienst mit der Waffe hat er nicht verrichtet. Winter Ludwig war gegen Ende April 1919 5 Tage lang bei der roten Armee und hat Sicherheitsdienst bei der Polizeiwache in der Elsässerstraße und in Ramersdorf geleistet. Huber Christian ist am 8.IV. der kommunistischen Partei beigetreten, am 14. April wurde er in der der Kirchenschule bewaffnet. Er stand dann in der Folgezeit Posten beim Wittelsbacher-Palais. Am 24.IV. meldete er sich freiwillig an die Front nach Dachau. Angeblich wegen der höheren Löhnung und weil er Uniform und Mantel haben wollte. Er verrichtete in den ersten zwei Tagen Dienst als Posten und begab sich danach wieder nach München zurück. Am 30.IV. kam er wieder nach Dachau und wurde dort dem 1. Sturmbatl. zugeteilt. Am gleichen Tag nachmittags ritt er mit der roten Truppe von Dachau aus wieder in München ein und kam ins Luitpoldgymnasium und war dort Augenzeuge bei der Erschiessung der zuletzt erschossenen Geisel, des Prinzen Thurn-und-Taxis. Nach Empfang seiner Löhnung lieferte er noch seine Waffen in der Kirchenschule ab und blieb von nun ab der roten Armee fern. Nach diesen Feststellungen haben sich die Angeklagten sämtlich der von der Räterepublik aufgestellten Roten Armee angeschlossen. (…) Die Angeklagten haben zugestandener Massen gewusst, dass die Regierung Hoffmann noch bestehe und mit dem Landtag die rechtmässige Regierung bildete. Sie waren sich deshalb auch bewusst, dass die Räterepublik nicht berechtigt war gegen die rechtmässige Regierung Truppen aufzustellen. Sie haben sich gleichwohl der roten Armee angeschlossen."

---

[15] Bayerisches Staatsarchiv München, StA 2314.

In rechtlicher Hinsicht ordnete das Gericht die Handlungen der Angeklagten nicht etwa als Beihilfe zum Hochverrat, sondern als Vergehen der Bandenbildung nach § 127 Abs. 2 RStGB ein:

„Die Herrschaft der Räterepublik war angemaßt und gesetzwidrig. Durch sie wurde die Staatsgewalt der vom Landtag also vom Willen des gesamten Volkes eingesetzten Regierung Hoffmann nicht aufgehoben. Die Regierung Hoffmann hat nicht aufgehört die alleinige Inhaberin der Staatsgewalt und auch der Militärgewalt zu sein. Die von der Räterepublik aufgestellte bewaffnete Macht war sowohl ihrer Entstehung wie ihrer Zweckbestimmung nach gesetzwidrig. Die Rote Armee und die ihr angeschlossene Arbeiterwehr war daher keine militärische Macht, keine Armee im staatsrechtlichen Sinne, sondern ohne Rücksicht auf den grösseren oder geringeren Grad ihrer Organisation ein unbefugt gesammelter bewaffneter Haufen im Sinne des § 127 II RStGB."

Der gesetzliche Strafrahmen reichte gemäß §§ 127 Abs. 2, 38 Abs. 2 RStGB von einem Monat bis zu einem Jahr Gefängnis. Bei den verhängten Strafen nahm das Gericht eine deutliche Differenzierung vor. So verurteilte es die Angeklagten Franz Xaver Bauer und Ludwig Winter jeweils zu zwei Monaten Gefängnis, die Angeklagten Heinrich Bauer und Josef Biebl zu jeweils einem Monat Gefängnis und den Angeklagten Christian Huber zu drei Monaten Gefängnis unter Anrechnung der erlittenen 14 tägigen Untersuchungshaft. Hinsichtlich der Strafzumessung führte das Gericht aus:

„Bei Bauer Heinrich und Huber kam ihre Jugend gem. § 57 RStGB strafmildernd in Betracht. Sämtliche Angeklagte mit Ausnahme des Huber haben sich nach ihrem glaubwürdigen Vorbringen der Roten Armee deshalb angeschlossen, weil sie im Hinblick auf öffentliche Anschläge befürchten mussten, die Erwerbslosenunterstützung zu verlieren und der Roten Armee sofort wieder den Rücken gekehrt als sie erfuhren, dass ihre Befürchtung grundlos sei. Dies wurde ihnen bei der Strafzumessung zu Gute gerechnet. Bei Huber fiel strafschärfend ins Gewicht, dass er an der Front Dienst geleistet und sich freiwillig gemeldet hatte."

Am 17.11.1919 fand eines der wenigen Verfahren wegen Beihilfe zum Hochverrat gegen eine Frau statt.[16] Die vorbestrafte Uhrmachersfrau Mathilde Baumeister war nach eigenen Angaben Parteigängerin der USPD. Das Gericht verurteilte die 1872 geborene Angeklagte wegen Beihilfe zum Hochverrat zur Festungshaft von 1 Jahr und 3 Monaten unter Anrechnung der erlittenen Untersuchungshaft. In tatsächlicher Hinsicht sah es das Gericht als erwiesen an, dass

„die Angeklagte (...) auf ihre freiwillige Meldung hin Mitte April des laufenden Jahres zum Mitgliede des von der Räteregierung unter Ausschaltung der verfassungsmässigen Gerichte eingesetzten sog. Revolutionstribunale bestimmt (wurde). Sie wirkte während der ganzen Dauer des Bestehens dieses Tribunals bei den Verhandlungen und Urteilsfällungen desselben als Beisitzerin mit; für jeden Tag ihrer richterlichen Tätigkeit erhielt sie eine Vergütung von 20 M.(...) Wie die Angeklagte wusste, war das Revolutionstribunal von den Machthabern der Räterepublik hauptsächlich zu dem Zwecke eingerichtet worden, um

[16] Bayerisches Staatsarchiv München, StA 2327.

ihre unter gewaltsamer Beseitigung der provisorischen Staatsverfassung aufgerichteten Willkürherrschaft dadurch zu sichern und zu festigen, dass durch die Urteile des Tribunals jede Betätigung einer der rechtmäßigen Regierung in Bayern treu gebliebenen Gesinnung als gegenrevolutionäre Handlung mit schwerer Strafe verfolgt und so unterdrückt werden sollte. So wurde zum Beispiel gleich in der ersten Verhandlung, an der die Angeklagte teilnahm, ein gewisser Klingl wegen reaktionärer Umtriebe mit 5000 M Geldstrafe bestraft, weil er Mitglied oder Kassier der antibolschewistischen Liga gewesen sein soll."

Rechtlich stufte das Gericht diese Tätigkeit nur als Beihilfe zum Hochverrat ein:

„Durch ihre richterliche Tätigkeit hat die Angeklagte daher bewusst die Machthaber in ihrem, auf die Änderung und dauernde Beseitigung der Verfassung des Volksstaates Bayern gerichteten Unternehmen durch die Tat Beihilfe geleistet."

Damit wählte das Gericht die nach dem gesetzlichen Strafrahmen niedrigste Strafe. Zur Ahndung hielt das Gericht „unter Rücksicht auf das offene und freimütige Geständnis" die Verhängung der gesetzlichen Mindeststrafe von 1 Jahr und 3 Monaten Festungshaft, deren Vollzug zudem zur Bewährung ausgesetzt wurde, für tat- und schuldangemessen. Zur Begründung hieß es:

„Der Angeklagten werden mildernde Umstände zugebilligt, weil sie nicht aus ehrloser Gesinnung, sondern aus wirklicher Überzeugung handelte (...)."

Der 1897 geborene Angeklagte Anton Aschauer, der zur Verhandlung wegen Beihilfe zum Hochverrat am 29.12.1919 aus der Untersuchungshaft vorgeführt werden musste, verließ den Sitzungssaal als freier Mann.[17] Das Gericht begründete seine Entscheidung wie folgt:

„Der Angeklagte bestreitet, Kurier im Dienste der Räterepublik und Vertreter ihrer Interessen in Stuttgart gewesen zu sein. Nach Stuttgart sei er überhaupt noch nie gekommen; während der Herrschaft der Räteregierung dahier sei er ungefähr 8 Tage lang durch den im Wittelsbacherpalais amtierenden Zentralrat als Botengänger verwendet worden und zwar habe er zumeist Botengänge von der Maffeiischen Fabrik zum Hauptbahnhof verrichtet; auch habe er die Mitteilungsblätter des Zentralrates ausgetragen; den Inhalt der durch ihn übermittelten Berichte und Meldungen habe er überhaupt nicht gekannt; die bei den Akten befindlichen auf seinen Namen lautenden, nicht unterschriebenen Ausweise seien niemals in seine Hände gekommen, er wisse nicht, welche Bewandtnis es mit ihnen habe, Aufträge wie sie darin enthalten seien, habe er nicht erhalten, noch weniger übernommen. (...) Das Vorbringen des Angeklagten konnte in der heutigen Hauptverhandlung nicht widerlegt werden; in der von ihm behaupteten rein körperlichen Tätigkeit als Botengänger kann eine bewusste Förderung des auf die Bekämpfung der rechtmässigen Regierung Hoffmann durch Gewalt und auf gewaltsame Aenderung der Verfassung des Volksstaats Bayern gerichteten Unternehmens der Gewalthaber der sog. Räterepublik nicht erblickt werden. Der Angeklagte war daher mangels Beweises von der Anschuldigung eines Verbrechens der Beihilfe zum Hochverrat unter Überbürdung der Kosten des Verfahrens auf die Staatskasse freizusprechen."

[17] Bayerisches Staatsarchiv München, StA 2296.

VI. Die Aufhebung der Volksgerichte im Jahr 1924

Während sich gegen die fortdauernde Tätigkeit der Volksgerichte von Seiten der Abgeordneten der bayerischen SPD ab dem Jahr 1920 zunehmend Widerstand entfaltete, sah die inzwischen politisch nach rechts gerückte bayerische Regierung keine Veranlassung zur Rückkehr zur ordentlichen Strafgerichtsbarkeit.[18] Von Seiten der Reichsregierung wurde die politische Entscheidung Bayerns, die Gerichte des Ausnahmezustands zunächst nicht aufzuheben, akzeptiert und vom Reichsgericht die Rechtmäßigkeit der Tätigkeit der bayerischen Volksgerichte anerkannt. In einem vertraulichen Gespräch sicherte Reichsjustizminister Radbruch dem Vertreter des Bayerischen Außenministeriums im November 1921 zu, dass Einigkeit darin bestehe, dass die bayerischen Volksgerichte „bis zur Errichtung der erweiterten Schöffengerichte erhalten bleiben."[19]

Diese angekündigte Reform der durch die Reichsjustizgesetze von 1879 errichteten Strafgerichte erfolgte erst 1924 durch die sog. Verordnung über Gerichtsverfassung und Strafrechtspflege, die sog. Lex Emminger vom 4.1.1924.[20] Die Volksgerichte wurden, mit Ausnahme des Volksgerichts München I, mit Wirkung zum 1.4.1924 aufgehoben. Die Aufhebung des Volksgerichts München I erfolgte zum 15.5.1924.

Anlässlich ihrer Aufhebung zog Staatsrat Dr. Karl Meyer, Präsident des Oberlandesgerichts München, in der Deutschen Juristenzeitung im Jahr 1924 eine überwiegend positive Bilanz:

„(...) Schon unter dem Ministerium Lerchenfeld, als ich die Geschäfte des Justizministers führte, habe ich im Januar 1922 die Aufhebung der Volksgerichte mit der Neuorganisation der Strafgerichte angekündigt. Sie sollen jetzt mit Wirkung vom 1. April 1924 aufgehoben werden, obwohl mir die Notverordnung über die Gerichtsverfassung und Strafrechtspflege vom 4. Januar 1924 ein endgültiger Abschluß der Strafprozeßreform und Strafgerichtsorganisation nicht zu sein scheint. Die Volksgerichte entstanden auf Antrag des damaligen Justizministers Timm in der Revolutionsnacht vom 8./9. November 1918 zum Schutz gegen Plünderungen und wurden unter dem Justizminister Dr. Müller-Meiningen durch Gesetz vom 12. Juli 1919 auch auf politische Straftaten ausgedehnt. Sie waren Sondergerichte, auch nach Erlass der Weimarer Verfassung durch Art. 178 III aufrechterhalten, große Schöffengerichte mit summarischen Verfahren ohne Rechtsmittel. Sie waren nur für kurze Zeit gedacht, blieben aber zufolge der bayerischen Verhältnisse, in Verschiedenheit mit dem übrigen Deutschland, länger in Geltung. In ihnen hat sich der Gedanke des großen Schöffengerichts bewährt. Der Justizverwaltung sind nur wenige Fehlsprüche zur Kenntnis gekommen, in denen die Gnadeninstanz ausgleichend eingreifen musste. Die bayeri-

---

[18] Hierzu ausführlich *Löhnig/Preisner*, ZNR 2012, 43, insbesondere S. 60 ff.

[19] BayHStA MA 101111.

[20] *Vormbaum*, Die Lex Emminger vom 4. Januar 1924 – Vorgeschichte, Inhalt und Auswirkungen, 1988.

schen Verhältnisse waren durch die Räterepublik im Frühjahr 1919 schwer erschüttert worden. Ich schlug im April 1919 in Bamberg die Einsetzung der Standgerichte vor, die im einzelnen noch auf Feuerbach zurückgingen. Eine andere rasch arbeitende Organisation der Strafgerichte stand damals gesetzlich nicht zur Verfügung. Justizminister Endres genehmigte meinen Vorschlag. In rascher Folge wurden die Räteführer von den Standgerichten abgeurteilt und als im August 1919 die Regierung nach München zurückkehrte, waren Tausende von Strafverfahren durch die bayerische Justiz erledigt und die Ruhe in München wiederhergestellt. (...)“[21]

Wie die exemplarisch beleuchtete Rechtsprechung der Gerichte, steht auch diese Bewertung der Volksgerichtstätigkeit durch einen Zeitgenossen im Widerspruch zum gängigen Narrativ der Justiz der Weimarer Republik. Der bisherige Befund erlaubt jedoch nur, die gängige Geschichte in Frage zu stellen; nicht eine neue zu erzählen. Denn die Einrichtung der Volksgerichte war kein Allheilmittel. Das scharfe Schwert ließ sich auch, ob bewusst oder unbewusst, gegen den Staat richten, den es schützen sollte. Auf ein Scheitern eines bayerischen Volksgerichts weist der Verfasser Dr. Meyer selbst ausdrücklich hin:

„Der Hitlerprozeß, die traurige Folgeerscheinung des unseligen 8. November, dauert in diesem Augenblick, wo ich schreibe, noch an. Nach alter Gepflogenheit spreche ich nicht über das Sachliche eines anhängigen Gerichtsverfahrens, in dem Recht gefunden wird, und das der Gerechtigkeit dient. Ich habe mich auf persönliche, nicht amtlichen Anfrage am 10. November dahingehend geäußert, daß der Prozeß gegen die drei Hauptbeteiligten nach dem Beispiel der bayerischen Rechtspflege im Frühjahr 1919 rasch in den ersten Tagen nach dem 8. und 9. November durchgeführt werden solle. Die Ereignisse des 8. und 9. November und voran der jetzige Hitlerprozeß mit allen seinen Begleiterscheinungen und Auswirkungen sind meines Erachtens politisch mit das größte Unglück, das Deutschland seit dem Versailler Friedensvertrag getroffen hat.“

Das Verfahren gegen die Teilnehmer des gescheiterten „Hitler-Ludendorff-Putsches“ war das letzte große Verfahren, das von einem bayerischen Volksgericht verhandelt wurde. Es ist auch eines der wenigen, dessen Ausgang bis heute politisch und historisch Interessierten bekannt ist. In seinem Urteil vom 1.4.1924 sprach das Gericht Ludendorff vom Vorwurf des Hochverrats frei und beschränkte sich bei den anderen Angeklagten unter Zubilligung mildernder Umstände auf die Verhängung der gesetzlichen Mindeststrafen. Im Ergebnis zeigt sich eine Parallele zu den Verfahren gegen die Räterepublikaner. Bei näherem Blick werden aber erhebliche Unterschiede deutlich, auf die einzugehen hier die Zeit nicht erlaubt, die aber – so viel muss gesagt werden – geeignet sind, das Vertrauen in die Justiz zu erschüttern. Der verantwortliche Richter ermöglichte den Beschuldigten, das Verfahren als öffentliche Bühne zur Hetze gegen die junge Demokratie zu nutzen. Nicht zuletzt lesen sich zudem auch die Urteilsgründe wie eine politische Parteinahme für die Angeklagten.

---

[21] *Meyer*, Deutsche Juristen-Zeitung 1924, 258.

VII. Resümee

Welches Bild lässt sich nun von der bayerischen Justiz im Zeitraum von 1919–1924 zeichnen? Haben die Volksgerichte einen Beitrag zur Befriedung und Etablierung der staatlichen Neuordnung oder letztlich einen Beitrag zum Niedergang der ersten deutschen Demokratie geleistet? Aufgrund der nunmehr erfolgten, aber noch nicht abgeschlossenen Auswertungen ist wohl zu sagen, sie haben beides. Bei einer Bewertung sind verschiedene Ebenen zu trennen und es ist auch zwischen den Beteiligten zu unterscheiden.

Mit Blick auf die politischen Entscheidungsträger stellt sich die Frage, ob die Einsetzung von Ausnahmegerichten – noch dazu in dieser neuen Gestalt – im Winter 1918/1919 erforderlich und zweckmäßig war. Vermutlich war es das. Zu würdigen ist dabei durchaus auch, dass die Bestimmungen des alten Standrechts hierzu entschärft und demokratisiert wurden. Freilich folgt hieraus nicht, dass es für die Aufrechterhaltung der Strafrechtspflege in Bayern bis weit in das Jahr 1924 hinein der Tätigkeit der Ausnahmegerichte bedurfte. Sicher gab es in Bayern im vorgenannten Zeitraum immer wieder Phasen, in denen die Aufrechterhaltung der Sicherheit in einzelnen Gebieten nur unter Rückgriff auf außerordentliche Mittel möglich erschien. Ob dies aber für den gesamten Zeitraum im gesamten Gebiet galt, darf bezweifelt werden. Der Exekutive steht hierfür in solchen Fragen zwar eine Entscheidungsprärogative zu. Sie hat aber auch die Pflicht und Aufgabe, die Sicherheit und Ordnung durch eine ausreichende Ausstattung der Polizei sicherzustellen und eine Überlastung der Justiz durch Einstellung von Staatsanwälten und Richtern zu vermeiden. Letzteres setzt freilich ebenfalls den erforderlichen politischen Willen und das Vorhandensein von genügend ausgebildetem Personal voraus. Antworten hierzu lassen sich in den Verfahrensakten naturgemäß nicht finden.

Dagegen kann man mittels der Verfahrensakten Einblicke in die Rechtsprechungstätigkeit der Gerichte und die Aktivitäten der Staatsanwaltschaft nehmen. Die ausgewerteten Akten zeigen ein Bild, das in gewisser Diskrepanz zu dem steht, welches sich – gestützt auch und vor allem auf die zeitgenössische Justizkritik – in der historischen Forschung durchgesetzt hat. Dieses soll hiermit nicht in Gänze in Frage gestellt werden. Einschränkungen ergeben sich nämlich bereits aus dem Umstand, dass die geführten Verfahren nur einen Teil der Wirklichkeit darstellen. Daneben trägt zum Wirken und zur Beurteilung der Justiz auch die Summe all der Verfahren bei, die nicht geführt werden, weil die Täter durch die Polizei nicht ermittelt werden (können) oder ermittelte Täter durch die Staatsanwälte nicht angeklagt werden. Auch hierüber stehen aussagekräftige Untersuchungen aus.

Und um den Kreis zu schließen: Welche Wirkung entfaltete die Tätigkeit der Volksgerichte auf die Zeitgenossen? Hier dürfte die zitierte zeitgenössische Einschätzung eines juristischen Beobachters im Wesentlichen die Auffassung der breiten Masse widerspiegeln: Das letzte Urteil war sicher geeignet, den Glauben in die Justiz zu erschüttern. Ich bezweifle jedoch, dass dies maßgeblich daran lag, dass es sich um ein Gericht für den Ausnahmezustand handelte. Zu einer Erschütterung des Glaubens in die Unparteilichkeit der Justiz können als einseitig empfundene besonders strenge oder besonders milde Urteile ebenso beitragen, wie massive oder fortgesetzte Verstöße gegen verfahrensrechtliche Grundsätze. Soweit es sich hierbei um öffentlichkeitswirksame Verfahren handelt, können wenige Verfahren zu einem erheblichen Vertrauensverlust führen. Der Hitler-Ludendorff-Prozess war ein solches Verfahren. Entscheidend für die Zerstörungskraft solcher Verfahren ist ein Aspekt, der außerhalb des Gerichtssaals liegt. Es ist die Frage, ob der Justiz mit Grundvertrauen begegnet wird, ob eine Überzeugung dahingehend besteht, dass die Gerichte grundsätzlich unparteiisch agieren, d.h. ohne Ansehen der Person und mit Augenmaß Recht sprechen. Dieses Grundvertrauen in die Judikative der jungen Republik war offenbar erschüttert. Ihre bis dahin entfaltete Rechtsprechungstätigkeit hat nicht vermocht, das Vertrauen der Bürger dauerhaft zu gewinnen. Damit reiht sich die Justiz in die Reihe der anderen beiden Staatsgewalten, der Legislative und der Exekutive, ein. Nicht mehr, aber auch nicht weniger.

Das Augsburger „Blutostern" vor Gericht

Die Verfahren der Stand- und Volksgerichte gegen die Augsburger Räterepublik 1919/1920

Hubert Seliger

I. Einführung

„(D)ieses Jahr dürfte wohl seit der Zeit des Schwedenkrieges das Schwärzeste in Augsburgs Chronik bilden, hoffentlich für lange, lange Zeit."[1] So kommentierte am 26.4.1919 die „Bayerische Gerichtszeitung" die blutigen Ereignisse in Augsburg am Ostersonntag und Ostermontag 1919, als bei Kämpfen zwischen bewaffneten Arbeitern und Regierungstruppen in Augsburg 44 Menschen den Tod gefunden hatten. Bislang standen die blutigen Geschehnisse in Augsburg weit im Schatten der grausamen Niederschlagung der Münchner Räterepublik. Dies gilt erst recht für die juristische Aufarbeitung dieser Ereignisse durch die Augsburger Stand- und Volksgerichte. So erwähnt der einschlägige Artikel „Räterepublik" des Augsburger Stadtlexikons lediglich in einem Satz, dass „eine Reihe von Räteaktivisten" abgeurteilt worden sei.[2]

Dieses weitgehende Vergessen der Tätigkeit dieser Sondergerichte in Augsburg liegt nicht zuletzt an der äußerst schlechten Lage bei den Primärquellen, da nahezu alle Verfahrensakten und ein beträchtlicher Teil der Personalakten der beteiligten Juristen kriegsbedingt (Zerstörung des Augsburger Justizpalastes im Zweiten Weltkrieg) oder durch Kassation verloren gegangen sind. Für die Volks- und Standgerichte in Augsburg sind nur zwei Akten erhalten geblieben.[3] Hauptquelle für den vorliegenden Aufsatz sind

---

[1] Bayerische Gerichtszeitung v. 26.4.1919.

[2] *Hetzer*, in: Augsburger Stadtlexikon, https://www.wissner.com/stadtlexikon-augsburg/artikel/stadtlexikon/raeterepublik/5095, Stand: 1.3.2020.

[3] Volksgerichte gab es in Schwaben an den damaligen Sitzen der Landgerichte, d.h. in Augsburg, Kempten, Memmingen und Neuburg an der Donau. Standgerichte wurden nur in Kempten und Augsburg eingerichtet. Von den Beständen der Volksgerichte Memmingen und Neuburg ist nur jeweils eine Akte, die sich nur mit Fällen allgemeiner Kriminalität befasst, erhalten geblieben. Gut, wenn auch nicht lückenlos, ist die Überlieferung der Stand- und Volksgerichte in Kempten. Diese konnten erstmals von Christian Kreikle in seiner Arbeit über die Revolution im Allgäu (siehe Fn. 5) ausgewertet werden.

daher die einschlägigen Zeitungsberichte der liberalen „Augsburger Neuesten Nachrichten", der dem katholischen Lager zuzurechnenden und bei weitem auflagenstärksten „Augsburger Zeitung", der „Neuen Augsburger Zeitung", sowie der mehrheitssozialdemokratischen „Schwäbischen Volkszeitung" und des der USPD nahestehenden, ab Herbst 1919 erscheinenden „Volkswillen". Eine wichtige Quelle stellt zudem die in Augsburg verlegte „Bayerische Gerichtszeitung" dar, die sich auf die Berichterstattung über die Augsburger Gerichte spezialisiert hatte.[4] Aufgrund dieser sehr schwierigen Quellenlage können daher die folgenden Ausführungen nur bestimmte Aspekte abdecken (so wird nur in wenigen Zeitungsartikeln auf die Urteilsbegründung eingegangen) und manche Thesen müssen vorläufig bleiben.

Neben den Volks- und Standgerichten existierten in Schwaben als Sondergerichte jeweils an den Sitzen der Landgerichte Wuchergerichte. Lediglich elf Akten des Wuchergerichts Kempten sind überliefert. Die Wuchergerichte können im Rahmen dieses Aufsatzes keine Berücksichtigung finden, lediglich hingewiesen sei auf den Fall des jüdischen Eisenhändlers Karl Schwarz (1857–1926), der in Augsburg gewisses Aufsehen erregte. Dieser soll zusammen mit seinem verstorbenen Bruder in ihrer Eisenhandlung am Predigerberg Gegenstände des täglichen Gebrauchs weit über dem üblichen Marktpreis angeboten und Kunden vom Lande, die über rationierte Lebensmittel verfügten, bevorzugt haben. Der namentlich nicht näher genannte Staatsanwalt beantragte während der Verhandlung im Juli 1920 nicht weniger als zwei Jahre Freiheitsstrafe mit dem Hinweis, dass man es „nicht verstehen würde", wenn ein zu mildes Urteil gegen Schwarz gefällt würde. Dies wiederum forderte den Verteidiger von Schwarz, den erfahrenen Augsburger Anwalt Gustav Böhm (1874–1944), zu der Bemerkung heraus, dass das wohl stimmen werde, denn das Volk sähe es sehr gerne, „besonders wenn es sich um einen Juden handelt, den man tief eintauchen müsse". Das Wuchergericht blieb weit unter dem Strafantrag der Staatsanwaltschaft. Schwarz erhielt wegen Preistreiberei lediglich zwei Monate und 24 Tage Haft, vgl. Gerichtszeitung v. 24.7.1920: „Eisenhändler Karl Schwarz vor dem Wuchergericht", und Neue Augsburger Zeitung v. 24.7.1920: „Der Fall Schwarz vor dem Wuchergericht".

[4] Ihre Leserschaft muss wohl im rechten und konservativen Milieu verortet werden. Dies zeigt sich u.a. daran, dass im Dezember 1922 die junge Augsburger NSDAP-Ortsgruppe, die sich eine eigene Parteizeitschrift nicht leisten konnte, mit dem Herausgeber der „Gerichtszeitung" ein Arrangement gefunden hatte, der ihr die Beifügung des Beiblatts „Deutsche Wacht und Wehr" zur „Gerichtszeitung" gestattete. Dies wurde allerdings bald durch den Verleger der im stetigen wirtschaftlichen Überlebenskampf befindlichen Gerichtszeitung unterbunden, da dieser offenbar um jüdische Anzeigenkunden bangte, vgl. *Hetzer*, in: *Gier* und *Janota* (Hrsg.): Augsburger Buchdruck und Verlagswesen von den Anfängen bis zur Gegenwart, 1997, S. 1149.

II. Gewaltereignisse im Rahmen der Revolution in Augsburg 1919

Es ist im Rahmen dieses kurzen Aufsatzes nicht möglich, eine umfassende Darstellung der revolutionären Ereignisse in Schwaben zu geben. Es werden daher lediglich skizzenhaft die wichtigsten, für das Verständnis der Gerichtsverfahren notwendigen Ereignisse nachgezeichnet.[5] In Augsburg war die Novemberrevolution, wie auch in ganz Bayern, ohne einen Schuss verlaufen. In Augsburg hatte sich ein 27 Personen umfassender, von Mehrheitssozialdemokraten und Gewerkschaftern dominierter Arbeiter- und Soldatenrat unter dem in Augsburg tätigen Volksschullehrer Ernst Niekisch (1889–1967) gebildet. Später wurde Niekisch von Hans Edelmann, bislang Vorsitzender der Augsburger Druckgewerkschaften, als Leiter des Arbeiter- und Soldatenrates, abgelöst. Die sich erheblich verschlechternde wirtschaftliche Situation in Augsburg wurde aber bald zu einem wichtigen Katalysator für die politische Radikalisierung. Gerade die Erwerbslosen, häufig Angestellte, die Kriegsheimkehrern hatten weichen müssen, sahen sich von den neuen Herren nicht ausreichend unterstützt. Am 4.1.1919 bildete sich unter Vorsitz des Kaufmanns Karl Marx in Augsburg ein „Erwerbslosenausschuss“, der zwölf Forderungen, u.a. die Kontrolle aller Behörden und Betriebe zwecks Bekämpfung der Arbeitslosigkeit, aufstellte und mit einer Demonstration bekräftigte. Hatten schon kleinere Ereignisse im Rahmen des Wahlkampfes zur Landtagswahl am 12.1.1919 ein bislang in Augsburg nicht gekanntes Gewaltpotenzial in der politischen Auseinandersetzung angedeutet, kam es im Anschluss an eine Demonstration auf dem Königsplatz anlässlich der Ermordung von Ministerpräsident Kurt Eisner am Abend des 21. Februars zu einem Gewaltexzess, als gewalttätige Demonstranten gegen Regierungsgebäude (u.a. den Justizpalast) vorgingen, Gefangene aus dem Augsburger Untersuchungsgefängnis befreiten und Geschäfte plünderten. Die „Schreckensnacht“ (Bayerische Gerichtszeitung) in Augsburg hatte mindestens drei Tote gefordert.[6] Zwischen März und April 1919 wurden über 50 Personen

[5] Während zusätzlich zu verschiedenen lokalgeschichtlichen Arbeiten nun zu Kempten und dem Allgäu mit der zweibändigen Arbeit von *Kreikle* (Volksgemeinschaft statt Klassenkampf. Der verloren gegangene Kampf für eine soziale Republik und der Aufstand des Nationalsozialismus, 2012) eine detailreiche Studie zur Verfügung steht, ist eine monographische Arbeit zu den revolutionären Ereignissen in Augsburg und Nordschwaben dagegen noch immer ein Desiderat. Einen guten Überblick für die Ereignisgeschichte bieten *Hetzer*, in: *Baer* u.a. (Hrsg.): Geschichte der Stadt Augsburg. 2000 Jahre von der Römerzeit bis zur Gegenwart, 1985, S. 580–583 und insb. die einschlägigen Abschnitte in *Seligmann*, Aufstand der Räte. Die erste bayerische Räterepublik v. 7.4.1919, 1988; vgl. auch „Die Entwicklung zur Herbeiführung der Räterepublik in Augsburg“ o.D., in: Staatsarchiv Augsburg (im Folgenden StA), Standgericht Augsburg, Nr. 1/1919.

[6] „Die Vorgänge in Augsburg“, Neue Augsburger Zeitung v. 25.2.1919.

wegen des 21. Februar durch das Augsburger Volksgericht abgeurteilt.[7] Obwohl die Staatsanwaltschaft immer wieder vermeintliche Rädelsführer der Ereignisse auszumachen vermeinte, erfolgte die Verurteilung der Angeklagten, die zumeist aus dem Arbeitermilieu stammten, nahezu immer wegen einfachem Landfriedensbruch in Verbindung mit Eigentumsdelikten. Die Ereignisse wurden also von den Gerichten offenbar weniger als politisch motiviert, denn als spontaner Ausbruch regulärer Kriminalität verstanden. Als Folge der Plünderungen wurde Edelmann zum zivilen Stadtkommandanten berufen, sein Stellvertreter als Stadtkommandant wurde der Bevollmächtigte der Ortsverwaltung Augsburg des Deutschen Metallarbeiter-Verbandes und Magistratsrat Karl Wernthaler (1874–1952).[8]

Auch der Erwerbslosenausschuss radikalisierte sich weiter. Am 10.3.1919 forderte Marx bei einer Versammlung des Erwerbslosenausschusses im Ludwigsbau, der damals größten Veranstaltungshalle in Augsburg, eine sozialistische Regierung sowie den Anschluss an die russische Räterepublik. Zudem sprach sich Marx ausdrücklich für die Ziele der USPD aus. Ein zentraler Schritt Richtung Räterepublik in Augsburg erfolgte am 3.4.1919.[9] Auf einer Versammlung des Arbeiter- und Soldatenrates mit rund 3.000 Zuhörern im überfüllten Ludwigsbau zum Thema „Die zweite Revolution" hatte Niekisch eine zweistündige Rede gehalten, in der er zwar das Rätesystem ausdrücklich befürwortete, jedoch sich zunächst für den Status Quo aussprach. Gleich zu Beginn der anschließenden Diskussion machte Hans Frank, Mitglied der USPD im Arbeiter- und Soldatenrat, aber den Vorschlag einer sofortigen Einführung der Räterepublik. Georg Prem von der USPD formulierte hierauf eine Resolution der USPD, die die sofortige Einführung und den Zusammenschluss mit den Genossen in Ungarn und Russland forderte, während der sozialistische Schriftsteller Dr. Franz Rothenfelder den Antrag zur

---

[7] Vgl. die Berichte in der Gerichtszeitung v. 8.3.1919, 15.3.1919, 21.3.1919, 29.3.1919, 5.4.1919, 12.4.1919, 19.4.1919, 26.7.1919, 23.8.1919 und v. 30.8.1919. Das einzige erhalten gebliebene Verfahren des Volksgerichts Augsburg befasst sich ebenfalls mit den Ereignissen am 21.2.1919. Sechs zwischen 1899 und 1903 geborenen Angeklagten warf die Anklage in der Verhandlung am 28.3.1919 eine Beteiligung an den Ausschreitungen am Augsburger Justizpalast und am Strafvollstreckungsgefängnis vor. Zwei der Angeklagten sollen sogar an der Spitze des Zuges zum Justizpalast gestanden haben. Das Volksgericht sah es dagegen nur als erwiesen an, dass die Angeklagten an der Zusammenrottung teilgenommen hatten und in öffentliche Gebäude eingedrungen waren. Es erkannte auf Landfriedensbruch, schweren Hausfriedensbruch und Plünderung und verhängte Gefängnisstrafen zwischen sechs Monaten und einem Jahr, vgl. StA, Volksgericht Augsburg, Nr. 1/1919.

[8] *Münzenrieder*, in: *Wernthaler,* Augsburger Stadtlexikon: https://www.wissner.com/stadtlexikon-augsburg/artikel/stadtlexikon/wernthaler/5870, Stand 1.3.2020.

[9] Seligmann spricht sogar von dem „Augsburger Anstoß", der als „lokale Radikalisierung" als Initialzündung für den Ausruf der Räterepublik am 7. April in München diente, vgl. *Seligmann* (Fn. 5), S. 115.

Durchführung eines Generalstreiks stellte. Wesentlich unterstützt wurden die Forderungen durch den der USPD angehörenden Leiter der Augsburger Schutztruppe Wilhelm Olschewsky. Unter dem Jubel der Anwesenden wurde die Resolution der USPD angenommen und am Folgetag der vorgeschlagene Massenstreik durchgeführt.

Es dauerte aber noch bis zum 7. April, bis es auch in Augsburg als Folge der Ereignisse in München zur Ausrufung der Räterepublik kam.[10] Gegen den Widerstand Edelmanns gaben die Linksradikalen der USPD und des Erwerbslosenausschusses die Einführung der Räterepublik bekannt und veranlassten massenhafte Arbeitsniederlegungen sowie eine Demonstration zum Rathaus. Ein im Auftrag des Arbeiter- und Soldatenrates handelnder Revolutionärer Arbeiterrat veröffentlichte eine an ein ähnliches Dokument der Münchner Räterepublik angelehnte Erklärung, die u.a. die Diktatur des Proletariats, den Aufbau eines revolutionären Tribunals und einer roten Armee sowie ein Bündnis mit Russland und Ungarn forderte. Obwohl am Folgetag der Oberbürgermeister und die Kollegien für abgesetzt erklärt wurden und Edelmann temporär die Zeichnungsbefugnis übertragen wurde, blieben die weitgesteckten Pläne bereits im Ansatz stecken. Auch das revolutionäre Tribunal kam offenbar über die Androhung nicht hinaus. In ganz Schwaben sollte kein Revolutionstribunal in Aktion treten.[11] Bereits am 10. April traf der Augsburger Arbeiter- und Soldatenrat Vorbereitungen zur Verteidigung der Stadt, da Gerüchte von einem Vormarsch einer „Weißen Garde“ die Runde machten. Zunehmend wurde auch die Versorgungslage prekärer, da Augsburg und Donauwörth die einzigen größeren Städte in Mittel- und Nordschwaben waren, wo sich die Räterepublik temporär hatte etablieren können. Abgeschnitten, insbesondere von der lebenswichtigen Kohleversorgung, entschloss sich Edelmann mit einer kleinen Delegation zu Verhandlungen mit der Regierung von Johannes Hoffmann nach Bamberg zu reisen. Edelmann unterzeichnete als Ergebnis der Verhandlungen eine Erklärung, wonach Augsburg die Räterepublik zurücknehme. Diese Erklärung sei, wie Edelmann später behauptete, insbesondere dadurch erleichtert worden, dass

---

[10] Zu den Ereignissen *Seligmann* (Fn. 5), S. 274–276.

[11] *Seligmann* (Fn. 5), S. 348 f. In Kempten waren zwar Personen benannt worden, das Tribunal „zerlegte“ sich aber selbst, als der eingesetzte „Untersuchungsführer“ dessen Auflösung und die Vernichtung der Akten forderte, vgl. *Kreikle* (Fn. 5), S. 156. *Seligmann* verweist für Schwaben allerdings auf die interessanten Sonderfälle Immenstadt und Sonthofen. Dort waren auf Anregung des Arbeiter- und Soldatenrates Revolutionstribunale unter dem Vorsitz des schon im Kaiserreich amtierenden Immenstädter Bürgermeisters Hermann Steger bzw. in Sonthofen des Amtsgerichtsvorsitzenden Ernst Ottmann eingesetzt worden, um eine effektivere Bekämpfung von Dieben, Plünderern und des Schleichhandels durchzuführen. Politische Delikte sollten nicht abgeurteilt werden. In Aktion traten aber auch diese beiden Gerichte nicht.

Hoffmann Augsburg Neutralität zugesagt habe. Am 13. April erläuterte Edelmann in einer Volksversammlung im Hof der Infanterie-Kaserne in Augsburg die Gründe für sein Handeln. Insbesondere von Seiten der USPD-Mitglieder wurde Edelmann scharf angegriffen, eine Mehrheit der Volksversammlung stimmte aber für die Aufhebung der Räterepublik. Die Linksradikalen unter Führung von Wilhelm Olschewsky versuchten dagegen weiterhin die erneute Wiedereinführung der Räterepublik in Augsburg zu erreichen. Wichtigstes Ereignis sollte hier die sogenannte „Fronhof-Resolution" sein. In dieser im Café Fronhof am 16. April verfassten „Sympathiebekundung" der Augsburger Linksradikalen für die Münchner Räterepublik bekundeten diese ihr unbedingtes Eintreten für die Diktatur des Proletariats und baten um Schutz und bewaffnete Hilfe. Neben den Linksradikalen spielte auch Edelmann eine eigenwillige Rolle. Glaubt man der nationalsozialistischen Militärgeschichtsschreibung, so habe Edelmann Emissären der Regierungstruppen, die mittlerweile an Augsburg herangerückt waren, am 17. April mitgeteilt, dass er die Durchfahrt durch Augsburg erlaube, Edelmann aber nicht mehr Herr seiner Leute sei. Zudem soll Edelmann den Regierungstruppen bereitwillig Auskunft über die Stärke der bewaffneten Arbeiter gegeben haben. Aufgrund dieses Gesprächs habe die Regierung Hoffmann am 18. April „grünes Licht" für die Besetzung von Augsburg, das eine zentrale strategische Bedeutung für ein weiteres Vorgehen gegen München hatte, gegeben. Als das militärische Vorgehen gegen Augsburg am 20. April bereits im Gang war, soll Edelmann um ein Uhr in der Früh telefonisch gegen den Truppenaufmarsch protestiert haben. Wenige Tage nach den Ereignissen ließen Edelmann und Wernthaler eine „Erklärung" in Augsburger Zeitungen publizieren, in welcher sie den Einmarsch verurteilten. Dies hielt aber Wernthaler wiederum nicht davon ab, nach dem Ende der Kämpfe sich als „Zivilgouverneur" über den Stadtteil Oberhausen einsetzen zu lassen.[12]

Am Ostermorgen des 20. April um vier Uhr marschierten von Norden und Süden Truppen der Regierung Hoffmann in Augsburg ein. Ihnen gelang es rasch und weitgehend ohne Widerstand, die Innenstadt einzunehmen, u.a. auch das Rathaus und den Bahnhof. Stärkeren Widerstand hatte es allerdings durch ein Maschinengewehrnest an der Hauptpost gegeben, wodurch die Besatzungstruppen einen ersten Toten zu beklagen hatten.[13] In Haunstet-

---

[12] Kriegsgeschichtliche Forschungsanstalt des Heeres (Hrsg.): Die Niederwerfung der Räteherrschaft in Bayern 1919 (Darstellungen zu den Nachkriegskämpfen deutscher Truppen und Freikorps Bd. 4), 1919, S. 56 und 58; vgl. auch Augsburger Postzeitung v. 23.4.1919: „Erklärung" und Augsburger Neueste Nachrichten v. 22.4.1919 (Morgenausgabe).

[13] Zu den Kämpfen vgl. die Berichte in: Neue Augsburger Zeitung v. 22.4.1919, 23.4.1919 und v. 24.4.1919 sowie *Kriegsgeschichtliche Forschungsanstalt* (Fn. 12), S. 54–68.

ten leistete die Besatzung des Pulvermagazins zunächst größeren Widerstand, gab aber diesen bald auf. Starken Widerstand lieferten dagegen die Arbeiterviertel Lechhausen und insbesondere Oberhausen. Schwere Verluste mit mehreren Toten musste eine Abteilung der Regierungstruppen hinnehmen, die von Lechhausen aus am gegenüberliegenden Lechufer beschossen worden war. Erst am 23. April wurde Lechhausen kampflos besetzt. In Oberhausen hatte eine Menschenmenge einziehende Soldaten umringt, diesen die Waffen abgenommen und zwei Geschütze erobert. Zudem gelang es Arbeitern, die Wertach-Brücke und damit den Zugang zu Oberhausen zu sperren. Mit den erbeuteten Geschützen feuerten die Aufständischen rund 20 Schuss auf die Stadt, die allerdings durch Gegenfeuer bald ausgeschaltet wurden. Am Ostermontag wurde auch ein Regierungsflieger, der Flugblätter abgeworfen hatte, durch Gewehrfeuer abgeschossen. Dessen Pilot, der spätere Augsburger Rechtsanwalt Eugen Reisert, konnte nur mit Mühe davor bewahrt werden, von den aufgebrachten Arbeitern gelyncht zu werden. Bis zum Dienstag dauerten die Verhandlungen mit den aufständischen Arbeitern, ehe am Nachmittag die Entwaffnung der Arbeiter begann und Oberhausen besetzt wurde.

Insgesamt starben an den „Blutostern“ (Gerhard Hetzer) 44 Menschen, wie das Stadtarchiv Augsburg aufgrund einer Anfrage zur militärgeschichtlichen Aufarbeitung der Ereignisse in den dreißiger Jahren ermittelte.[14] Zehn Tote waren auf Seiten der Regierungstruppen zu beklagen, mindestens sechs Tote gab es auf Seiten der aufständischen Arbeiter. Der weitaus überwiegende Teil der Toten waren aber Zivilisten, die oft als Zuschauer zwischen die Fronten geraten waren. Der bekannteste Tote war der Arbeiterrat Hans Frank, der bei Verhandlungen zur Aufgabe von bewaffneten Arbeitern versehentlich von einer Kugel aus den eigenen Reihen getötet worden war. Standrechtliche Erschießungen von Arbeitern, wie später bei den Kämpfen um München, gab es in Augsburg nicht. Die „Schwäbische Volkszeitung“ berichtete allerdings von Übergriffen durch die Regierungstruppen. So seien gefangene Arbeiter „in Menge“ mit Kolbenstößen misshandelt worden. Interessanterweise bewertete die Lokalpresse lagerübergreifend die blutigen Zusammenstöße als tragisches „Missverständnis“ und nahm die bewaffneten

---

[14] *Kriegsgeschichtliche Forschungsanstalt* (Fn. 12), S. 67; vgl. auch die Berichte zu den getöteten Personen, Schwäbische Volkszeitung v. 24.4.1919, „Die Lage in Augsburg“ und Augsburger Neueste Nachrichten v. 24.4.1919 (Morgenausgabe) „Die Verluste auf Seiten der Regierungstruppen“, sowie Augsburger Neueste Nachrichten (Morgenausgabe) v. 24.4.1919 „Beerdigung von Angehörigen der Regierungstruppen sowie Augsburger Neueste Nachrichten v. 26.4.1919 (Abendausgabe) „Beerdigung von Toten der Osterkämpfe“.

Arbeiter in Schutz, während gerade die katholische und liberale Presse den Führern der Arbeiterschaft ein schweres Versagen vorwarf.[15]

III. Männer der Ordnung? Die Augsburger Richter und Staatsanwälte

Knapp etwas mehr als zwei Wochen nach den Ereignissen begannen bereits die ersten Prozesse gegen bewaffnete Arbeiter vor dem Volksgericht Augsburg, das noch auf von Kurt Eisner erlassenen Rechtsnormen basierte. Leider lassen sich die in diesen ersten Volksgerichtsverfahren beteiligten Richter aus den überlieferten Zeitungsmeldungen nicht erschließen.[16] Sicher zu identifizieren ist dagegen der verantwortliche Staatsanwalt, der auch später in den Verfahren wegen Hochverrats vor dem Volksgericht (und vermutlich auch in mindestens einem Standgerichtsverfahren) eine wichtige Rolle spielen sollte.[17] Der später kurzzeitig als Reichsjustizminister agierende zweite Staatsanwalt Erich Emminger war am 25.6.1880 in Eichstätt als Vater eines Gymnasialprofessors geboren worden. Zunächst Anwalt, begann er Oktober 1909 als III. Staatsanwalt seine Karriere in der Augsburger Justiz, war aber nach wenigen Monaten an das Amtsgericht versetzt worden. Schon 1903 war Emminger dem Bayerischen Zentrum beigetreten und wurde 1913 Abgeordneter des Zentrums im Reichstag, dem er bis 1918 angehörte. Als ungedienter Kriegsfreiwilliger nahm Emminger nach der Grundausbildung von Oktober 1914 bis Februar 1915 bei der Reserve-Munitionskolonne Nr. 3 an Stellungskämpfen in Nordfrankreich teil. Wegen „Lungenkatharrh" wurde

[15] Schwäbische Volkszeitung v. 22.4.1919: „Blutige Ostern" und Schwäbische Volkszeitung v. 23.4.1919: „Das blutige Ostern"; Augsburger Neueste Nachrichten (Abendausgabe) v. 22.4.1919: „Aut Caesar aut nihil" und „Die Vorgänge in Augsburg"; Postzeitung v. 22.4.1919: „Der Einzug der Regierungstruppen in Augsburg" sowie Augsburger Postzeitung v. 23.4.1919: „Ruhe und Besonnenheit".

[16] Im Verfahren gegen Wagner und Genossen waren neben drei Laienrichtern der Landgerichtsrat Karl Schweitzer (geb. 1870), der 1911 von Landshut nach Augsburg versetzt worden war, als Vorsitzender und als richterlicher Beisitzer der Amtsgerichtsrat Dr. Walter von Poeppinghausen (geb. 1877) tätig gewesen. Schweitzer wurde im Juni 1920 nach München versetzt. Poeppinghausen wechselte in der zweiten Hälfte der zwanziger Jahre an das LG Augsburg und wurde 1930 nach München versetzt. Als Staatsanwalt war Staatsanwalt Dr. Ernst Eckert (geb. 1883) aufgetreten, der aber schon zum Ablauf des Monats April nach München wechselte.

[17] Emminger hatte offenbar alle wichtigen Hochverratsverfahren vor dem Volksgericht vertreten. Es gibt allerdings auch Hinweise, dass er vor dem Standgericht als Staatsanwalt auftrat, so nennt ihn der „Volkswille" als Staatsanwalt im Verfahren gegen Wilhelm Olschewsky, vgl. Volkswille v. 24.1.1920: „Verhandlung gegen unseren Redakteur Thomas vor dem Volksgericht".

er aber im Februar 1915 vom Felddienst abgezogen. Nach kurzer Tätigkeit als Beamtenstellvertreter wurde er im Oktober 1915 Kriegsgerichtsrat bei der Stellvertretenden 9. Infanteriebrigade, ab Juli 1916 bei der 6. Bayerischen Infanteriedivision. Am 20.12.1918 wurde er, ausgezeichnet mit dem Eisernen Kreuz Zweiter Klasse, im Rang eines Unteroffiziers nach Augsburg entlassen.[18] Am 16.11.1918 trat Emminger der Bayerischen Volkspartei bei. Nach der Reichstagswahl im Juni 1920, bei der die Augsburger BVP mit dem Aufruf „Männer der Ordnung, wählt am Sonntag Bayerische Volkspartei“ aufgetreten war, vertrat Emminger nunmehr die BVP im Wahlkreis 24 (Oberbayern-Schwaben) im Reichstag.[19] Dass Emminger selbst ein „Mann der Ordnung“ war, zeigen mehrere Beispiele. Als der gebürtige Elsässer Wendelin Thomas (geb. 1884), leitender Redakteur des „Volkswillen“, wegen der Publikation eines von der USPD-Zentrale veröffentlichten Demonstrationsaufrufs anlässlich der Abstimmung über das Betriebsratsgesetz im Januar 1920 vor dem Augsburger Volksgericht stand, zog Emminger in einem auffallend aggressiven Plädoyer einen Vergleich zu den Unruhen vom 21.2.1919 und den diversen späteren Demonstrationen in Augsburg. Mitläufer bei den vergangenen Demonstrationen in Augsburg seien „recht unsaubere Elemente“ gewesen, Räuber und Zuhälter. Man wolle „katalinische Gestalten“, die landfremd seien und sich zu Führern des deutschen Volkes drängen würden, „ausmerzen und über die Grenze bringen.“ Thomas, der vom Volksgericht freigesprochen werden sollte, warf daraufhin Emminger vor, als politischer Gegner nicht unparteiisch zu sein.[20] Auch in einem seiner ersten Redebeiträge als BVP-Politiker im Reichstag am 20.8.1920 stellte sich Emminger gegen die Forderung einer Generalamnestie von Seiten der Linken. Zugleich wandte sich Emminger aber auch gegen die Behauptung der politischen Rechten im

---

[18] Hauptstaatsarchiv München, Abt. 4 – Kriegsarchiv (im Folgenden HStA, Abt. 4), Kriegsstammrollen 1914–1918, Bd. 308 Kriegsrangliste (Sammelbd.) und Bd. 13818. Zur Biographie auch Personalbogen, in: Bayerisches Hauptstaatsarchiv: Bestand Bayerisches Justizministerium, Personalakten (im Folgenden HStA, Mju), Nr. 24932 und Pohle, in: Neue Deutsche Biographie 4, 1959, S. 484 f.

[19] Vgl. Wahlkampfaufruf, in: Neue Augsburger Zeitung v. 13.6.1919 und Augsburger Postzeitung v. 14.6.1919.

[20] Bericht in Gerichtszeitung v. 31.1.1920 sowie Neue Augsburger Zeitung v. 24.1.1920: „Redakteur Thomas vom ‚Volkswillen‘ (USPD) vor dem Volksgericht“ und Schwäbische Volkszeitung v. 24.1.1920: „Redakteur Thomas vom ‚Volkswillen‘ vor dem Volksgericht“, vgl. zudem die ausführliche Darstellung des Prozesses in Volkswille v. 24.1.1920: „Verhandlung gegen unseren Redakteur Thomas vor dem Volksgericht“. Mit den Osterereignissen in Augsburg hatte Thomas, der erst August 1919 nach Augsburg gekommen war, offenbar keine Verbindung, zu seiner Biographie vgl. *Hetzer* (Fn. 4), S. 1146–1148 sowie den Eintrag zu Thomas in der biographischen Datenbank der Bundesstiftung Aufarbeitung, https://www.bundesstiftung-aufarbeitung.de/wer-war-wer-in-der-ddr-%2363;–1424.html?ID=5292, Stand: 1.3.2020.

Reichstag, der Kapp-Putsch sei eine „Dummheit" gewesen und gab seinem Befremden Ausdruck, dass es immer noch nicht gelungen sei, auch nur einen einzigen Führer des Kapp-Putsches vor Gericht zu stellen.[21] Als Redner in der Generaldebatte über das Republikschutzgesetz am 11.7.1922 ließ Emminger eine gewisse Sympathie für die untergegangene Ordnung erkennen, als er das Republikschutzgesetz als „Antimonarchistengesetz" brandmarkte.[22] Dass Emminger ein „Mann der Ordnung" blieb, zeigte sich später im „Dritten Reich", als Emminger als ständiger Vertreter der Vorsitzenden des 1. und 2. Strafsenats des OLG München auch mit politischen Delikten befasst war und unter seinem Vorsitz das einzige Todesurteil gegen einen schwäbischen Angeklagten vor dem OLG München gefällt wurde.[23] Emminger war zwar nicht Mitglied der NSDAP, 1943 vermerkte aber der Münchner OLG-Präsident Alfred Dürr über den „sehr gut" beurteilten Emminger: „Ich bin jedoch (…) überzeugt, dass er das nationalsozialistische Gedankengut in sich aufgenommen hat und jederzeit bereit ist, rückhaltlos für den nationalsozialistischen Staat einzustehen".[24] Das April 1944 auch vollstreckte Todesurteil des 1. Strafsenat gegen den Augsburger Stukkateur Georg Halder (geb. 1882), zentrale Figur der „Ernsten Bibelforscher" in Augsburg im „Dritten Reich", wird von Gerhard Hetzer zu Recht als Beleg für die „Brutalisierung des NS-Regimes" gesehen.[25] Der Senat unter Emminger sah es als erwiesen an, dass sich Halder des fortgesetzten Verbrechens der Wehrkraftzersetzung schuldig gemacht habe, sei doch Halder ein „völlig unbelehrbarer Bibelforscher", den auch mehrjährige „Schutzhaft" nicht gebessert habe. Die von ihm verfassten Schriften „strotzen vor Gehässigkeit gegenüber der nationalsozialistischen Staatsführung und lassen den jetzigen Krieg als ein verwerfliches Spiel dieser Staatsführung erscheinen, das verloren gehen werde."[26]

---

[21] Protokoll des Reichstags (16. Sitzung vom 20.8.1920), S. 541–543.

[22] Protokoll des Reichstags (248. Sitzung v. 11.7.1922), S. 8439.

[23] Vom 30.11.1923 bis 15.4.1924 amtierte Emminger als Reichsjustizminister. Bedeutsamstes Ergebnis seiner Amtszeit war die sogenannte Lex Emminger zur Reformierung der Schwurgerichte. Am 1.5.1919 ersetzte er Eckert als II. Staatsanwalt, ein Amt, das er bis 31.10.1923 innehatte. Von November 1923 bis Januar 1928 war er II. Staatsanwalt am LG München I. Im Februar 1928 erfolgte die Ernennung zum Oberlandesgerichtsrat am OLG München und bereits im Mai 1931 die Ernennung zum Rat am Bayerischen Obersten Landesgericht. Nach dessen Auflösung wurde er im Mai 1935 an das OLG München versetzt. Da er formell nicht NSDAP-Mitglied war, hatte die US-Militärregierung nach Kriegsende keine Einwendung gegen seine Weiterbeschäftigung. Emminger führte bis zu seinem Ruhestand Ende Juni 1949 den Vorsitz über den 1. Strafsenat des OLG München.

[24] Beurteilung 1943, in: HStA, Mju, Nr. 24932.

[25] *Hetzer*, in: Broszat/Fröhlich/Grossmann (Hrsg.): Bayern in der NS-Zeit. Bd. IV, 1981, 621–644.

[26] Urt. v. 23.2.1944 (Az. Ojs 72/1943), in: Staatsarchiv München (im Folgenden StM), Generalstaatsanwaltschaft beim OLG, Nr. 3435.

Offene Sympathie mit paramilitärischen Organisationen äußerte der für die Standgerichtsverfahren in Augsburg zuständige Leiter der Augsburger Staatsanwaltschaft, der 1. Staatsanwalt Hermann Kraus. Kraus war am 22.5.1869 in Dettelbach in Unterfranken geboren worden. Vor dem Krieg hatte er den Rang eines Oberleutnants der Landwehr erlangt und war seit Oktober 1914 als Kriegsgerichtsrat u.a. beim Stellvertretenden Generalkommando 1. Armeekorps in München und zuletzt sogar im Kriegsministerium tätig gewesen. Wie Emminger hatte er das Eiserne Kreuz zweiter Klasse erhalten und war zum Hauptmann der Landwehr befördert worden.[27] Ebenfalls wie Emminger hatte er, bisher am Landgericht München tätig, erst Mai 1919 seine Stelle bei der Staatsanwaltschaft Augsburg begonnen und sollte im Oktober 1921 sogar zum Behördenleiter bei der Staatsanwaltschaft am OLG Augsburg aufsteigen. Anfang März 1921 wurde in der Zusam bei Zusmarshausen die Leiche des Kellners Hans Hartung aufgefunden, der gedroht hatte, geheime Waffentransporte der Einwohnerwehr München zu verraten. Nachdem aufgrund der polizeilichen Ermittlungen schon nach wenigen Tagen die Staatsanwaltschaft Augsburg durch den zuständigen Staatsanwalt Haftbefehl gegen Mitglieder der Münchner Einwohnerwehr erlassen hatte, wurde ein gewisser Dr. Otto Gademann bei dem ermittelnden Staatsanwalt und seinem Vorgesetzten Kraus vorstellig und teilte mit, er müsse beide wegen der Angelegenheit Hartung in das Justizministerium nach München bringen. Auf der Fahrt gab sich Gademann dann als juristischer Mitarbeiter der Landesleitung der Einwohnerwehr zu erkennen und wies darauf hin, dass das Fahrzeug durch den Leiter der Einwohnerwehr Georg Escherich gestellt worden sei. Kraus drückte daraufhin seine Bewunderung für die Einwohnerwehr aus, die für den Staat so viel leiste. Er wolle Escherich gern einmal selbst treffen. Leider könne er aus dienstlichen Gründen nicht Mitglied der Einwohnerwehr sein, er sorgte und sorge aber dafür, dass die Einwohnerwehr in seiner Behörde Förderung erhalten habe und weiter erhalten werde. Bei der Berichterstattung im Ministerium ließ Kraus dann erkennen, dass er die Haftbefehle nicht aufrechterhalten wolle. Auf Anordnung von Kraus wurden die Haftbefehle zwei Tage später tatsächlich aufgehoben, was bei den ermittelnden Polizisten auf Unverständnis stieß. Die Thematisierung jener Fahrt nach München sollte später im Rahmen der Ermittlungen des Fememordausschuss des Deutschen Reichstags selbst von wohlmeinenden Kreisen als Angelegenheit bezeichnet werden, die die bayerische Justiz „um kein Ruhmesblatt bereichert“ habe.[28]

---

27 HStA, Abt. 4, Kriegsstammrollen 1914–1918, Bd. 1.

28 *Hofmann*, „Verräter verfallen der Feme!“: Fememorde in Bayern in den zwanziger Jahren, 2000, S. 226 f., 477 und 485.

Zu den an den Augsburger Standgerichtsurteilen beteiligten Richtern konnten zwar keine derart eindeutigen Positionierungen wie bei Emminger und Kraus gefunden werden, allerdings waren auch diese stark militärisch geprägt. Vorsitzender des Standgerichts sowie der ab Juni 1919 neu eingerichteten und auf eine neue Rechtsgrundlage gestellten Volksgerichte war Wilhelm Methsieder, geboren am 26.12.1858 in Franken. Er war beinahe 15 Jahre am Amtsgericht Schweinfurt tätig gewesen, ehe er im Oktober 1907 nach Schwaben an das Landgericht Augsburg wechselte und in rascher Folge befördert wurde. Bereits im November 1911 hatte er den Rang eines Landgerichtsdirektors erreicht. Als er zum Jahreswechsel 1925/1926 in Ruhestand trat, erhielt er, weil er als Richter in „vorbildlicher Weise" gedient habe, den „Titel und Rang eines Landgerichtspräsidenten" verliehen. Seinen Vorgesetzen galt er als erfahrener Richter mit sehr gründlichen Kenntnissen im Strafrecht, der den Vorsitz „sicher, ruhig und bewusst" führe.[29] Als Reserveoffizier hatte Methsieder vor dem Krieg bei einem Würzburger Regiment den Rang eines Oberleutnants der Landwehr erlangt. Wenige Tage nach Kriegsbeginn wurde Methsieder zum Kriegsgerichtsrat auf Kriegsdauer ernannt und war bis Dezember 1918 beim Gericht der Stellvertretenden 3. Infanteriebrigade in Augsburg, zuletzt im Rang eines Obermilitärgerichtsrates, tätig. Für seine Tätigkeit als Militärrichter wurde ihm das Eiserne Kreuz am weiß-schwarzen Bande verliehen. Der Erste Weltkrieg hatte Methsieder auch persönlich hart getroffen. Seine beiden Söhne waren 1916 und 1918 gefallen. Über die Beisitzer der Standgerichte schweigen sich die Zeitungsberichte aus. Diese sind lediglich für das einzige erhaltene, erste Standgerichtsverfahren in Augsburg greifbar, es ist allerdings davon auszugehen, dass sich die personelle Zusammensetzung nur wenig änderte. Der stellvertretende Landgerichtsdirektor Friedrich Schöller war am 26.11.1863 in Weidenberg (Bezirk Bayreuth) geboren worden. 1898 war er aus Oberfranken nach Augsburg umgezogen. Nach einer Tätigkeit als Amtsrichter war er zum Landgerichtsrat und schließlich zum stellvertretenden Landgerichtsdirektor am Landgericht Augsburg befördert worden. 1927 war er Vorsitzender Richter im aufsehenerregenden und durch ein Gedicht von Berthold Brecht der Nachwelt in Erinnerung gebliebenen Augsburger Mordfall Otto Klein.[30] Wie Methsieder war Schöller Oberleutnant der Landwehr und wurde ebenfalls nach Kriegsbeginn als Kriegsrichter auf Kriegsdauer der stellvertretenden 3. Infanteriebrigade eingesetzt. Auch er wurde zum Obermilitärgerichtsrat befördert und

[29] Personalbogen und Schreiben Methsieders v. 16.8.1917 sowie Schreiben des Landgerichtspräsidenten v. 6.12.1918 Dienstliche Beurteilung vom 23.3.1924, in: HStA, Mju, Nr. 19599.

[30] Zum Fall Klein: *Hillesheim*, „So machen die's mit was aus Fleisch und Bein …" Ein spektakulärer Mordfall und ein Gedicht Berthold Brechts: mit einer Pressedokumentation des Falles Otto Klein aus den Jahren 1926/27, 2016.

erhielt 1916 das König-Ludwig-Kreuz verliehen. Der weitere Beisitzer Landgerichtsrat (mit Titel und Rang eines Oberlandesgerichtsrats) Paul Miller war am 12.3.1866 in Würzburg geboren worden und wurde 1902 von Würzburg nach Augsburg versetzt. Auch er hatte vor Kriegsbeginn den Rang eines Oberleutnants der Landwehr erreicht, wurde wie Methsieder und Schöller als Kriegsgerichtsrat zur Stellvertretenden 3. Infanteriebrigade eingezogen und erhielt ebenfalls die Beförderung zum Obermilitärgerichtsrat.[31] Als Offiziersbeisitzer lies Methsieder zwei Augsburger Majore bestellen. Über den in Augsburg wohnenden Major Friedrich von Thumma konnte lediglich in Erfahrung gebracht werden, dass er dem 3. Bayerischen Infanterie-Regiment angehört hatte.[32] Mehr ist bekannt über den zweiten Beisitzer Major Kurt Freiherr von Lepel (geb. 28.6.1870). Dieser war nach verschiedenen Verwendungen an der Front im Westen zum Kommandeur der Abwicklungsstelle des 4. Chevauleger-Regiments in Augsburg bestimmt worden.[33] Diese Zugehörigkeit zum 4. Chevauleger-Regiment lässt aufhorchen, hatten sich doch gerade zahlreiche Offiziere dieser Einheit in Vorbereitung des Einmarsches auf Augsburg für die heikle Aufgabe der Auskundschaftung der bewaffneten Arbeiter gemeldet.[34]

Somit bleibt festzuhalten, dass alle bekanntgewordenen Richter und Staatsanwälte der Augsburger Standgerichte bzw. Volksgerichte Militärrichter gewesen waren und fast alle über Offiziersränge als Reserveoffizier verfügten oder Kriegsfreiwillige waren. Personell gesehen waren die Augsburger Standgerichte faktisch Militärgerichte. Lediglich der zum Jahresbeginn 1920 den Vorsitz des Volksgerichts Augsburg übernehmende (Methsieder hatte turnusgemäß den Vorsitz über eine Zivilkammer übertragen bekommen) Landgerichtsdirektor Hubert Seidlmayer (geb. 13.3.1866 in Ingolstadt) war wohl nicht militärisch vorgeprägt, jedenfalls konnten keine Hinweise auf einen Militärdienst ermittelt werden. Er war 1913 vom Landgericht Straubing an das Landgericht Augsburg gewechselt.[35]

---

[31] Schreiben des Ministeriums für militärische Angelegenheiten an das stellvertretende Generalkommando I A.K., v. 30.11.1918, in: HStA, Mju 19559; Stadtarchiv Augsburg (im folgenden StadtAA), Historisches Melderegister, NB Schöller, Friedrich geb. 1863 und NB Miller, Paul geb. 1902.

[32] HStA, Abt. 4, Kriegsstammrollen 1914–1918, Bd. 574 Heft Offiziers-Adressen.

[33] HStA, Abt. 4, Kriegsstammrollen 1914–1918, Bd. 12397 und Bd. 12395.

[34] *Kriegsgeschichtliche Forschungsstelle* (Fn. 12), S. 55.

[35] StadtAA, Historisches Melderegister, NB Seidlmayer, Hubert geb. 1866. Seidlmayer war auch publizistisch hervorgetreten. Seine Urteilssammlung zur Schwurgerichtspraxis des Reichsgerichts („Das schwurgerichtliche Verfahren im Lichte des Reichsgerichtes") wurde in mehreren Auflagen veröffentlicht.

IV. Verfahren gegen bewaffnete Arbeiter wegen Aufruhr

Gerade einmal sechs Tage im Amt begann Erich Emminger ab der zweiten Mai-Woche 1919 mit der Anklage von verschiedenen bewaffneten Arbeitern vor dem Volksgericht wegen Aufruhrs (§ 115 RStGB). Die Verfahren erfolgten schwerpunktmäßig im Mai 1919,[36] setzten sich aber bis in den Herbst fort. Leider werden die Verfahren in den einschlägigen Zeitungsberichten meist nur summarisch benannt. Allerdings lassen sich auch aus diesen wenigen Angaben einige Rückschlüsse ziehen. In einer programmatischen Eröffnungsrede im ersten Verfahren nahm Emminger auf die kürzlich vergangenen Ereignisse ausführlich Bezug und behauptete, dass für Ostermontag die erneute Ausrufung der Räterepublik in Augsburg geplant gewesen und am Osterdienstag ein Putsch in Vereinbarung mit der Münchner Räterepublik hätte erfolgen sollen. All das sei Hochverrat, auf den vor dem Kriegsgericht die Todesstrafe stehe. Im Falle der nun vor dem Volksgericht stehenden Personen sei der Fall aber anders. Die Angeklagten hätten Widerstand gegen die Regierungstruppen geleistet. Allerdings lasse die Staatsanwaltschaft Milde walten. Emminger habe gegen 50 Angeklagte das Verfahren eingestellt, da sie glaubwürdig darlegen konnten, dass sie nicht wussten, dass der Widerstand sich gegen die Regierungstruppen richtete. Einer der ersten Angeklagten war der dreiundzwanzigjährige Bäcker Max Schiele, der sich wegen der tödlichen Schießerei an der Hauptpost zu verantworten hatte. Emminger forderte eine Freiheitsstrafe von vier Jahren. Das Volksgericht hingegen verhängte lediglich die Mindeststrafe von sechs Monaten für Aufruhr, da sich Schiele zwar am Widerstand beteiligt habe, aber nicht erwiesen sei, dass Schiele selbst die Maschinengewehrschüsse abgegeben habe. Adalbert Ziermeier, Fabrikarbeiter aus Lechhausen, soll von einem Neubau in der Lützowstraße am Ostersonntag Schüsse auf die aus der Stadt heranrückenden Regierungstruppen abgegeben haben. Er erhielt eine Haftstrafe von einem Jahr und drei Monaten. Zahlreiche Angeklagte mussten sich auch wegen des Abschusses des Regierungsfliegers am Ostermontag über Oberhausen verantworten. So gab beispielsweise der Straßenbauwagenführer Georg Riegg an, dass er aus seiner Wohnung heraus auf den Regierungsflieger mit einem Gewehr geschos-

[36] Neue Augsburger Zeitung v. 8.5.1919: „Die Osterereignisse in Augsburg vor dem Volksgericht“ sowie Bericht v. 14.5.1919 in der „Neuen Augsburger Zeitung“, des Weiteren sowie Berichte in der Gerichtszeitung v. 10.5.1919 und v. 14.5.1919 , 15.5.1919 und 17.5.1919 und v. 23.5.1919, sowie Bericht in Augsburger Neueste Nachrichten v. 13.5.1919 (Morgenausgabe), Augsburger Neueste Nachrichten v. 16.5.1919 (Abendausgabe) und v. 19.5.1919 (Abendausgabe) sowie v. 22.5.1919 (Morgenausgabe); Bericht in „Schwäbische Volkszeitung“ v. 16.5.1919, vgl. auch weitere Berichte in Gerichtszeitung v. 5.7.1919, 7.8.1919 und v. 23.8.1919 und v. 18.10.1919 und Augsburger Neueste Nachrichten v. 1.8.1919 (Abendausgabe).

sen habe, da er dachte, der Flieger wolle Bomben abwerfen. Auch habe er nicht gewusst, dass es sich um einen Regierungsflieger handelte. Das Volksgericht verurteilte ihn wegen eines Vergehens des Aufruhrs zu zehn Monaten. Der wegen diverser Vorstrafen aus dem Heer entlassene Franz Stegmiller hatte mehrere Schüsse auf das Gefängnis am Katzenstadl abgefeuert. Auf die Frage des Gerichts, warum er das getan habe, habe er laut „Gerichtszeitung“ keinen Grund angeben können. Stegmiller erhielt zwei Jahre Haft. Es handelt sich, soweit ersichtlich, um das härteste Urteil wegen Aufruhrs in Zusammenhang mit den Ostertagen.[37] Zentral für das Volksgericht für eine Verurteilung war offenbar der Zeitpunkt des Widerstands und seine Dauer. Während bei Schiele und Ziermeier eine Rolle gespielt haben dürfte, dass in ihren Fällen am Ostersonntag Regierungstruppen gefallen waren, wurde ein namentlich im Bericht der „Gerichtszeitung“ nicht näher genannter Monteur, der mit rund 18 Mann das Pulvermagazin in Haunstetten gehalten hatte, freigesprochen, weil er sofort, als er erfahren hatte, dass er gegen Regierungstruppen kämpfe, den Widerstand einstellte und mit seinem Trupp abzog. Auch Georg Stiegelmayer, ein Mitglied der Schutzmannschaft Olschewskys, der am Ostersonntag zwar Posten gestanden, aber nach der Übergabe des Rathauses am Sonntag nach Hause gegangen war, wurde freigesprochen. Ende Juli 1919 wurden dann über ein Dutzend Arbeiter aus dem Stadtbachviertel, darunter eine Frau und ein Junge, die an der Entwaffnung von Regierungssoldaten nahe Lechhausen beteiligt gewesen waren, freigesprochen. Den „tadellos Beleumundete(n)“ langjährigen Arbeitern der Stadtbachspinnerei sei nicht zu widerlegen, dass sie am Ostersonntag davon ausgingen, dass sie gegen eine „Weiße Garde“ vorgehen würden. Als Gegenbeispiel kann dagegen der Schlosser Konrad Otto dienen, der mit einem Jahr und drei Monaten hart bestraft wurde. Er hatte vor Gericht zugegeben, vier bis fünf Schüsse am Eisenbahndamm in Oberhausen auf die Regierungstruppen abgegeben zu haben. Er rechtfertigte sich damit, dass er dachte, es handle sich um das Freikorps Epp. Diese Einlassung hielt das Gericht aber für unglaubwürdig. Am Ostermontag sei klar gewesen, dass es sich um Truppen der regulären Regierung handelte.

Verurteilt wurden Arbeiter aber nicht nur wegen aktivem bewaffneten Widerstand, sondern auch wegen Unterstützungshandlungen wie Postenstehen oder Munitionstransport, die aber alle in Verbindung mit den Ereignissen in Oberhausen und der Wertachbrücke standen. Beispielhaft sei der Fall des Zeichners Otto Merkle genannt. Staatsanwalt Emminger betonte in

[37] Im Falle des Kellners Georg Leinfelder, der zu zehn Jahren Gefängnis verurteilt wurde, hatte die Anklage wegen Aufruhrs aufgrund der Abgabe von Schüssen an der Wertachbrücke nur eine Nebenrolle gespielt. Die harte Strafe hatte ihren Grund in der Verurteilung wegen Diebstählen in Rückfall bzw. wegen einem schweren Raubüberfall, vgl. Gerichtszeitung v. 5.7.1919 und v. 11.10.1919.

seinem Plädoyer, dass die Regierungstruppen, die „menschlicher“ gewesen seien, als es in vielen Teilen der Bevölkerung dargestellt worden sei, Merkle am Ostersonntag lediglich entwaffnet und dann freigelassen hätten. Am nächsten Tag habe er aber dann während eines Waffenstillstands Munition den „Spartakisten“ zugeführt. Emminger forderte nicht weniger als acht Jahre Haft. Das Gericht hingegen fällte, wie auch die „Augsburger Neue Zeitung“ feststellte, ein „sehr mildes“ Urteil. Merkle erhielt wegen Aufruhrs eine Freiheitsstrafe von neun Monaten. In mehreren anderen ähnlichen Fällen verhängte dagegen das Volksgericht nur die Mindeststrafe von sechs Monaten.

In zwei Fällen wurde gegen mutmaßliche Anführer des Widerstands in Oberhausen verhandelt. Der Inhaber eines Expeditionsgeschäfts Josef Hoyer, der u.a. in Kriegshaber und Gersthofen die Posten abgeritten habe und bei der Aufstellung der erbeuteten Geschütze mitgewirkt hatte, erhielt nur eine Freiheitsstrafe von einem Jahr. Wie nahezu alle Angeklagten brachte er vor, dass er nicht gewusst habe, dass es sich um reguläre Regierungstruppen gehandelt habe. Das Volksgericht wies, wie in ähnlichen Fällen, diese Einlassung zurück, hielt Hoyer aber zugute, dass er den abgeschossenen Flieger Eugen Reisert vor der aufgebrachten Menge geschützt hatte.[38] Ein Jahr nach den Ereignissen, es handelte sich wohl überhaupt um das letzte Verfahren in Zusammenhang mit den Osterereignissen, wurde gegen den ehemaligen Vizefeldwebel Ruppert Färber wegen Aufruhrs vor dem Schwurgericht Augsburg verhandelt. Er soll Kommandant der Arbeitertruppen an der Wertachbrücke gewesen sein. Färber dagegen brachte vor, er habe lediglich mit den Regierungstruppen verhandelt, um ein Blutvergießen zu vermeiden. Die Verteidigung, der jüdische Augsburger Rechtsanwalt, dekorierte Frontkämpfer und Kriegsgerichtsrat Eugen Strauß (1879–1965), stellte Färber als tüchtigen Soldaten dar, der sich politisch nicht betätigt habe, seine Handlungen seien „psychologisch“ zu nennen. Das Gericht sprach Färber frei.[39]

V. Beihilfe zum Hochverrat: minderschwere Fälle

Vor dem Standgericht Augsburg wurde ab Ende Mai zunächst gegen verschiedene bewaffnete Arbeiter und Soldaten, die sich mutmaßlich der Beihilfe zum Hochverrat schuldig gemacht hatten, verhandelt. Im ersten Verfahren am 26.5.1919 musste sich der 1882 geborene Maurer August Höck

[38] Bericht in Neue Augsburger Zeitung v. 28.5.1919.

[39] Bericht in Gerichtszeitung v. 22.5.1920. Zu Strauß vgl. *Weber*, Das Schicksal der jüdischen Rechtsanwälte in Bayern nach 1933, 2006, S. 262.

verantworten. Nach Ausrufung der Räterepublik war Höck am 9. April mit einem 28 Personen starken Kommando zur Besetzung und Sperrung des Bahnhofs Gablingen mit Maschinengewehren gegen möglicherweise anrückende „Weiße" Truppen durch den Arbeiter- und Soldatenrat entsendet worden. Höck soll den Bahnhofsvorstand zur Kooperation gezwungen haben, wie auch in der Stadt Gablingen mit Drohungen Lebensmittel requiriert haben. Des Weiteren legte ihm die Staatsanwaltschaft zur Last, gedroht zu haben, den Bahnhof zu sprengen und den Bürgermeister von Gablingen als Geisel zu nehmen. Staatsanwalt Kraus beantragte wegen Beihilfe zum Hochverrat nicht weniger als zehn Jahre Haft und die Feststellung der ehrlosen Gesinnung. Höck selbst sagte aus, dass er lediglich die Befehle des Stadtkommandanten Edelmann ausgeführt habe und diesen die Schuld treffe. Sein Augsburger Pflichtverteidiger Hans Deibler (1876–1922), Anwalt in der Kanzlei des Justizrats Hermann Sand, beantragte daher Freispruch.[40] Das Standgericht unter Leitung Methsieders verurteilte Höck aufgrund der Vorfälle wegen Beihilfe zum Hochverrat zu vier Jahren Festungshaft, stellte aber keine ehrlose Gesinnung fest. Sowohl der Strafantrag wie auch das Urteil waren angesichts der Vorgänge erstaunlich hart und wohl in erster Linie dadurch zu erklären, dass in diesem ersten Urteil ein Exempel statuiert werden sollte.[41] Es folgen zwei in der Presse nur wenig beachtete Fälle. Als Angehöriger der Wachtruppe am Augsburger Hauptbahnhof soll der sechsunddreißigjährige, vorbestrafte Spengler Wilhelm Wegst erfolglos gefordert haben, die einfahrenden Truppen der Regierung mit einem Maschinengewehr zu beschießen. Zeugen beschrieben ihn als leidenschaftlichen, aber wenig selbstständigen Mensch. Das Standgericht verurteilte ihn zu drei Jahren und sechs Monaten Festungshaft wegen Beihilfe zum Hochverrat.[42] Der 1895 geborene Former Joseph Mühlbauer wiederum soll „eine ziemlich lebhafte Tätigkeit" in der Osterwoche entwickelt haben, indem er sich u.a. an der Festnahme der Geiseln beteiligte und am Ostersonntag als Leiter einer Abteilung bewaffneten Widerstand leistete. Er wurde zu zwei Jahre Festungs-

[40] Zu Deibler vgl. HStA, Mju, Nr. 20518.

[41] Polizeiermittlung 28.4.1919 in: StA, Standgericht Augsburg, Nr. 1/1919, vgl. auch Augsburger Neue Zeitung v. 27.5.1919 und v. 28.5.1919 und Augsburger Neueste Nachrichten v. 27.5.1919: „Die Gablinger Vorfall vor dem Standgericht Augsburg". Ein halbes Jahr später berief sich vor dem Volksgericht Augsburg auch der Postsekretär Joseph Volkart, der als „Kontrollorgan" beim Oberpostamt verdächtige Telegramme zurückgehalten und dem Arbeiter- und Soldatenrat unter Edelmann weitergeleitet hatte, vergeblich auf Edelmanns Befehle. Wegen Beihilfe zum Hochverrat erhielt er entsprechend dem Antrag des Staatsanwaltes die Mindeststrafe von einem Jahr und drei Monaten, vgl. Gerichtszeitung v. 10.1.1920 sowie Schwäbische Volkszeitung v. 6.1.1920: „Ein Hochverratsprozess".

[42] Augsburger Neue Zeitung v. 27.5.1919, Schwäbische Volkszeitung v. 27.5.1919 sowie Augsburger Neueste Nachrichten v. 31.5.1919 (Morgenausgabe).

haft verurteilt,[43] einige Wochen später wurde Karl Max Berk (geb. 1887), zuletzt in einer militärischen Kraftfahrerabteilung tätig, wegen seiner Botentätigkeit nach München angeklagt. Insbesondere hatte Berk die „Fronhof-Resolution" nach München gebracht und soll durch „rosig gefärbte Berichte" über die Verhältnisse in München zum Zwecke der erneuten Ausrufung der Räterepublik Bericht erstattet haben. Berk brachte vor, er sei zwar Mitglied der USPD, habe aber lediglich im militärischen Auftrage seines Vorgesetzten Wilhelm Olschewsky gehandelt, ohne sich weiter um die ihm aufgetragenen Sachen zu kümmern. Zudem habe er im Felde eine schwere Nervenerschütterung erlitten, so dass sein Gedächtnis oft versage. Der medizinische Sachverständige bestätigte, dass Berk an „hysterischen Anfällen" leide, aber als zurechnungsfähig anzusehen sei. Berk wurde zu drei Jahren Festungshaft verurteilt. Hingegen hatte sich der Vorwurf der Botentätigkeit für Olschewsky gegen den 1882 geborenen Werkmeister Ludwig Morsak, zuletzt Maschinenmeister in einem Steinwerk in Harburg, nicht bestätigt. Die Anklage wurde lediglich wegen Aktivitäten zugunsten der Einführung der Räterepublik in Harburg aufrechterhalten. Morsak bezeichnete sich als Mehrheitssozialdemokraten, dessen Handlungen in Harburg aufgrund einer Vollmacht des Augsburger Arbeiter- und Soldatenrates erfolgt seien. Das Gericht sprach Morsak daraufhin frei.[44] Der fünfundzwanzigjährige Schlosser Ludwig Lehrl von der Schutztruppe Olschewskys soll sich für den Widerstand gegen die Regierungstruppen und die Bewaffnung der Arbeiterschaft eingesetzt haben. Hauptbelastungspunkt war aber, dass er Mitunterzeichner der „Fronhof-Resolution" gewesen war. Lehrl dagegen bestritt die Unterzeichnung, es handle sich bei den Unterzeichnungen wohl nicht um eine Unterschriftenliste, sondern nur um eine Präsenzliste. Das Standgericht dagegen sah in Lehrl einen Unterstützer Olschewskys, der auf den Sturz der Regierung hingearbeitet habe, ohne allerdings eine führende Rolle eingenommen zu haben, und verurteilte ihn wegen Beihilfe zum Hochverrat zu zwei Jahren und sechs Monaten Festungshaft.[45] Auch das letzte Augsburger Standgerichtsverfahren in der letzten Juli-Woche betraf einen Soldaten. Ludwig Matheis (geb. 1892) hatte im Durchgangslager Lager Lechfeld aufgrund

[43] Bericht in Neue Augsburger Zeitung v. 21.6.1919 und Augsburger Neueste Nachrichten v. 21.6.1919 (Morgenausgabe).

[44] Bericht in Neue Augsburger Zeitung v. 28.6.1919; vgl. auch den Fall des Arbeiterrats im Lager Lechfeld Josef Reichler, der in Schwabmünchen und Langeringen die Entwaffnung der dortigen Bürgerwehren durchgeführt und Demonstrationszüge für die Räterepublik veranstaltet hatte. Er wurde freigesprochen, da aus Sicht des Volksgerichts Augsburg Reichler nicht das Bewusstsein gehabt habe, die bestehende Ordnung ändern zu wollen, siehe Gerichtszeitung v. 11.10.1919.

[45] Bericht in Augsburger Neueste Nachrichten v. 9.7.1919 (Morgenausgabe) und Bericht in Gerichtszeitung v. 19.7.1919

des dortigen Truppenaufmarsches der Münchner Regierungstruppen am 18. April an den Kommandanten der „Roten Armee“ in München, Rudolf Egelhofer, einen Brief geschickt, in welchem er auf den Aufmarsch hinwies und verschiedene, wenig realistische Ratschläge für die Verteidigung gemacht hatte. Die Staatsanwaltschaft führte aus, dass ein Brief mit einem derartigen Inhalt an einen „brutalen Machthaber“ wie Egelhofer eine ehrlose Gesinnung offenbare. Sie beantragte drei Jahre Zuchthaus und keine mildernden Umstände. Das Gericht hingegen verurteilte Matheis unter Zubilligung mildernder Umstände zu zwei Jahren Haft.[46]

Einige wenige minderschwere Fälle befassten sich des Weiteren mit Ereignissen in Zusammenhang mit der Ausrufung der Räterepublik in der Peripherie um Augsburg. Bedeutendster Fall war der Freispruch für den ehemaligen Vorsitzenden des Arbeiterrats in Donauwörth, dem Postsekretär Albert Schmid (geb. 1894). Die Anklage warf ihm Beihilfe zum Hochverrat vor, weil er am 7. April die öffentliche Ordnung in Donauwörth an sich gerissen habe, indem er über den Kopf des Bürgermeisters und des Bezirksamtmannes hinweg verschiedene Anordnungen getroffen und selbstständig im „Donauwörther Anzeiger“ eine Proklamation über die Ausrufung der Räterepublik in Bayern veröffentlicht hatte. Schmid, vertreten durch Justizrat Hermann Sand, brachte vor, dass die Anklage nicht zuletzt auf der Missgunst vieler Donauwörther Geschäftsleute beruhe, weil er als Vertreter ärmerer Bevölkerungsschichten gegen Lebensmittelwucher vorgegangen sei. Bei einer Gautagung der Sozialdemokratie Südbayern in München sei er zur Erkenntnis gelangt, dass der Landtag und die Regierung Hoffmann als beseitigt gegolten hätten. Hiervon beeindruckt sei er am Morgen des 7. April nach Donauwörth zurückgekehrt und habe sich mit dem Vorsitzenden des Bauernrates, dem Magistrat und dem Vorstand des Bezirksamts beraten. Bei der Publikation der Proklamation habe der Arbeiterrat in Donauwörth einen Beschluss mitveröffentlicht, dass man sich auf den Boden der Tatsachen stelle, jedoch den Termin der Ausrufung als verfrüht ansehe. Er habe sich danach lavierend und im Benehmen mit den Behörden bis zum widerstandslosen Einmarsch von Regierungstruppen am 12. April verhalten. Das Standgericht folgte den Einlassungen Schmids. Er habe in seiner Eigenschaft als Leiter der Räterepublik nicht anders gehandelt wie es bei einer zuständigen Behörde der Fall gewesen wäre.[47] Weniger Glück hatte wenige Wochen später vor dem Volksgericht Augsburg im September 1919 der Führer der kurzlebigen Zusmarshauser Räterepublik, der Bautechniker Johann Heider (geb. 1886). Die Staatsanwaltschaft sah in ihm den „Macher“ der Räterepublik in

---

[46] Bericht in Augsburger Neueste Nachrichten v. 6.8.1919 (Morgenausgabe) und Neue Augsburger Zeitung v. 1.8.1919.

[47] Bericht in Augsburger Neueste Nachrichten v. 21.7.1919 (Morgenausgabe) und Bericht in Gerichtszeitung v. 26.7.1919.

Zusmarshausen, der sich eigenmächtig zum Vorsitzenden des Arbeiter- und Soldatenrates gemacht und dann versucht habe, den Bürgermeister abzusetzen und Vieh zu beschlagnahmen. Wegen Beihilfe zum Hochverrat beantragte der Staatsanwalt ein Jahr und sechs Monate Haft. Heider habe nicht in böser Absicht, sondern aus Großmannssucht und einer „nervlichen Überreiztheit" gehandelt. Es zeige sich, „dass sich psychopathische Personen immer berufen fühlten, leitende Stellen bei der Revolution zu spielen". Heider rechtfertigte sich, dass er, ähnlich wie Schmid, auf der Gautagung die Überzeugung erlangt habe, dass die Einführung der Räterepublik nur eine Frage von Tagen sei. Heider wurde zur Mindeststrafe von einem Jahr und drei Monaten wegen Beihilfe zum Hochverrat verurteilt.[48]

In Zusammenhang mit der Kemptener Räterepublik musste sich am 17. Dezember der fünfundzwanzigjährige Buchdrucker Paul Zammert vor dem Augsburger Volksgericht verantworten. Ihm warf der Staatsanwalt vor, als Bevollmächtigter des Münchners Revolutionären Aktionsausschuss in der Karwoche im Kemptner Vorort Kottern für die Räterepublik eingetreten zu sein. Im Anschluss habe er auch in Augsburg hetzerische Reden gehalten. Deswegen seien ihm die getöteten Menschenleben beim Einmarsch in Augsburg zur Last zu legen. Der Staatsanwalt forderte acht Jahre Festungshaft. Hingegen warf der Münchner Rechtsanwalt Dr. Max Hirschberg (1883–1964)[49] der Staatsanwaltschaft eine schlechte Beweisführung vor, die lediglich auf der acht Monate zurückliegenden Wahrnehmung zweier Schutzleute, die selbst Instrumente des Staates gewesen seien, beruhe. Wenn Zammert die Zerstörung des Kapitals gefordert habe, habe dies nichts mit der Zerstörung der Regierung Hoffmann zu tun. Scharf ging Hirschberg mit dem hohen Strafantrag der Augsburger Staatsanwaltschaft ins Gericht, habe doch Ernst Toller als Führer der Räterepublik in München lediglich fünf Jahre Haft bekommen. Hingegen würde für den kranken Zammert, der nur eine untergeordnete Rolle gespielt habe, eine solche Haftstrafe so viel wie den Tod bedeuten. Das Gericht verurteilte Zammert zu drei Jahren wegen Beihilfe zum Hochverrat. Anders als der Staatsanwalt sah es zumindest die Vorwürfe hinsichtlich Kottern nicht als erwiesen an.[50]

[48] Gerichtszeitung v. 20.9.1919 und Augsburger Neueste Nachrichten v. 18.9.1919 (Morgenausgabe): „Die ‚mehrtägige' Räterepublik in Zusmarshausen".

[49] Hirschberg gehörte zusammen mit seinem Sozius Philipp Löwenfeld (1887–1963) zu den zentralen Anwälten der politischen Linken in Süddeutschland. Beide traten in nahezu allen bedeutenderen Verfahren vor dem Standgericht bzw. Volksgericht Kempten wegen der Räteherrschaft im Allgäu als Verteidiger auf, so Löwenfeld im Hauptprozess gegen die Kemptener Räterepublik (StA, Standgericht Kempten 6/1919), Hirschberg im Verfahren gegen den Führer der Schongauer Räterepublik Johann Hauser, die Führer der Immenstädter Räterepublik sowie im „Peitinger Landfriedensprozess" (Standgericht Kempten 5/1919, Volksgericht Kempten 26/1919 und 103/1919), zu Hirschberg allgemein vgl. *Hirschberg*, Jude und Demokrat. Erinnerungen eines Münchner Rechtsanwalts 1883–1939, 1998.

VI. Die Hauptangeklagten der Augsburger Räterepublik

Staatsanwalt Kraus hatte die Ermittlungen gegen führende Mitglieder der Augsburger Räterepublik wegen Hochverrats bereits früh begonnen. Im einzigen überlieferten Verfahrensakt der Standgerichte ist eine Vormerkung vom 15.5.1919 enthalten geblieben, die zumindest grobe Rückschlüsse auf die Ermittlungsrichtung zulässt.[51] Seine Ermittlungen konzentrierten sich auf die Mitglieder des Revolutionären Arbeiterrats. Insbesondere stützte sich Kraus auf eine nicht erhalten gebliebene Erklärung des stellvertretenden Vorsitzenden des Erwerbslosenausschusses Albert Berger, der mit den Strafverfolgungsbehörden kooperierte. Dagegen habe Edelmann, ein Gegner der Räterepublik, der an deren Durchführung nicht geglaubt hatte, an der Ausrufung der Räterepublik nur teilgenommen, um seinen politischen Einfluss nicht zu verlieren. Diese Vormerkung zeigt, dass sich schon relativ früh die Staatsanwaltschaft auf Anhänger der USPD, insbesondere dank der Zeugenaussagen von Albert Berger, konzentrierte, während Hans Edelmann trotz seiner exponierten Rolle unbehelligt blieb. Zu diesem Zeitpunkt war der Staatsanwaltschaft offenbar noch nicht die sogenannte „Fronhof-Resolution" bekannt, die später in den Papieren Eugen Levinés gefunden und zu einem wichtigen Beweisstück gegen radikale Führer der Augsburger Räterepublik werden sollte.

Das erste Verfahren gegen eine zentrale Figur der Räteherrschaft unter der Leitung Methsieders erfolgte am 16. und 17.6.1919 vor dem Standgericht Augsburg. Angeklagt wegen Hochverrats war der 1888 geborene Monteur Peter Plößl.[52] Plößl war im Ersten Weltkrieg dreimal verwundet und mit dem

---

[50] Volkswille v. 19.12.1919: „Gen Zammert vor dem Volksgericht Augsburg", vgl. auch die kurzen Berichte in Augsburger Neue Zeitung v. 23.12.1919 Augsburger Neueste Nachrichten v. 18.12.1919. In den zwanziger Jahren heiratete Zammert die Gewerkschaftsfunktionärin und Reichstagsabgeordnete Anna Zammert (1898–1982). Der Fall Zammert sollte auch in der Anklage gegen Ruppert Färber vor dem Schwurgericht eine Rolle spielen, da Färber auch vorgeworfen wurde, Zammert mehrere Tage bei sich aufgenommen zu haben.

[51] „Vormerkung betr. Beteiligung an Hochverrat (Einführung der Räterepublik auf gewaltsame Weise)" v. 15.5.1919, in: StA, Standgericht Augsburg, Nr. 1/1919.

[52] Gerichtszeitung v. 28.6.1919; Neue Augsburger Zeitung v. 17.6.1919: „Verhandlung gegen den Monteur Peter Plößl wegen Hochverrats"; Augsburger Neueste Nachrichten v. 17.6.1919 (Morgenausgabe): „Die Verhandlung gegen den Monteur Peter Plößl von hier wegen Hochverrat"; Schwäbische Volkszeitung v. 17.6.1919: „Plößl vor dem Standgericht Augsburg"; Schwäbische Volkszeitung v. 20.6.1919: „Plößl vor dem Standgericht Augsburg. Das Urteil: 10 Jahre Festungshaft" sowie Schwäbische Volkszeitung v. 21.6.1919: „Plößl vor dem Standgericht"; Neue Augsburger Zeitung v. 20.6.1919: „Verhandlung gegen den Monteur Peter Plößl wegen Hochverrat" und Augsburger Neueste Nachrichten v. 20.6.1919 (Morgenausgabe): „Die Verhandlung gegen Peter Plößl wegen Hochverrat vor dem Standgericht Augsburg".

Eisernen Kreuz zweiter Klasse ausgezeichnet worden. Laut eigenen Angaben habe er sich bis zur Revolution nicht politisch betätigt und erst danach der USPD angeschlossen. Plößl bezeichnete sich als Gegner des linken Flügels der USPD, von welchem er immer wieder schwer beschimpft worden sei und bestritt „lebhaft" ein „besonderer Freund" Olschewskys und seines „Anhangs" Berger, Marx und Prem gewesen zu sein. Den stärksten Verfechter der Räterepublik am 3. April, Rothenfelder, habe er nicht ernst genommen und als „feigen, haltlosen Mensch" erkannt. Schwere Vorwürfe richtete er gegen Edelmann. Die Augsburger Arbeiter hätten nicht gewusst, dass Edelmann in Bamberg den freien Durchzug der Truppen durch Augsburg verhandelt habe. Es sei hinter dem Rücken der Arbeiter gehandelt worden und die Regierung müsse sich vorwerfen lassen, nicht korrekt gehandelt zu haben. Diese Unterlassungen seien der Grund für das Blutvergießen in Augsburg. Der Zeuge Edelmann sagte ausführlich über die Geiselnahme während der Augsburger Räterepublik aus. Olschewsky habe ein offenbar gefälschtes Telegramm des Arbeiterrats Frank aus München, wonach „die Reaktion" einen Putsch plane und die Arbeiterführer verhaftet werden sollten, vorgezeigt und ihm eine Liste mit 15 Namen für mögliche Geiseln vorgelegt. Acht hiervon, darunter der Regierungspräsident von Schwaben, seien verhaftet worden und, obwohl Edelmann ein schonendes Vorgehen angeordnet hatte, „recht unwürdig" behandelt worden. Plößl sei bei der Geiselbestimmung, an der Berger, Marx und Olschewsky teilgenommen hätten, aber nicht anwesend gewesen. Er halte Plößl weniger für eine treibende Kraft der Räterepublik, sondern für einen „geschobenen Führer", allerdings habe er die Erfahrung machen müssen, dass sich Plößl später stärker eingebracht habe. Edelmann wehrte sich gegen den Vorwurf, er habe heimlich in Bamberg verhandelt. Man sei vielmehr nach Verhandlung mit den führenden Männern der MSPD und USPD zum Schluss gekommen, dass man „mit dem Latein am Ende" sei. Der in Bamberg ebenfalls anwesende Arbeiterrat Frank von der USPD sei bereit gewesen, das vereinbarte Abkommen gegenüber seiner Partei zu vertreten. Der Rechtspraktikant und MSPD-Politiker Hans Rollwagen (1892–1992), Sohn des bedeutenden schwäbischen SPD-Politikers Hans Rollwagen Senior (1868–1912), bezeichnete Plößl ebenfalls als Führer auf dem rechten Flügel der USPD, der sich aber mit der Versammlung am 13. April gewandelt habe und mit Olschewsky, Marx und Karl Friedrich Hörath für eine erneute Ausrufung der Räterepublik agiert habe. Die Anklage sah in Plößl einen zentralen Agitator der Räterepublik. Sie verkenne zwar nicht, dass Plößl zunächst auf dem gemäßigten rechten Flügel der USPD gestanden habe. Nach der Versammlung in der Infanteriekaserne sei Plößl aber für die Wiedererrichtung der Räterepublik eingetreten und damit für den Hochverrat. Sein Vorgehen beim Augsburger Artilleriedepot am Ostersonntag, wo er zusammen mit Hörath mit einem gefälschten Ausweis Edelmanns 2.000 Gewehre zur Bewaffnung der Arbeiterschaft verlangt habe, und Plößls Aufforderung zum Kampf seien „vollständig überzeugend“ für die Schuld des Angeklagten. Erst als die Regierungstruppen schon zum Rathaus vorgedrungen waren, wollte Plößl die Waffen niederlegen. Aber noch auf der Beerdigung Franks habe er in einer Ansprache für die Idee der Räterepublik geworben. Schwer belastend seien die in München beschlagnahmten Dokumente. So habe Plößl, der auch Mitunterzeichner der „Fronhof-Resolution“ war, am Morgen des Ostersonntags einen Zettel nach München schicken lassen, in welchem er die Münchner Räterepublik um militärische Hilfe bat. Es liege aber keine ehrlose Gesinnung vor. Der Staatsanwalt fordere daher statt lebenslänglicher Haft nur zwölf Jahre, er gehe nämlich von der Hoffnung aus, dass Milde die radikalen Elemente wieder auf den rechten Weg führen werde. Verteidigt wurde Plößl von der wohl bedeutendsten Anwaltsgestalt Augsburgs der zwanziger Jahre, dem Vizevorsitzenden (und späteren letzten demokratisch gewählten Vorsitzenden) der Augsburger Rechtsanwaltskammer, Justizrat Hermann Sand (1867–1940). Tatsächlich wurden dem „roten Sand“, der allerdings auch Oberleutnant der Landwehr im 3. Infanterieregiment gewesen und aufgrund seines Alters keinen Dienst mehr im Ersten Weltkrieg leistete, sozialistische Neigungen nachgesagt.[53] Sand hielt dem Staatsanwalt entgegen, dass die Anklage nur auf Indizienbeweisen beruhe und Plößl ein tadelloser Charakter sei, der gegenüber dem Vaterland seine Pflicht voll und ganz erfüllt habe. Leute wie Plößl wollten kein Chaos. Für einige Tage sei die Räterepublik in Süddeutschland die einzige bestehende Regierung und „der geordnete Zustand“ gewesen. Sogar Mitglieder der Ministerien in München hätten die Räterepublik zeitweilig gestützt. Erst als sich Franken, das Bürgertum und die Bauernschaft eindeutig gegen die Räte ausgesprochen hätten und sich damit zeigte, dass die Räte nicht vom ganzen Volk getragen würden, habe man Klarheit über die wirkliche politische Lage erhalten. Bei den vielen Ungewissheiten dieser Zeit müsse beachtet werden, dass die Regierung Hoffmann der Stadt Augsburg eine „gewisse Neutralität“ zugesichert habe, obwohl dies bei ruhiger Überlegung widersinnig erscheine. Bei der Festsetzung der Geiseln habe der Zeuge Edelmann durchaus pflichtgemäß gehandelt, als er sich nicht lange der Forderung Olschewskys widerstrebt habe, sondern die Geiseln in „eine Art Schutzhaft“ genommen habe. Plößl sei an der Geiselsache aber nicht beteiligt gewesen. Er habe nichts anderes gewollt als die Neutralität Augsburgs zu wahren. Von einem bewaffneten Vorgehen gegen die Regierung Hoffmann könne unter diesen Umständen nicht gesprochen werden. Es liege daher kein Hochverrat vor. Plößls

[53] Vgl. hierzu den Spruch der Berufungskammer München v. 6.8.1947, in: HStA, Mju, Nr. 26001. Sand schadete seine mutmaßlich frühere linke Gesinnung im Dritten Reich aber nicht. Er musste zwar 1933 den Vorsitz der Rechtsanwaltskammer Augsburg an den Altparteigenossen Ludwig Böhm abgeben, blieb aber Mitglied der Kammer. 1937 trat Sand der NSDAP bei, vgl. HStA, Mju, Nr. 21780.

einzige Unbesonnenheit, jenes Schreiben nach München am Sonntagmorgen, das unzweifelhaft vorliege, könne nicht als Handlung gegen die Regierung gedeutet werden. Die Anklage baue auf einer vollkommenen Verkennung der Lage auf. Ein Zeuge habe bekundet, dass es ein Glück gewesen sei, dass Plößl am Ostersonntagmorgen gesagt habe, es habe keinen Zweck, sich zu widersetzen. Sand plädierte daher in erster Linie auf Freispruch und in zweiter Linie auf höchstens Beihilfe zum Hochverrat. In seinem Schlusswort sagte Plößl, er sei von der Anklage erschüttert gewesen, er sei sich keiner Schuld bewusst. Das einstimmig gefällte Urteil war allerdings hart. Plößl erhielt zehn Jahre Festungshaft wegen vollendetem Hochverrat. Das Gericht sah es als erwiesen an, dass Plößl seine zunächst maßvolle Haltung als Anhänger des rechten Flügels nach dem 13. April geändert und die ganze Osterwoche für die Wiedererrichtung der Räte agiert habe. Das schlimmste sei aber die Nachricht nach München zwecks Hilfe gewesen, wodurch weiteres Blutvergießen unvermeidlich geworden sei.

Ebenfalls hart wurde der bereits genannte Damenschneider Karl Friedrich Hörath (geb. 1889) verurteilt. Hörath war als Ökonomiehandwerker beim 3. Infanterieregiment in Augsburg im November 1918 in einen Soldatenrat gewählt worden und der USPD beigetreten. Anklagepunkte waren die Vorgänge am 3. April, die Mitunterzeichnung der „Fronhof-Resolution", die Beteiligung an der Festsetzung der Geiseln, das Agieren gegen die Rücknahme der Räterepublik sowie die versuchte Erlangung von Waffen am Artilleriedepot zusammen mit Plößl am Ostersonntag.[54] Hörath, den ein Zeuge als „politischen Kindskopf" bezeichnete, gestand ein, dass es möglich sei, dass er im Ludwigsbau am 3. April für den Rätegedanken gesprochen habe, was vielleicht die zahlreichen anwesenden Arbeitslosen in einem anderen Sinn verstanden hätten. Allerdings wurde im Lauf der Verhandlung bekannt, dass Hörath versucht hatte, aus dem Gefängnis ein beschriebenes Taschentuch hinauszuschmuggeln, das seine Parteigenossen dazu aufforderte, sich für die politischen Gefangenen einzusetzen und die Freilassung, notfalls durch einen Generalstreik, durchzusetzen. Die Anklage kritisierte diese Handlung Höraths scharf und warf ihm vollendeten Hochverrat vor. Sie beantragte lebenslange Haft ohne Zuerkennung mildernder Umstände. Die Verteidigung brachte dagegen vor, dass eine Partei, die die Veränderung der Verhältnisse will, nicht des Hochverrats bezichtigt werden kann, denn es müssten auf die Handlung sofort positive Resultate eintreten. Es sei nichts anderes, wie wenn in Preußen die Konservativen die Wiedereinführung der Monarchie verlangten. Das Urteil lautete auf sechs Jahre Festung wegen Beihilfe zum Hochverrat.

---

[54] Schwäbische Volkszeitung v. 7.7.1919: „Der Fall Karl Hörath vor dem Standgericht Augsburg", Bericht in Gerichtszeitung v. 12.7.1919; Augsburger Neueste Nachrichten v. 7.7.1919 (Morgenausgabe): „Der Fall Karl Hörath wegen Hochverrat vor dem Standgericht".

Das härteste Urteil des Augsburger Standgerichts wurde gegen den Münchner Kaufmann Philipp Böhrer (geb. 1868) gefällt, der in einer wechselvollen beruflichen Karriere zwei Hotels in den Konkurs getrieben hatte und in Augsburg, wo er eine Affäre mit einer Näherin hatte, in den Umkreis der revolutionären Organe gekommen war. Die Anklage bezeichnete ihn als „schlimmsten gewissenlosesten Hetzer" der an dem Blutvergießen der Ostertage Schuld trage. Die Anklage zählte ihn zu einem mutmaßlich in der Nacht vom 3. auf den 4. April gebildeten „Geheim-Konventikel", dem sogenannten „Zwölferrat" um Olschewsky. Die Gruppierung habe die Festsetzung von Geiseln, die erneute Ausrufung der Räterepublik, den Umsturz der Regierung und die Bewaffnung der Arbeiter betrieben, wie auch die Fronhof-Erklärung zu verantworten. Böhrer bestritt fast alle Vorwürfe, er gab lediglich zu, im revolutionären Arbeiterrat Mitglied und Unterzeichner der „Fronhof-Resolution" gewesen zu sein. Zeugen belasteten ihn sehr schwer. So soll er am Ostermorgen, als der erste Gefechtslärm erklang, gesagt haben „a so mag ich wenn's richtig zugeht", zog sich aber dann in das Haus seiner Geliebten zurück. An Böhrers Hand klebe, wie ein Zeuge formulierte, „das meiste Arbeiterblut". Berger sagte aus, dass Böhrer über 400 Geiseln nehmen lassen wollte und insbesondere auf die Verhaftung des Bischofs von Augsburg als Geisel gedrängt habe, sich aber nicht durchsetzen konnte. Böhrer dagegen brachte lediglich vor, dass er bewusst nichts Unrechtes getan habe. Das Standgericht verurteilte ihn zu nicht weniger als zwölf Jahren und zwei Monaten Haft wegen Beihilfe zum Hochverrat. Anders als der Staatsanwalt nahm das Gericht aufgrund seiner kompromittierenden Äußerung am Ostermorgen auch eine ehrlose Gesinnung an.[55]

Milde wurde hingegen der Kaufmann Albert Berger (geb. 1891) behandelt. Als zweiter Vorsitzender des Arbeitslosenausschusses, dessen Gründung ein Zeuge als „blödsinnige, widersinnige" Tat von jungen unreifen Burschen ohne politische oder wirtschaftliche Erfahrung bezeichnete, warf ihm die Anklage Hochverrat vor, u.a. weil er am 13. April gegen die Rücknahme der Räterepublik auf der Versammlung in der Infanteriekaserne sprach und danach an geheimen Treffen zur Wiedereinführung der Räterepublik teilgenommen hatte. Ebenso habe er die Geiselliste Olschewskys persönlich übergeben. Anders als andere wegen Hochverrats angeklagte Personen sei er aber geständig gewesen und gebe zu, den Umsturz der Regierung Hoffmann betrieben zu haben. Die Staatsanwaltschaft forderte unter Zubilligung mildernder Umstände acht Jahre Festungshaft. Der Anklage hielt Verteidiger Adolf Deiler (1872–1955), nach der Novemberrevolution Vorsitzender des gegen

---

[55] Schwäbische Volkszeitung v. 9.7.1919: „Der Fall Philipp Böhrer vor dem Standgericht Augsburg"; vgl. auch Bericht in Neue Augsburger Zeitung v. 9.7.1919; Augsburger Neueste Nachrichten v. 9.7.1919 (Morgenausgabe): „Der Fall Böhrer vor dem Standgericht".

den Arbeiter- und Soldatenrat gegründeten Bürgerrats in Augsburg, entgegen, dass Berger nur als „gezwungener Gehilfe" von Marx und Olschewsky gehandelt habe, jedenfalls nicht als Hauptverschwörer erscheinen könne. Das Standgericht folgte in weiten Teilen der Verteidigung. Berger habe zwar bei der Radikalisierung der Massen eine „weitreichende Tätigkeit" entfaltet, sei aber tatsächlich mehr Gehilfe von Marx gewesen und als willensschwacher Mann unter dessen Regiment gestanden. Zudem sei er von Zeugen teilweise entlastet worden und auch geständig gewesen. Besonders zu seinen Gunsten wurde gewertet, dass er sich der von Böhrer vorgeschlagenen Geiselname von 400 Personen widersetzt habe. Eine ehrlose Gesinnung liege nicht vor. Wegen Beihilfe zum Hochverrat erhielt er die vergleichsweise milde Strafe von drei Jahren und zwei Monaten.[56]

Höhepunkt und das wohl bedeutendste der Augsburger Standgerichtsverfahren spielte sich schließlich in zweitägiger Sitzung am 14. und 15.7.1919 ab. Wilhelm Olschewsky (geb. 1871) hatte bereits von 1893 bis 1900 bei einem Infanterieregiment als Unteroffizier in München gedient. Nach dem Militärdienst hatte er verschiedene Geschäfte und Agenturen in München betrieben und war zuletzt als Repräsentant eines Presse-Illustrations-Bureaus nach Berlin gezogen. Obwohl bereits 43 Jahre alt, meldete er sich bei Kriegsausbruch aus Berlin freiwillig zum Militärdienst bei einem bayerischen Regiment. Unter anderem mit beiden Eisernen Kreuzen ausgezeichnet, wurde er 1916 wegen wiederholt bewiesener Tapferkeit vor dem Feind zum Leutnant befördert. Nach Kriegsende in den Augsburger Arbeiter- und Soldatenrat gewählt, habe er sich, wie Olschewsky vor Gericht angab, als Sohn armer Eltern der USPD angeschlossen. Als Handwerksbursche habe er selbst Bettelstrafen erlitten, sein Platz sei daher an der Seite des Proletariats. Nach den Unruhen in Augsburg am 21. Februar wurde er vom Stadtkommandanten als Anführer einer Schutztruppe in Augsburg bestellt, die für Sicherheit und Ruhe zu sorgen hatte.[57] Die Anklage warf ihm vor, es geduldet zu haben, dass

---

[56] Schwäbische Volkszeitung v. 8.7.1919 „Albert Berger vor dem Standgericht Augsburg"; Augsburger Neueste Nachrichten v. 8.7.1919 (Abendausgabe): „Albert Berger wegen Hochverrat vor dem Standgericht"; zu Deiler, vgl. Fragebogen in StA, Spruchkammer Augsburg I/III, D 87.

[57] Nach seiner Haftentlassung 1924 war Olschewsky führend in der Süddeutschen KPD aktiv. Wegen „oppositioneller Einstellung" 1929 aus der KPD ausgeschlossen, war er dennoch weiterhin in kommunistischen Veteranenverbänden aktiv tätig und wurde eine führende Figur des „Aufbruch-Arbeitskreises" in München. Zusammen mit seinem Sohn gründete er aus dem Umfeld der früheren „Aufbruch"-Organisation eine kommunistische Widerstandsgruppe („Hartwimmer-Olschewsky-Gruppe"). Sie kam aber über die Planung von möglichen Sabotageakten nicht hinaus und wurde Februar 1942 noch im Aufbaustadium zerschlagen. Olschewsky kam 1943 unter nicht geklärten Umständen in der Untersuchungshaft um, vgl. *Mehringer*, in: Broszat/Mehringer (Hrsg.): Bayern in der NS-Zeit. Bd. V, 1983, S. 272–279.

die Schutztruppe von radikalen Elementen unterwandert wurde und sie durch Agitation zum Instrument zur planmäßigen Herbeiführung der Räterepublik gemacht zu haben. Olschewsky sei in der Versammlung im Ludwigsbau am 3. April für die Bewaffnung der Arbeiterschaft und den Generalstreik eingetreten. Er habe am 6. April beim Stadtkommandanten Edelmann die Festnahme von Geiseln durchgedrückt und nach der Ausrufung der Räterepublik wichtige Punkte in Augsburg besetzen lassen sowie bewaffnete Expeditionen nach Mering und Gablingen entsandt. Am 13. April habe er die Rückgängigmachung der Räterepublik bekämpft und den Stadtkommandanten Edelmann zum Verräter abgestempelt. Die Anklage machte daher in Olschewsky nicht weniger als den Hauptschuldigen für die Ereignisse der Ostertage aus: „Die andauernde Beunruhigung der Augsburger Bevölkerung während der Monate vor Ostern und insbesondere in der Osterzeit, sowie das brudermörderische Blutvergießen in den Osterkämpfen fällt vorwiegend auf das Schuldkonto dieses Mannes“.[58] Zwar könne nicht verkannt werden, dass Olschewsky sich große Verdienste als Soldat für das Vaterland erworben habe, dennoch forderte der Staatsanwalt lebenslange Haft. Olschewsky verwahrte sich gegen die Vorwürfe des Staatsanwalts. Er müsse nun wegen allem, was passiert sei, als „Karnikel“ herhalten. Der in mehreren Prozessen genannte Zwölferrat, der schon seit Januar bestanden habe, habe laut Olschewsky nicht die Revolution gewollt, sondern sei nur dazu gegründet worden, um gegen reaktionäre Bestrebungen vorgehen. Aus dem Zwölferrat habe sich dann der revolutionäre Arbeiterrat gebildet. Olschewsky gestand ein, dass er im Ludwigsbau für die Räterepublik eingetreten sei, er halte sie noch heute für das allein Richtige. Er gab auch die „intellektuelle Urheberschaft“ der Geiselnahmen zu.[59] Unmittelbar vor der Geiselnahme habe es Gerüchte vom Putsch der Offiziere in Ingolstadt, München und Augsburg für die Wiederherstellung der Monarchie gegeben. Der verstorbene Frank sei deswegen nach München gefahren, um mehr zu erfahren. Dieser habe dann ein Telegramm geschickt mit dem Inhalt: „Verrat, handelt sofort!“ Auf die Auswahl der Geiseln habe Olschewsky keinen Einfluss ge-

[58] Schwäbische Volkszeitung v. 14.7.1919: „Der Fall Olschewsky vor dem Standgericht Augsburg“.

[59] Neue Augsburger Zeitung v. 15.7.1919: „Wilhelm Olschewsky vor dem Augsburger Standgericht“; Neue Augsburger Zeitung v. 16.7.1919: „Wilhelm Olschewsky vor dem Augsburger Standgericht“; Augsburger Neueste Nachrichten v. 14.7.1919 (Abendausgabe): „Wilhelm Olschewsky vor dem Augsburger Standgericht“; Augsburger Neueste Nachrichten v. 15.7.1919 (Morgenausgabe): „Wilhelm Olschewsky vor dem Augsburger Standgericht“; Augsburger Neueste Nachrichten v. 16.7.1919 (Morgenausgabe): „Wilhelm Olschewsky vor dem Augsburger Standgericht“; Schwäbische Volkszeitung v. 16.7.1919 und v. 17.7.1919: „Der Fall Olschewsky vor dem Standgericht Augsburg“; vgl. auch den Bericht in Gerichtszeitung v. 19.7.1919.

habt, er habe manche nicht einmal gekannt. Olschewsky gab auch zu, die „Fronhof-Resolution“ selbst verfasst und redigiert zu haben.

Die mehr als zwei Dutzend Zeugen im Prozess gegen Olschewsky belasteten sehr stark Rothenfelder, der sich als Beauftragter von Niekisch bezeichnet hatte, belegten aber auch, dass Olschewsky selbst Stadtkommandant habe werden wollen und dieser einer der eifrigsten Verfechter der Räterepublik gewesen sei. Olschewskys Wahlverteidiger Robert Bandorf (geb. 1884) war bereits eine bekannte Figur bei der Verteidigung von Angehörigen der Münchner Räterepublik gewesen. Zwei Tage zuvor hatte er Erich Mühsam vor dem Standgericht verteidigt und war selbst ein mit beiden Eisernen Kreuzen ausgezeichneter Oberleutnant und Kriegsfreiwilliger.[60] Bandorf eröffnete sein Plädoyer mit einer eingehenden Darstellung der allgemeinen politischen Lage während der Ostertage und wies dann auf die Feststellungen der Beweiserhebung hin, dass der Angeklagte selbstständig keine Handlungen begangen habe, die geeignet gewesen seien, die Verfassung zu verändern. Die „Fronhof-Resolution“ sei die strafbare Handlung Olschewskys gewesen und ihretwegen könne er verurteilt werden, aber höchstens wegen Beihilfe zum Hochverrat zu einer milden Strafe. Das Standgericht verurteilte Olschewsky nur zu sieben Jahre Festungshaft wegen Hochverrats. Es sei nicht erwiesen, dass er die Schutztruppe zu einem gefügigen Werkzeug machen wollte, auch habe er Blutvergießen zu vermeiden gesucht. Den Verteidigungsplan für Augsburg habe er im Auftrag Edelmanns ausgearbeitet. Allerdings habe er, wie er selbst zugibt, auf die Einführung der Räterepublik mit Marx und Berger hingearbeitet. Zudem habe Olschewsky die Gründung des sogenannten Zwölferrates eingeleitet und die USPD-Resolution vom 3. April mit anderen Genossen besprochen und abgefasst und „wenigstens im Prinzip“ sei die Festnahme von Geiseln sein Werk gewesen. Vom 12. bis 19 April habe er gegen die Rücknahme bzw. für die Wiedereinführung der Räterepublik agiert, mit dem Kurier Berk Verbindung mit München gehalten und sei nach eigenen Angaben Verfasser der „Fronhof-Resolution“. Mildernd wirke sich aber aus, dass er seine Pflicht als Soldat erfüllt habe. Vor Gericht habe er

[60] Bandorf hatte vor dem Krieg den Rang eines Leutnants der Landwehr erworben und war als Kriegsfreiwilliger 1914 in den Krieg gezogen. Während des Krieges wurde er zum Oberleutnant befördert und erwarb beide Eisernen Kreuze, vgl. HStA, Abt. 4, Kriegsranglisten Band 2308 und StM, Spruchkammerkarton 64 (Bandorf, Robert, geb. 1884). Sein Sozius Fritz Sauter (1884–1958) war einer der Verteidiger von Leviné gewesen und spielte insbesondere im Geiselmordprozess vor dem Volksgericht bzw. im Prozess wegen der Schießerei im Bayerischen Landtag an Tag der Ermordung Eisners eine zentrale Rolle. Zu Sauters Problemen wegen seiner Verteidigungen 1919 vor dem Münchner Parteigericht im Dritten Reich vgl. StM, Spk 1497 (Sauter, Fritz, geb. 1884), zu Sauters Tätigkeit in den Nürnberger Prozessen vgl. *Seliger*, Politische Anwälte? Die Verteidiger der Nürnberger Prozesse. Eine sozial- und politikgeschichtliche Studie (Dissertation Universität Augsburg 2014), 2016, passim.

gezeigt, dass er, anders als bereits abgeurteilte Angeklagte, mit Mut für seine Überzeugung gegenüber den Richtern aufgetreten sei. Nicht zuletzt habe er nach dem Einmarsch seine Schutztruppe nicht zu weiterem Blutvergießen verwendet, das sonst unvermeidlich gewesen wäre.

Erst in der zweiten Oktoberwoche 1919 erfolgte mit erheblicher Verspätung nun vor dem Volksgericht der Prozess gegen einen weiteren mutmaßlichen Haupträdelsführer der Augsburger Räterepublik. Angeklagt war Dr. Franz Rothenfelder, 1885 in München geboren. Rothenfelder hatte nach eigenen Angaben Philosophie und Germanistik studiert und war danach Schauspieler beim Münchner Theater. Er habe, wie Rothenfelder vor Gericht angab, in dieser Tätigkeit aber keine Befriedigung gefunden und ging 1906 und 1907 in ein Kloster, ehe er eine neue Karriere als Schriftsteller begann und ein Wanderleben in Frankreich, Belgien und Italien führte. Hierbei sei er in Kontakt mit französischen Sozialdemokraten und russischen Revolutionären wie Tobias Axelrod gekommen. Zunehmend habe er sich zum Kommunisten gewandelt, eine Gesinnung, die er nie ändern werde. Dennoch habe er ab 1915 freiwillig Kriegsdienst geleistet, sei aber 1916 als dienstuntauglich entlassen worden. Er sei danach wieder schriftstellerisch mit „patriotischen" Gedichten und Streitschriften hervorgetreten.[61] Rothenfelder bestritt, dass in der Zeit der Augsburger Räterepublik die Regierungsgewalt noch beim Bayerischen Landtag gelegen habe und griff den Belastungszeugen Berger scharf an. Er bezichtigte ihn, bewusst die Unwahrheit zu sagen. Die Ludwigsbau-Versammlung am 3. April sei nicht auf seine, sondern auf Veranlassung des Revolutionären Arbeiterrates erfolgt. Den Generalstreik habe er dort nur vorgeschlagen, um die sozialistischen Parteien zu einen und einen Bruderkampf zu vermeiden. Überhaupt sei er politisch kompromittiert gewesen, da er wegen seiner Schriften als „national" gesinnt gegolten habe. Wie andere Angeklagte bezichtigte auch Rothenfelder Edelmann einer großen Unehrlichkeit mit den Arbeitern und des Verrates und gab ihm eine Mitschuld am Blutvergießen. Geladen waren 17 Zeugen, deren Aussagen allerdings weitgehend günstig für Rothenfelder waren. So hätte aus Sicht Wernthalers die Versammlung im Ludwigsbau zum gleichen Ergebnis geführt, wenn Rothenfelder nicht dabei gewesen wäre. Hans Rollwagen sagte aus, dass Rothenfelder bei der Versammlung im Ludwigsbau die Massen zwar für den Augenblick entzünden, nicht aber auf Dauer fortreißen konnte. Zudem habe Rothenfelder als ehemals patriotischer Dichter die Stimmung gegen sich gehabt, er sei in politischen Kreisen nie ernst genommen worden. Berger dagegen behauptete, er habe Rothenfelder gewarnt, für

[61] Zur Biographie vgl. *Hetzer* (Fn. 4), S. 1145 f. Von bleibendem Wert von Rothfelders schriftstellerischer Tätigkeit dürfte in erster Linie sein Werk über den irischen Freiheitskämpfer Roger Casemont („Dr. Casemont in Deutschland") sein, das Casemont in Deutschland bekannt machte.

die Räteregierung einzutreten. Deswegen habe sich Rothenfelder dann direkt am Marx gewandt, bei dem er sich mehr erhofft habe. Berger musste aber auf Nachfrage ebenfalls einräumen, dass Rothenfelder völlig jeder politische Sinn gefehlt habe. Edelmann bezeichnete Rothenfelder, wie andere Zeugen auch, als „Idealist“, der politisch nicht ernst zu nehmen sei, auch wenn sein Einfluss bei der Menge kein geringer gewesen sei. Zu den Anschuldigungen Rothenfelders brachte Edelmann vor, dass er in der damaligen Situation nicht habe anders handeln können. Der medizinische Sachverständige bescheinigte Rothenfelder zwar einen hohen Intellekt, aber auch deutliche Anzeichen einer „psychopathischen Veranlagung“, allerdings nicht so weitgehend, dass § 51 RStGB Anwendung finden könne. Staatsanwalt Emminger führte im Plädoyer aus, dass Rothenfelder schon im März 1919 an Berger herangetreten sei und eine neue Revolution gefordert habe. Am 3. April habe Rothenfelder die sofortige Einführung der Räterepublik gefordert und einen eintägigen Generalstreit beantragt, um Druck auf der Straße zu erzeugen. Er habe zudem einen Antrag Olscheswskys unterstützt, die Arbeiterschaft zu bewaffnen. Rothenfelder habe gewollt, dass „München von Augsburg geschoben werde“, also Augsburg eine Vorreiterrolle bei der Einführung der Räterepublik spielen sollte. Emminger halte daher den Vorwurf aufrecht, dass Rothenfelder einer der Hauptführer zur Errichtung der Räterepublik war, ein krankhafter Ehrgeiz habe diesen getrieben. Rothenfelder habe zudem erfolglos versucht, die Zivilschutzwache des Stadtkommandanten am 13. April aufzuhetzen, indem er behauptete, von Niekisch beauftragt worden zu sein die Räterepublik nach Edelmanns Verrat wiedereinzuführen. Dies sei aber gescheitert, Edelmann habe ihn verhaften und in das Gefängnis Landsberg bringen lassen. Es liege aber keine ehrlose Gesinnung vor, weswegen Emminger zehn Jahre Haft wegen Hochverrats beantragte. Der Verteidiger, wiederum war es Adolf Deiler, argumentierte, ähnlich wie schon Sand, dass der Hochverratsparagraph keine Anwendung finde, weil es keine zu Recht bestehende Regierung gegeben habe. Rothenfelder habe zudem aus reinem Idealismus gehandelt, er sei eine „entrückte Dichternatur“, der sich als Propheten, der den christlich-religiösen Kommunismus wiederaufrichten wolle, sehe. Deiler plädierte daher nur für eine Verurteilung wegen Beihilfe zum Hochverrat. Das Gericht folgte laut „Volkswillen“ hinsichtlich der Begründung des Urteils der Argumentation des Staatsanwalts, verhängte aber nur ein Strafmaß von sechs Jahren Festungshaft wegen Hochverrats.[62]

[62] Neue Augsburger Zeitung v. 7.10.1919: „Dr. Rothenfelder vor dem Volksgericht“; Schwäbische Volkszeitung v. 8.10.1919: „Hochverratsprozess gegen Dr. Rothenfelder vor dem Volksgericht Augsburg“; Augsburger Neueste Nachrichten v. 6.10.1919 (Morgenausgabe): „Dr. Rothenfelder vor Gericht“; Augsburger Neueste Nachrichten v. 6.10.1919 (Abendausgabe) und v. 7.10.1919 (Morgenausgabe): „Dr. Rothenfelder vor Gericht.“; vgl. auch Bericht in Gerichtszeitung v. 11.10.1919.

Erst Januar 1920 wurde nun auch der Vorsitzende des Arbeitslosenausschusses, der Kaufmann Karl Marx (geb. 1893), vor Gericht gestellt. Er war am Ostermontag aus Augsburg geflüchtet und untergetaucht. Er konnte erst Ende September 1919 gefasst werden. Staatsanwalt Emminger warf ihm vor, am 3. April die Räterepublik gefordert, an der Verhaftung von Geiseln mitgewirkt und am 13. April sich gegen die Rücknahme der Räterepublik ausgesprochen zu haben. Er habe danach eifrig daran gearbeitet, die Räterepublik erneut auszurufen, obwohl er wusste, dass dies Blutvergießen geben werde. Noch am Ostertag habe er die zum Rathaus eilenden Arbeiter und Soldaten zur Bewaffnung und Verteidigung aufgerufen. Der Staatsanwalt beschuldigte Marx zudem der Gewinnsucht, da er im Erwerbslosenrat ein Einkommen von 400 RM erhalten habe, es seien daher keine mildernden Umstände gegeben. Emminger beantragte daher eine Zuchthausstrafe von sieben Jahren. In seiner Vernehmung verwahrte sich Marx gegen den Vorwurf, er habe sich wegen Gewinn und Ehrgeiz an die Spitze der Arbeitslosen gestellt. Erst als er erkannte, dass er ohne Partei nichts erreichen könne, habe er sich der USPD angeschlossen, zu der er sich weiterhin bekenne. Es sei eine Lüge, wenn die Staatsanwaltschaft ihm vorwerfe, Arbeiter aufgehetzt zu haben. Belastend erwiesen sich in der Beweisaufnahme allerdings Aussagen von Marx in einem Brief an seinen Bruder, in welchem er dringend Matrosen aus München, mehrere gute Redner und Geld für die Augsburger Räte gefordert hatte. Der Sachverständige konnte keine Geisteskrankheit ermitteln und schilderte Marx als intelligenten, zielgerichteten Mann. Allerdings sei er aufgrund eines im Krieg erlittenen Nervenschocks als „Neuropath" einzustufen. Staatsanwalt Emminger lies aufgrund der Beweisaufnahme den Vorwurf des Verbrechens des Hochverrats fallen, sah aber Beihilfe zum Hochverrat weiterhin als gegeben an. Dagegen brachte Pflichtverteidiger Eduard Kiener (1869–1940), Vorsitzender des Augsburger Anwaltsvereins in den zwanziger Jahren, in „tiefdurchdachten Wendungen" („Neue Augsburger Zeitung") vor, dass Marx nicht der Mensch sei, als welchen ihn der Staatsanwalt schildere. Er forderte Freispruch, gegebenenfalls eine milde Zuchthausstrafe. Das Volksgericht verurteilte Marx zu vier Jahren Festungshaft.[63]

Das letzte Verfahren gegen eine zentrale Figur der Räterepublik fand am 3.3.1920 statt. Der Angeklagte Georg Prem (geb. 1892), Buchhändlergehilfe in Augsburg, ist in erster Linie wegen seiner Verbindung mit dem Schriftsteller Berthold Brecht in Erinnerung geblieben. Herbst 1918 war Prem als Angehöriger der Mannschaft des Gefangenenlagers Puchheim in einen Soldatenrat gewählt worden und hatte sich dann in Augsburg der USPD ange-

[63] Neue Augsburger Zeitung v. 12.1.1920: „Arbeitslosenführer Karl Marx vor dem Volksgericht"; Schwäbische Volkszeitung v. 12.1.1920: „Der Arbeitslosenführer Karl Marx vor dem Volksgericht" sowie Bericht in der Gerichtszeitung v. 17.1.1920.

schlossen. Nach den Osterereignissen wurde er mehrere Tage von Brecht versteckt und floh dann in die Schweiz. Nachdem ihn die Schweiz ausgewiesen hatte, stellte er sich am 21.1.1920 den Augsburger Behörden. Prem wurde zur Last gelegt, die in der im Ludwigsbau am 3. April vorgelegte Resolution der USPD redigiert und sich auf der Versammlung für diese eingesetzt zu haben. Zudem sei er Mitglied des Zwölferrates, eng mit Olschewsky verbunden gewesen und habe zumindest von den Geiselnahmen gewusst. Am 16.4.1919 habe er schließlich die „Fronhof-Resolution" als Sympathieerklärung für die Münchner Räterepublik redigiert, die Olschewsky dann noch abgeändert habe. Gehört wurden 16 Zeugen, darunter Edelmann, die Prem aber teilweise entlasteten. Der medizinische Sachverständige bescheinigte Prem eine verminderte Schuldfähigkeit, verneinte aber die Anwendung des § 51 RStGB. Die „Neue Augsburger Zeitung" bezeichnete Prem als „Psychopath", der Marx und Rothfelder an die Seite zu stellen sei. Die Staatsanwaltschaft zeigte sich vergleichsweise gemäßigt, nicht zuletzt da mehrere Anklagepunkte aufgrund der Beweisaufnahme nicht belegt werden konnten und der Vorwurf des Hochverrats zurückgenommen werden musste. Zudem sei Prem geständig gewesen und es liege keine ehrlose Gewinnung vor. Er habe „offensichtlich aus psychopathischem Machtkitzel und verschrobenem Idealismus" gehandelt. Die Staatsanwaltschaft stellte einen Antrag auf drei Jahre Festungshaft wegen Beihilfe zum Hochverrat. Prems Pflichtverteidiger Dr. Rudolf Bennighoff (1885–1952), Sozius von Rechtsanwalt Deiler, bestritt „nach der Intention" seines Mandanten die Zuständigkeit des Gerichts. Der gestellte Antrag wurde aber abgewiesen. Das Volksgericht verurteilte Prem zu zwei Jahren Festungshaft.[64]

VII. Die Augsburger Verfahren wegen der Osterereignisse: Ein Vergleich mit den Kemptner Sondergerichten

Wo stehen die Augsburger Stand- und Volksgerichte im Vergleich zu anderen Sondergerichten? Aufschlussreich ist ein Vergleich mit den Stand- und Volksgerichten in Kempten. Wie gesehen waren (anders als mancher Strafantrag Emmingers) die Urteile des Volksgerichts für den Straftatbestand des Aufruhrs tatsächlich relativ milde gewesen, auch wenn die häufig von den Ange-

[64] „Der Fall Gg Prem vor dem Volksgericht", in: Augsburger Neue Zeitung v. 4.3.1920; vgl. auch den inhaltlich identischen Bericht in: Schwäbische Volkszeitung v. 4.3.1920 und Volkswille v. 4.3.1920 und v. 5.3.1920: „Prem vor dem Volksgericht". Prems Frau Lilly Prem hatte versucht die Augsburger Frauen für die Räterepublik zu gewinnen. Zum Verhältnis des Ehepaars Prem zu Brecht vgl. *Hillesheim*, in: The Brecht Yearbook 31, 2006, S. 31–41.

klagten vorgebrachte Verteidigung, man habe die Regierungstruppen für eine „Weiße Garde" gehalten, oft nicht anerkannt wurde. Ein Großteil der Urteile lag im Bereich der Mindeststrafe von sechs Monaten und einem Jahr. Nur in sechs Fällen wurde eine Freiheitsstrafe zwischen einem und zwei Jahren ausgesprochen. Bemerkenswerterweise kritisierte in der Rückschau die nationalsozialistische Militärgeschichte die Augsburger Volksgerichte als zu milde: „Den entlarvten und ergriffenen Meuterern gegenüber ließen es die eingesetzten Volksgerichte oft an der nötigen Schärfe und Strenge fehlen, was die Truppe mit Recht erbitterte und zur Selbsthilfe verführte."[65] Vor dem Volksgericht Kempten ist nur ein Prozess wegen Aufruhrs in Zusammenhang mit den revolutionären Ereignissen geführt worden. Im Kemptner „Spartakisten-Prozess" mussten sich mehrere Angeklagte verantworten, die vor den Landtagswahlen im Januar 1919 unter Todesdrohungen Waffen bei Kemptner Militäreinheiten erbeutet und vergeblich versucht hatten, die Türen des Landgerichtsgefängnisses zu sprengen. Vor der geplanten Absetzung des Bürgermeisters und des Arbeiter- und Soldatenrates war die Gruppe verhaftet worden. Ihr Anführer, der erheblich wegen Diebstahls vorbestrafte Kemptner Maler Georg Semmelmann (geb. 1894), erhielt zwei Jahre Haft wegen Aufruhrs, seine Mitstreiter Freiheitsstrafen von einem Jahr und weniger.[66] Allerdings lässt dieses einzelne Verfahren aufgrund der zeitlich anders gelagerten Situation keine Vergleichsmöglichkeit mit Augsburg zu.

Anders als die Urteile wegen Aufruhrs erwiesen sich die Strafanträge wie die Urteile wegen Hochverrats bzw. Beihilfe zum Hochverrat vor den Stand- und Volksgerichten in Augsburg als erstaunlich hart. Fast ausschließlich handelte es sich bei den Angeklagten wegen Hochverrats bzw. Beihilfe hierzu um Parteigänger der USPD. In Zahlen ausgedrückt, hat das Standgericht Augsburg in 13 durch die Presseberichte fassbaren Fällen nur zwei Freisprüche gefällt. Es wurden bei elf Verurteilungen Freiheitsstrafen (Festungshaft) von durchschnittlich rund fünf Jahren je Angeklagtem ausgesprochen. In keinem Fall wurde die Mindeststrafe verhängt. In den sieben Verfahren des Volksgerichts Augsburg wegen Hochverrrats bzw. Beihilfe hierzu lautete das Urteil einmal auf Freispruch und zweimal auf die Mindeststrafe wegen Beihilfe. Obwohl mit Marx und Rothenfelder zwei zentrale Figuren der Augsburger Räterepublik vor Gericht standen, lag die durchschnittlich ausgesprochene Freiheitsstrafe (Festungshaft) des Augsburger Volksgerichts nur noch bei zwei Jahren und neun Monaten. Im Gegensatz dazu hatten die Stand- und Volksgerichte in Kempten zusammengenommen nur in vier Fällen höhere Strafen als die Mindeststrafe von einem Jahr und drei Monate für

---

[65] *Kriegsgeschichtliche Forschungsstelle* (Fn. 12), S. 67.

[66] Siehe Prozessberichte in „Allgäuer Tagblatt" v. 9.2.1919 und 10.2.1919. Zu *Semmelmann*, vgl. HStA, Abt. 4, Kriegsstammrollen 1914–1918, Bd. 21799.

Beihilfe zum Hochverrat verhängt.[67] Von insgesamt 31 Angeklagten des Stand- bzw. Volksgerichts Kempten wurden rund die Hälfte, d.h. 17 freigesprochen bzw. das Verfahren an die ordentlichen Gerichte verwiesen.

Ein wichtiger Grund für diese sehr unterschiedliche Urteilspraxis dürfte sein, dass es in Kempten zu keinem Blutvergießen gekommen ist, während in Augsburg, wie gesehen, die Staatsanwaltschaft ihre hohen Strafanträge häufig mit einer Mitverantwortung für das Blutvergießen an Ostern erklärte, dem offenbar das Gericht zumindest teilweise folgte. Dies findet auch Bestätigung darin, dass die einzigen Freisprüche in Hochverratsverfahren des Stand- und Volksgerichts Augsburg Ereignisse in der Peripherie um Augsburg betrafen, die nicht in direkten Zusammenhang mit Kampfhandlungen gestanden hatten. Darüber hinaus ist die stark militärische Vorprägung der Richter und Staatsanwälte der Augsburger Stand- und Volksgerichte hervorzuheben, die zumindest das Augsburger Standgericht faktisch zu einem Militärgericht machte. Die zuständigen Augsburger Staatsanwälte Kraus und Emminger verhehlten als „Männer der Ordnung“ ihre Sympathie für die vorrevolutionäre Herrschaftsordnung nur wenig, auch wenn Emminger, anders als Kraus, die Bedrohung von Rechtsaußen zumindest als Gefahr erkannt hatte.[68] Auch diese personelle Zusammensetzung war ein zentraler

[67] Es handelt sich vor dem Standgericht um die Urteile gegen den Leiter der Kemptner Räterepublik Adolf Schmidt (drei Jahre) und seinen Adjutanten Clemens Schneider (zwei Jahre und sechs Monate). Ebenfalls drei Jahre Festungshaft erhielt der erheblich vorbestrafte Josef Marschall, der für die Kemptner Räterepublik in München um Unterstützung gebeten hatte und bereits in Lindau für die Räterepublik agiert hatte. Das Volksgericht Kempten sollte nur im Fall des Finanzkommissars der Kemptner Räterepublik Maximilian Schneller mit einem Jahr und sechs Monaten auf eine Strafe höher als die Mindeststrafe für Beihilfe zum Hochverrat erkennen.

[68] Dass die militärische Vorprägung der Richter zumindest eine gewisse Rolle spielte, zeigt auch das Beispiel des Standgerichts Würzburg. Ähnlich wie in Augsburg war die Räterepublik in Würzburg blutig zu Ende gegangen. Von 20 Angeklagten in den drei „Spartakistenprozessen“ vor dem Standgericht Würzburg wurden nur zwei freigesprochen. Die 18 Verurteilten erhielten durchschnittlich eine Freiheitsstrafe von vier Jahren und neun Monaten, was nur knapp unter dem Augsburger Wert liegt. Gerade in den ersten beiden Prozessen waren harte Urteile unter dem Vorsitz des Landgerichtspräsidenten Theodor Zapf (geb. 1859) gefallen, der im Ersten Weltkrieg das Kriegsgefangenenlager Wülzburg bei Weißenburg geleitet hatte. Der 1. Staatsanwalt Dr. Karl Dames (geb. 1869), der in drei Fällen sogar die Todesstrafe beantragt hatte, hatte im Ersten Weltkrieg eine Munitionskolonie kommandiert. Beide hatten vor Kriegsbeginn bereits den Rang eines Hauptmannes der Landwehr erreicht und als besondere Auszeichnung die Landwehrverdienstauszeichnung 1. Klasse erhalten, vgl. HStA, Abt. 4, Kriegsstammrollen, 1914–1918, Bd. 10563 bzw. Bd. 14709. Zu den Ereignissen in Würzburg vgl. *Köttnitz-Porsch*, Novemberrevolution und Räteherrschaft 1918/19 in Würzburg, 1985, S. 171–183 und 232–265; sowie die Prozessberichte „Spartakist Waibel u. Gen. Vor dem Standgericht Würzburg“, in: Bayerische Landeszeitung v. 12.6.1919: Bayerische Landeszeitung v. 1.7.1919: „Der

Gegensatz zum Stand- und Volksgericht Kempten, wo nicht nur fast alle der beteiligten Richter gebürtig aus Schwaben stammten, sondern diese auch weitaus „zivilere" Biographien hatten.[69]

Vorbehaltlich der schlechten Quellenlage lässt sich somit für den Fall Augsburg als These festhalten, dass die Ostereignisse und ihre Vorgeschichte in Augsburg aufgrund des blutigen Ausgangs und der personellen Zusammensetzung der beteiligten Richter und Staatsanwälte, soweit die Anklage auf Hochverrat bzw. Beihilfe zum Hochverrat lautete, durchaus hart bestraft wurden, obwohl die Gerichte, teilweise erheblich hinter dem Strafantrag der Staatsanwaltschaft zurückblieben. Sowohl im Strafmaß wie in der Strafhöhe bestand eine erhebliche Diskrepanz zu den Kemptner Stand- und Volksgerichten, die als einzige anderen Gerichte in Schwaben Urteile wegen Hochverrats in Zusammenhang mit der Räterepublik 1919 gefällt hatten.[70]

---

2. Spartakistenprozess in Würzburg" und Bayerische Landeszeitung v. 19.7.1919: „3. Spartakistenprozess in Würzburg".

[69] Vorsitzender von Standgericht und Volksgericht sowie des Wuchergerichts in Kempten war Alfred Kranzfelder (1866–1923), dem seine Vorgesetzten eine „peinliche Gründlichkeit" bei seiner Urteilsfindung zusprachen, vgl. HstA, Mju, Nr. 19441. Aus den einschlägigen Verfahrensakten konnten drei Beisitzer des Stand- bzw. Volksgerichts ermittelt werden: Der gebürtige Augsburger Rudolf Troeltsch (1870–1950) war Bruder des bekannten Religionsphilosophen Ernst Troeltsch. Troeltsch sollte später Hermann Kraus als Leiter der Staatsanwaltschaft Augsburg ablösen, vgl. *Lilla*, Staatsminister, leitende Verwaltungsbeamter und (NS-)Funktionsträger in Bayern 1918 bis 1945, https://verwaltungshandbuch.bayerische-landesbibliothek-online.de/troeltsch-rudolf, Stand: 1.3.2020. Da Troeltsch als Leiter der Kemptner DDP selbst in die Ereignisse der Kemptner Räterepublik involviert gewesen war, wurde er im Hauptprozess gegen deren Akteure durch Dr. Richard Nicklas (geb. 1870 in Kaufbeuren) ersetzt, der später auch vor dem Volksgericht ständiger richterlicher Beisitzer war, zu Nicklas vgl. StM, PA 20284. Zu keinem dieser Richter konnte eine Verwendung im Ersten Weltkrieg festgestellt werden. Lediglich der gebürtige Franke Max von Chlingensperg auf Berg (1869–1938) hatte vor dem Krieg den Rang eines Oberleutnants der Landwehr erreicht. Im Ersten Weltkrieg hatte er bei mobilen Bahnhofskommandanturen Dienst getan. Der 1. Staatsanwalt Konrad Helm (1869–1944), der die Anklage wegen Hochverrats vor dem Stand- wie Volksgericht Kempten führte, war vor dem Krieg zum Hauptmann der Landwehr befördert worden. Im Ersten Weltkrieg war er Batterieführer und kämpfte u.a. in der Schlacht an der Somme. Nach der Rückkehr war er zunächst Landgerichtsrat und hatte auch den Vorsitz im Kemptner „Spartakisten-Prozess" geführt, ehe er zum Leiter der Kemptner Staatsanwaltschaft ernannt wurde. Ab 1923 war er nacheinander Präsident der Landgerichte Landshut, Kempten und zuletzt Nürnberg. Zu von Chlingensperg und Helm vgl. HStA, Abt. 4, Kriegsstammrollen 1914–1918, Bd. 18452 bzw. 15015.

[70] Zwar war es vor dem Volksgericht Memmingen unter Vorsitz von Landgerichtsdirektor Sigmund von Unold (1864–1958) im Februar 1920 ebenfalls zu einer Anklage wegen Hochverrat gekommen, der 1. Staatsanwaltschaft Hans Steinert (geb. 1869) änderte aber aufgrund der Beweisaufnahme die Anklage auf Bildung eines bewaffneten Haufens (§ 127 RStGB). Die Angeklagten wurden nur zu geringen Haftstrafen verurteilt, vgl. Memminger

Der Vergleich zwischen Augsburg und Kempten zeigt allerdings auch, dass bei der Verfolgung politischer Delikte der Räterepublik in Bezug auf die konkrete Situation vor Ort zu differenzieren ist. Ein genaueres Bild können hier aber erst weitere regionalgeschichtliche Studien, insbesondere auch in vergleichender Perspektive, liefern.

Volksblatt v. 9.2.1920, 10.2.1920, 11.2.1920, 12.2.1920 und v. 13.2.1920 „Memminger Hochverratsprozess".

Die Justiz im Kampf gegen das „besonders verwerfliche neuzeitliche Verbrechertum“

Wuchergerichte und Wirtschaftskriminalität 1919–1924

Martin Löhnig

I. Errichtung und Zuständigkeit der Wuchergerichte

Am 27.11.1919 wurde von der Reichsregierung mit Zustimmung von Reichsrat und verfassungsgebender Nationalversammlung im vereinfachten Gesetzgebungsverfahren für die Zwecke der Übergangswirtschaft die Errichtung von Wuchergerichten im Verordnungswege beschlossen.[1] Man folgte damit einem „insbesondere in Süddeutschland lebhaft geäußerten Verlangen“[2]. Zum Vollzug dieser Verordnung erließ das Bayerische Staatsministerium der Justiz am 3. Dezember eine Ausführungsverordnung[3], in deren Präambel unter anderem ausgeführt wurde, dass die Verordnung nun endlich den Justizbehörden die geeigneten Waffen in die Hand gebe, um den Kampf gegen die Wirtschaftskriminalität mit Aussicht auf Erfolg führen zu können. Es würden große Erwartungen auf die neuen Vorschriften gesetzt und man erwarte von den Justizbehörden, diese nicht zu enttäuschen. Die Gerichtspersonen sollten sich ihrer großen Verantwortung hierbei bewusst sein. Es ging schlicht um die Herstellung und Aufrechterhaltung der öffentlichen Sicherheit und Ordnung in einer Situation großer Not und gegen die mit der Not einhergehenden massenhaften Verstöße gegen das fortgeltende Kriegswirtschaftsstrafrecht.

---

[1] Verordnung über Sondergerichte gegen Schleichhandel und Preistreiberei (Wuchergerichte) v. 27.11.1919, RGBl. 1919 I S. 1909 (WuchergerichtsVO), außer Kraft getreten durch Art. II Ziff. 13 der Verordnung zur Ausführung des Artikel VI Abs. 3 des Notgesetzes v. 23.7.1923, RGBl. 1923 I S. 699, ersetzt durch die Wuchergerichtsverordnung v. 23.7.1923, RGBl. 1923 I S. 724, welche eine die bisherigen Regelungen ergänzte ohne grundlegende Veränderungen zu bringen, und die Preistreibereiverordnung v. 23.7.1923, RGBl. 1923 I S. 701.

[2] Begründung bei *Bretzfeld*, Die Verordnung über Sondergerichte gegen Schleichhandel und Preistreiberei (Wuchergerichte), 1920, S. 13.

[3] Ausführungsverordnung zum Vollzug der Wuchergerichtsverordnung, Justizministerialblatt 1919, S. 470.

Auf Grundlage der Verordnung wurde für jeden Landgerichtsbezirk bei dem jeweiligen Landgericht ein Wuchergericht als Sondergericht eingesetzt, Art. I §§ 1 Abs. 1, 3 Abs. 1 WuchergerichtsVO. Aufgabe der Gerichte war es, klare und unzweifelhafte Fälle[4] von Verstößen gegen das Kriegswirtschaftsstrafrecht in einem schnellen Verfahren abzuurteilen. Zuständig waren die Wuchergerichte im Einzelnen für alle Verbrechen und Vergehen nach der Verordnung gegen den Schleichhandel[5] v. 7.3.1918 (SchleichhandelsVO), für Verbrechen und Vergehen nach der Verordnung gegen Preistreiberei[6] v. 8.5.1918 sowie Verstöße gegen andere Höchstpreisregelungen, für Verbrechen und Vergehen nach der Wuchergerichtsverordnung selbst, insbesondere betreffend die unerlaubte Ausfuhr von Wirtschaftsgütern, Art. II § 3 WuchergerichtsVO[7], und für Vergehen gegen die Verordnung zur Fernhaltung unzuverlässiger Personen vom Handel[8] v. 23.9.1915. Als Annexzustän-

[4] In den Beständen des Staatsarchivs Nürnberg, LG Ansbach, Rep. 279/1/II Nr. 3176, 3178, 3187, 3188; Rep. 279/1/III Nr. 2, 12, 13, 66, 103–109, finden sich auch einige Akten zu Verfahren, in denen Verstöße gegen das Kriegswirtschaftsstrafrecht vor ordentlichen Strafgerichten zur Anklage gebracht worden sind.

[5] Verordnung gegen den Schleichhandel v. 7.3.1918, RGBl. 1918 I S. 112, neugefasst und ergänzt durch Art. II der WuchergerichtsVO, verändert durch das Gesetz über die Verschärfung der Strafen gegen Schleichhandel, Preistreiberei und verbotene Ausfuhr lebenswichtiger Gegenstände v. 18.12.1920, RGBl. 1920 I S. 2107, erneut verschärft durch Art. III § 6 des Notgesetzes v. 24.2.1923, RGBl. 1923 I S. 147, außer Kraft getreten durch Art. II Ziff. 11 der Verordnung zur Ausführung des Artikel VI Abs. 3 des Notgesetzes v. 23.7.1923, RGBl. 1923 I S. 699, ersetzt durch die Preistreibereiverordnung v. 23.7.1923, RGBl. 1923 I S. 701.

[6] Verordnung gegen Preistreiberei v. 8.5.1918, RGBl. 1918 I S. 395, verändert durch das Gesetz über die Verschärfung der Strafen gegen Schleichhandel, Preistreiberei und verbotene Ausfuhr lebenswichtiger Gegenstände v. 18.12.1920, RGBl. 1920 I S. 2107, erneut verschärft durch Art. III § 6 des Notgesetzes v. 24.2.1923, RGBl. 1923 I S. 147, außer Kraft getreten durch Art. II Ziff. 12 der Verordnung zur Ausführung des Artikel VI Abs. 3 des Notgesetzes v. 23.7.1923, RGBl. 1923 I S. 699, ersetzt durch die Preistreibereiverordnung v. 23.7.1923, RGBl. 1923 I S. 701.

[7] Verändert durch das Gesetz über die Verschärfung der Strafen gegen Schleichhandel, Preistreiberei und verbotene Ausfuhr lebenswichtiger Gegenstände v. 18.12.1920, RGBl. 1920 I S. 2107, erneut verschärft durch Art. III § 5 Ziff. 2 des Notgesetzes v. 24.2.1923, RGBl. 1923 I S. 147, außer Kraft getreten durch Art. II Ziff. 13 der Verordnung zur Ausführung des Artikel VI Abs. 3 des Notgesetzes v. 23.7.1923, RGBl. 1923 I S. 699, ersetzt durch die Preistreibereiverordnung v. 23.7.1923, RGBl. 1923 I S. 701.

[8] Verordnung zur Fernhaltung unzuverlässiger Personen vom Handel v. 23.9.1915, RGBl. 1915 I S. 603, neugefasst und ergänzt durch Art. III der WuchergerichtsVO, verändert durch das Gesetz über die Verschärfung der Strafen gegen Schleichhandel, Preistreiberei und verbotene Ausfuhr lebenswichtiger Gegenstände v. 18.12.1920, RGBl. 1920 I S. 2107, erneut verschärft durch Art. III § 6 des Notgesetzes v. 24.2.1923, RGBl. 1923 I S. 147, außer Kraft getreten durch Art. II Ziff. 5 der Verordnung zur Ausführung des Artikel VI Abs. 3 des Notgesetzes v. 23.7.1923, RGBl. 1923 I S. 699, ersetzt durch die Verordnung über Handelsbeschränkungen v. 23.7.1923, RGBl. 1923 I S. 706.

digkeit kamen andere Verbrechen und Vergehen hinzu, soweit es sich um vorbereitende, fordernde oder begünstigte Straftaten nach den allgemeinen Vorschriften handelte, Art. I § 1 Abs. 2 und 3 WuchergerichtsVO. Überdies konnte die Zuständigkeit des Wuchergerichts durch rügelose Einlassung von Staatsanwaltschaft und Angeklagtem begründet werden, Art. I § 11 Abs. 1 WuchergerichtsVO.

II. Besetzung der Wuchergerichte

In der Hauptverhandlung als erkennendes Gericht bestand der Spruchkörper eines Wuchergerichts aus drei Berufsrichtern und zwei Schöffen. Als beschließendes Gericht außerhalb der Hauptverhandlung fungierten allein die drei Berufsrichter, Art. I § 4 WuchergerichtsVO. Die Berufsrichter wurden durch den Präsidenten des Oberlandesgerichts, in dessen Bezirk das Wuchergericht seinen Sitz hatte, ernannt, Art. I § 5 Abs. 1 WuchergerichtsVO.

Die Auswahl der Laien erfolgte durch den beim Amtsgericht am Sitz des Wuchergerichts zur Schöffenwahl gebildeten Ausschuss. Von den Laien sollte einer dem Kreis der Erzeuger oder Handelstreibenden, der andere dem Kreis der Verbraucher angehören, Art. I § 5 Abs. 2 WuchergerichtsVO; es dürfte sich hier um eine der ersten gesetzlichen Nennungen des „Verbrauchers“ handeln. Näheres zur Bestimmung der Schöffen war in den vom Reichsjustizminister erlassenen Ausführungsvorschriften, vgl. Art. I § 15 WuchergerichtsVO, geregelt.[9] Hiernach waren die Schöffen, für die die allgemeinen Regeln über Schöffen bei Schöffengerichten galten, von dem Wahlausschuss des Amtsgerichts, in dessen Bezirk das Wuchergericht seinen Sitz hat, zu wählen, §§ 1 und 2 der Ausführungsverordnung.

Damit hatte man eine von der im Gerichtsverfassungsgesetz von 1879 abweichende Form der Beteiligung juristischer Laien am Strafverfahren gewählt:[10] Das geltende Recht kannte eine Laienbeteiligung in der Strafrechtspflege in Form der Beteiligung von Schöffen nur auf der Ebene der Amtsgerichte; der Spruchkörper setzte sich aus einem Berufsrichter und zwei juristischen Laien zusammen, § 30 Abs. 1 GVG. Darüber hinaus war eine Beteiligung in der Stellung als Richter nicht vorgesehen: Für die Strafkammern der Landgerichte sah das Gesetz eine Beteiligung von Laien nur in Form einer Urteilsjury vor, § 81 GVG. Die zwölf Geschworenen hatten als Kollegialorgan allein über die Schuldfrage zu entscheiden.

[9] Verordnung zur Ausführung der Verordnung über Sondergerichte gegen Schleichhandel und Preistreiberei (Wuchergerichte) v. 27.11.1919, RGBl. 1919 I S. 1916.

[10] Überblick über die Zusammensetzung und Funktionsweise der Schwurgerichte nach dem GVG bei *Preisner*, in: Löhnig/Sánchez Aranda (Hrsg.), Vom Diener des Fürsten zum Diener des Rechts, Zur Stellung des Richters im 19. Jahrhunderts, 2011, S. 93 ff.

Zu den Gründen für die Einführung der Laienbeteiligung in der gewählten Form nimmt die Gesetzesbegründung nicht Stellung. Womöglich erschien dies deshalb überflüssig, weil es sich bei diesen Gerichten um Gerichte handelt, die (zumal im Verordnungswege) nur für einen Übergangszeitraum bis zur Beseitigung der kriegsbedingten wirtschaftlichen Notlage konzipiert waren. Vielleicht hat man sich durch die Beteiligung von Schöffen schlicht eine höhere Akzeptanz in den beteiligten Bevölkerungsgruppen versprochen; nachweisen lässt sich dies jedoch nicht. Eine vergleichbare Abweichung vom geltenden Gerichtsverfassungsrecht bestand seit 1918 in Bayern mit den bei den Landgerichten errichteten Volksgerichten,[11] die ebenfalls nur für einen Übergangszeitraum konzipiert waren.[12] Nachdem in der Gesetzesbegründung der Wuchergerichtsverordnung die Rolle Süddeutschlands betont worden war, erscheint eine Orientierung an den teilweise bereits seit November 1918 bestehenden und im Februar 1919 flächendeckend eingeführten bayerischen Volksgerichten jedenfalls nicht fernliegend.

III. Das Wuchergerichtsverfahren

Strafverfolgungsbehörde war die jeweilige Staatsanwaltschaft am Sitz des Landgerichts. Der Staatsanwalt entschied, ob ein beschleunigtes Verfahren vor dem Wuchergericht in Betracht kam oder ob es sich um ein komplizierteres Verfahren handelte und deshalb Anklage zu einem ordentlichen Gericht zu erheben war, Art. I § 2 Abs. 1 WuchergerichtsVO; stellte sich während des Verfahrens vor dem Wuchergericht heraus, dass die Prognose nicht zutraf, konnte durch Beschluss an ein ordentliches Gericht verwiesen werden, Art. I § 12 WuchergerichtsVO, wobei der Verweisungsbeschluss als Eröffnungsbeschluss im Sinne der Strafprozessordnung anzusehen war.[13] Daneben stand als dritte Option staatsanwaltschaftlichen Handelns grundsätzlich der Antrag auf Erlass eines amtsrichterlichen[14] Strafbefehls, vgl. Art. I § 8 Abs. 2 WuchergerichtsVO, zur Verfügung; gegen den Strafbefehl war der Einspruch zum Wuchergericht statthaft.[15]

---

[11] *Preisner*, in: Berger/Delivré/Löhnig (Hrsg.), Popular Justice in Times of Transition (19th and 20th Cebtury Europe), 2017, S. 127 ff.

[12] Hierzu ausführlich *Löhnig/Preisner*, ZNR 2012, 43 ff.

[13] § 7 der Ausführungsverordnung; *Bretzfeld*, Die Verordnung über Sondergerichte gegen Schleichhandel und Preistreiberei (Wuchergerichte), 1920, § 12 WuchergerichtsVO Anm. 5.

[14] Nach § 22 der Neufassung der Wuchergerichtsordnung zum 23.7.1923, RGBl. 1923 I S. 724, waren auch die Wuchergerichte zum Erlass eines Strafbefehls zuständig.

[15] *Bretzfeld*, Die Verordnung über Sondergerichte gegen Schleichhandel und Preistreiberei (Wuchergerichte), 1920, § 2 WuchergerichtsVO Anm. 1 und Begr. S. 14.

Das Verfahren vor den Wuchergerichten richtete sich grundsätzlich nach den allgemeinen Vorschriften der Strafprozessordnung, Art. I § 6 WuchergerichtsVO, allerdings waren einige einschneidende Abweichungen – in aller Regel zu Lasten des Beschuldigten bzw. Angeklagten – geregelt, um ein beschleunigtes und vereinfachtes Verfahren zu erreichen. So konnte der Beschuldigte jederzeit in Untersuchungshaft genommen werden, „ohne daß der Verdacht der Flucht einer weiteren Begründung bedarf", Art. I § 7 WuchergerichtsVO. Die Entscheidung über die Eröffnung des Hauptverfahrens entfiel. Die öffentliche Anklage wurde durch den Antrag des Staatsanwaltes auf Anberaumung eines Hauptverhandlungstermins vor dem Wuchergericht ersetzt, Art. I § 8 Abs. 1 WuchergerichtsVO. Die Ladungsfrist betrug drei Tage. Den Umfang der Beweisaufnahme konnte das Wuchergericht nach freiem Ermessen bestimmen, Art. I § 10 WuchergerichtsVO. Der Angeklagte hatte Anspruch auf Beiordnung eines Verteidigers, wenn er taub, stumm oder unter sechzehn Jahre alt war, Art. I § 9 Abs. 1 WuchergerichtsVO; erforderlichenfalls war ein Pflichtverteidiger zu bestellen. In anderen Fällen stand die Bestellung eines Verteidigers im Ermessen des Gerichts, Art. I § 9 Abs. 2 WuchergerichtsVO, wobei hier aufgrund des Wegfalls der Rechtsmittel wesentlich großzügiger als im Verfahren vor den ordentlichen Gerichten verfahren werden sollte.[16]

Rechtsmittel gegen die Endentscheidungen der Wuchergerichte waren nicht statthaft, Art. I § 13 Abs. 1 WuchergerichtsVO. Allerdings kam die Wiederaufnahme des Verfahrens über die in der Strafprozessordnung geregelten Gründe hinaus auch dann in Betracht, wenn Tatsachen oder Beweismittel beigebracht werden, die eine Überprüfung des wuchergerichtlichen Urteils im ordentlichen Verfahren notwendig erscheinen ließen, Art. I § 14 Abs. 2 WuchergerichtsVO.[17] Diese Regelungen machen deutlich, dass es sich bei den Wuchergerichten um außerordentliche Gerichte mit standrechtlichem Charakter handelte.

Die Verurteilung konnte in Tageszeitungen, an Gemeindetafeln oder auch am Geschäftslokal des Betroffenen öffentlich bekannt gemacht werden. Überdies waren einschlägige Verurteilungen im Amtsblatt zu veröffentlichen.[18] Dies diente der Prävention und Abschreckung. Zudem sollten die

[16] Begründung bei *Bretzfeld*, Die Verordnung über Sondergerichte gegen Schleichhandel und Preistreiberei (Wuchergerichte), 1920, S. 15.

[17] Durch Art. III § 5 Ziff. 1a des Notgesetzes v. 24.2.1923, RGBl. 1923 I S. 147, wurde Art. I § 14 Abs. 2 wie folgt geändert: „Die Wiederaufnahme zugunsten des Verurteilten findet auch dann statt, wenn aus tatsächlichen oder rechtlichen Gründen die Nachprüfung der Sache im ordentlichen Verfahren notwendig erscheint."

[18] Staatsarchiv Nürnberg, Rep. 280/2-S-II: Staatsanwaltschaft bei dem OLG Nürnberg, Nr. 1686, fol. 64/65: Schreiben des Staatsministeriums der Justiz v. 26.7.1920 zur „Bekämpfung des Schleichhandels" an die Herren Oberstaatsanwälte bei den Oberlandesgerichten mit Abdrucken für die Staatsanwälte und Amtsanwälte.

Berufsrichter und Staatsanwälte der Wuchergerichte „im Interesse der wirksamen Bekämpfung des Verbrechertums (…) auf eine Verbesserung der Berichterstattung der Presse über Gerichtsverhandlungen hin(zu)wirken“[19]. Das Bayerische Justizministerium regte die Benennung eines „zuverlässigen Presseberichterstatters“ bei den Gerichten an. Um die Wirkungen eines Schuldspruchs zu verstärken, konnten die Gerichte dem Verurteilten den Betrieb eines Handelsgeschäftes untersagen. Das Bayerische Justizministerium[20] ordnete im Juni 1920 überdies an, jede Verurteilung zu einer Freiheitsstrafe wegen Preistreiberei oder Schleichhandels unverzüglich der Landeswucherabwehrstelle[21] mitzuteilen, weil diese für eine von ihr bestimmte Zeitdauer „die von den genannten Personen innegehabten Fernsprechanschlüsse“ stillegte.

IV. Die Tätigkeit der Wuchergerichte am Beispiel des Wuchergerichts Ansbach

Die Spruchtätigkeit der Wuchergerichte lässt sich nicht ohne weiteres rekonstruieren, weil die Akten zahlreicher Wuchergerichte längst vernichtet worden sind und allenfalls kleinere Urteilssammlungen archiviert wurden. Für das Wuchergericht Ansbach (Mittelfranken) ist allerdings ein Aktenbestand im Staatsarchiv Nürnberg überliefert. Es handelt sich dabei um 14 vollständige Verfahrensakten sowie eine Sammlung mit 24 ausgedünnten Akten;[22] hinzukommen zwei staatsanwaltliche Untersuchungsakten.[23]

---

[19] Staatsarchiv Nürnberg, Rep. 280/2-S-II: Staatsanwaltschaft bei dem OLG Nürnberg, Nr. 1686, fol. 56/57: Schreiben des Staatsministeriums der Justiz v. 2.2.1920 zur „Handhabung der Strafrechtspflege“ an die Herren Präsidenten der Oberlandesgerichte und die Herren Oberstaatsanwälte bei den Oberlandesgerichten mit Abdrucken für die Landgerichte, Amtsgerichte, Staatsanwälte und Amtsanwälte. Es ist also davon auszugehen, dass das Schreiben auch am dem im OLG-Bezirk Nürnberg liegenden LG Ansbach zirkulierte, dessen Akten Grundlage der vorliegenden Einzelfallanalyse sind.

[20] Staatsarchiv Nürnberg, Rep. 280/2-S-II: Staatsanwaltschaft bei dem OLG Nürnberg, Nr. 1686, fol. 64/65: Schreiben des Staatsministeriums der Justiz v. 21.6.1920 zur „Bekämpfung des Schleichhandels und des Wuchertums“ an die Herren Oberstaatsanwälte bei den Oberlandesgerichten rechts des Rheins mit Abdrucken für die Staatsanwälte und Amtsanwälte. Es ist also davon auszugehen, dass das Schreiben auch an dem im OLG-Bezirk Nürnberg liegenden LG Ansbach zirkulierte, dessen Akten Grundlage der vorliegenden Einzelfallanalyse sind.

[21] Hierzu Verordnung v. 4.11.1919, GVBl. 1919 S. 791.

[22] Staatsarchiv Nürnberg, Bestand LG Ansbach, Rep. 279 1/II, Nummern 3206–3213 und LG Ansbach, Rep. 279 1/III, Nummern 2, 12, 13, 66, 103–109.

[23] Staatsarchiv Nürnberg, Bestand Staatsanwaltschaft bei dem LG Ansbach, Rep. 279/1/S, Nr. 5425 und 5437.

Die Wuchergerichtsakten wurden unter einem eigenen Aktenzeichen (W.G.) geführt, so dass sich anhand der Nummerierung zeigen lässt, dass es sich um einen immerhin weitgehend vollständigen Aktenbestand (knapp 80 % der Akten bzw. Urteile liegen vor) handelt; zwischen 1920 und 1924 dürften etwa 50 W.G.-Sachen verhandelt worden sein. Die Akten betreffen freilich sämtliche Verfahren, die mit einem Urteil endeten. Was nicht überliefert ist, sind die Verfahren, in denen die Staatsanwaltschaft erfolgreich den Erlass eines Strafbefehls beantragt hat, gegen den dann kein Einspruch eingelegt wurde. Die fehlenden Aktenzeichen könnten sowohl Strafbefehlsverfahren betreffen, als auch lediglich diejenigen Verfahren, in denen ein Einspruch zurückgenommen wurde oder sich die Staatsanwaltschaft gegen einen Antrag auf Anberaumung eines Hauptverhandlungstermins entschieden hat. Freilich können einzelne Akten darüber hinaus auch schlicht verloren gegangen sein.

Als Beschuldigte finden sich im ersten Jahr der Tätigkeit des Wuchergerichts Ansbach fast ausschließlich Angehörige der ländlichen Bevölkerung, also Landwirte, die daneben teilweise auch als Müller oder Metzger tätig waren. In den meisten Fällen[24] wurde ihnen ein Verstoß gegen die SchleichhandelsVO zur Last gelegt. Typischerweise haben sie ein Jungtier beiseite gebracht, geschlachtet und das Fleisch weiterverkauft, welches für Endabnehmer in der Stadtbevölkerung, beispielsweise in Würzburg oder Nürnberg, bestimmt war.[25] In einigen Fällen wurde den Beschuldigten Preistreiberei vorgeworfen; typischerweise verkauften sie Brennholz aus ihren Wäldern überteuert an die Stadtbevölkerung;[26] teilweise wurde auch Butter überteuert verkauft.[27] In anderen Fällen verkauften die Landwirte Schlachtschweine

[24] Vgl. etwa LG Ansbach, W.G. 1/20, Rep. 279/1/II Nr. 3206 fol. 001–170; W.G. 5/20, Rep. 279/1/II Nr. 3206 fol. 188–212; W.G. 6/20, Rep. 279/1/II Nr. 3206 fol. 213–229; W.G. 7/20, Rep. 279/1/II Nr. 3206 fol. 230–254; W.G. 9/20, Rep. 279/1/II Nr. 3206 fol. 255–272; W.G. 11/20, Rep. 279/1/II Nr. 3206 fol. 285–304; W.G. 13/20, Rep. 279/1/II Nr. 3206 fol. 305–338; W.G. 14/20, Rep. 279/1/II Nr. 3206 fol. 339–352; W.G. 15/20, Rep. 279/1/II Nr. 3206 fol. 353–369.

[25] Vgl. etwa LG Ansbach, W.G. 1/20, Rep. 279/1/II Nr. 3206 fol. 001–170; W.G. 5/20, Rep. 279/1/II Nr. 3206 fol. 188–212; W.G. 6/20, Rep. 279/1/II Nr. 3206 fol. 213–229; W.G. 7/20, Rep. 279/1/II Nr. 3206 fol. 230–254; W.G. 13/20, Rep. 279/1/II Nr. 3206 fol. 305–338; W.G. 14/20, Rep. 279/1/II Nr. 3206 fol. 339–352; W.G. 15/20, Rep. 279/1/II Nr. 3206 fol. 353–369.

[26] Vgl. etwa W.G. 10/20, Rep. 279/1/II Nr. 3206 fol. 273–284; W.G. 16/20, Rep. 279/1/II Nr. 3206 fol. 370–396; W.G. 17/20, Rep. 279/1/II Nr. 3206 fol. 397–439; W.G. 19/20, Rep. 279/1/II Nr. 3206 fol. 440–458.

[27] Vgl. etwa W.G. 12/20, Rep. 279/1/II Nr. 3207; W.G. 24/20, Rep. 279/1/II Nr. 3206 fol. 503–522.

überteuert an Metzger, die Fleisch und Wurst ihrerseits wiederum überteuert weiterveräußerten.[28]

In aller Regel verhängte das Gericht bei Ersttätern kurze Freiheitsstrafen, die in Tagen oder Wochen bemessen waren und mit einer Geldstrafe, die ersatzweise mit einem Tag Gefängnis je 10 Mark zu verbüßen war, kombiniert wurden; die Strafrahmen wurden also bei weitem nicht ausgenutzt. Freisprüche sind nicht ersichtlich. Zunächst weist der Aktenbestand fast ausschließlich Verfahren auf, in denen der Staatsanwalt Anberaumung eines Hauptverhandlungstermins beantragt hatte, während in der zweiten Hälfte des Bestandes aus dem Jahr 1920 auch einige Einsprüche gegen Strafbefehle auftreten; hier hat das Wuchergericht die Strafen teilweise deutlich gemildert und insbesondere jeweils die Haftstrafen entfallen lassen.[29] In zwei Fällen[30] wurden die Beschuldigten in Untersuchungshaft genommen; es handelt sich um Verfahren, in denen mit zwei bzw. sechs Monaten Gefängnisstrafe vergleichsweise hohe Strafen ausgeworfen wurden.

Die wenigen für 1921 überlieferten Akten weisen zwei Freisprüche[31] auf, die jeweils auf einen Einspruch gegen einen Strafbefehl ergangen sind. Hier hielt das Gericht jeweils den Vorwurf der Preistreiberei für unbegründet. Bestraft[32] werden hingegen Angeklagte, die Vieh, Milch oder Butter in größeren Mengen aufgekauft und nach Württemberg ausgeführt haben; dies war unzulässig, weil diese Güter damit ihrer Bestimmung, die bayerische Bevölkerung zu ernähren, entzogen wurden. Einer der Angeklagten, für den bereits einschlägige Vorstrafen verzeichnet waren, wurde zu einer Gefängnisstrafe von sechs Monaten verurteilt, scheint jedoch bereits nach Verbüßung einer Strafdauer von zwei Wochen auf Bewährung entlassen worden zu sein.[33] Als Beschuldigte treten nun nicht mehr Landwirte, sondern Kaufleute auf. Diese Entwicklung setzt sich 1922 fort. In drei Fällen erfolgten, teils unmittelbar, teils auf Einspruch gegen den Strafbefehl, Freisprüche, weil der Tatbestand der Preistreiberei nicht erfüllt sei. Hier hatten Kaufleute für den

---

[28] Vgl. etwa W.G. 23/20, Rep. 279/1/II Nr. 3206 fol. 472–502; W.G. 24/20, Rep. 279/1/II Nr. 3206 fol. 503–522.

[29] Vgl. etwa W.G. 23/20, Rep. 279/1/II Nr. 3206 fol. 472–502; W.G. 24/20, Rep. 279/1/II Nr. 3206 fol. 503–522, W.G. 26/20, Rep. 279/1/II Nr. 3206 fol. 523–565; aber auch schon W.G. 4 /20 Rep. 279/1/II Nr. 3206 fol. 171–187.

[30] W.G. 11/20, Rep. 279/1/II Nr. 3206 fol. 285–304; W.G. 13/20, Rep. 279/1/II Nr. 3206 fol. 305–338.

[31] W.G. 3/21, Rep. 279/1/II Nr. 3206 fol. 586–618; W.G. 4/21, Rep. 279/1/II Nr. 3206 fol. 619–649.

[32] W.G. 2/21, Rep. 279/1/II Nr. 3206 fol. 566–585; W.G. 5/21, Rep. 279/1/II Nr. 3206 fol. 650–669; W.G. 8/21, Rep. 279/1/II Nr. 3206 fol. 670–693.

[33] W.G. 5/21, Rep. 279/1/II Nr. 3206 fol. 650–669.

Ankauf von Eiern[34] oder Vieh[35] einen etwas höheren als den ortsüblichen Kaufpreis geboten. Mangels wucherischer Absicht freigesprochen[36] wurde auch ein Kaufmann, der den Verkauf von Reis eingestellt hatte, weil die zulässigen Höchstverkaufspreise inflationsbedingt nicht mehr kostendeckend waren. Zu einer Geldstrafe verurteilt[37] wurde allein ein Landwirt, der einer Gemeinde Holz zu überhöhten Preisen verkauft hatte; das Urteil verrechnet hier inflationsbedingt nicht mehr 10 Mark, sondern 100 Mark mit einem Tag Ersatzfreiheitsstrafe.

Die 1923/24 überlieferten Akten betreffen in der Hauptsache unerlaubten Viehhandel. Auch hier werden Strafbefehle auf Einspruch hin zu Freisprüchen.[38] Umfangreiche Ermittlungen gegen zwei Hausierer verlaufen im Sande[39] und es kommt nicht einmal zur Anberaumung eines Hauptverhandlungstermins, weil sich der Verdacht der Preistreiberei und des Kettenhandels nicht erhärten ließ; die erzielte Gewinnspanne wurde selbst von der Landeswucherabwehrstelle[40] als üblich angesehen. In einem anderen Fall lehnt das Gericht[41] nach umfangreichen Ermittlungen der Staatsanwaltschaft die Eröffnung des Hauptverfahrens gegen einen Kaufmann und seine Ehefrau ab, weil der Vorwurf der Preistreiberei sich nicht erweisen lasse.[42] Zuvor war ihm der Handel mit Lebens- und Futtermitteln gerichtlich untersagt worden;[43] außerdem hatte man ihn in Untersuchungshaft genommen,[44] wofür er entschädigt werden musste.[45] Das Wuchergericht Ansbach verhängt nun keine kurzen Freiheitsstrafen mehr, sondern wandelt diese in Geldstrafen um. So wird beispielsweise aus einer Freiheitsstrafe von 2 Tagen und Geldstrafe von 200.000.000.000.000 Mark (ersatzweise zwei Tage Haft) eine Geldstrafe von 400.000.000.000.000 Mark,[46] die angesichts der Hyperinflation wirkungslos gewesen sein dürfte.[47] Zu Haftstrafen verurteilt werden unter Anrechnung

[34] W.G. 4/22, Rep. 279/1/II Nr. 3209.

[35] W.G. 2/22, Rep. 279/1/II Nr. 3210.

[36] W.G. 5/22, Rep. 279/1/II Nr. 3208.

[37] W.G. 1/22, Rep. 279/1/II Nr. 3206 fol. 694–722.

[38] W.G. 2/23, Rep. 279/1/III 2/1923 W.G.; wohl auch W.G. 6/23, Rep. 279/1/III; W.G. 2/24, Rep. 279/1/III.

[39] A.V. 10/23, Rep. 279/1/S Nr. 5425.

[40] A.V. 10/23, Rep. 279/1/S Nr. 5425 fol. 127.

[41] A.V. 7/24, Rep. 279/1/S Nr. 5437.

[42] A.V. 7/24, Rep. 279/1/S Nr. 5437 fol. 248–250.

[43] A.V. 7/24, Rep. 279/1/S Nr. 5437 fol. 14–16.

[44] A.V. 7/24, Rep. 279/1/S Nr. 5437 fol. 85.

[45] A.V. 7/24, Rep. 279/1/S Nr. 5437 fol. 255.

[46] W.G. 7/23, Rep. 279/1/II Nr. 3211; ähnlich in W.G. 4/23, Rep. 279/1/III; W.G. 1/24, Rep. 279/1/III 1/1924 W.G.

[47] So jedoch auch nach der Währungsumstellung W.G. 3/24, Rep. 279/1/III: 2 Tage Freiheitsstrafe plus 10 Goldmark Geldstrafe werden zu einer Geldstrafe von insgesamt 20 Goldmark.

der Untersuchungshaft ein einschlägig vorbestrafter reisender Händler[48], der (freilich im Auftrag eines württembergischen Großhändlers) in großem Stil Eier aufgekauft hat, und ein Maurer[49], der auf Dörfern aus vorgeblicher Not Nahrungsmittel erbettelt hatte, um sie möglichst teuer weiterzuverkaufen; hier spielte die Annexkompetenz des Wuchergerichts für den Bettelbetrug als Vorbereitungsstraftat eine Rolle.

In den Akten finden sich auch einige Verfahren gegen jüdische Viehhändler, die in kleinen Landorten und Kleinstädten des Landgerichtsbezirks Ansbach die Mehrheit der Viehhändler stellten. Sie galten als „ehrbare Kaufleute“ und waren Teil des ländlichen Handelsnetzwerks, das in einer neueren sozialgeschichtlichen Untersuchung zu den jüdischen Viehhändlern in Mittelfranken in der Zwischenkriegszeit als „Vertrauensgemeinschaft“ charakterisiert wird, die neben der Dorfgemeinschaft bestand, in die die jüdischen Händler keine Aufnahme gefunden hätten, weil sie einer nichtbäuerlichen Berufsgruppe angehörten. Dieses Netzwerk konnte von den nationalsozialistischen Machthabern aufgrund des hohen Vertrauens, das diese Händler genossen, zumal sie im Gegensatz zu einigen nichtjüdischen Händlern auch faire Preise zahlten, nach 1933 nicht ohne weiteres zerstört werden.[50] Die antisemitisch konnotierte Gleichsetzung von „jüdischem Viehhändler“ und „Wucherer“ findet sich in den Akten nicht. So wurde beispielsweise der Viehhändler Weißmann nach seinem Einspruch gegen einen Strafbefehl über 12.000 Mark (ersatzweise ein Jahr Gefängnisstrafe) wegen Preistreiberei beim Verkauf eines Pferdes freigesprochen, obwohl die Landeswucherstelle in ihrem Gutachten einen erheblich übermäßigen Gewinn des Händlers festgestellt hatte. Der Händler hatte demgegenüber vor Gericht eine andere Rechnung aufgemacht, der das Gericht in seinen Entscheidungsgründen folgte; er führte aus, das Pferd sei eigentlich noch mehr wert gewesen, ich „begnügte mich aber mit dem Betrag mit Rücksicht darauf, weil ich die Eheleute gut kenne und mit ihnen wiederholt schon Geschäfte machte“. Wer den Sachverhalt zur Anzeige gebracht hat, lässt sich nicht feststellen, die polizeilichen Akten sprechen von einer „vertraulich gemachten Erfahrung“ – vielleicht der Hinweis eines Konkurrenten.[51]

[48] W.G. 1/23, Rep. 279/1/II Nr. 3212.

[49] W.G. 3/23, Rep. 279/1/III.

[50] Eingehend hierzu *Fischer*, Ökonomisches Vertrauen und antisemitische Gewalt. Jüdische Viehhändler in Mittelfranken 1919–1939, 2014.

[51] W.G. 4/22, Rep. 279/1/II Nr. 3209 fol. 619–649.

V. Die Aufhebung der Wuchergerichte

Die Wuchergerichte wurden vom Reichsjustizminister durch die Verordnung über die Aufhebung der Wuchergerichtsverordnung[52] v. 20.3.1924 mit Wirkung ab 1.4.1924 aufgehoben. Diese Befugnis des Justizministers ergab sich aus Art. V WuchergerichtsVO. Die bei den Gerichten noch anhängigen Strafsachen gingen auf die Amtsgerichte über, die sie nach Maßgabe der Strafprozessordnung weiterführten, vgl. Art. II der AufhebungsVO. Inzwischen hatte sich die Lage insofern verändert, als Ende 1923 mit der Rentenmark eine neue stabile Währung geschaffen worden war.

Das Bayerische Staatsministerium der Justiz[53] führte zur Aufhebung der Gerichte aus, diese sei nicht etwa ein Zeichen dafür, dass der Bekämpfung der Preistreiberei geringere Bedeutung beigemessen würde, sondern habe ihren Grund darin, dass die Wuchergerichte nicht in den Rahmen der neuen Gerichtsorganisation passen und ihre Aufgaben nach der Neuordnung der Strafgerichte und des Strafverfahrens ebenso gut von den ordentlichen Gerichten erfüllt werden könnten. Die Abschaffung der Gerichte erfolgte also, wie auch jene der bayerischen Volksgerichte übrigens, im Zuge der sogenannten Emminger-Novelle. Die Art der Laienbeteiligung bei den Wuchergerichten könnte den Befürwortern der Ersetzung der bisher geltenden Schwurgerichtsverfassung durch das Schöffengericht genutzt haben; zumindest wurde auf die insoweit vergleichbaren bayerischen Volksgerichte als positives Beispiel verwiesen.

VI. Zeitgenössische Beurteilung der Wuchergerichte in der bayerischen Justiz

Konnten die Wuchergerichte ebenfalls als positives Beispiel dienen? Jedenfalls scheint eine Zwischenbilanz zwei Jahre nach Einrichtung der Wuchergerichte nicht positiv ausgefallen zu sein. Der Nürnberger Oberstaatsanwalt schreibt im November 1921 an die Ersten Staatsanwälte seines Bezirks, also unter anderem auch an den Ersten Staatsanwalt in Ansbach, einen Brief[54] in dem er fordert, „mit Tatkraft und Umsicht gegen Schieber- und Wuchertum

[52] Verordnung über die Aufhebung der Wuchergerichtsverordnung v. 20.3.1924, RGBl. 1924 I S. 371.

[53] Bayerischer Staatsanzeiger 1924 Nr. 78.

[54] Staatsarchiv Nürnberg, Rep. 280/2-S-II: Staatsanwaltschaft bei dem OLG Nürnberg, Nr. 1686, fol. 91/92: Schreiben des Oberstaatsanwaltes bei dem OLG Nürnberg v. 10.11.1921 zur „Bekämpfung des Schieber- und Wuchertums" an die Herren sechs I. Staatsanwälte des Bezirks.

vor(zu)gehen und alle Kräfte ein(zu)setzen, um die Schuldigen der verdienten Strafe zuzuführen". Insbesondere seien einwandfreie Sachverständige zuzuziehen, die Ermittlungen zu beschleunigen, Verurteilungen wirksam bekanntzumachen, Finanzbehörden über hohe Gewinne zu benachrichtigen, Lebensmittelfälscher besonders in den Blick zu nehmen, die Anzeigenteile in der Presse zu überwachen und darauf hinzuwirken, dass die Gerichte in geeigneten Fällen den Verurteilten den Handel mit Gegenständen des täglichen Bedarfs untersagen, vgl. Art. III § 4a der VO.

Kurze Zeit später, am 14.12.1921, verabschiedet der Bayerische Landtag eine Entschließung, nach der „insbesondere die Staatsanwaltschaften erneut anzuweisen (sind), die zulässigen Höchststrafen mit Nachdruck zu beantragen". Dies bringt das Justizministerium den Strafverfolgungsbehörden zur Kenntnis,[55] verbunden mit der Aufforderung, bei allen „Schwierigkeiten (...) in diesem Kampfe nicht zu erlahmen". Offenbar hatten die Wuchergerichte bislang nicht die gewünschten Erfolge im Kampf gegen die Wirtschaftskriminalität erzielt. Auch eine quantitative Analyse der Ansbacher Akten spricht nicht für eine positive Entwicklung der Wuchergerichte, zumindest nicht des Ansbacher Gerichts: Von den ca. 50 Verfahrensakten stammt etwa die Hälfte (26) aus dem Jahr 1920. Anschließend gehen die Zahlen erheblich zurück,[56] ohne dass Anzeichen für einen massiven Verlust von Akten vorlägen.

Etwa zeitgleich erging ein Erlass[57] des Gesamtministeriums, der noch einmal Anweisungen zur Verfolgung der Wirtschaftsstraftaten gibt und anordnet, dass sich die Staatsanwälte und Oberstaatsanwälte über den Vollzug dieses Erlasses in ihren Jahresberichten zu äußern hätten; gleichzeitig wurden Anregungen zu weiteren Maßnahmen gegen die Missstände erbeten.[58] Die Berichte der Ersten Staatsanwälte aus dem OLG-Bezirk Nürnberg sind ernüchternd. Der Erste Staatsanwalt beim LG Fürth führt in seinem Schreiben[59] aus, die Wirksamkeit der WuchergerichtsVO leide „darunter, daß die Gerichte immer mehr eine normale Marktlage annehmen und daher den Marktpreis als angemessenen Preis zugrunde legen. Dass es sich um ‚anor-

---

[55] Staatsarchiv Nürnberg, Rep. 280/2-S-II: Staatsanwaltschaft bei dem OLG Nürnberg, Nr. 1686, fol. 109/110: Schreiben des Staatsministeriums der Justiz v. 29.12.1921 zur „Bekämpfung des Wucher- und Schiebertums" an die Herren Oberstaatsanwälte bei den Oberlandesgerichten mit Abdrucken für die Staatsanwälte und Amtsanwälte.

[56] 1921: ca. 8; 1922: ca. 5; 1923: ca. 7; 1924: ca. 4 Akten.

[57] Erlass des Gesamtministeriums zum Schutze der Verbraucher v. 8.11.1921, Staatsanzeiger 1921 Nr. 261.

[58] Ziff. 16 des Erlasses.

[59] Staatsarchiv Nürnberg, Rep. 280/2-S-II: Staatsanwaltschaft bei dem OLG Nürnberg, Nr. 1686, fol. 123/124: Schreiben des I. Staatsanwaltes bei dem LG Fürth an den Herrn Oberstaatsanwalt bei dem OLG Nürnberg v. 10.1.1922.

male' Marktlagen handelt, ist dagegen vielfach sehr schwer nachzuweisen", zumindest sei ein Verschulden selten zu beweisen. Ein Jahr später meldet er[60] „gewöhnliche Fälle von Überforderung bei Milch-, Fleisch- und Holzverkäufen", spektakuläre Fälle seien dagegen nicht bekannt geworden, „ein Anlass zur Anwendung der verschärften Bestimmungen des RGes. vom 18. XII. 1920[61] (dieses Gesetz hatte die Strafrahmen der Kriegswirtschaftsstrafrechts erhöht) hat sich daher nicht ergeben". Es bestehe weiterhin ein Mangel an Anzeigen aus der Bevölkerung.

Auch sein Amberger Kollege[62] berichtet, dass „sich der Anfall an Anzeigen wegen Wuchers oder Preistreiberei im hiesigen Bezirk wesentlich vermindert" habe. Die Erzeuger hätten vermutlich das Gefühl, „selbst nicht ganz rein zu sein" und erstatteten keine Anzeige gegen Händler. Die Regensburger Staatsanwaltschaft[63] teilte mit, der praktische Erfolg einer umfassenden Publikation des Erlasses in der Presse sei „sehr gering" gewesen und benennt die Ursachen: „Es waren fast nur Konkurrenten, die sich gegenseitig denunzierten." Die Instrumentalisierbarkeit der Gerichte im Wettbewerb mit Konkurrenten liegt in der Tat auf der Hand. „Das Volk schimpft wohl über die Schieber und Wucherer, hütet sich aber, sie der Staatsanwaltschaft zu benennen, teils aus Bequemlichkeit und Scheu von dem Gerichte, teils jedoch auch, weil man den zwar teuren, aber doch sicheren Lieferanten lebensnotwendiger Dinge sich nicht entfremden will." Das Wuchergericht sei im gesamten Jahre 1921 nicht angerufen worden, „es hat (...) hier versagt". Man habe deshalb in der Regel Strafbefehle mit hohen Geldstrafen herbeigeführt, die meist angenommen wurden; die wenigen Einsprüche hätten so zeitraubende Ermittlungen gefordert, dass das Normalverfahren vorzugswürdig gewesen sei, damit es nicht „zum Fiasko in der Hauptverhandlung" komme. Die Sachverständigen von der Landeswucherabwehrstelle seien „nicht immer genügend mit den wirtschaftlichen Verhältnissen vertraut", während örtliche Sachverstän-

---

[60] Staatsarchiv Nürnberg, Rep. 280/2-S-II: Staatsanwaltschaft bei dem OLG Nürnberg, Nr. 1686, fol. 151/152: Schreiben des I. Staatsanwaltes bei dem LG Fürth an den Herrn Oberstaatsanwalt bei dem OLG Nürnberg v. 13.1.1923.

[61] Gesetz über die Verschärfung der Strafen gegen Schleichhandel, Preistreiberei und verbotene Ausfuhr lebenswichtiger Gegenstände v. 18.12.1920, RGBl. 1920 I S. 2107, verschärft durch Art. III §6 des Notgesetzes v. 24.2.1923, RGBl. 1923 I S. 147, außer Kraft getreten durch Art. II Ziff. 14 der Verordnung zur Ausführung des Artikel VI Abs. 3 des Notgesetzes v. 23.7.1923, RGBl. 1923 I S. 699, ersetzt durch die Preistreibereiverordnung v. 23.7.1923, RGBl. 1923 I S. 701.

[62] Staatsarchiv Nürnberg, Rep. 280/2-S-II: Staatsanwaltschaft bei dem OLG Nürnberg, Nr. 1686, fol. 135/136: Schreiben des Staatsanwaltes bei dem LG Amberg an den Herrn Oberstaatsanwalt bei dem OLG Nürnberg v. 9.1.1922.

[63] Staatsarchiv Nürnberg, Rep. 280/2-S-II: Staatsanwaltschaft bei dem OLG Nürnberg, Nr. 1686, fol. 137–140: Schreiben des I. Staatsanwaltes bei dem Landgerichte Regensburg an den Herrn Oberstaatsanwalt bei dem OLG Nürnberg v. 7.1.1922.

dige, die aus der gleichen Branche wie der Angeklagte kommen, nicht unvoreingenommen begutachten, weil sie selbst am Ausgang des Verfahrens interessiert sind.[64]

Auch aus Ansbach[65] kam eine ausführliche Antwort, in der der Staatsanwalt versicherte, man unternehme seit jeher alle nur erdenklichen Anstrengungen „im Kampfe gegen diese besonders verwerfliche Art des neuzeitlichen Verbrechertums", der Erfolg sei jedoch „leider nur sehr gering". Die Verbraucher erstatteten nämlich nur ganz selten Anzeige und seien auch bei von Amts wegen aufgedeckten Straftaten nicht mitwirkungsbereit, weil sie befürchten, es sich infolgedessen mit dem „Lieferanten oder Verkäufer zu verderben und von ihm künftig keine Ware mehr zu erhalten". Zumal die ländlichen Schöffengerichte zu milder Bestrafung neigten, weil sie beim Einzelfall stehenblieben und nicht die Gesamtproblematik im Blick hätten. Man sehe im Angeklagten „oft nur den Berufsgenossen, dessen Verteidigungsvorbringen er (der Schöffe aus dem Bereich der Händler und Erzeuger) seiner Entscheidung gutgläubig und kritiklos zu Grunde legt". Außerdem stellten die Gerichte allzu sehr auf Marktlage und Marktpreise ab. Ein Jahr später[66] haben sich die Verhältnisse in Ansbach kaum geändert, die Bekämpfung der einschlägigen Straftaten, so der Staatsanwalt im Januar 1922, sei „noch schwieriger" geworden, was seine Ursache in der reißend fortgeschrittenen Geldentwertung und der allgemeinen Unsicherheit der Wirtschaftslage habe. Die Bevölkerung beteilige sich nicht, allenfalls wenn es um die Zurückhaltung von Waren aufgrund zu erwartender weiterer Geldentwertung gehe, erfolgten Anzeigen. Verhängte Geldstrafen seien aufgrund der Geldentwertung wenig wirksam. Sein Fazit: „Das Wuchergericht Ansbach hat vollständig versagt".

[64] Der Sachverstand hinsichtlich der angemessenen Preisgestaltung speiste sich nach dem Willen des bayerischen Justizministeriums vorrangig aus eigener Sachkenntnis der Gerichte, dann aus Stellungsnahmen der „Sachverständigen der bayerischen Landeswucherabwehrstelle, der Preisprüfungsstellen und der in Betracht kommenden Bewirtschaftungsstellen". Nur ausnahmsweise könne man die Handelskammern um Benennung von Sachverständigen ersuchen, entgegen einem Wunsch der Handelskammern, ihre Sachverständigen in die Verfahren einzubeziehen, vgl. Staatsarchiv Nürnberg, Rep. 280/2-S-II: Staatsanwaltschaft bei dem OLG Nürnberg, Nr. 1686, fol. 66: Schreiben des Staatsministeriums der Justiz v. 11.2.1920 zur „Zuziehung von Sachverständigen" an die Herren Präsidenten der Oberlandesgerichte und die Herren Oberstaatsanwälte bei den Oberlandesgerichten rechts des Rheins mit Abdrucken für die Amtsgerichte, die Präsidenten der Landgerichte, die Staatsanwälte und die Amtsanwälte.

[65] Staatsarchiv Nürnberg, Rep. 280/2-S-II: Staatsanwaltschaft bei dem OLG Nürnberg, Nr. 1686, fol. 142–146 und 182–185: Schreiben des I. Staatsanwaltes bei dem LG Ansbach an den Herrn Oberstaatsanwalt bei dem OLG Nürnberg v. 13.1.1922.

[66] Staatsarchiv Nürnberg, Rep. 280/2-S-II: Staatsanwaltschaft bei dem OLG Nürnberg, Nr. 1686, fol. 153–162: Schreiben des I. Staatsanwaltes bei dem LG Ansbach an den Herrn Oberstaatsanwalt bei dem OLG Nürnberg v. 7.1.1923.

VII. Fazit

Nach diesen Maßstäben hat vermutlich nicht nur das Ansbacher Wuchergericht versagt. Doch waren es wirklich die Gerichte, die versagt haben, oder hatte man die Justiz schlicht in eine Schlacht geschickt, die nicht zu gewinnen war, weil proportional zum Wert der Mark das Vertrauen der Bürger in den Staat sank, in einen neuen Staat, der zudem nach 1918 noch keine Gelegenheit hatte, das Vertrauen seiner Bürger überhaupt zu gewinnen?

Viele eigentlich rechtstreue Bürger haben den Loyalitätskonflikt zwischen wirtschaftskriminellen Erzeugern oder Händlern einerseits und der staatlichen Obrigkeit andererseits verständlicherweise zugunsten der Ersteren entschieden. Kein vernünftiger Mensch beißt die Hand, die ihn nährt, und Wirtschaftsstrafrecht kann man nicht essen. Geschützt durch das Schweigen der Abnehmer entstanden deshalb funktionsfähige Strukturen einer Parallelwirtschaft, die im Gegensatz zur staatlich gelenkten (Nach-)Kriegswirtschaft die Bedürfnisse der Kunden – Bonität vorausgesetzt – zu befriedigen in der Lage war. Anzeigen Privater kamen allenfalls von Konkurrenten, nicht jedoch von Konsumenten. Zum Teil führten die Ermittlungen auch zu vorschneller Kriminalisierung unbescholtener Beschuldigter.

So mancher Erzeuger oder Händler hat diese Situation freilich auch systematisch zum eigenen Vorteil ausgenutzt. Gewinner waren die Landwirte, die anfangs dementsprechend häufig als Angeklagte vor dem Wuchergericht Ansbach (und auch anderen Wuchergerichten) auftraten, ohne dass das Gericht – sehr zur Entrüstung des zuständigen Staatsanwaltes – die ständig erhöhten Strafrahmen auch nur annähernd ausgenutzt hätte. Sie konnten Hypotheken ablösen und ihre Produkte zu Höchstpreisen an dubiose Aufkäufer oder unmittelbar an Städter verkaufen. Diese Städter waren die Verlierer, soweit sie nicht über verwandtschaftliche Beziehungen Zugang zu landwirtschaftlichen Produkten hatten. Das städtische Bildungsbürgertum, diese bislang staatstragende und privilegierte Mittelschicht, hatte unter der Inflation am meisten zu leiden. Die Kriegsanleihen waren wertlos geworden, nun schmolz auch der Rest des über Generationen vererbten und vielfach in Wertpapieren oder Bankguthaben angelegten Vermögens dahin, Sachwerte wurden Tauschware, die Karrieren der jungen Generation waren gefährdet. Man sah sich als das „neue Proletariat“ und musste zusehen, wie andere Gesellschaftsschichten wesentlich besser über die Inflation hinwegkamen und aufstiegen.[67]

[67] Vgl. *Taylor*, Inflation: Der Untergang des Geldes in der Weimarer Republik und die Geburt eines deutschen Traumas, 2013, S. 345 ff.

Durch ihre Politik, die der antiinflationären Sparpolitik anderer europäischer Länder diametral entgegengesetzt[68] war, hatte die republikanische Regierung zunächst eine inflationsbefeuerte Sonderkonjunktur ausgelöst, die eine Massenarbeitslosigkeit verhinderte.[69] Am Ende geriet alles außer Kontrolle. „Nichts", so Stefan Zweig[70] in der „Welt von gestern", hat „das Land so erbittert, so haßwütig, so hitlerreif gemacht wie die Inflation".

[68] Vgl. *Taylor*, Inflation: Der Untergang des Geldes in der Weimarer Republik und die Geburt eines deutschen Traumas, 2013, S. 211 ff.

[69] Vgl. *Wehler*, Deutsche Gesellschaftsgeschichte, Bd. 4: 1914.1949, 2003, S. 244.

[70] *Zweig*, Die Welt von gestern. Erinnerungen eines Europäers, 2010, S. 359.

Wirtschaft im Ausnahmezustand

Die Genese des Wirtschaftsstrafrechts

Michael Kubiciel[*]

I. Wirtschaftsstrafrecht als Krisenphänomen und Sonderrecht?

Das Wirtschaftsstrafrecht zählt zu jenen Bereichen des Strafrechts, denen Politik und Wissenschaft die größte Beachtung schenken und die sich dynamischer fortentwickeln als andere Gebiete des Strafrechts. Dabei gelten die Wesenszüge des Wirtschaftsstrafrechts – Schutz überindividueller Rechtsgüter durch akzessorische Tatbestände und Vorfeldkriminalisierung – als problematisch, große Teile der Strafrechtswissenschaft sehen in wirtschaftsstrafrechtlichen Tatbeständen bedenkliche Abweichungen vom Normalstrafrecht.[1] Auch die Genese des Wirtschaftsstrafrechts liegt weitgehend im Dunkeln. Soweit sich Autoren überhaupt mit der Entwicklung des Wirtschaftsstrafrechts befassen, verorten sie den Entstehungszeitpunkt während des Ersten Weltkrieges und den Krisenjahren der Weimarer Republik.[2] Diese Kontextualisierung unterstützt – bewusst oder unbewusst – die verbreitete Auffassung, dass es sich bei dieser Rechtsmaterie um ein Ausnahmerecht handele, das zu den Maximen des Strafrechts nicht passe, diese Maximen gar auf ungute Art verforme.[3]

Im Folgenden soll gezeigt werden, dass diese Darstellung einiger Korrekturen bedarf. Richtig ist zunächst, dass man für die Genese des Wirtschaftsstrafrechts die „Ausnahmejahre" zwischen dem Kriegsausbruch und der Konsolidierung der Weimarer Republik in den Blick nehmen muss, weil diese

---

[*] Eine inhaltlich leicht veränderte Fassung ist in der Juristenzeitung 2019, S. 1116–1121, erschienen.

[1] Statt vieler *Prittwitz*, ZIS 2012, 217, 219. Für eine ausführliche Würdigung dieser Kritik siehe *Schünemann*, in: Kühne/Miyazawa (Hrsg.), Alte Strafrechtsstrukturen und neue gesellschaftliche Herausforderungen in Deutschland und Japan, 2000, S. 15 ff.

[2] *Brettel/Schneider*, Wirtschaftsstrafrecht, 2. Aufl. 2018, § 1 Rn. 36 f.; *Tiedemann*, Wirtschaftsstrafrecht, 5. Aufl. 2017, Rn. 92.

[3] Pointiert *Vormbaum*, Einführung in die moderne Strafrechtsgeschichte, 3. Aufl. 2016, S. 148: Das im Weltkrieg entstandene „autoritäre Wirtschaftsstrafrecht" habe Bestand gehabt: „Es verschwand nicht wieder." Siehe ferner *Naucke*, RhJ 9 (1990), 287, 294: Die großen Massen des Wirtschaftsstrafrechts seien in einem „ordentlichen Strafrecht nicht abwickelbar".

nicht nur in wirtschaftshistorischer,[4] sondern auch in wirtschaftsstrafrechtsgeschichtlicher Hinsicht eine Einheit bilden. Dennoch ist die Entstehung des Wirtschaftsstrafrechts nicht primär ein Krisenphänomen. Sie resultierte nicht aus einer Revolution gegen tradierte dogmatische Strukturen, sondern schreibt eine Entwicklung fort, die vor 1914 begann und die sich auch nach jenen Krisenzeiten fortsetzte.[5] Diese Entwicklung besteht in der Ablösung eines liberalen Wirtschaftsmodells durch einen stärkeren staaltlichen Interventionismus.[6] Mit dem Übergang von einer ständisch organisierten Gesellschaft, in der Landwirtschaft und Kleingewerbe die Volkswirtschaft prägten, zu einer Massen- und Industriegesellschaft erlangte das Handeln von Unternehmen eine derart große soziale, ökonomische und damit politische Bedeutung, dass es nicht mehr in einem weitgehenden interventionsfreien Raum verortet werden konnte. In einer derart veränderten und „dynamisierten" Gesellschaft war der Staat – mehr denn je – auf die Akzeptanz durch seine Bürger angewiesen, konnte diese jedoch – weniger denn je – voraussetzen, sondern musste regelrecht um sie ringen. Angesichts dessen reichte es nicht aus, das Spiel der wirtschaftlichen Kräfte lediglich durch einen weit gefassten ordnungspolitischen Rahmen einzuhegen; vielmehr erschienen nunmehr ein enger gefasster Ordnungsrahmen sowie punktuelle Interventionen als opportun. Diese Entwicklung zeichnete sich bereits ab dem Ende des 19. Jahrhunderts, insbesondere nach dem sog. Gründerkrach, ab.[7] Fortan sollten Normen und Institutionen die sich „ins Riesenhafte" ausdehnende industrielle Entwicklung kanalisieren, um einerseits die „Lebens- und Entfaltungsbedingungen der Industrie" zu sichern und andererseits den dem Gemeinwohl abträglichen Folgen der wirtschaftlichen Dynamik entgegenzuwirken.[8] Zu diesem Zweck erließ der Gesetzgeber zunächst Normen des Wirtschaftsverwaltungs- und Wirtschaftsrechts, für die sich als Oberbezeichnung bald der Begriff „Industrierecht" fand. Diese Primärnormen stellte der Staat bei Bedarf unter Strafrechtschutz, setzte also Vorformen dessen ein, was wir heute als Wirtschaftsstrafrecht bezeichnen.

---

[4] So *Nolte*, Die Ordnung der deutschen Gesellschaft, 2000, S. 72 m.w.N.

[5] *Vormbaum* (Fn. 3), S. 147: „Obwohl kriegsbedingt, setzte dieses Strafrecht doch einen seit dem Ausgang des 19. Jahrhunderts wahrnehmbaren Trend fort."

[6] *Hattenhauer*, Europäische Rechtsgeschichte, 4. Aufl. 2004, Rn. 2137. *Stolleis* (ZNR 11 [1989], 129 ff.) weist indes darauf hin, dass sich in den deutschen Staaten nie ein vollständig wirtschaftsliberales Ordnungsmodell durchgesetzt hatte, sondern der Staat als „Player"im Markt erhalten blieb.

[7] Dazu und zum Folgenden schon *Kubiciel*, ZStW 129 (2017), 491 f.

[8] *Lehmann*, in: Festschrift für Zitelmann, 1913, S. 1, 4 f. Zu dieser wirkmächtigen Schrift *Weller*, in: Augsberg/Funke (Hrsg.), Kölner Juristen im 20. Jahrhundert, 2013, S. 33, 49 ff.

So gesehen, ist die Genese des Wirtschaftsstrafrechts weder in historischer noch dogmatischer Hinsicht Ausdruck einer Revolution, sondern das Ergebnis einer Evolution. Diese Entwicklung erfuhr jedoch – wie im Folgenden gezeigt werden soll – in den Jahren 1914–1923 einen erheblichen Schub, der auch die Charakteristika des Wirtschaftsstrafrechts besonders deutlich, um nicht zu sagen: grell, hervortreten ließ. Das Kriegswirtschaftsstrafrecht, das in reduzierter, aber nicht grundlegend modifizierter Form auch nach der November-Revolution des Jahres 1918 weitergalt, stellt jedoch nur in seiner Übersteigerung ein Maßnahmenrecht dar, mit dem die wirtschaftlichen Folgen von Ausnahmezuständen – Krieg und Revolution – bewältigt werden sollen. In ihrem Kern lässt diese Rechtsmaterie hingegen bereits die „Umrisse einer neuen Rechtsmaterie" erkennen – jene des Wirtschaftsstrafrechts.[9] Letzteres zeichnet sich durch akzessorische Straftatbestände aus, die überindividuelle Institutionen anstatt subjektive Rechte schützen, und dazu Verhaltensnormen garantiert, die nicht alle Bürger, sondern einen kleinen Kreis von Trägern spezieller wirtschaftlicher Rollen bzw. Pflichten adressieren. Auf diese Weise garantiert das Wirtschaftsstrafrecht jene Essentialia und Details, die eine konkrete Wirtschaftsordnung kennzeichnen. Während der Kriegs- und Revolutionsjahre sicherte es die Normen einer zu großen Teilen planwirtschaftlich organisierten Notwirtschaftsordnung, was die Dichte und Härte der Regelungen erklärt. Auf den Schutz ihrer Essentialia ist aber jede Wirtschaftsordnung angewiesen.[10] Daher endete die Geschichte des Wirtschaftsstrafrechts nicht mit den Ausnahmezuständen; vielmehr etablierte sich diese Rechtsmaterie auch in der wirtschaftlich und politisch gefestigten Bundesrepublik.

II. Kriegswirtschaftsstrafrecht

1. Wirtschaftsstrafrechtliche Normenflut

„Es dürfte heute kaum noch einen deutschen Juristen geben, dem das im Wirtschaftsleben geltende Recht auch nur annähernd so vertraut ist, wie dies vor dem Krieg allgemein der Fall gewesen war (...)", heißt es in einer Monographie über das „Neue deutsche Wirtschaftsrecht" aus dem Jahr 1920.[11] Eine besondere Rolle bei der Umgestaltung des Rechts käme dabei den „neueren öffentlich-rechtlichen Gestaltungen" zu, so Arthur Nussbaum, seiner-

[9] So *Brettel/Schneider* (Fn. 2), § 1 Rn. 37; *Naucke*, RhJ 9 (1990), 287, 293.

[10] Vgl. *Zabel*, in: Kretschmer/ders. (Hrsg.), Studien zur Geschichte des Wirtschaftsstrafrechts, 2018, S. 11, 15. – Allgemeiner *R. Schmidt*, Öffentliches Wirtschaftsrecht, Allgemeiner Teil, 1990, S. 6.

[11] *Nussbaum*, Das neue deutsche Wirtschaftsrecht, 1920, S. III.

zeit außerordentlicher Professor für Handels- und Bankrecht an der Friedrichs-Wilhelm Universität Berlin. Dort, in Berlin, konnte Nussbaum auch beobachten, weshalb sich die „Formen der ordentlichen Gesetzgebung" aufgelöst hatten und eine in die Tausende gehende Zahl von wirtschaftsrechtlichen Verordnungen „auf mehr oder minder anormalen Wege" erlassen worden waren:[12] Die Wirtschaft befand sich im Ausnahmezustand – und zwar seit Beginn des Ersten Weltkrieges.

Mit Kriegsbeginn brach der internationale Handel zusammen. Nicht nur wurden die Handelswege zwischen den kriegsführenden Staaten unterbrochen, beide Seiten versuchten auch, die jeweils andere durch eine Wirtschaftsblockade ökonomisch in die Knie zu zwingen. Dazu bediente man sich auch des Strafrechts. Im Deutschen Reich etwa gelangten Exporteure, die Waren in das neutrale Ausland lieferten, aber damit rechnen mussten, dass diese Waren an eine gegnerische Kriegspartei weiterverkauft werden, in den Anwendungsbereich des §89 RStGB (Landesverrat) – ein für den Handel „höchst unerfreuliches Ergebnis", wie Eb. Schmidt in vornehmer Zurückhaltung meinte.[13] Darüber hinaus erließ das Reich im großen Umfang neue Strafvorschriften. Wesentliche Grundlage dafür waren die Reichsgesetze vom 4.8.1914, die den Übergang zu einer Kriegswirtschaft einleiteten und die den Bundesrat ermächtigten, „diejenigen Maßnahmen anzuordnen, welche sich zur Abwendung wirtschaftlicher Schädigungen als notwendig erweisen sollten."[14] Von diesem Ermächtigungsgesetz machte der Bundesrat nicht nur in quantitativer Hinsicht umfangreichen Gebrauch;[15] das Gesetz brachte auch „ganz neue rechtliche Erscheinungen" hervor.[16] Unter den zahllosen so entstandenen Verordnungen bildete jene zur Sicherstellung des Kriegsbedarfs die Grundlage der militärischen Kriegswirtschaft; sie sah u.a. erheblich ausgeweitete und vereinfachte Enteignungsmöglichkeiten vor.[17] Daneben

---

[12] *Nussbaum* (Fn. 11), S. 1.

[13] *Eb. Schmidt*, ZStW 37 (1916), 68, 93. Um eine einschränkende Auslegung bemühte sich kein Geringerer als *v. Liszt*, ZStW 36 (1915), 786ff. Die aus dem Zusammenbruch des Handels folgenden, anfänglich harmlosen Konsequenzen illustriert *Wolf*, DJZ 1915, 362f., der den „deutschen Damen" rät, sich um Ersatz für französische Modekreationen, Kunst und englische Tuchwaren zu bemühen.

[14] Gesetz über die Ermächtigung des Bundesrates zu wirtschaftlichen Maßnahmen und über die Verlängerung der Fristen des Wechsel- und Scheckrechts im Falle kriegerischer Ereignisse, RGBl. 1914, 327.

[15] Während des gesamten Krieges ergingen nicht weniger als 825 Bundesratsverordnungen, siehe *Huber*, Deutsche Verfassungsgeschichte seit 1789, Bd. 5, 1978, S. 69; *Stolleis*, Geschichte des öffentlichen Rechts in Deutschland, Weimarer Republik und Nationalsozialismus, 2002, S. 67.

[16] *Eb. Schmidt*, ZStW 37 (1916), 68, 69.

[17] Dazu und zum Folgenden *Heymann*, Die Rechtsformen der militärischen Kriegswirtschaft, 1921, S. 53ff.

traten Verordnungen, die behördliche Durchsuchungen von Lagerräumen erleichterten, sowie eine umfangreiche, strafrechtlich abgesicherte Höchstpreisgesetzgebung,[18] Verordnungen zum Währungs- und Finanzrecht wie Zahlungsverbote oder Bestimmungen über den Handel mit Gold sowie Vorschriften des Bewirtschaftungsrechts, die der Versorgung der Kriegswirtschaft und der Bevölkerung mit Lebensmitteln dienten.[19] Um sich rasch auf Veränderungen der wirtschaftlichen Situation im Reich und an der Front einstellen zu können, ging der Bundesrat bald dazu über, lediglich Rahmenregelungen zu erlassen, die die Exekutive – vom Reichskanzler bis hinunter zu Landesbehörden – konkretisieren konnte.[20] Der Gesetzgeber bediente sich mithin einer Blankett(straf)gesetzgebung, um der Exekutive die notwendige Flexibilität zur Bewältigung einer sich dynamisch entwickelnden Lage zu verschaffen. Vorrangige Exekutivbefugnisse hatte nach dem Gesetz über den Belagerungszustand jedoch der Militärbefehlshaber,[21] dazu gehörte auch das Recht, Verbote und Gebote mit Strafandrohung zu erlassen.[22]

Welche Vielzahl von Details die Verordnungen regelten und sanktionierten, sollen einige Beispiele verdeutlichen: So konnten Bäcker, die es unterließen, bestimmte Bekanntmachungen auszuhängen, bestraft werden. Eine Übertretung beging, wer der Polizei falsche Auskunft über die in einer Seifenfabrik verarbeiteten Stoffe gab.[23] Und Freiheitsstrafe bis zu sechs Monaten oder Geldstrafe drohten demjenigen, der beim Verkauf von Schuhwaren eine exakt vorgezeichnete Handelskette unterbrach oder Sonderverkäufe durchführte.[24]

2. Wirtschaftssteuerung im Krieg in seiner „absoluten Gestalt“

Hinter dieser Normenflut stand ein klares Ziel. Die deutsche Wirtschaft musste – wie die anderer kriegsführender Staaten auch – an die Bedingungen und Notwendigkeiten des Krieges angepasst werden[25] und zwar in einem bis

---

[18] Diese waren praktisch von größter Relevanz, siehe dazu *Kronecker*, ZStW 37 (1916), 703 f., wie das Gutachten von *Frank*, ZStW 37 (1916), 28 ff., und das bereits nach einem Jahr in 3. Auflage erschienene Buch von *Alsberg*, Kriegswucherstrafrecht, 3. Aufl. 1917, zeigen.

[19] *Huber* (Fn. 15), S. 68 f.

[20] Dazu und zum Folgenden *Richstein*, Das „belagerte“ Strafrecht – Kriegsstrafrecht im Deutschen Reich während des Ersten Weltkriegs, 2000, S. 88, 170 f.

[21] Grundlage ist das preußische Gesetz v. 4.6.1851, das mit Reichsgesetz v. 11.12.1915 abgeändert wurde.

[22] Von diesem Recht machte die Militärverwaltung regen Gebrauch, wobei der Wortlaut der Verordnung, der nur von „Verboten“ sprach, von der Militärverwaltung auf den Erlass von Geboten ausgedehnt wurde, siehe *Heymann* (Fn. 17) S. 48.

[23] Dazu und zum Folgenden *Eb. Schmidt*, ZStW 37 (1916), 68, 88 ff.

[24] *Richstein* (Fn. 20), S. 90.

[25] *Kershaw*, Höllensturz, 4. Aufl. 2016, S. 116.

dahin nicht gekannten Ausmaß. Denn Wirtschaft und Militärtechnik hatten sich derart weiterentwickelt, dass die Orientierung der Wirtschaft an den Bedürfnissen der Kriegsführung schon für sich betrachtet eine erheblich komplexere Aufgabe darstellte, als dies in den Kriegen zuvor der Fall war. Darüber hinaus war der Erste Weltkrieg auch in einer anderen Hinsicht modern: Er verwirklichte zum ersten Mal die Idee eines Krieges „in seiner absoluten Gestalt“ und verlangte daher auch nach einer Mobilisierung sämtlicher wirtschaftlichen Kräfte.[26] Das Deutsche Reich als Verwaltungsstaat versuchte diesen Wirtschaftskrieg mit den Mitteln der Planung und Lenkung zu gewinnen.[27] Und weil es in Ausnahmesituationen wie einem Krieg sinnvoll ist, sich zur Erreichung seiner Ziele möglichst wirksamer Mittel zu bedienen, lag es nahe, die wirtschaftslenkenden Normen nicht mittels verwaltungsbehördlicher Kontrollen durchzusetzen, sondern schlicht unter Strafandrohung zu stellen.[28] Insgesamt soll es in den Jahren zwischen 1914 und 1918 mehr als 1.600 Verordnungen dieser Art gegeben haben.[29] So entstand ein Kriegswirtschaftsstrafrecht als „Inbegriff der strafrechtlichen Vorschriften, die der Durchführung der Kriegswirtschaft dienen sollen“.[30] Zu dessen Rechtfertigung meinte der wohl berühmteste Strafverteidiger und Honorarprofessor Max Alsberg lakonisch: „Nur mit Hilfe einer Sonderstrafgesetzgebung war den sozialen Pflichtgeboten der Kriegszeit die notwendige Anerkennung zu verschaffen. Das Wirtschaftsrecht des Krieges wurde so in seinen Hauptmomenten ein Kriegsstrafrecht.“[31]

Die hektische Betriebsamkeit des Verordnungsgebers blieb ohne Erfolg. Der Krieg war weder militärisch zu gewinnen noch konnte Deutschland dem wirtschaftlichen Druck standhalten. Die zunächst als Waffenstillstand getarnte Niederlage machte die von der Heeresleitung auf Siegeszuversicht eingestimmte Bevölkerung zwar fassungslos.[32] In wirtschaftlicher Hinsicht über-

---

[26] So unter Bezugnahme auf Clausewitz *Huber* (Fn. 15), S. 74. Siehe auch *C. Schmitt*, Der Begriff des Politischen, 7. Aufl. 2002, S. 103 (Corollarium 2 von 1938): Die Staaten seien „allmählich in die Totalität des Krieges hineingeglitten, und zwar in der Weise, daß der kontinentale, militärische Kombattantenkrieg und der englische, außermilitärische See-, Blockade- und Wirtschaftskrieg sich (auf dem Wege über Repressalien) gegenseitig weitertrieben und in die Totalität steigerten. Hier entstand also die Totalität des Krieges nicht aus einer vorangehenden totalen Feindschaft, (sondern) aus einem allmählich total werdenden Krieg.“

[27] *Huber* (Fn. 15), S. 77.

[28] Ähnlich *Richstein* (Fn. 20), S. 170: „Die Mittel, die der Staat zwecks Bestehen und Überwindung solcher und anderer Ausnahmesituationen gebraucht, sind immer v.a. auch solche auf dem Gebiet des Strafrechts und Strafprozeßrechts.“

[29] *Frehse*, Ermächtigungsgesetzgebung im Deutschen Reich 1914–1933, 1984, S. 27 f.

[30] *Moses*, ZStW 38 (1917), 78; ähnlich *Alsberg*, Kriegswucherstrafrecht, 1916, S. 3.

[31] *Alsberg* (Fn. 30), S. 5.

[32] *Haffner*, Die deutsche Revolution 1918/19, 2018, S. 24; *Platthaus*, 18/19. Der Krieg nach dem Krieg, 2018, S. 43.

raschen konnte die Niederlage die Bevölkerung indes nicht. Noch während des Krieges waren Staatsschulden und Inflationsrate merklich gestiegen,[33] aus einer Versorgungskrise war eine strukturelle Unterversorgung geworden, die sich bis hin zu Hungersnöten steigerte.

3. Zeitgenössische Deutung: Vorübergehendes Ausnahmerecht

Nachdem der Krieg für Deutschland verloren war, schrieb man die Niederlage auch dem Versagen der wirtschaftlichen Heimatfront zu: So meint Heymann, ebenfalls Professor an der Friedrich-Wilhelms-Universität Berlin und während des Krieges Mitglied einer beim Kriegsministerium angesiedelten wissenschaftlichen Kommission, dass die „industrielle Lage im Heimatgebiet eine entscheidende Rolle" dafür gespielt habe, dass „die Armee im letzten Augenblick nicht wenigstens noch eine Weile stand".[34] Die Friedenswirtschaft sei nicht konsequent genug in eine Kriegswirtschaft überführt worden, sondern sei weiterhin dem freien Spiel der Kräfte gefolgt und zum „guten Teil" an „Unternehmergewinnen" orientiert gewesen. Nach dieser kapitalismuskritischen Version der Dolchstoßlegende hätte die Wirtschaft mithin noch weiter aus dem Normalzustand herausgelöst werden müssen; die Staatsgewalt hätte „rücksichtsloser" zupacken müssen, wie Heymann beklagt.[35]

Das darf man als krasse Fehleinschätzung bezeichnen. Zum einen zeigen neuere Arbeiten zur Wirtschaftsgeschichte die strukturelle Unterlegenheit des deutschen staatskapitalistisch-planwirtschaftlichen Systems; es hatte dem freiheitlichen Kapitalismus der USA schlicht nichts entgegenzusetzen.[36] Zum anderen hatte sich das Wirtschaftsrecht und mit ihm auch das wirtschaftsregulierende Strafrecht als Mittel der „harten Notwendigkeit"[37] schon so weit vom Normalzustand entfernt, dass ein „rücksichtsloseres" Zupacken kaum vorstellbar gewesen wäre. So wurde moniert, dass Verstöße gegen sämtliche Kriegsverordnungen mit Freiheits- oder Geldstrafe sanktioniert wurden, während das bis zum Ausbruch des Krieges geltende Strafrecht streng zwischen Verbrechen, Vergehen und Übertretungen differenzierte und die Sanktionsart dem Charakter der Verbotsnorm anpasste.[38] Vor allem aber sah man in der Vielzahl von Verordnungen und ihrer Detailtiefe eine „Ueberorganisation".[39] Eb. Schmidt vermochte hinter all den Verordnungen kein

---

[33] *Kershaw* (Fn. 25), S. 143.

[34] Dazu und zum Folgenden *Heymann* (Fn. 17), S. 7.

[35] *Heymann* (Fn. 17), S. 7.

[36] Dazu mit statistischen Belegen und weiteren Nachweisen *Tooze*, Sintflut, 2017, S. 252 f., 258 f.

[37] *Licht*, DJZ 1916, 578.

[38] Krit. *Moses*, ZStW 38 (1917), 78 f.

[39] *Neukamp*, DJZ 1917, 850.

System mehr zu erkennen; sie auf ihr systematisches Verhältnis zu den Tatbeständen des StGB zu untersuchen, sei unmöglich.[40]

Was für den Strafrechtswissenschaftler gilt, trifft erst recht auf die Normadressaten zu: Sie waren außerstande, sich einen Überblick über die ausgesprochen detaillierten Vorgaben zu verschaffen und sich normgemäß zu verhalten. Der Notgesetzgeber reagierte darauf mit der Irrtumsverordnung, die es der Staatsanwaltschaft ermöglichte, die Einstellung des Verfahrens beim zuständigen Gericht zu beantragen, wenn „der Beschuldigte in unverschuldetem Irrtum über das Bestehen oder die Anwendbarkeit der übertretenen Vorschrift die Tat für erlaubt gehalten hat."[41] Damit wurde die gefestigte Rechtsprechung von der Unbeachtlichkeit des Verbotsirrtums prozessual gerade so weit aufgeweicht, dass das eigentliche Ziel der Verordnungsgebung nicht gefährdet wurde.[42] Die Bürger sollten sich normgemäß verhalten und sich daher über den Inhalt von Normen informieren;[43] war dies nicht möglich, weil die Norm zu neu oder inhaltlich unbestimmt war oder weil sich Normen widersprachen, war eine Bestrafung weder funktional erforderlich noch gerechtfertigt.

Die Vielzahl von Verordnungen, ihr häufig wechselnder Inhalt und vor allem das prekäre Verhältnis zur übrigen Rechtsordnung erklärt, weshalb das Kriegswirtschaftsstrafrecht als ein Maßnahmen- bzw. Sonderrecht erscheint, das situativ einzelne Zwecke erfüllen und nicht von Dauer sein sollte.[44] Carl Schmitt unterstützte diese Deutung dadurch, dass er jenen Verordnungen, die der Militärbefehlshaber nach dem Belagerungsrecht erlassen durfte, den Charakter einer Rechtsnorm absprach: Die Anordnungen der Militärbefehlshaber blieben – wie Befehle – Akte der exekutiven Gewalt, auch wenn sie in der Form allgemeiner Anweisungen ergingen.[45] Die Legitimität dieser Verordnungen speist sich, wie der Belagerungszustand selbst, aus ihrem Zweck. Daher, so Schmitt, dürften rechtliche Schranken entfallen, die der Erreichung des Zweckes entgegenstünden. Im Belagerungszustand werde ein rechtsfreier Raum abgesteckt, in dem der Militärbefehlshaber jedes ihm geeignet erscheinende Mittel anwenden dürfe, meinte Schmitt,[46] der wenige Jahre später seine berühmte Theorie vom Ausnahmezustand zu Papier brachte.

---

[40] *Eb. Schmidt*, ZStW 37 (1916), 68, 88 f.

[41] Verordnung v. 18.1.1917, RGBl. S. 58. Dazu *v. Lilienthal*, ZStW 38 (1917), 355, 356 f.

[42] Krit. bereits *Naucke*, RhJ 9 (1990), 330, 337 ff.; ebenso *Richstein* (Fn. 20), S. 96 f.

[43] Krit. dazu *Vormbaum* (Fn. 3), S. 148: „autoritäre Auffassung über das Verhältnis von Staat und Bürger".

[44] *K. Meyer*, ZStW 39 (1918), 299, 301: Es handele sich um „ethisch indifferente, lediglich aus Zweckmäßigkeitsgründen erlassene Bestimmungen, also in der Hauptsache um vorübergehendes Recht." Siehe ferner *Stolleis* (Fn. 15), S. 67.

[45] *C. Schmitt*, ZStW 38 (1917), 138, 156.

[46] *C. Schmitt*, ZStW 38 (1917), 138, 159.

Werden Rechtsnormen allein zweckrational legitimiert, droht zweierlei: Zum einen können Vorschriften, die Verhaltensnormen von scheinbar willkürlichem Inhalt mit Hilfe von drastischen Strafandrohungen erzwingen wollen, kaum auf Akzeptanz bei der Bevölkerung hoffen und müssen daher mit Kontrolle und Zwang durchgesetzt werden – eine mittel- und langfristig wenig aussichtsreiche Strategie.[47] Zum anderen führt ein Funktionsversagen einer zweckrational begründeten Norm zu einem Legitimationsverlust. Beide Defizite eines solchen Ausnahme- bzw. Maßnahmenrechts zeigten sich während des Ersten Weltkrieges anhand der Verordnungen gegen Preisüberschreitungen: Diese, moniert Nussbaum, hätten sich wegen ihrer Überstrenge und Unbestimmtheit nur sehr begrenzt in die Wirklichkeit umsetzen lassen und seien zudem eine Hauptursache für die „Abstumpfung des Rechtsgefühls in den beteiligten Verkehrskreisen geworden."[48] Vor diesem Hintergrund ist es wenig überraschend, dass viele Stimmen nach Ende des Krieges einen „Abbau und Rückbau" dieses Sonderrechts forderten.[49] In seinem im Dezember 1917 gehaltenen Vortrag „Entwicklungskeime aus dem Kriegsstrafrecht" fordert der Ministerialrat Karl Meyer: „Wir müssen zurück zur strafrechtlichen Einfachheit und Freiheit, zur strengen strafgesetzgeberischen Kontrolle. Das Strafrecht ist nicht Hilfsrecht der Verwaltung. Verwaltungsvorschriften müssen wirtschaftlich so gestaltet sein, daß sie sich auch ohne Strafzwang durchsetzen können."[50]

III. „Rechtsinstitutionen, die nicht so schnell verwehen, wie sie entstanden sind"

1. Die Revolutionszeit

Zu einem solchen Großreinemachen kam es jedoch nicht. Max Alsberg hatte schon 1916 prophezeit, dass „die durch den Krieg geschaffenen Rechtsinstitutionen nicht so schnell verwehen, wie sie entstanden sind."[51] Sicher sei,

[47] Dazu am Beispiel transnationaler Korruptionsverbote *Kubiciel*, ZStW 120 (2008), 429 ff.

[48] So *Nussbaum* (Fn. 11), S. 22. Ebenso *K. Meyer*, ZStW 39 (1918), 299, 301 f.: Man dürfe den „Strafschutz nicht zu stark in Anspruch nehmen und überspannen. Denn sonst tritt eine staats- und kriminalpolitisch recht unerwünschte Gegenwirkung ein; aus den zu vielen Strafvorschriften und Abstrafungen folgt nicht eine Stärkung, sondern eine Erschütterung des Rechtsbewußtseins. An die Stelle der Gesetzesbeachtung tritt die Gleichgültigkeit (...)."

[49] *Kahn*, Rechtsbegriffe der Kriegswirtschaft, 1918, S. 155; *K. Meyer*, ZStW 39 (1918), 299, 300: „großer strafrechtlicher Abbau".

[50] *K. Meyer*, ZStW 39 (1918), 299, 302.

[51] Dazu und zum Folgenden *Alsberg* (Fn. 30), S. 6. Ähnlich *v. Lilienthal*, ZStW 38 (1917), 202, 206.

dass das Strafrecht nicht wieder in sein „altes Geleise“ zurückgeführt werde, solange der „anormale“ Zustand der Wirtschaft andauere. Und genau dieser anormale Zustand hielt – in jeder Hinsicht – an. Denn mit dem Waffenstillstand ging der Krieg nicht zu Ende; innenpolitisch erwies sich die vor allem von den Sozialdemokraten gehegte Hoffnung, man könne die Regierungsform ändern, um das Reich nach innen und außen zu stärken,[52] als Illusion.[53] So endete mit der November-Revolution von 1918 zwar (vorübergehend) der Belagerungs-, nicht aber der Ausnahmezustand. Die Gesetzgebungsbefugnis ging auf den Rat der Volksbeauftragten über und verblieb dort bis zur Konstitution der Nationalversammlung im Februar 1919. Zu dieser Befugnis des Rates der Volksbeauftragten zählte auch das Recht zur „außerordentlichen Verordnungstätigkeit“. So wie der Bundesrat mit einer Vielzahl von Verordnungen und Subdelegationen den Ausnahmezustand während des Krieges zu managen versuchte, sollten nun die vom Rat der Volksbeauftragten bestimmten Organe die Folgen der Revolution einhegen und den Übergang von der Kriegs- zur Friedenswirtschaft organisieren.[54] Dieses Interesse teilten auch jene politischen Kräfte, die sich für einen grundlegenden Umbau der Wirtschaftsverhältnisse aussprachen: So setzte sich auch bei den Sozialisten die Erkenntnis durch, dass „man eine zusammengebrochene Wirtschaft nicht ‚sozialisieren‘ könne.“[55] Da eine „Sozialisierung des Bankrotts“ nicht erstrebenswert erschien, fühlten sich alle tragenden Kräfte der neuen Regierung der ökonomischen Stabilisierung und dem weltwirtschaftlichen Wiederaufbau des Reiches verpflichtet.

Aus diesem Grund behielten viele der Notverordnungen aus der Kriegszeit ihre Geltung. Von besonderer praktischer Relevanz waren dabei die Vorschriften gegen Preistreiberei,[56] deren Strafdrohungen teils sogar verschärft und deren Durchsetzung sog. Wuchergerichten überantwortet wurden.[57] Die Aufhebung dieser Notverordnungen kam – einem Mitarbeiter des Reichsjustizministeriums zufolge – „noch lange“ nicht in Betracht, da die Wiederherstellung normaler Marktverhältnisse „in weite Ferne“ gerückt sei: Die fünfjährige Absperrung vom Weltmarkt, die schweren Bedingungen des Waffenstillstands, die überstürzte Räumung der besetzten Gebiete, die Besetzung von Teilen des Reiches sowie die überhastete Demobilisierung des „Millionenheeres“, die Grippeepidemie sowie die unmittelbaren Revolutionsfolgen – Warenverschleuderung und Produktions- und Ernteausfall – stünden einer

---

[52] Treffend *Haffner* (Fn. 32), S. 13.

[53] *Haffner* (Fn. 32), S. 183 ff.; *Gerwarth*, Die Besiegten, 2016, S. 153 ff.

[54] *Nussbaum* (Fn. 11), S. 3 f.

[55] Dazu und zum Folgenden *Huber* (Fn. 15), S. 857 f.

[56] *v. Lilienthal*, ZStW 40 (1919), 190 ff.

[57] Siehe dazu auch *Dannecker/Bülte*, in: Wabnitz/Janovsky, Handbuch des Wirtschafts- und Steuerstrafrechts, 4. Aufl. 2014, 1. Kapitel Rn. 58.

Normalisierung der Märkte und der Preisbildung entgegen.[58] Es spricht für sich, dass Max Alsbergs 1916 erstmalig publiziertes Buch über das Kriegswucherstrafrecht bis 1923 sieben Auflagen erreichte; vielsagend ist zudem, dass er das Werk nach Kriegsende in „Preistreibereistrafrecht" änderte und damit eine sachliche Nähe zur Inflation herstellte.[59] Besonders rege Aktivitäten entfaltete auf diesem Gebiet übrigens die Münchener Räterepublik. Sie tat sich nicht nur mit der berühmt-berüchtigten „Bekanntmachung über die Einsetzung eines provisorischen Revolutionstribunals" hervor, die in dem Satz kumulierte: „Jeder Verstoß gegen revolutionäre Grundsätze wird bestraft. Die Art des Strafens steht im freien Ermessen des Richters." Sie setzte auch eine Flut von Verordnungen zur Steuerung der Wirtschaft in Kraft.[60]

Kurzum: Mit Kriegsende verschwand das Ausnahmerecht nicht, viele Teile blieben erhalten. Die Mahnung des Strafrechtlers Alexander Graf zu Dohna-Schlodien, es sei „hohe Zeit, daß wir uns zurückfinden auf den Boden des Rechtsstaats (...)",[61] wurde erst erhört, als sich die wirtschaftliche Lage des Deutschen Reichs nach 1923 konsolidierte.

2. Die Rückkehr des wirtschaftlich-finanziellen Ausnahmezustandes

Diese Phase der Normalisierung war jedoch nur von kurzer Dauer. Die am „schwarzen Freitag" – dem 25.10.1929 – in New York ausgelöste Weltwirtschaftskrise traf das vom Krieg und dessen Folgen geschwächte Deutsche Reich mit voller Wucht. Um den völligen Zusammenbruch der Finanz- und Realwirtschaft zu verhindern, setzte eine Gesetzgebung ein, in der „eine Notverordnung der andren" folgte.[62] Deutschland wurde, nach einer Bemerkung des Verfassungshistorikers und Zeitzeugens Ernst Rudolf Huber, in den „wirtschaftlich-finanziellen Ausnahmezustand" versetzt.[63] Um der Situation Herr zu werden, erließ die Exekutive – wie schon während des Krieges und in der unmittelbaren Nachkriegszeit – eine Vielzahl von Notverordnungen. Beispielsweise verpflichtete man alle in Deutschland ansässigen Privatpersonen und steuerpflichtigen juristischen Personen dazu, ausländische Zahlungsmittel oder Forderungen in ausländischen Währungen der Reichsbank anzubieten und ihr auf deren Verlangen zu verkaufen. Bereits auf einen fahrlässigen Verstoß gegen diese Kapital- und Steuerfluchtverordnung stand Ge-

---

[58] *Schäfer*, DJZ 1919, 151 f.

[59] Siehe dazu die Rezension von *M.E. Mayer*, JW 1923, 110.

[60] Umfassend dazu die Textsammlung von *Barrenecke/Naucke/Seifert*, Materialien zu einer Strafrechtsgeschichte der Münchener Räterepublik 1918/1919, 2004. Konzise *Vormbaum* (Fn. 3), S. 148.

[61] *Graf zu Dohna*, Die Revolution als Rechtsbruch und Rechtsschöpfung, 1923, S. 20.

[62] *Stoll*, AcP 134 (1931), 338 f.

[63] *Huber* (Fn. 15), S. 767 f.

fängnisstrafe, bei Vorsatz drohten bis zu zehn Jahre Zuchthausstrafe.[64] Hinzu traten Normen zur Preisüberwachung sowie Verbote bestimmter Bankgeschäfte, die ebenfalls strafbewehrt waren.[65] Einzelne Stimmen beklagten zwar die Auswüchse – „drakonische Strafen bei völlig unklaren Tatbeständen".[66] Sie erkannten aber im Grundsatz an, dass „(u)nsere Zeit aber lehrt, wie notwendig eine derartige Handhabung (der Notstandsbefugnisse, MK) ist (....)."[67]

IV. Wirtschaftspolitik und Strafrecht

1. Exzeptionelle Wirtschaftspolitik

Der Rückblick auf die Jahre 1914–1923 sowie die Krisenjahre 1929/1930 scheinen die Einschätzung zu bestätigen, dass wirtschaftliche Ausnahmezustände maßgeblich für die Genese des Wirtschaftsstrafrechts gewesen sind, dieses Rechtsgebiet also sprichwörtlich „aus der Not geboren" wurde. Weil ein Ausnahmezustand auf den anderen folgte, „verwehte" das Sonderrecht nicht. Vielmehr gewöhnten sich das Rechtssystem, die Wirtschaft und die Gesellschaft an seine Existenz, ließe sich jenes Narrativ fortschreiben, das die bis heute verbreitete These stützt, Wirtschaftsstrafrecht stelle eine (dogmatisch und rechtsstaatlich) bedenkliche Anomalie dar.

So überzeugend dieses Narrativ klingt, so schnell offenbaren sich seine Schwächen. Diese betreffen bereits die Frage, ob sich die während des Ersten Weltkriegs und den Weimarer Notzeiten implementierten Normen tatsächlich als Sonderrecht bezeichnen lassen. Die Antwort darauf muss meines Erachtens differenzierter ausfallen als jene der zeitgenössischen Beobachter. Zweifellos: Normen, die eine un- oder unterbestimmte Verhaltensnorm unter drakonische Strafandrohung stellen, verlassen, auch nach heutigen Maßstäben, jenen Rahmen, in dem sich ein am Bestimmtheitsgebot und Schuldprinzip ausgerichtetes Strafrecht bewegen muss. Nach meiner Beobachtung waren solche Vorschriften jedoch eher die Ausnahme, zeichneten sich die Verordnungen doch zumeist durch große Detailgenauigkeit aus; auch „exorbitante" Strafrahmen waren nicht die Regel. Das Ungewöhnliche am Kriegswirtschaftsstrafrecht und seinen Nachfolgern betrifft also nicht die strafrechtliche Hülle, sondern deren Kern, anders gewendet: die Verhaltensnor-

---

[64] Zum Ganzen *Bernard*, JW 1931, 2058, 2059. Vgl. ferner *Jescheck*, JZ 1959, 457.

[65] 4. Notverordnung v. 8.12.1931, RGBl. I, S. 702, 704; vgl. dazu *Rauch*, ZStW 58 (1939), 75, 86 und die Kritik an dem im „Übermaß erzeugten Sonderrecht" (S. 97 f.).

[66] So *Stoll*, AcP 134 (1931), 338, 355; krit. auch *Grünhut*, ZStW 53 (1934), 1, 3.

[67] Vgl. *Stoll*, AcP 134 (1931), 338, 348, der lediglich die Beachtung der „Kunst weiser Beschränkung" anmahnt (S. 352).

men und die ihnen zugrundeliegende wirtschaftspolitische Maxime. Diese Maxime war planwirtschaftlicher Natur: Der Staat versuchte während des Krieges und in den Notzeiten der Weimarer Republik, Teile der Produktion, die Handelswege, die Verteilung von Gütern sowie die Preisbildung staatlich zu lenken. In einer bis dato marktwirtschaftlich organisierten Wirtschaftsgesellschaft musste dies als das wahrgenommen werden, was es war: eine wirtschaftspolitische Revolution.

2. Konventionelle Rechtspolitik

Seine planwirtschaftlichen Strategien verfolgte der Staat zwar mit Hilfe von Normen, die in einem vereinfachten Verfahren zustande gekommen waren – auch insofern lässt sich von einem Ausnahmerecht sprechen. Rechtsstrukturell bilden diese Normen indes kein Sonderrecht, vielmehr verließ sich der Staat selbst während des Krieges auf das Wirtschafts- und Wirtschaftsverwaltungsrecht, das in seinen Grundzügen bereits in den Jahrzehnten vor Ausbruch des Ersten Weltkriegs entstanden war. Bereits in den 1870er Jahren begann sich die Rechts- und Wirtschaftspolitik nämlich vom Leitbild einer uneingeschränkten Wirtschaftsfreiheit zu verabschieden: Der Staat griff punktuell in die Wirtschaft ein, um wirtschafts- bzw. sozialpolitische oder andere öffentliche Interessen durchzusetzen.[68] Diese Eingriffe waren nicht ideologisch motiviert, sondern pragmatischer Natur, hatten aber eine erhebliche Durchschlagskraft.[69] Denn der Staat konnte sich dazu eines wachsenden und zunehmend dogmatisch durchgearbeiteten Verwaltungsrechts bedienen, das ein effizient arbeitender und kompetenziell gerüsteter Verwaltungsapparat einschließlich einer Verwaltungsgerichtsbarkeit durchsetzte.[70] Auf diese Weise wurde der Kapitalismus „organisiert", d.h. das Handeln der Wirtschaft dort, wo es politisch opportun erschien, begrenzt und gelenkt. Als politisch opportun galten Eingriffe in die Wirtschaft in zunehmendem Maße. Denn aus der Klassengesellschaft der Kaiserzeit war längst eine industrielle Massengesellschaft geworden, die in stärkerem Maße der Koordination qua Recht bedurfte.[71] Für eine solche Gesellschaft war es unzureichend, der Wirtschaft lediglich einen Rahmen für die Selbststeuerung zu ziehen.[72] Versagten Märkte oder schufen Industrien neuartige Gefahren, erwartete die Gesellschaft, dass der Staat stärker eingriff als bisher. Dieser Erwartung kam der Staat nach. Dazu trug auch die Demokratisierung der Gesellschaft bei: Zum

---

[68] Dazu *Eb. Schmitt*, ZStW 37 (1916), 68, 80 ff.; ferner *Huber* (Fn. 15), S. 70.

[69] Treffend *Schmoeckel/Maetschke*, Rechtsgeschichte der Wirtschaft, 2. Aufl. 2016, Rn. 741: „pragmatischer Kapitalismus".

[70] *Schmoeckel/Maetschke* (Fn. 69), Rn. 748.

[71] Vgl. *Stolleis* (Fn. 15), S. 73.

[72] *Theile*, MSchKrim 2010, 147, 148 ff.

einen konnte auch der Staat des Deutschen Reiches als parlamentarische Monarchie die Akzeptanz seiner Bevölkerung nicht (mehr) bedingungslos voraussetzen; vielmehr musste er sich – durch wahrnehmbare – Leistungen gegenüber den Bürgern empfehlen. Zum anderen griff das demokratische Prinzip über seine (noch unvollkommene) Form staatsverfassungsrechtlicher Verwirklichung hinaus: Als umfassendes Prinzip kennt es grundsätzlich keine staats- und politikfreien Räume, daher konnte auch die Wirtschaft einen solchen nicht (mehr) für sich reklamieren.[73] Carl Schmitt verknüpfte die Regulierung der Wirtschaft sogar mit der (inneren) Souveränität des Staates: „Ein Staat", so Schmitt, „der in einem ökonomischen Zeitalter darauf verzichtet, die ökonomischen Verhältnisse von sich aus richtig zu erkennen und zu leiten, muß sich gegenüber den politischen Fragen und Entscheidungen für neutral erklären und verzichtet damit auf seinen Anspruch zu herrschen."[74]

Auf diesen Anspruch verzichtete der Staat nicht. Infolgedessen kam es zu einer Vergrößerung und Verdichtung der Normmasse sowie zu einer Ausdifferenzierung neuer Rechtsgebiete, die wir heute als öffentliches und privates Wirtschaftsrecht bezeichnen.[75] Zur Durchsetzung dieser Normen verließ man sich nicht nur auf den Verwaltungsapparat, sondern setzte auch das Strafrecht ein. Weltkrieg und Revolution übten dabei zwar eine Katalysatorfunktion aus.[76] Die Tendenz zu dieser Art der Wirtschaftsregulierung hatten aufmerksame Rechtstheoretiker aber schon um die Jahrhundertwende ausgemacht. So stellte Max Ernst Mayer im Jahr 1903 fest, dass sich das (Straf-)Recht in der Vergangenheit keine neuen Inhalte angeeignet, sondern Kulturnormen mit einer eigenen Form und einer eigenen Garantie ausgestattet habe.[77] Nun beginne eine neue Epoche, in der das Strafrecht Rechtsnormen garantiere, denen der Bezug zur Sozialmoral und Alltagskultur fehle, auf deren Einhaltung eine moderne Gesellschaft mit ihren vielfältigen Steuerungsproblemen aber gleichwohl angewiesen sei.[78] Dazu passt, dass sich in der Strafrechtswissenschaft um die Jahrhundertwende ein zweckrationales Denken durchzusetzen begann: Die Strafe sollte nicht primär auf einen Rechtsbruch reagieren, sondern mit ihrer Hilfe sollte der Staat agieren, d.h. Ziele erreichen.[79] Diese politische Aktivierung des Strafrechts bezog kein Geringerer als v. Liszt ausdrücklich auch auf die Wirtschaft: Der Staat habe

[73] Dazu und zum Folgenden *Ambrosius*, in: Kretschmer/Zabel (Fn. 10), S. 95, 101 f.

[74] *Schmitt*, Der Begriff des Politischen, 7. Aufl. 2002, S. 87.

[75] *Stolleis*, in: Bauer/Cybulla/Kahl/Voßkuhle (Hrsg.), Umwelt, Wirtschaft und Recht, 2001, S. 1, 3 f.

[76] *Stolleis* (Fn. 75), S. 8.

[77] *Mayer*, Rechtsnormen und Kulturnormen, 1903, S. 19 ff.

[78] Dazu und zum Folgenden *Mayer* (Fn. 77), S. 22.

[79] Grundlegend *v. Liszt*, ZStW 3 (1883), 1 ff.

sich von einem „Nichts-als Rechtsstaat" zu einem modernen Verwaltungsstaat entwickelt, so v. Liszt, und greife durch „bewußte Zwecksetzung in das freie Spiel der Kräfte" ein, um die „Interessen der Gesamtheit" wahrzunehmen.[80]

Kurzum: Als die deutsche Wirtschaft in den Modus des „Kriegssozialismus"[81] überführt wurde, geschah dies mit Hilfe von bereits etablierten Mitteln. Die These vom „Sonderrecht" verwechselt daher den exzeptionellen wirtschaftspolitischen Kern und das rechtliche Mittel.

V. Spuren eines neuen Werdens

Die These vom Wirtschaftsstrafrecht als Sonderrecht traf in ihrer Einseitigkeit also schon in jenen Jahren nicht zu, als sie erstmalig aufgestellt wurde. Die Genese des Wirtschaftsstrafrechts verläuft vielmehr in Bahnen, die deutlich vor den Ausnahmejahren zwischen 1914 und 1923 beginnen. Gerade wegen dieser konzeptionellen Unabhängigkeit konnte Nussbaum im Jahr 1920 in der Kriegswirtschaft auch „die ersten Spuren eines neuen Werdens" erkennen.[82] Wie die wirtschaftsstrafrechtlichen Spuren gestaltet sind, erkennen wir heute deutlicher: Kennzeichnend für das Wirtschaftsstrafrecht ist der Schutz von Institutionen und Verfahren durch eine Garantie wirtschaftsrechtlicher Primärnormen – entweder in akzessorischen Straftatbeständen oder sogar in Blankettnormen. Heute sichern diese Primärnormen die Institutionen der sozialen Marktwirtschaft – Wettbewerb, Kreditwesen, Sozialversicherungen, Finanzmärkte etc. Während des Ersten Weltkrieges und der Nachkriegszeit schützten sie hingegen die Institutionen des „Kriegssozialismus". Es ist also die Wirtschaftspolitik, die das Gestern vom Heute und die Ausnahme von der Normallage trennt. In strafrechtlicher Hinsicht besteht indes eine Kontinuität – eine Kontinuität, an der ich nichts grundsätzlich Schlechtes zu erkennen vermag.

---

[80] *v. Liszt*, Mitteilungen der IKV 19 (1912), S. 376, 377 f. Siehe dazu auch *Zabel* (Fn. 10), S. 16.

[81] *Heuss*, Kriegssozialismus, 1915.

[82] *Nussbaum* (Fn. 11), S. 1.

Fememorde und Notstandsrecht

Blick auf eine juristische Kontroverse

Verena Dorn-Haag

I. Einleitung

„Fadenscheinige Rechtsgründe pflegen der Rechtssache, die man vertritt, nicht zu nützen, sondern zu schaden: (...) Auch der Wechsel der Rechtsbegründung spricht nicht für die Sache, in deren Dienst sie geschieht.“[1]

Mit diesen Worten traf der berühmte Jurist, Politiker und Rechtsphilosoph Gustav Radbruch (1878–1949) in seinem Aufsatz „Staatsnotstand, Staatsnotwehr und Fememord“ aus dem Jahr 1929 den neuralgischen Punkt der juristischen Notstandskontroverse anlässlich der Fememorde der 1920er Jahre. Die dogmatische Diskussion war in weiten Teilen der juristischen Literatur und Rechtspraxis interessengeleitet „im Dienste“ der Fememörder. Die Rechtsgründe für die Bewertung dieser Taten, namentlich eine Rechtfertigung über die Rechtsfigur des übergesetzlichen rechtfertigenden Notstandes, waren insoweit oft „fadenscheinig“, als sie die Voraussetzungen des Notstandsrechts in kreativer Rechtsfortbildung denkbar weit aus-, ja sogar überdehnten.

Die Bestrebungen, Fememörder über die Ausweitung des Notstandsrechts zu exkulpieren, waren freilich, wie in Gustav Radbruchs Worten anklingt, Kritik ausgesetzt. Nicht nur die Motivation (die „Sache“) der Jurisprudenz, diese Rechtsfigur als Rechtfertigungsgrund anzuwenden, fand in Teilen der Wissenschaft Anstoß. Auch die dogmatische Begründung (die „Rechtsgründe“) vermochte die juristische Literatur nicht durchweg zu überzeugen. Im Zentrum der Kontroverse stand hierbei insbesondere die Schlüsselfrage, inwieweit der Bürger berechtigt sei, den Staat vor feindlichen Angriffen auf eigene Faust zu schützen. Oder anders gewandt: Inwieweit war der Staat als solcher geschützter Dritter im System der Rechtfertigungsgründe, namentlich des rechtfertigenden Notstandes?

Bis zum heutigen Tage ist die Diskussion über die Legitimation und Grenzen der sog. „Staatsnotwehr“ bzw. des „Staatsnotstands“ aktuell. Dabei dienen die Fememorde der Weimarer Zeit in der aktuellen Kommentarliteratur

[1] *Radbruch*, Justiz 4 (1928), 164 ff.; *ders.*, Justiz 5 (1929/1930), 125 ff.

weiterhin als negatives Beispiel aus der Rechtsgeschichte, um eine sehr restriktive Handhabung dieser Rechtsfiguren anzumahnen. So sei „(…) die Gefahr einer (je nach politischem Standpunkt) unterschiedlichen Auslegung der ‚höchsten Staatsinteressen' und einer Berufung auf ‚Staatsnotwehr' zur Legitimation politisch motivierter Gewalt nicht von der Hand zu weisen, wie Erfahrungen aus der Weimarer Republik zeig(t)en."[2] Nicht zuletzt vor dem Hintergrund aktueller Debatten lohnt ein Blick auf dogmengeschichtliche Aspekte des Notstandsrechts.

Ziel des Beitrags ist es dabei zunächst, die juristische Kontroverse in ein zeithistorisches Geschehen einzuordnen (unten, II.). In einem ersten Schritt sollen die gesellschaftspolitischen Hintergründe der Fememorde beleuchtet werden (unten, II.1.), um anschließend das Phänomen der Fememorde inhaltlich und begrifflich näher einzugrenzen (unten, II.2.). Daran anknüpfend gilt es aufzuzeigen, wie sehr dogmatische Figuren aus einem praktischen Bedürfnis der Strafrechtspflege entstehen, zeithistorische Konfliktlagen zu bewältigen (unten, III.).[3] Im Zentrum der Erörterung stehen sodann die zeitgenössische juristische Kontroverse und deren kritische Würdigung (unten, IV.). Dabei soll zunächst auf die etablierten, gesetzlich geregelten Rechtfertigungs- bzw. Entschuldigungsgründe eingegangen werden. Hierbei wird sich offenbaren, weshalb eine Debatte über den übergesetzlichen Notstand notwendig wurde. Im Anschluss daran beleuchtet der Aufsatz die Rechtsfigur des übergesetzlichen rechtfertigenden Notstandes in Abgrenzung zur Notwehr, um zu zeigen, dass die Notstandskontroverse primär einen politischen Gehalt aufwies (unten, V.). Schließlich fasst der Beitrag die Ergebnisse zusammen und veranschaulicht, inwiefern die heutige juristische Diskussion um die Figur des rechtfertigenden Notstandes noch von den Argumenten aus der Weimarer Zeit geprägt ist (unten, VI.).

II. Zeithistorische Einordnung

1. Gesellschaftspolitische Hintergründe der Fememorde

In den frühen Jahren der Weimarer Republik war der politische Mord an der Tagesordnung. Bürgerkriegsähnliche Zustände und Putschversuche von links und rechts prägten den Alltag der Bevölkerung.[4] Ihren Ursprung hatten

---

[2] *Erb*, in: Münchener Kommentar StGB, 3. Aufl. 2017, § 32 Rn. 101.

[3] So *Koch*, in: Cordes/Haverkamp/Lück u.a. (Hrsg.), Handwörterbuch zur deutschen Rechtsgeschichte, Bd. 3, 2. Aufl. 2016, Sp. 1988, 1990 m.w.N.

[4] *Niemann,* Martin Bormann und Rudolf Höß, in: Lexikon der politischen Strafprozesse, http://www.lexikon-der-politischen-strafprozesse.de/glossar/bormann-martin-und-rudolf-hoess, Stand: 1.3.2020.

diese Zustände unter anderem im Friedensvertrag von Versailles. Die dort verbindlich festgestellte Kriegsschuld und die damit einhergehende Reduzierung des Berufsheeres auf 100.000 Mann sowie dessen weitreichende Abrüstung, empfanden vor allem ehemalige Angehörige der Reichswehr, die aus dem Dienst entlassen worden waren, als besonders schmachvoll.[5] Das so reduzierte Heer war nun kaum mehr in der Lage, einem Angriff von außen Stand zu halten. Daher organisierten sich ehemalige Angehörige der Reichswehr, von der Politik – wie sie meinten – verraten, in paramilitärischen Organisationen. Hierzu zählten die bayerische Einwohnerwehr,[6] landwirtschaftliche Arbeitsgemeinschaften,[7] der oberschlesische Selbstschutz[8] und die sogenannte „Schwarze Reichswehr", welche unter Bruch des Versailler Friedensvertrags von der regulären deutschen Reichswehr gefördert und zum Teil selbst unterhalten wurde.[9] Diese Organisationen versteckten überschüssige Bestände an Waffen, Munition und Ausrüstungsgegenständen, die nach dem Krieg noch in erheblichem Umfang vorhanden waren. Ihr Kampf galt dem verhassten Staat von Weimar und „Versailles", und zu diesem Kampf waren die Organisationen auf Waffen angewiesen. Wer Waffendepots verriet, war daher ihr Feind, unabhängig davon, ob es sich um einen gesetzestreuen Bürger handelte, der Anzeige beim Waffenkommissar stellen wollte oder um einen Spion, der seine Informationen an die Kommunisten oder die Siegermächte, die sog. Entente, verkaufte.[10]

[5] *Nagel*, Fememorde und Fememordprozesse in der Weimarer Republik, 1991, S. 23 ff. mit zahlr. Nachw.

[6] Umfassend zu den Fememorden in Bayern sowie der Rolle der bayerischen Einwohnerwehr *Hofmann*, „Verräter verfallen der Feme!" Fememorde in Bayern in den zwanziger Jahren, 2000, insbes. S. 74 ff.

[7] Hierbei handelte es sich ähnlich der Bayerischen Einwohnerwehr um Heimatschutzverbände in Brandenburg, Mecklenburg, Pommern, Schlesien und Schleswig-Holstein, die der Grenzsicherung, insbesondere gegen polnische Einfälle, dienen sollten, vgl. dazu *Fleming*, Militärgeschichtliche Mitteilungen 2 (1979), 7 ff.

[8] Dazu eingehend *Geßler*, Reichswehrpolitik in der Weimarer Zeit, hrsg. von Kurt Sendtner, 1958, S. 221.

[9] Bei der „Schwarzen Reichswehr" handelte es sich um eine Art illegale Reichswehrverstärkung. Vgl. dazu umfassend *Sauer*, Schwarze Reichswehr und Fememorde. Eine Milieustudie zum Rechtsradikalismus in der Weimarer Republik, 2004, S. 1 ff.

[10] *Nagel* (Fn. 5), S. 25.

2. *Fememorde – Phänomen und Begriff*

a) Der Mord an Willy Schmidt / Fall Heines

Wodurch aber zeichneten sich die Fememorde aus? Der Mord an Willy Schmidt im Jahr 1920 verdeutlicht das Vorgehen bei Fememorden.[11] Der Landbundführer der landwirtschaftlichen Arbeitsgemeinschaften namens Bodungen hatte befohlen, alle aus der Arbeitsgemeinschaft Roßbach[12] Entlassenen, die sich in der Gegend aufhielten, festzunehmen, deren Verrat festzustellen, und die Verräter gegebenenfalls selbständig zu beseitigen. In diesem Zusammenhang tauchte das Gerücht auf, ein gewisser Willy Schmidt wolle die Arbeitsgemeinschaft Roßbach verlassen und geheime Waffen an die Schutzpolizei verraten. Als Schmidt realisierte, dass man es auf ihn abgesehen hatte, versteckte er sich auf dem Heuboden einer Familie. Doch Leutnant Heines sowie zwei weitere „Roßbacher" hatten davon erfahren, machten als angebliche Kriminalbeamte eine Hausdurchsuchung und nahmen ihn mit. Zunächst schlugen die Täter ihm mit einem Gummiknüppel auf den Kopf, sodass er bewusstlos wurde. Nachdem man die Wunde notdürftig gereinigt hatte, fuhr die Gruppe mit einigen weiteren Mitgliedern der Arbeitsgemeinschaft in einen nahegelegenen Wald und begann, mit Spaten ein Loch auszuheben. Jedoch zogen sie noch weiter, um zwei weitere „Roßbacher" zu holen. Auf dem Weg dorthin durch den Wald schoss Heines den vermeintlichen Verräter plötzlich nieder. Ein anderer „Roßbacher" gab weitere Schüsse auf das Opfer ab. Alle Anwesenden schlugen und traten dann auf Schmidt ein. Die Leiche wurde im Wald vergraben, einige Tage später dann aber umgebettet.[13]

b) Definition des Begriffs „Fememord"

Für derartige grausame Taten bürgerte sich schnell der Begriff Fememord ein. Ursprünglich bezeichnete das Wort Feme eine besondere Form der Kriminaljustiz in Gestalt einer im Verborgenen waltenden Rache- und Strafgewalt. Die Feme wurde verübt durch die mittelalterlichen Femegerichte, die

---

[11] *Nagel* (Fn. 5), S. 57 f.

[12] Es handelt sich um einen bewaffneten Freiwilligenverband, benannt nach dem Gründer Gerhard Roßbach (1893– 1967). Das Freikorps wurde im Sommer 1919 zunächst als Jäger-Bataillon 37 in die vorläufige Reichswehr übernommen, dann nach dem spektakulären Abmarsch ins Baltikum wieder daraus entfernt. Es war beteiligt an den Vorbereitungen zum Kapp-Putsch 1920 und zum Hitlerputsch 1923. *Hübner*, Freikorps Roßbach, 1919–1923, in: Historisches Lexikon Bayerns, http://www.historisches-lexikon-bayerns.de/Lexikon/Freikorps_Roßbach,_1919-1923, Stand: 1.3.2020; vgl. dazu auch zusammenfassend *Nagel* (Fn. 5), S. 32 f.; vertiefend *Fleming*, Militärgeschichtliche Mitteilungen 2 (1979), 7 ff.

[13] *Nagel* (Fn. 5), S. 57 f.

als eine Art Geheimbünde operierten.[14] Die Fememorde von Weimar haben mit Ausnahme des geheimen Vorgehens hiermit nichts mehr zu tun. Heute definiert man Fememorde als „Anschläge auf Menschenleben auf Grund des Spruchs einer Organisation oder der Verabredung einzelner ihrer Mitglieder wegen eines von ihnen als verräterisch oder gemeinschädlich angesehenen Verhaltens sowohl gegen Mitglieder und ehemalige Mitglieder als auch gegen Außenstehende“[15]. Dieses Verhalten bestand darin, „(...) dass das Opfer die Geheimnisse der Organisation kannte, sie enthüllte, mit Enthüllung drohte oder auf andere Weise die Gemeinschaft schädigte oder bekämpfte, oder dass ein solcher, wenn auch unbegründeter Verdacht, existierte“[16].

Bei den Anschlägen auf Menschen musste es sich dabei nicht immer zwingend um Mord handeln. Auch schwere Körperverletzungen und Totschlag kamen als Straftaten in Betracht, sodass der Begriff „Femetaten“ eigentlich dogmatisch sauberer wäre als „Fememorde“. Dennoch soll im Folgenden der Begriff Fememord Verwendung finden, da er sich hinsichtlich der zu diskutierenden Taten eingebürgert hat.

III. „Die Sache, in deren Dienst sie geschieht“ – Hintergründe der juristischen Debatte

1. Aufdeckung durch die „Weltbühne“

Die oben genannte und noch heute anerkannte Definition stammte aus dem 27. Reichstagsausschuss „Feme-Organisationen und Fememorde“, der im Jahr 1926 als Reaktion auf die Aufdeckung der Fememorde in der bekannten, links-pazifistischen Zeitschrift „Die Weltbühne“ gebildet worden war.[17] Die Enthüllungen gingen zurück auf Carl Mertens, der zunächst anonym geblieben war, ein Mitglied des oberschlesischen Grenzschutzes, der Organisationen und Hintermänner der vaterländischen Verbände und deren Verbindungen zur Reichswehr beschrieben sowie zahlreiche Morde beziffert hatte.[18] Seine Schilderungen waren in einem Manuskript an die Redaktion der Weltbühne gelangt und schlugen alsbald so hohe Wellen, dass sich Regierung und Justiz nicht länger gegen die Aufarbeitung der Fememorde sper-

---

[14] *Nagel* (Fn. 5), S. 13.

[15] Diese Definition geht zurück auf den im Jahr 1926 eingesetzten 27. Reichstagsausschuss „Femeorganisationen und Feme-Morde“, vgl. *Hofmann* (Fn. 6), S. 16, 308.

[16] So *Gumbel*, Verräter verfallen der Feme. Opfer, Mörder, Richter, 1919–1929, 1929, S. 17, einer der wohl „profundesten Kenner“ der politischen Morde der Weimarer Republik, i.d.S. *Niemann* (Fn. 4).

[17] *Hofmann* (Fn. 6), S. 16, 308; *Nagel* (Fn. 5), S. 106 ff.

[18] *Nagel* (Fn. 5), S. 106 f.

ren konnten. Die politische Dimension der Aufdeckung wird nicht zuletzt in der Aussage des damaligen Herausgebers der Weltbühne Siegfried Jacobsohn deutlich, der konstatierte: „Und wenn ich nichts getan hätte als die Aufdeckung der Fememorde, so wäre es mir genug."[19]

2. Interesse an der Aufdeckung

Verständlich wird die immense Bedeutung der Aufdeckung im Hinblick auf die dahinterstehenden politischen Interessen. Das primäre Ziel war es nicht lediglich, die Täter zu finden und für ihre individuellen Taten zur Verantwortung zu ziehen, sondern die hinter den Morden stehende Beteiligung der Regierung und der Reichswehr an den Vertragsverstößen zu untersuchen. Wie historische Studien gezeigt haben, fand tatsächlich eine systematische Vertuschung der illegalen Aufrüstung statt.[20] Nicht zuletzt deshalb bekam die juristische Debatte über die Strafbarkeit der Fememörder eine politische Dimension. Mit dem Image der Fememörder stand und fiel das Werturteil über die Illegalität bzw. die Legalität der Machenschaften von Reichsregierung und Reichswehr.[21]

3. Die Wortführer der Debatte

Nachdem die Fememorde in der Weltbühne im Jahr 1925 aufgedeckt worden waren, setzte alsbald die juristische Kontroverse ein. Seit 1927 nahmen die Beiträge in etablierten Juristischen Zeitschriften wie der „Justiz", der „Juristischen Rundschau", dem „Gerichtssaal" und der „Zeitschrift für die gesamte Strafrechtswissenschaft" schlagartig zu. Aber auch politisch ausgerichtete Zeitschriften wie „Deutschlands Erneuerung", die dem rechten Spektrum angehörte, und die politisch links ausgerichtete Wochenzeitschrift „Die Weltbühne" boten ein Forum für juristische Debatten.

Wortführer waren die Befürworter einer Rechtfertigung der Fememörder, die politisch allesamt rechts angesiedelt waren. Hierzu zählten insbesondere zahlreiche Strafverteidiger in Femeprozessen, darunter der berüchtigte antisemitische und nationalsozialistische Jurist Friedrich Grimm (1888–1959), der durch die Verteidigung im Fememordprozess Schulz hervorgetreten war und vor allem durch seine spätere Leugnung des Holocausts traurige Berühmtheit erlangte. Ebenso zu nennen ist Walter Luetgebrune (1879–1949),

---

[19] *v. Ossietzky*, Die Weltbühne 23 (1927), 807, 809.

[20] Dazu *Nagel* (Fn. 5), S. 87 ff.

[21] *Nagel* (Fn. 5), S. 87 ff. Die Reichsregierung vertuschte die Machenschaften der schwarzen Reichswehr sowie rechter politischer Kreise deshalb, um offene Konflikte zwischen Rechts und Links zu vermeiden und so den überlebensnotwendigen inneren Frieden der Republik zu bewahren, *Heydeloff*, Vierteljahreshefte für Zeitgeschichte 32 (1984), 373, 393.

der als „Staranwalt der Rechtsextremisten" galt.[22] Neben diesen umstrittenen Personen plädierten aber auch heute noch hoch angesehene Juristen, darunter der Würzburger Strafrechtsprofessor Friedrich Oetker (1854–1937), für eine Rechtfertigung der Femetaten.[23] Diesen Autoren ging es nicht, wie Grimm in zahlreichen seiner Veröffentlichungen und Vorträge behauptete, nur darum, „den Komplex der Fememorde aus der heißen Atmosphäre politischer Leidenschaft herauszunehmen und in die reine ruhige Sphäre des Rechts zu stellen"[24]. Ganz im Gegenteil! Vielmehr zogen sie sich hinter dogmatische Lehren zurück, um ihrer Argumentation Seriosität zu verleihen.

Zu den prominenten Gegnern einer Rechtfertigung der Fememorde, die sich in der veröffentlichten Meinung in der Minderheit befanden, zählten der eingangs zitierte Sozialdemokrat Gustav Radbruch, der die Notstandskontroverse mit seinem größten Widersacher Friedrich Grimm in der Zeitschrift „Justiz" offen austrug.[25] Auch der Richter und Politiker Arnold Freymuth (1872–1933)[26] sowie der Mitverfasser der Weimarer Reichsverfassung Hugo Sinzheimer (1875–1945)[27] , nahmen eine kritische Haltung gegenüber den Fememorden ein. Sie bekämpften die rechtsgerichteten Wortführer der Debatte, welche die „radikalen Mörder geradezu als bewundernswürdige Helden feierten, deren Taten die Jugend zur Nacheiferung anspornen sollten"[28]. Ziel war es folglich, die fadenscheinigen Rechtsgründe ihrer Kontrahenten zu widerlegen und die Gefahren eines solchen Rechtsverständnisses auch allgemein für die Notstandsdogmatik aufzuzeigen. Wie aber sahen die juristischen Argumente aus?

---

[22] *Nagel* (Fn. 5), S. 132 f., *Heydeloff*, Vierteljahreshefte für Zeitgeschichte 32 (1984), 373.

[23] *Spendel*, in: Neue Deutsche Biographie (NDB), Band 19, 1999, S. 469 f.

[24] *Grimm*, Oberleutnant Schulz, Femeprozesse und Schwarze Reichswehr: Vortrag im Plenarsaal des ehem. Preußischen Herrenhauses zu Berlin gehalten am 29. Januar 1929, S. 3.

[25] *Radbruch*, Justiz 4 (1928), 164 ff.; *ders.*, Justiz 5 (1929/1930), 125 ff., 333 ff.; *Grimm*, Justiz 5 (1929/1930), 329 ff.

[26] *Jung*, Senatspräsident Freymuth. Richter, Sozialdemokrat und Pazifist in der Weimarer Republik. Eine politische Biographie, 1989.

[27] *Hansen/Tennstedt* (Hrsg.), Biographisches Lexikon zur Geschichte der deutschen Sozialpolitik 1871 bis 1945, Bd. 2: Sozialpolitiker in der Weimarer Republik und im Nationalsozialismus 1919 bis 1945, 2018, S. 180 f.

[28] *Freymuth*, zit. nach Gumbel (Fn. 16), S. 7.

IV. „Fadenscheinige Rechtsgründe" – die juristische Kontroverse

1. Die „unbefriedigende" Gesetzeslage

Die Frage nach der Strafbarkeit der Fememorde konnte aus Sicht der Täter und deren Verteidiger mit den geschriebenen Rechtfertigungsgründen und Entschuldigungsgründen nicht zufriedenstellend beantwortet werden. Die Notstandsregelung in § 54 RStGB, deren Einordnung als Rechtfertigungsgrund oder Entschuldigungsgrund ohnehin streitig war,[29] schied schon im Hinblick auf den Wortlaut aus, da bei den Femetaten keine „(...) Rettung aus einer gegenwärtigen Gefahr für Leib oder Leben des (Feme-)Täters oder eines Angehörigen begangen worden ist"[30]. Nur eine solche regelte aber die Norm. Der psychische Druck, unter dem sich die Angehörigen der Arbeitskommandos befanden, sobald sie zur Begehung eines Fememordes aufgefordert wurden, genügte nach Auffassung des Reichsgerichts gerade nicht, um § 54 RStGB zu bejahen.[31] Bei den Femetötungen galt es aus Sicht der paramilitärischen Geheimverbände vielmehr, den Staat als solchen gegen Verrat an den Feind zu verteidigen. Die §§ 228, 904 BGB umfassten hingegen allein die Voraussetzungen, unter denen ein Eingriff in Sachen als Notstandshandlung gerechtfertigt war.[32]

Auch der in § 52 RStGB („Nötigungsnotstand") normierte unwiderstehliche Zwang konnte die Fememörder nicht entschuldigen. Er verlangte, dass „(...) der Täter durch unwiderstehliche Gewalt oder durch eine Drohung, welche mit einer gegenwärtigen, auf andere Weise nicht abwehrbaren Gefahr für Leib oder Leben seiner selbst oder eines Angehörigen verbunden war, zu der Handlung genötigt worden ist". Jedoch war im Einzelfall nicht nachweisbar, dass die Täter allein aus Furcht vor Sanktionen oder einer Feme ihrerseits handelten.[33]

Ein die Schuld ausschließendes Handeln auf Befehl musste ebenfalls ausscheiden. Befolgte ein Soldat einen rechtswidrigen Befehl, so konnte er nach

---

[29] Differenzierend *Oetker*, in: Birkmeyer/Calker/Frank u.a. (Hrsg.), Vergleichende Darstellung des deutschen und ausländischen Strafrechts, Allgemeiner Teil, Bd. 2, 1908, S. 368, 372; für die Einordnung als Entschuldigungsgrund *Eb. Schmidt*, ZStW 49 (1928), 350, 356; noch undifferenziert („Rechtfertigungs- oder Schuldausschließungsgrund" mit der Folgerung „schuldlos(en)" Handelns) RGSt 60, 88.

[30] So der Gesetzeswortlaut; i.d.S. auch *Hartung*, JR 7 (1931), 61, 63.

[31] RGSt 63, 215 (223).

[32] I.d.S. *Hartung*, JR 7 (1931), 61, 63.

[33] *Nagel* (Fn. 5), S. 151. So drangen die Verteidiger im Mordprozess Beyer (Eckermann-Urteil, dazu unten IV. 5.) nicht mit dem Argument durch, Boldt habe getötet, weil er dachte „entweder töte er den Beyer oder er selber würde durch die schwarze Reichswehr getötet", dazu ebd., S. 165 m.w.N.

dieser Regelung dennoch ohne Schuld und damit straflos sein, wenn er i.S.v. § 47 MStrGB den Befehl für rechtmäßig erachten und damit Verrätertötungen für legal halten durfte.[34] Unabhängig von der Frage, ob diese Voraussetzung im Einzelfall erfüllt war, scheiterte die Anwendung des § 47 MStrGB jedenfalls an der Soldateneigenschaft des Täters. Eine solche war bei Mitgliedern der Arbeitskommandos und der „Schwarzen Reichswehr" abzulehnen, da es an dem hierzu erforderlichen förmlich-offiziellen Verpflichtungsakt fehlte, der naturgemäß mit dem geheimen Vorgehen der paramilitärischen Vereinigungen nicht vereinbar war.[35]

2. Nothilfe und übergesetzlicher rechtfertigender Notstand als Rechtfertigungsmöglichkeit?

a) Überblick

An gesetzlich verankerten Rechtfertigungsgründen versprach allein die Notwehr in Gestalt der Nothilfe zugunsten des Staates gem. § 53 RStGB Aussicht auf eine Straflosigkeit der Fememörder. Zusätzlich erfolgte ein Rückgriff auf den im Jahre 1927 vom Reichsgericht in einer wegweisenden Grundsatzentscheidung[36] gewohnheitsrechtlich anerkannten übergesetzlichen rechtfertigenden Notstand. Das damals höchste deutsche Gericht hatte diesen als Rechtfertigungsgrund ausgestaltet und damit eine Entscheidung in einem Jahrzehnte währenden Streit um dessen dogmatische Einordnung auf der Ebene der Rechtswidrigkeit bzw. der Schuld gefällt.[37]

Betrachtet man die Notwehr und den übergesetzlichen rechtfertigenden Notstand, so schien eine Rechtfertigung der Fememordtaten auf den ersten Blick jedenfalls im Rahmen des Möglichen zu liegen. Wie auch heute, verlangte die Notwehr gem. § 53 RStGB einen rechtswidrigen Angriff gegen sich oder einen anderen, die Gegenwärtigkeit des Angriffs, die Erforderlichkeit der Verteidigungshandlung sowie deren Gebotenheit.[38] Der damals noch

---

[34] *Nagel* (Fn. 5), S. 151 m.w.N.

[35] So verlangte der Wortlaut des Wehrgesetzes vom 23.3.1921 eine Zugehörigkeit zur Wehrmacht durch den förmlichen Akt der Aushändigung eines Verpflichtungsscheines, den der Freiwillige unterschrieb und der vom Kommandanten gegengezeichnet und gestempelt wurde. Eine zweite Ausfertigung verblieb beim Truppenteil, vgl. *Nagel* (Fn. 5), S. 151 f.

[36] RGSt 61, 242 ff., dort ging es um die Straflosstellung des Schwangerschaftsabbruchs, der zur Rettung der Schwangeren erfolgte.

[37] Zum Streitstand und den Argumenten des Reichsgerichts vgl. RGSt 61, 242, 249 ff.; zu den Reformversuchen und dem Meinungsstand vgl. *Goldschmidt*, Österreichische Zeitschrift für Strafrecht, 4 (1913), 129 ff.; *Eb. Schmidt*, ZStW 49 (1928), 350, 352 ff.

[38] § 53 RStGB lautete: (I) Eine strafbare Handlung ist nicht vorhanden, wenn die Handlung durch Notwehr geboten war. (II) Notwehr ist diejenige Verteidigung, welche erforderlich ist, um einen gegenwärtigen rechtswidrigen Angriff von sich oder einem anderen abzuwenden (…).

nicht kodifizierte, übergesetzliche Notstand erforderte, ähnlich wie der heutige § 34 StGB, eine gegenwärtige, auf andere Weise nicht zu beseitigende Gefahr für ein (beliebiges) Rechtsgut sowie die Höherrangigkeit des geschützten Rechtsguts gegenüber dem verletzten Rechtsgut. Zudem forderte das Reichsgericht von dem Täter eine pflichtgemäße Prüfung der Notstandsvoraussetzungen.[39]

Freilich war die Bejahung der genannten Rechtfertigungsgründe auf den zweiten Blick nicht ohne weiteres möglich. Wie in vielen Bereichen der Strafrechtsdogmatik eröffneten die genannten Rechtfertigungsvoraussetzungen ausreichend Spielraum für die juristische Auslegung. Insbesondere bot der gewohnheitsrechtlich noch nicht allzu lange anerkannte übergesetzliche Notstand Raum für Interpretationen und hatte insofern Vorteile gegenüber dem im Reichsstrafgesetzbuch kodifizierten Rechtfertigungsgrund der Notwehr. Dass vor allem hinter den Interpretationen der rechtsgerichteten Wortführer oft „fadenscheinige Rechtsgründe" standen, um kriminalpolitische Ziele zu erreichen, wird im Folgenden zu zeigen sein.

b) Der Staat als geschützter Dritter

Dreh- und Angelpunkt für die Frage der Anwendbarkeit der Nothilfe und des übergesetzlichen rechtfertigenden Notstands bildete zunächst die Vorfrage, ob und unter welchen Voraussetzungen der einzelne Staatsbürger dem Staat Hilfe leisten durfte, sprich, ob der Staat geschützter Dritter im Sinne der in Betracht kommenden Rechtfertigungsgründe war. Während die Notwehr einen Angriff auf „einen anderen" verlangte, schützte der übergesetzliche rechtfertigende Notstand grundsätzlich alle Rechtsgüter – auch zugunsten Dritter.

Dass im Rahmen des § 53 RStGB „ein anderer" auch eine juristische Person und damit grundsätzlich der Staat sein konnte, war allgemein anerkannt und kein neues Konstrukt im Zusammenhang mit den Fememordprozessen.[40] Schon Binding hatte 1885 für den Schutz des Staates plädiert.[41] Dem schlossen sich zahlreiche namhafte Wissenschaftler wie v. Liszt, Eb. Schmidt

---

[39] Zu den Kriterien RGSt 61, 242 ff., damit weitete das Reichsgericht § 54 RStGB insoweit aus, als geschützte Rechtsgüter nicht nur Leib und Leben, sondern auch alle anderen Rechtsgüter grundsätzlich notstandsfähige Rechtsgüter waren. Bereits zuvor hatten zahlreiche Autoren für eine Ausweitung plädiert, vgl. dazu *Schwartz*, Kommentar zum Reichsstrafgesetzbuch, 1914, § 54 Ziff. 8; kritisch zum Kriterium der pflichtgemäßen Prüfung *Eb. Schmidt*, ZStW 49 (1928), 350, 390 f.

[40] *Rosenberg*, in: Ebermayer/Lobe, RStGB, 2. Aufl. 1922, § 53 Ziff. 2 b); *Lent*, Deutschlands Erneuerung 14 (1930), 257, 258; RGSt 63, 215 (220).

[41] *Binding*, Handbuch des Strafrechts, Bd. 1, 1885, S. 736; dazu *Hippel*, Dt. Strafrecht, Bd. 2, 1930, S. 205 m.w.N.

und v. Hippel an.[42] In seiner berühmten Entscheidung zum Kapp-Putsch setzte das Reichsgericht die Notwehrfähigkeit des Staates schließlich voraus.[43] Dasselbe galt im Rahmen des übergesetzlichen rechtfertigenden Notstandes. Geschützt war danach der Staat in seiner Existenz und mit seinen fundamentalen Staatseinrichtungen.[44]

Dennoch stellte sich im Zuge der juristischen Kontroverse die Frage, ob nicht gerade der Staat aus dem Schutzbereich herauszunehmen sei. Einige Autoren zogen aus dem Gewaltmonopol des Staates sowie § 127 RStPO den Umkehrschluss, dass sich der Staat grundsätzlich durch seine eigenen Behörden schützen könne und wolle. § 127 RStPO, der schon damals das Festnahmerecht Privater regelte, zeige, dass der Staat nur in den dort genannten Ausnahmefällen ein Einschreiten der Bürger wünsche, im Übrigen aber selbst Schutzmaßnahmen ergreife. Als Inhaber des Gewaltmonopols sei er daher selbst fähig und gewillt, sich durch seine eigenen Behörden zu schützen.[45] Ein Handeln in Nothilfe gegen den Willen des zu Schützenden sei aber grundsätzlich unzulässig.[46] Vehemente Kritiker der Staatsnothilfe wie Schubert argumentierten, eine Nothilfe sei schon deshalb abzulehnen, weil sie nicht weiter gehen dürfe als ein eventuelles Notwehrrecht des Staates selbst. Ein solches sei aber nicht gegeben, da der Staat an das Gesetz gebunden sei und nur im Rahmen seiner ihm verliehenen Befugnisse handeln dürfe. Hierzu zähle die Notwehr aber gerade nicht.[47]

Einige Verteidiger der Fememorde erblickten dagegen in § 127 RStPO eine über die gesetzliche Regelung hinausgehende grundsätzliche Legitimation privater Schutzmaßnahmen zugunsten des Staates.[48] So lieg(e) die Unentbehrlichkeit eines (...) Eingreifens (des Bürgers, V. D.-H.) in wahrer, nicht anders abzuwendender Staatsnot (...) ja klar vor Augen"[49]. „Und weit darüber hinaus (sei) Geschäftsführung ohne Auftrag zur Wahrung staatlicher Interessen auch in den Gesetzen anerkannt. Es brauch(e) nur an § 127 StPO (...) erinnert zu werden."[50]

---

[42] I.d.S. schon *v. Liszt*, Lehrbuch des deutschen Strafrechts, 21./22. Aufl. 1919, S. 139, der ganz allgemein auch Rechtsgüter der „Gesamtheit" als schutzwürdig ansah; s.a. *v. Liszt/Eb. Schmidt*, Lehrbuch des deutschen Strafrechts, 26. Aufl. 1927, S. 197 Fn. 10; *Hippel*, Deutsches Strafrecht, Bd. 2, 1930, S. 205 f. m.w.N.

[43] RGSt 56, 259, 267. Jedoch verneinte es Notwehr, da die Putschisten nicht zum Schutze der Verfassung handelten.

[44] So *Oetker*, GS 97 (1928), 411, 415.

[45] *Hartung*, JR 7 (1931), 61, 65.

[46] *Hartung*, JR 7 (1931), 61, 65.

[47] *Schubert*, Staatsnothilfe als Rechtfertigungsgrund, 1933, S. 33, 36 f.; dazu *Hanten*, Publizistischer Landesverrat vor dem Reichsgericht, 1999, S. 218 f.

[48] *Oetker*, GS 97 (1928), 411, 417.

[49] *Oetker*, GS 97 (1928), 411, 417.

[50] *Oetker*, GS 97 (1928), 411, 417.

Nach Ansicht zahlreicher juristischer Verteidiger der Fememorde kam es für das Eingreifen der Rechtfertigungsgründe auf den (entgegenstehenden) Willen des Staates aber letztlich gar nicht an. Der Bürger müsse auch gegen den Willen der Obrigkeit zur Rettung von dessen Existenz einschreiten dürfen. Der Staat genieße den gleichen Schutz wie eine Privatperson. Daher sei ein Einschreiten schon objektiv betrachtet grundsätzlich in dessen Interesse.[51] Grimm ging sogar noch weiter und meinte, die Versagung einer Rechtfertigung sei ein „unerträgliches Ergebnis" und führe zu einem „Obrigkeitsstaat"[52]. Bei echtem Staatsnotstand zähle der Wille des Staates nicht.[53] Dieser Grundsatz galt insbesondere deshalb, da der verhasste Staat von Weimar in den Augen der nationalistischen Autoren unter dem Druck Versailles' stand und er deshalb nicht fähig war, seinen Willen zu betätigen.[54]

Radbruch erkannte die Gefahren eines Abhebens auf den vermeintlichen Willen des Staates. Ein solches Verständnis stelle die Grundlagen des Rechtsstaates in Frage. Es bedeute reine Willkür, wenn dem Einzelnen das Morden überlassen würde.[55] Ein Einschreiten, so Sinzheimer, zugunsten des Staates sei allein zulässig, wenn es zu einem völligen Stillstand der Behördentätigkeit komme. Anders als die politisch rechten Befürworter einer Rechtfertigung behaupteten, war die Republik aber nicht ihren Feinden schutzlos ausgeliefert. Vielmehr war deren Behauptung Ausdruck einer grundsätzlichen Verachtung des Staates von Weimar. Man vertraute der Republik schlicht nicht, obwohl sie eigentlich fähig gewesen wäre, sich selbst zu helfen.[56]

Betrachtete man den Staat im Rahmen der Notwehr und des Notstandes als grundsätzlich geschützten Dritten, so war im Einzelnen das Vorliegen der Rechtfertigungsgründe fraglich. Hier zeigt sich nun bei deren Gegenüberstellung, inwieweit der übergesetzliche Notstand mehr Spielraum bot als die Nothilfe.

---

[51] *Lent*, Deutschlands Erneuerung 14 (1930), 257 ff.; i.d.S. *Broglio*, Der strafrechtliche Notstand im Lichte der Strafrechtsreform, 1927, S. 19, der eigentlich eine Nothilfe zugunsten von Allgemeingütern ablehnte.

[52] *Grimm*, zit. nach *Radbruch*, Justiz 5 (1929/1930), 125, 126.

[53] *Grimm*, Zeugenaussagen und Verteidigungsrede des Rechtsanwalts Grimm in der Femesache Reim, Berlin, den 24. September 1928, S. 10–24.

[54] *Nagel* (Fn. 5), S. 144; i.d.S. *Lent*, Deutschlands Erneuerung 14 (1930), 257, 262 f.; dagegen *Hartung*, JR 7 (1931), 61, 65.

[55] *Radbruch*, Justiz 5 (1929/1930), 125; ablehnend auch *Schubert* (Fn. 47).

[56] *Sinzheimer*, Justiz 5 (1929/1930), 66; dieser Einschätzung *Nagel* (Fn. 5), S. 145.

3. *Rechtfertigung der Fememorde durch Nothilfe gem. § 53 RStGB?*

a) Rechtswidriger Angriff

Die Bejahung eines rechtswidrigen Angriffs war für die Gerichte in der Regel kein Problem. So handelte es sich nach diesem Verständnis in den meisten Fällen des Verrats zulasten der Femeorganisationen um strafbaren Landesverrat. Einer Strafbarkeit aus diesem Delikt stand hiernach insbesondere nicht entgegen, dass illegale, da in Widerspruch zum Versailler Vertrag stehende Vorgänge Gegenstand des Verrats waren. Das Reichsgericht hatte in einer wegweisenden Entscheidung argumentiert, es gebe kein Recht „(…) dem ehemaligen Feindbunde gegenüber Mitteilungen zu verbreiten, die, wie (die Täter) wussten, für das Wohl des deutschen Reichs geheim zu halten waren“.[57] Vielmehr schulde der einzelne Staatsbürger seinem „Vaterlande und Volke“ eine aus dem Naturrecht abgeleitete Treuepflicht.[58] Noch weitergehender argumentierte etwa Oetker, der Nothilfe auch in dem Fall für berechtigt hielt, dass die Rechtsprechung aus Rechtsgründen Landesverrat verneinen und straflos lassen würde.[59] Somit bedeutete der Verrat der illegalen Machenschaften nach der Rechtsprechung grundsätzlich einen rechtswidrigen Angriff gegen den Staat im Sinne von § 53 RStGB.

Dieses weite Verständnis des rechtswidrigen Angriffs stieß bei den Kritikern der Fememorde auf großen Widerspruch. Denn dann, so Radbruch, schaffe sich jeder „seine eigene Polizei und seine eigene Staatsanwaltschaft, sein eigenes Reichsgericht (…): man könnte (…) (so) auch faschistische Aktivisten rechtfertigen, die es etwa unternähmen, den Staat aus dem permanenten Notstand seiner demoliberalen Verfassung gewaltsam zu retten“[60]. Auf diese umstrittene Frage kam es im Ergebnis aber – jedenfalls im Rahmen der Notwehr – gar nicht an. Denn zweifelhaft war zumindest die Gegenwärtigkeit des Angriffs.

b) Gegenwärtiger Angriff

Die Gegenwärtigkeit des rechtswidrigen Angriffs war die wohl größte Klippe im Rahmen der Nothilfe. Gegenwärtigkeit bedeutete nach der damals wie heute geltenden Definition, dass der Angriff unmittelbar bevorstand, sodass ihm bereits mit wirksamer Gegenwehr entgegengetreten werden konnte, er gerade stattfand oder noch andauerte.[61] Ob das schon zutraf, wenn der Ent-

[57] RGSt 62, 65, 66.

[58] RGSt 62, 65, 67.

[59] *Oetker*, GS 97 (1928), 411, 426.

[60] *Radbruch*, Justiz 5 (1929/1930), 125, 127; dem entgegentretend *Hippel*, Deutsches Strafrecht, Bd. 2, 1930, S. 206.

[61] RGSt 63, 215, 220; v. *Liszt* (Fn. 42), S. 138; *Schwartz* (Fn. 39), § 53 Ziff. 2 e) m.w.N.

schluss zum Verrat lediglich gefasst war, wurde überwiegend bestritten. Nur wenige Stimmen, die eine Straflosigkeit der Fememörder propagierten, meinten, es müsse genügen, dass der Spion jederzeit zum Verrat schreiten könne und „daß bei einem Menschen, der es sich vorgenommen hat, geheime Tatsachen bei sich bietender Gelegenheit zu verraten, der Zustand dauernder Gefahr ständig ‚gegenwärtigen' Angriffs besteht, Notwehr daher jeder Zeit gegen ihn möglich (sei)"[62].

Dieses Verständnis des gegenwärtigen Angriffs war jedoch derart umstritten, dass auch die Verteidiger der Fememörder lieber vorsorglich auf den übergesetzlichen Notstand rekurrierten, der nur eine – viel weiter verstandene – gegenwärtige Gefahr verlangte.[63] So wandte sich Friedrich Grimm in seiner Verteidigungsrede für Edmund Heines, dem Fememörder von Willy Schmidt, „mit Erleichterung von dem offensichtlich unhaltbaren Standpunkt ab"[64], der bereits festgesetzte Willy Heines habe einen gegenwärtigen Angriff verübt, da er jederzeit hätte fliehen und zur Tat schreiten können, und rekurrierte auf den Notstand.[65] Oetker ging sogar noch weiter und erklärte eine Einordnung als Nothilfe – in Widerspruch zu seiner früheren Auffassung – für rechtlich „nicht zutreffend"[66] und als für die rechtliche Beurteilung „sehr gefährlich"[67], da der Nachweis eines gegenwärtigen Angriffs kaum zu führen sei: „Die Notwehr (…) versag(te) also, wenn (der Angriff) bereits beendigt (war) oder noch nicht begonnen (hatte)"[68]. Nur der übergesetzliche rechtfertigende Notstand ermöglichte daher in seinen Augen eine gerechte Würdigung der Fematen.[69]

c) Erforderlichkeit der Notwehrhandlung

Kam man über die Klippe der Gegenwärtigkeit bei der Notwehr noch hinweg, so scheiterte man nach dem Judikat des Reichsgerichts und der h.L. jedenfalls an der Erforderlichkeit der Verteidigungshandlung. So genüge schon das Einsperren oder Festhalten, um den Spion am Verrat zu hindern. Dass die Gefahr der Spionage endgültig beseitigt werden müsse, und die Tötung daher das einzige endgültige Mittel zur Abwehr des Angriffs sei,

[62] *Grimm*, Justiz 5 (1929/1930), 329, 331; *ders.*, Der Heines-Prozess: ein Kapitel deutscher Notzeit, 1929, S. 74; *Lent*, Deutschlands Erneuerung 14 (1930), 257, 260; i.d.S. wohl auch RGSt 63, 215, 221; jedoch beschränkt das Gericht dieses weite Verständnis – dogmatisch nicht sauber abgegrenzt – bei der Erforderlichkeit.

[63] Dazu unten IV. 4. b).

[64] So *Radbruch*, Justiz 5 (1929/1930), 125, 128.

[65] *Grimm* (Fn. 62), S. 74 f.

[66] *Oetker*, GS 97 (1928), 411, 423.

[67] *Oetker*, GS 97 (1928), 411, 423.

[68] *Oetker*, GS 97 (1928), 411, 423.

[69] *Oetker*, GS 97 (1928), 411, 424; *Grimm* (Fn. 62), S. 75.

lehnte das Reichsgericht mit dem Argument ab, bei der Notwehr gehe es allein um die Abwehr der aktuellen Gefahr des Verrats, nicht um deren endgültige Beseitigung.[70] Teile in der Literatur verwiesen auch darauf, dass zunächst immer staatliches Eingreifen in Betracht zu ziehen sei, also die Übergabe des Verräters an die Behörden. Erst dann, wenn der Staat den Angriff aus eigener Kraft nicht abwenden könne, werde ein Einschreiten des Bürgers erforderlich.[71]

Stimmen, die sich auf die – falsch verstandene – weite Auslegung des gegenwärtigen Angriffs durch das Reichsgericht stützten, stießen spätestens hier an die Grenzen der zulässigen Notwehr.[72] Sie suchten daher Argumentationsmuster, um auch diese Hürde zu überwinden. Man argumentierte, dass Erforderlichkeit nicht bedeute, dass die Notwehr das einzige Mittel zur Abwehr des Angriffs sein müsse. Sie sei auch gestattet, wenn obrigkeitliche Hilfe existiere. Weiter wandte man ein, das Merkmal der Erforderlichkeit sei keine Voraussetzung betreffend das „Ob", sondern nur das „Wie" der Notwehrhandlung. Hinsichtlich des „Wie" sei ein subjektiver, an den aktuellen Verhältnissen angepasster Maßstab anzulegen. Durch dieses Verständnis wurde die Erforderlichkeit einer noch weiteren Auslegung zugänglich.[73] Angesichts deren Unvereinbarkeit mit Rechtsprechung und h.L. versprach diese Auffassung aber wenig Erfolg.

d) Exkurs: Putativnotwehr

Ein erfolgversprechender Ausweg aus dem Begründungsdilemma war bis zur Anerkennung des übergesetzlichen rechtfertigenden Notstandes durch das Reichsgericht die Putativnotwehr gewesen. Auf diese Rechtsfigur hatten Autoren zurückgegriffen, wenn der Täter angeblich nur irrtümlich angenommen habe, die Gegenwärtigkeit oder Erforderlichkeit der Verteidigungshandlung sei gegeben. Rechtsfolge war gem. § 59 RStGB die Verneinung des Vorsatzes, sodass lediglich eine Strafbarkeit wegen Fahrlässigkeit mit der Folge einer erheblich geringeren Strafe drohte.[74]

Tatsächlich bejahte das Schweriner Schwurgericht in seiner berüchtigten Entscheidung gegen Eckermann das Vorliegen einer Putativnotwehr, indem es diese Rechtsfigur denkbar weit ausdehnte. Eckermann war Offizier der „Schwarzen Reichswehr". Mitte 1923 meldete sich das spätere Opfer Beyer

---

[70] RGSt 63, 215, 223; i.d.S. schon *v. Liszt* (Fn. 42), S. 138.

[71] *Hartung*, JR 7 (1931), 61, 65.

[72] So *Grimm*, Justiz 5 (1929/1930), 329, 331; *Lent*, Deutschlands Erneuerung 14 (1930), 257, 259 f.

[73] *Lent*, Deutschlands Erneuerung 14 (1930), 257, 260.

[74] So die damals h.M., die das Unrechtsbewusstsein als Teil des Vorsatzes auffasste, vgl. *Nagel* (Fn. 5), S. 154.

bei diesem, um in die „Schwarze Reichswehr" einzutreten. Da Beyer falsche Angaben hinsichtlich seiner Person machte, verdächtigte ihn Eckermann der Spionage für das feindliche Lager. Eckermann erteilte daher zunächst den Befehl, den vermeintlichen Spitzel in einer Kaserne festzuhalten. Anschließend befahl er, Beyer zu beseitigen. Am 15.12.1923 wurde der Mord durch den Feldwebel der „Schwarzen Reichswehr" Boldt ausgeführt.[75] Das Schwurgericht Schwerin ließ es für die Bejahung der Putativnotwehr genügen, dass Eckermann angeblich angenommen habe, Beyer könne aus der Kaserne entfliehen und die Geheimnisse der „Schwarzen Reichswehr" verraten.[76] Es verurteilte ihn daher nur wegen fahrlässiger Tötung.[77] Bei den Verteidigern der Fememörder stieß diese Ansicht naturgemäß auf breiten Zuspruch.[78]

Dieses Judikat war aber vor dem Hintergrund der reichsgerichtlichen Judikatur zur Putativnotwehr bedenklich. Putativnotwehr bejahte das damals höchste deutsche Gericht nur, wenn die irrtümliche Vorstellung sich auf einen Sachverhalt bezog, der unter die oben geschilderten Voraussetzungen der Notwehr, insbesondere den gegenwärtigen Angriff sowie die Erforderlichkeit, subsumierbar war. Eine falsche, zu weite Auslegung des Begriffs der Gegenwärtigkeit war kein Tatsachenirrtum im Sinne des § 59 RStGB.[79] Dass kein gegenwärtiger Angriff von dem in der Kaserne festgesetzten Beyer ausging, drängte sich aber damals wie heute auf.[80] Der Angriff, der vermeintliche Verrat seitens Beyers, war zum Tatzeitpunkt entweder bereits abgeschlossen bzw. stand noch nicht unmittelbar bevor.[81] Das Schweriner Gericht habe „dem Nationalsozialisten (Eckermann, V. D.-H.) folglich alles geglaubt, was er angeblich geglaubt hat."[82] Daher hob das Reichsgericht in seinem Revisionsurteil aus dem Jahr 1930 das Urteil gegen Eckermann auf.[83]

Obwohl dieses Judikat zeigt, dass eine denkbar weite Auslegung des Irrtums im Rahmen der Putativnotwehr möglich war,[84] eignete sich diese Rechtsfigur dennoch nur bedingt, um die Straflosstellung der Fememörder

---

[75] *Gumbel* (Fn. 16), S. 323; *Nagel* (Fn. 5), S. 77; *Sinzheimer*, Justiz 5 (1929/1930), 66, 67.

[76] *Sinzheimer*, Justiz 5 (1929/1930), 66, 67 f.; zur Verhandlung und zum Urteil vgl. die Nachweise bei *Nagel* (Fn. 5), S. 163 ff.

[77] *Nagel* (Fn. 5), S. 163 ff.

[78] *Oetker*, GS 97 (1928), 411, 428 f.

[79] RGSt 64, 101, 102 f.

[80] *Radbruch*, Justiz 5 (1929/1930), 333; *Sinzheimer*, Justiz 5 (1929/1930), 66, 67 f.; dagegen *Grimm*, Justiz 5 (1929/1930), 329, 332.

[81] RGSt 64, 101, 102.

[82] *Sinzheimer*, Justiz 5 (1929/1930), 66, 68.

[83] RGSt 64, 101 ff.

[84] *Schubert* (Fn. 47), S. 51, war daher der Ansicht, es sei verheerend, wenn sich Fametäter, welchem Wahn auch immer folgend, auf § 59 RStGB berufen könnten. Vgl. dazu auch *Hanten* (Fn. 47), S. 218 f.

sicherzustellen. So genügte es nach ständiger Rechtsprechung des Reichsgerichts, namentlich in den Fememordprozessen, nicht lediglich, dass der Täter irgendwie meinte oder überzeugt war, dass ein unmittelbarer Angriff vorlag oder die Verteidigung erforderlich gewesen sei. Ein tatsächlicher Irrtum des Fememörders konnte nur angenommen werden, wenn dieser die Tatumstände ernsthaft geprüft hatte. Das zu beweisen war die größte Hürde.[85] Mithin stellte sich das Schweriner Eckermann-Urteil nach damaliger Rechtsprechung eher als Einzelfall dar, der keine Nachahmung fand.[86] Den Bekämpfern der Fememorde galt es vielmehr als Urteil, das den politischen Mord legalisiere.[87]

4. Rechtfertigung der Fememorde durch übergesetzlichen rechtfertigender Notstand

Aufgrund der dogmatischen Klippen der Notwehr und Putativnotwehr, die selbst mit den „fadenscheinigsten Rechtsgründen" kaum zu umschiffen waren, kam es nun maßgeblich auf die Einschlägigkeit des übergesetzlichen rechtfertigenden Notstandes an. Wie bereits erwähnt, suchten die Verteidiger der Fememörder ihr Heil in dieser Rechtsfigur.[88] War ein übergesetzlicher rechtfertigender Notstand aber wirklich so unproblematisch zu bejahen?

a) Gefahr für die Existenz des Staates

Anstelle eines rechtswidrigen Angriffs setzte der übergesetzliche rechtfertigende Notstand eine Gefahr für die Existenz des Staates voraus. Als solche wurde auch hier der (drohende) Landesverrat angesehen, dessen Strafbarkeit aus den oben genannten Gründen nicht in Zweifel gezogen wurde. Die Verteidiger der Fememorde erachteten zudem – wie bei der Notwehr – eine bloß faktische Bedrohung der Sicherheit des Staates für ausreichend, unabhängig davon, ob das jeweilige Verhalten als Landesverrat strafbar war.[89] Insbesondere war nach Ansicht der rechtsgerichteten Kreise im Gegensatz zum Privatnotstand des einzelnen Bürgers unerheblich, ob die Gefahrenlage, in der sich der Staat befand, selbst verschuldet war. Hätte man die Rechtfertigung

---

[85] *Sinzheimer*, Justiz 5 (1929/1930), 66, 67.

[86] Die Verteidiger der Fememörder begrüßten diese Entscheidung freilich, vgl. *Grimm*, Justiz 5 (1929/1930), 329, 332.

[87] *Sinzheimer*, Justiz 5 (1929/1930), 66, 68.

[88] Anders die Einschätzung von *Lent*, Deutschlands Erneuerung 14 (1930), 257, 261. Dieser wollte den Notstand in Abgrenzung zur Notwehr auf Handlungen gegenüber unbeteiligten Dritten begrenzen. Notstand passe daher in der Regel nicht, wenn es um die Tötung von Verrätern ginge. „Außerdem (seien) die Voraussetzungen für Notstand (...) weit strenger als für Notwehr (...)".

[89] *Oetker*, GS 97 (1928), 411, 426.

hiervon abhängig gemacht, wäre Nothilfe zu verneinen gewesen. Denn schließlich verstießen die geheimen paramilitärischen Organisationen gegen den Versailler Vertrag.[90]

Bei Kritikern der Fememorde stieß diese weite Ausdehnung des Gefahrbegriffs, ähnlich wie im Hinblick auf den rechtswidrigen Angriff, auf großen Widerspruch.[91] Deshalb wollte etwa Radbruch als einer der vehementesten Gegner einer Rechtfertigung den übergesetzlichen Notstand in Anschluss an Eb. Schmidt[92] durch ein heute in § 34 StGB verankertes normatives Rechtfertigungselement eingrenzen: die Angemessenheit. Das angewandte Verhalten müsse sich als angemessenes Mittel zu dem richtigen Zweck darstellen (sog. Zwecktheorie). Auf diese Weise würden Fememorde nicht unter den übergesetzlichen Notstand fallen.[93] So dürften aber „Taten Unberufener, zumal Mordtaten, als ein angemessenes Mittel zum richtigem Zweck zu behandeln (...) gewisse Hemmungen obwalten“[94]. Diese Eingrenzung war zur Zeit der Fememorde freilich noch im Fluss, sodass sie noch keine ernsthafte Bedrohung für die Rechtfertigung der Fememörder bedeutete. Dennoch ist die Bedeutung der Argumentation für die Problematik der Fememorde nicht zu unterschätzen. Denn anders als im Rahmen des § 53 RStGB, der selbst seitens der Verteidiger der Fememorde als unzureichende Rechtfertigungsmöglichkeit galt, konnte es beim Notstand auch im Ergebnis auf die Frage ankommen, ob der Verrat illegaler Geheimnisse eine Gefahr im Rechtssinne darzustellen vermochte.

b) Gegenwärtigkeit der Gefahr

Das Merkmal der Gegenwärtigkeit der Gefahr hatte für die Verteidiger der Fememörder einen enormen Vorteil gegenüber dem der Gegenwärtigkeit des Angriffs. Nach damals – wie heute – herrschender Ansicht in Rechtsprechung und Literatur genügte im Rahmen des Notstandes eine sogenannte Dauergefahr.[95] Es reichte danach aus, wenn ein Zustand jederzeit in einen Schaden umschlagen konnte, wenn nicht alsbald Abwehrmaßnahmen ergriffen würden. Bei den Fematetaten wurde das Vorliegen einer Dauergefahr größtenteils bejaht. So argumentierte Oetker: „Die Sicherheit des Staates war bedroht, die Notlage permanent, die Gefahr stets gegenwärtig.“[96] Diese Auffassung war so verbreitet, dass nicht einmal die Kritiker der Fematetaten das

[90] *Oetker*, GS 97 (1928), 411, 419.

[91] *Radbruch*, Justiz 5 (1929/1930), 125, 127; s. dazu oben IV. 3. a).

[92] *Eb. Schmidt*, ZStW 49 (1928), 350, 392 f. m.w.N.

[93] *Radbruch*, Justiz 5 (1929/1930), 125, 127.

[94] *Radbruch*, Justiz 5 (1929/1930), 125, 127.

[95] RGSt 59, 71; 60, 318 f.

[96] *Oetker*, GS 97 (1928), 411, 424; *ders.*, Deutschlands Erneuerung 13 (1929), 23, 26; so auch *Lent*, Deutschlands Erneuerung 14 (1930), 257, 260.

Vorliegen dieses Merkmales bestritten. Daher galt es vornehmlich zu zeigen, dass die gegenwärtige Gefahr durchaus anders, als durch Tötungen abwendbar war.

c) Erforderlichkeit der Notstandshandlung

Wie bei der Nothilfe durfte auch hier kein gleich geeignetes, milderes Mittel zur Verfügung stehen, um die Gefahr abzuwehren. Diejenigen Autoren, welche eine Rechtfertigung befürworteten, argumentierten, die Zuhilfenahme des Staates sei kein Mittel zur Gefahrenabwehr gewesen. Man habe nur im Verborgenen Abhilfe suchen können, da der Staat von Weimar unter dem Diktat der Entente stand, das ihm verbot, in paramilitärischen Vereinigungen Vorbereitungen für eine Mobilmachung gegen Angriffe von außen zu treffen.[97] Eine Bestrafung der Täter durch die Gerichte sei unmöglich gewesen, da offenbar geworden wäre, was geheim gehalten werden musste – nämlich das Bestehen und der Zweck der Verbände. Auch eine Verurteilung wäre nicht sicher gewesen, da die Gerichte Landesverrat vielleicht verneint hätten, da die Selbstschutzorganisationen in Widerspruch zum Versailler Vertrag gestanden hätten.[98] Schließlich erachtete man eine alsbaldige Festnahme zur Verhinderung des Verrats als unmöglich, da gar nicht klar gewesen sei, wann und wo dieser stattfinden würde.[99] Eine Einsperrung oder ähnliche mildere Maßnahmen waren nach Auffassung rechter Kreise auch nicht ausreichend, um eine endgültige Verhinderung des Verrats zu bewirken, weil der Spitzel jederzeit hätte entkommen und den Verrat begehen können. Da sich die Gefahrenabwehr auf eine Dauergefahr bezog, konnte man hier auch nicht – anders als im Rahmen der Nothilfe geschehen – darauf verweisen, die Abwehr dürfe sich nur auf die aktuelle Gefahr beziehen.[100] Insoweit wirkte sich der weitere Gefahrenbegriff auch zugunsten der zulässigen, erforderlichen Mittel aus. Oetker ging schließlich noch weiter, indem er erklärte, es käme gar nicht darauf an, ob der einzelne „Selbsthilfeakt als solcher zur Abwehr einer bestimmten Gefahr geboten war."[101] Die Fememorde dienten nach seiner Ansicht als sichernde Maßnahmen im Sinne einer Generalprävention. Danach bestimmte sich die Erforderlichkeit der Notstandshandlung primär nach der Gesamtlage, wobei die Bedeutung der Schädigung sowie die Gefahr nur als zusätzlicher Beurteilungsmaßstab heranzuziehen waren.[102]

---

[97] *Oetker*, GS 97 (1928), 411, 421.

[98] *Oetker*, GS 97 (1928), 411, 422; *ders.*, Deutschlands Erneuerung 13 (1929), 23, 25.

[99] *Oetker*, GS 97 (1928), 411, 421.

[100] Zur Notwehr i.d.S. RGSt 63, 215, 222.

[101] *Oetker*, GS 97 (1928), 411, 425.

[102] *Oetker*, GS 97 (1928), 411, 425.

Die Gegner einer Rechtfertigung wandten freilich wie bei der Nothilfe ein, der Einzelne müsse vorrangig auf die Hilfe des Staates zurückgreifen. Sie argumentierten darüber hinaus, hier sei die Tötung noch weniger einziges Mittel, da dem Staat bei einer Notstandslage, die im Gegensatz zur Notwehr weniger akut sei, mehr Zeit bliebe, um die Dauergefahr zu beseitigen.[103] Insbesondere sei auch hier zunächst das mildere Mittel der Festnahme anzuwenden.[104] Schließlich sah das Reichsgericht den Umfang des Notstandsrechts durch die staatlichen Kompetenzen zur Gefahrenabwehr begrenzt. Die Befugnisse des Einzelnen dürften nicht weitergehen als die des Staates. Dieser aber müsse vorrangig die Verdächtigen festnehmen und dürfe sie nicht liquidieren.[105] Es musste daher „bedenklich erscheinen, dem einzelnen eine so weit gehende Befugnis einzuräumen, heimlich auf den bloßen Verdacht des Verrats hin einen Menschen zu töten, ohne ihm die Möglichkeit einer Verantwortung zu geben."[106] Schließlich und rückblickend verfängt auch die Argumentation der Fememörder nicht, der Staat habe nicht einschreiten können, er sei wehrlos gewesen.[107] Wie aus Zahlen zur Rechtsprechung hervorgeht, wurden in den Jahren 1924 bis 1927 mehr als 1000 Personen wegen Landesverrats, Beleidigung der Reichswehr und ähnlicher Delikte verurteilt, wobei es unerheblich war, ob der Verrat illegale Organisationen betraf.[108]

d) Güterabwägung

Schließlich verlangte die Rechtfertigung aus übergesetzlichem rechtfertigendem Notstand nach der Rechtsprechung des Reichsgerichts und h.L. ein wesentliches Überwiegen des zu schützenden Gutes gegenüber dem verletzten Eingriffsgut.[109] Nach Ansicht des Reichsgerichts war bei der Güterabwägung von den Strafdrohungen auszugehen, die das Gesetz zum Schutze der jeweiligen Rechtsgüter aussprach.[110] Stellte man Landesverrat und Mord bzw. Totschlag gegenüber, so war eigentlich klar, dass ein wesentliches Überwiegen der Staatsinteressen gegenüber dem Leben des Verräters ausscheiden musste.[111]

---

[103] *Hartung*, JR 7 (1931), 61, 66.

[104] RGSt 63, 215, 227; zustimmend *Hartung*, JR 7 (1931), 61, 64.

[105] RGSt 63, 215, 226.

[106] RGSt 63, 215, 226.

[107] *Hartung*, JR 7 (1931), 61, 64.

[108] Umfassend *Nagel* (Fn. 5), insbes. S. 94 ff.; s. zum Thema insgesamt auch *Hanten* (Fn. 47).

[109] RGSt 63, 242, 254 f.; so bereits RGSt 23, 116; 37, 150 (zum Gutsnotstand); zu dieser Rechtsprechung kritisch *Eb. Schmidt*, ZStW 49 (1928), 350, 362 ff., 370 ff.

[110] RGSt 61, 242 ff.

[111] *Radbruch*, Justiz 5 (1929/1930), 333, 335.

Dieser Maßstab für die Güterabwägung stieß daher auf Kritik seitens der Verteidiger der Fememörder. Während manche das Leben des Einzelnen auf die gleiche Ebene mit der Existenz des Staates stellten,[112] meinten andere, es komme für die Güterabwägung allein auf das gesunde Volksempfinden an.[113] Nach diesen Ansichten musste das einzelne Leben gegenüber der Existenz des Staates zurücktreten.

e) Zusätzliches Erfordernis einer pflichtgemäßen Prüfung?

Da der übergesetzliche Notstand immer wieder gefährlichen Interpretationsspielraum bot, kam als letztes einschränkendes Kriterium neben der bereits angesprochenen Angemessenheit die pflichtgemäße Prüfung einer Notstandslage ins Spiel. Dieses Kriterium hatte das Reichsgericht in seiner Entscheidung zum Schwangerschaftsabbruch aufgestellt. Soweit ersichtlich, nahm keiner der Verteidiger der Fememörder auf dieses Problem Bezug. Die pflichtgemäße Prüfung war so stark umstritten, dass sich eine Auseinandersetzung damit nicht aufdrängte. Eb. Schmidt argumentierte etwa, bei einem Rechtfertigungsgrund, der aus dem Recht einer objektiven sozialen Friedensordnung abgeleitet sei, habe ein subjektives Element nichts zu suchen.[114] Schlussendlich vermochte sich dieses Element nicht durchzusetzen und konnte daher den übergesetzlichen Notstand nicht sinnvoll begrenzen.

5. Die Vorzugswürdigkeit des übergesetzlichen rechtfertigenden Notstandes – Zwischenfazit

Die Gegenüberstellung der Nothilfe und des übergesetzlichen rechtfertigenden Notstandes hat gezeigt, dass Letzterer aussichtsreicher erschien, um eine Rechtfertigung der Fememörder zu erreichen. Zwar ließ die Nothilfe eigentlich weitergehende Eingriffe zu, da sie weder eine Güterabwägung noch eine Angemessenheit, geschweige denn eine pflichtgemäße Prüfung erforderte. Jedoch scheiterte die Notwehr in der Regel an der fehlenden Gegenwärtigkeit des Angriffs, jedenfalls aber an dessen Erforderlichkeit. Einer weiten Interpretation stand die gefestigte Rechtsprechung entgegen. Hierüber half auch die Rechtsfigur der Putativnotwehr nicht hinweg. Anders war dies beim übergesetzlichen rechtfertigenden Notstand. Da der Rechtfertigungsgrund ungeschrieben war und sich seine Entwicklung im Fluss befand, ließ er genügend Raum für eine weite Auslegung im Interesse der Fememörder.

---

[112] *Oetker*, GS 97 (1928), 411, 415.

[113] *Griebel*, Staatsnotwehr, Staatsnotstand und Femetötungen, 1930, S. 33 f.; *Siegert*, Notstand und Putativnotstand, 1931, S. 30 f.

[114] *Eb. Schmidt*, ZStW 49 (1928), 350, 390 f.

V. Die Notstandskontroverse als politische Kontroverse – Zwischenfazit

1. Juristische Argumentation im Dienste der Fememörder

Die Auseinandersetzung mit der Notstandskontroverse hat gezeigt, dass die Rechtfertigung der Fernetäter mit zahlreichen strafrechtsdogmatischen Argumenten untermauert wurde. War die Debatte um die Fememorde aber tatsächlich eine juristische, die sich allein in der ruhigen Sphäre des Rechts abspielte, wie Grimm meinte? Dies ist, wie bereits mehrfach angedeutet, entschieden zu verneinen. Vielmehr war die politische Haltung allein bestimmend bei der Auslegung und Ausgestaltung des Rechts. Die juristische Debatte war tatsächlich eine politische Debatte im Gewande der Strafrechtsdogmatik. Schon allein die politische Zugehörigkeit der Diskussionsteilnehmer entschied über die Argumentationslinie hinsichtlich einer Rechtfertigung. Darüber hinaus äußerten die Verteidiger der Fememorde in ihren juristischen Beiträgen nicht lediglich „fadenscheinige Rechtsgründe". Vielmehr zeigten sie offen ihre Sympathie gegenüber den Tätern. Sie seien Männer gewesen, „die doch nur dem bedrohten Vaterlande zu Hilfe geeilt waren"[115].

2. Die Amnestiegesetze

Der politische Gehalt der Debatte wird noch untermauert, betrachtet man den weiteren Umgang mit den Femetaten seitens der Politik. Festzuhalten ist zunächst, dass die entwickelten „fadenscheinigen Rechtsgründe" die Strafverfolgungsbehörden und Gerichte mit wenigen Ausnahmen nicht von einer Strafverfolgung und Verurteilung abhalten konnten. Ganz im Gegenteil! Zahlreiche Fememörder waren tatsächlich – allerdings ohne die übliche Aberkennung der Ehrenrechte – zum Tode verurteilt worden;[116] so etwa der den Mord an Beyer ausführende Feldwebel Boldt im Eckermann-Prozess.[117] Eckermann selbst war geflohen.[118] Auch Heines, der Willy Schmidt getötet hatte, wurde wegen Totschlags zur Höchststrafe ohne Anerkennung von Milderungsgründen verurteilt.[119]

Diese Judikate stehen aber nicht für eine konsequente staatliche Ächtung der Fememorde. Vielmehr fand die verbreitete Sympathie gegenüber den Fememördern, von der die juristische Kontroverse geprägt war, ihren Nie-

---

[115] *Oetker*, GS 97 (1928), 411, 427.

[116] Umfassend dazu *Nagel* (Fn. 5), S. 156 ff.; s.a. *Sauer* (Fn. 9), S. 79 ff.

[117] S.o. IV.; dazu *Nagel* (Fn. 5), S. 166.

[118] *Nagel* (Fn. 5), S. 163.

[119] *Nagel* (Fn. 5), S. 257. Dort auch zu den weiteren Schuldsprüchen im Einzelnen, S. 156 ff.

derschlag in den Bemühungen der Politik, die Fememörder zu begnadigen bzw. zu amnestieren. So plädierte man hinsichtlich des verurteilten Heines schon im Urteil einstimmig dafür, das Gnadenrecht auszuüben. Entscheidend aber war die im Jahr 1927 angestoßene, bis dahin beispiellose Amnestiekampagne.[120] Sie fand die Unterstützung eines breiten politischen Spektrums, das von der NSDAP über den Stahlhelm bis zur DNVP reichte.[121] Bereits im Folgejahr hatte man sich nach aufreibenden Diskussionen im Reichstag auf eine Teilamnestierung geeinigt. Sie bestand darin, die Strafe für Tötungsverbrechen in Festungsstrafe umzuwandeln und eine Höchststrafe von 7½ statt 15 Jahren festzusetzen.[122] 1930 schließlich wurden alle noch im Gefängnis sitzenden Femetäter durch das „Gesetz zur Änderung des Gesetzes über Straffreiheit vom 14. Juli 1928" entlassen und alle noch laufenden Femeverfahren niedergeschlagen.[123]

Damit zeigt sich deutlich, dass die „fadenscheinigen Rechtsgründe" zwar nicht zu einer strafrechtsdogmatischen Exkulpation der Fememörder geführt haben. Jedoch hat die juristische Kontroverse das politische Bewusstsein zugunsten der Fememörder derart mitgeprägt, dass es jedenfalls im Wege der Amnestie zu einer Straflosstellung der Täter kam. Nicht zuletzt deshalb wurde in neueren Publikationen die zutreffende Vermutung geäußert, die juristische Debatte um die Staatsnothilfe und den Staatsnotstand habe (auch) in engem Zusammenhang mit den Amnestieforderungen zugunsten der Fememörder gestanden.[124]

VI. Lehren aus der Rechtsgeschichte für die heutige Notstandsdogmatik – ein Ausblick

Von der juristischen Kontroverse der Weimarer Zeit sind auch heute noch Spuren geblieben. Das gilt sowohl im Hinblick auf die Staatsnotwehr bzw. Staatsnothilfe als auch den Staatsnotstand. Wie die eingangs zitierte Passage der neueren Kommentarliteratur zeigt, dienen die Erfahrungen aus der Rechtsgeschichte einmal mehr als mahnendes Beispiel für die heutige Rechtsanwendung. So lehnen namhafte Autoren die heute noch anerkannte Staatsnotwehr ab,[125] um die Entgleisung politischer Gewalt unter dem Deckmantel des Notwehrrechts zu unterbinden.[126] Volker Erb etwa verweist darauf, dass

---

[120] *Sauer* (Fn. 9), S. 281.

[121] *Nagel* (Fn. 5), S. 328; *Sauer* (Fn. 9), S. 281.

[122] *Nagel* (Fn. 5), 326 ff.; *Sauer* (Fn. 9), S. 281.

[123] *Nagel* (Fn. 5), S. 326 ff., 347.

[124] *Hanten* (Fn. 47), S. 214 f.

[125] *Eisele*, in: Schönke/Schröder, 30. Aufl. 2019, § 32 Rn. 6 f. m.w.N.

[126] *Erb*, in: Münchener Kommentar StGB, 3. Aufl. 2017, § 32 Rn. 101 mit zahlr. Nachw.

der rechtfertigende Notstand nach § 34 StGB, das Festnahmerecht nach § 127 Abs. 1 StPO sowie das Widerstandsrecht nach Art. 20 Abs. 4 GG völlig ausreichend seien, um den „Bürger nicht zur tatenlosen Hinnahme staatsfeindlicher Aktionen höchsten Schweregrades zu zwingen." „Die besonderen Voraussetzungen (umfassende Interessenabwägung, Vorliegen einer Straftat bzw. eines unmittelbar auf die Beseitigung der freiheitlich-demokratischen Grundordnung gerichteten Unternehmens) und der Ausschluss tödlicher Gegenmaßnahmen bei § 34 und bei § 127 Abs. 1 StPO vermögen den Ausschluss exzessiver Gewalt gegen (vermeintliche) Staatsfeinde dabei weitaus besser zu gewährleisten, als dies bei einer Anwendung von § 32 möglich wäre."[127]

Auch die Autoren, die Staatsnotwehr in engem Umfang grundsätzlich bejahen, verlangen heutzutage, dass ein Handeln zugunsten des Staates in Nothilfe nur dann gerechtfertigt ist, wenn dadurch gleichzeitig Einzelinteressen betroffen sind.[128] Diese Einschränkung dient nach Claus Roxin nicht zuletzt auch dem Ziel, „daß die Ernennung des Bürgers zu einem freiwilligen Hilfspolizisten für ‚das Recht' schlechthin nicht nur die Befugnisse des einzelnen in heillosen Widerspruch zu den sorgfältig differenzierten behördlichen Rechten bringen, sondern durch die Freisetzung privaten Übereifers mehr zur Störung als zur Bewahrung des allgemeinen Friedens beitragen würde"[129].

Das Bild hat sich also umgekehrt. Während in der Weimarer Zeit zugunsten der Fememörder der Notstand als Rechtfertigungsgrund herangezogen wurde, um die politische Gewalt noch weitergehend zu legitimieren, dient der Notstand heute als Mittel, um die Ausuferung politischer Gewalt zu minimieren. Damit hat die Rechtsgeschichte den heutigen juristischen Diskurs nachhaltig geprägt. Der aktuelle Diskurs zu Staatsnotwehr und Staatsnotstand zeigt, dass stichhaltige Rechtsgründe der Sache, nämlich der Verhinderung politisch motivierter Gewalt, zu dienen vermögen.

---

auf aktuelle Literatur, insbes. *Kindhäuser*, in: NomosKommentar StGB, 5. Aufl. 2017, § 32 Rn. 47.

[127] *Erb*, in: Münchener Kommentar StGB, 3. Aufl. 2017, § 32 Rn. 101.

[128] *Roxin*, ZStW 93 (2009), 68, 75 f. m.w.N.

[129] *Roxin*, ZStW 93 (2009), 68, 76.

Franz v. Liszt und das Ende des Kaiserreichs

Arnd Koch

I. „Die Zeit der Kompromisse ist vorüber“

Im Auftrag der Obersten Heeresleitung offenbarte Major Erich von dem Busche-Ippenburg den Vertretern der Reichstagsparteien am 2.10.1918, dass der Krieg nicht mehr zu gewinnen sei. Unter den Anwesenden befand sich der international bekannteste deutsche Strafrechtsgelehrte und Reichstagsabgeordnete Franz v. Liszt, der seine Eindrücke an seinen Berliner Fakultätskollegen, den Staatsrechtler Gerhard Anschütz, weitergab: „Der Krieg ist verloren, und zwar in einem Ausmaß, das keiner von uns für möglich gehalten hatte; die Erklärung der Obersten Heeresleitung erfüllte uns alle mit starrem Entsetzen“[1]. Die Schockstarre währte bei v. Liszt indes nur kurz. In der ihm verbleibenden Lebenszeit publizierte der bereits Schwerkranke weiterhin in hoher Frequenz. Bis zu seinem Tod im Juni 1919 stritt v. Liszt für eine Demokratisierung des Straf- und Völkerrechts sowie für die Errichtung eines neuartigen, friedenssichernden Völkerbundes. So plädierte er etwa wenige Tage vor dem Waffenstillstand eindringlich dafür, dass „die deutsche Demokratie unbeirrt durch die Gunst oder Ungunst der augenblicklichen Lage an dem Aufbau des Völkerbundes und damit an der Wiedergeburt der Menschheit weiter arbeiten (müsse)“[2]. Unmittelbar nach der Novemberrevolution erörterte v. Liszt die Folgen des Zusammenbruchs des Deutschen Kaiserreichs für das Straf- und Strafprozessrecht. Vehement forderte er die „Demokratisierung unserer Strafgesetzgebung“[3] und die „Schaffung eines von demokratischem Geiste erfüllten deutschen Strafverfahrens“[4]. Im Strafrecht müsse „der Zweckgedanke zu seinem vollen Rechte kommen“, der „Kompromiss mit dem Vergeltungsprinzip aufgegeben werden“. „Anpassung an die Gesellschaft und Ausscheidung aus der Gesellschaft muß das Strafensystem, die Strafrahmen, die Zumessung der Strafe bestimmen“[5]. Im

[1] *Anschütz*, Aus meinem Leben, hrsg. v. *W. Pauly*, 2. Aufl. 2008, S. 222.

[2] *v. Liszt*, „Wilsons Friedensprogramm“, Leipziger Tageblatt v. 30.10.1918, 1 f.

[3] *v. Liszt*, JW 1918, 785; knapp auch *ders.*, ZStW 40 (1919), 182, 378.

[4] *v. Liszt*, „Demokratisierung des Strafprozesses“, Hamburger Fremdenblatt v. 24.2.1919, 1.

[5] *v. Liszt*, JW 1918, 786. Weitere aus der für zwingend erforderlich erachteten Demokratisierung abgeleitete Forderungen waren u.a. die Beseitigung aller „Kautschukbegriffe“

Bereich des Strafverfahrens gehe es nunmehr um die „folgerichtige Durchführung des Anklageprinzips" – „auch hier ist die Zeit der Kompromisse vorüber"[6].

II. Das Spätwerk – Forschungsstand

v. Liszts gewohnt kämpferisch vorgetragenen Forderungen wecken Neugierde auf das Spätwerk des wohl bedeutendsten deutschen Kriminalpolitikers.[7] Erstaunlicherweise sind die späteren Schriften v. Liszts bislang kaum erschlossen. Eine kleine Auswahl findet sich in einem von Hinrich Rüping edierten Sammelband, der in Bibliotheken freilich schwer greifbar ist.[8] Eine eingehende biographische Darstellung unter Heranziehung zuvor unbekannten Archivmaterials bietet die lesenswerte Dissertation von Florian Herrmann, die sich dem völkerrechtlichen Werk v. Liszts widmet.[9] Strafrechtliche Aspekte spielen hier naturgemäß eine untergeordnete Rolle. Schwer zugängliche Kriegsschriften wurden erstmals in einem Beitrag von Heribert Ostendorf aus den 1980er Jahren gesichtet und ausgewertet.[10] Das für unser Thema interessanteste Werk stammt von dem argentinischen Kriminologen Carlos Elbert, dessen 2017 erschienene Monographie über den Politiker v. Liszt

---

aus dem politischen Strafrecht, die unmittelbare Beteiligung der demokratischen Parteien in den Reformkommissionen, die Sicherung der freien Meinungsäußerung sowie die Neuregelung der presserechtlichen Verantwortlichkeit, die Einschränkung der Religions- und Sittlichkeitsdelikte, die Aufgabe der milden Behandlung des Zweikampfs, die Beseitigung aller Nebenstrafgesetze, sowie die Aufnahme der wesentlichen Strafvollzugsvorschriften in das RStGB.

[6] *v. Liszt*, JW 1918, 786.

[7] So *Roxin*, ZStW 81 (1969), 613; weitere Zitate bei *Naucke*, ZStW 94 (1982), 528 f., 551 ff., 560 f.; vgl. zu Leben und Werk die Beiträge in *Koch/Löhnig* (Hrsg.), Die Schule Franz v. Liszts, 2016. Eine umfassende Würdigung des Strafrechtsdogmatikers v. Liszt erfolgt durch *Frisch*, ebd., S. 1 ff.; vgl. monographisch zuletzt *Stäcker*, Die Franz v. Liszt-Schule und ihre Auswirkungen auf die deutsche Strafrechtsentwicklung, 2012. Umfassende Literaturverweise bei *Conde*, in: Festschrift für Hassemer, 2010, S. 535 Fn. 2. Die ZStW widmete v. Liszt zu dessen 50. Todestag ein Gedächtnisheft (ZStW 81 [1969], 543–828), anlässlich des einhundertjährigen Jubiläums des Marburger Programms folgte ein Schwerpunktheft (ZStW 94 [1982], 525–631). Kurzbiographien finden sich bei *Rössner*, in: Cordes/Haferkamp/Lück et. al. (Hrsg.), Handwörterbuch zur Deutschen Rechtsgeschichte, Bd. 3, 2. Aufl. 2016. Sp. 2016 ff.; *Eb. Schmidt*, Einführung in die Geschichte der deutschen Strafrechtspflege, 3. Aufl. 1965, S. 357 ff.; *J. Schröder*, in: Kleinheyer/Schröder (Hrsg.), Deutsche und Europäische Juristen aus neun Jahrhunderten, 6. Aufl. 2017, S. 217 ff.

[8] *Rüping* (Hrsg.), Franz v. Liszt. Aufsätze und kleinere Monographien, Bd. 3, 1999.

[9] *Herrmann*, Das Standardwerk. Franz von Liszt und das Völkerrecht, 2001.

[10] *Ostendorf*, Kriminalsoziologische Bibliographie 1984, Heft 42, 1.

bislang nicht in deutscher Übersetzung vorliegt.[11] Ansonsten beschränkt sich die Rezeption des Lisztschen Werkes nahezu ausnahmslos auf die in den beiden Sammelbänden „Strafrechtliche Aufsätze und Vorträge" enthaltenen Abhandlungen, die jedoch lediglich die Jahre bis 1904 berücksichtigen.[12] Der 1851 geborene v. Liszt war zu diesem Zeitpunkt erst 53 Jahre alt. Viele seiner späteren Abhandlungen erschienen in heute schwer zugänglichen Sammelwerken, längst eingestellten (Fach-)Zeitschriften oder auch in Tageszeitungen. Es bleibt daher der für die deutsche Strafrechtswissenschaft ernüchternde Befund, dass die Werke, die v. Liszt „im besten Wissenschaftleralter" und auf dem Zenit seiner akademischen Karriere verfasste, wenig oder gar nicht bekannt sind.

Im Folgenden soll zunächst unser Protagonist auf dem Gipfel seines Ruhms mit den von ihm geschaffenen Institutionen vorgestellt werden (unten, II.). In einem zweiten Schritt wird das späte Oeuvre v. Liszts in den Blick genommen, wobei der Akzent auf seinen nach 1900 neu hinzugekommenen Arbeitsfeldern liegt (unten, III.). Ausgeblendet bleiben sowohl spezifisch strafrechtsdogmatische und kriminalpolitische Arbeiten als auch seine kritische Begleitung der zu Beginn des Jahrhunderts in Angriff genommenen Gesamtrevision des Reichsstrafgesetzbuchs.[13] Das Berliner Spätwerk Franz v. Liszts weist markante Neuerungen gegenüber früheren Perioden auf. So wandte sich v. Liszt nach der Jahrhundertwende verstärkt der Politik zu, auch der Parteipolitik. Seine späte politische Karriere sollte ihn von den Niederungen der Charlottenburger Kommunalpolitik bis in den Berliner Reichstag führen. Nach 1914 trat v. Liszt als Verfasser bislang kaum beachteter Kriegsschriften in Erscheinung, wobei er über verschiedene Publikationsformen auch zu tagesaktuellen völkerrechtlichen Fragen Stellung nahm. Während seiner Berliner Zeit hatte sich das Völkerrecht allmählich zu einem weiteren Arbeitsschwerpunkt entwickelt. Die elf Auflagen seines Lehrbuchs zum Völkerrecht erschienen allesamt nach 1898. Mit Ausbruch des Weltkriegs traten bei v. Liszt spezifisch straftheoretische bzw. kriminalpolitische Arbeiten ganz in den Hintergrund, es dominierten fortan völkerrechtliche und politische Schriften.

---

[11] *Elbert*, Franz von Liszt: teoría y práctica en la política-criminal (1899–1919), 2. Aufl. 2018, Barcelona; mit einem Vorwort von *Conde*. Die Erstauflage erschien 2017 in kleiner Auflage in Argentinien.

[12] *v. Liszt*, Strafrechtliche Aufsätze und Vorträge, 2 Bde., 1905.

[13] *Koch*, in: Hilgendorf/Kudlich/Valerius (Hrsg.), Handbuch des Strafrechts, Bd. 1, 2019, § 8 Rn. 36; einführend *Vormbaum*, Moderne Strafrechtsgeschichte, 4. Aufl. 2019, S. 143 ff. Zu Modifikationen seines kriminaltheoretischen Konzepts in Richtung eines umfassenden Sicherungsrechts *Koch*, ZStW 131 (2019), 451, 472 ff.

III. Auf dem Zenit – v. Liszt in Berlin

1. *Ruf an die Friedrich-Wilhelms-Universität*

Als v. Liszt 1899 den Ruf nach Berlin annahm, war er der europaweit bekannteste deutsche Strafrechtswissenschaftler. Dass der Begründer der „modernen" Strafrechtsschule und Auslöser des sog. „Schulenstreits" freilich alles andere als unumstritten war, erhellt bereits das Berliner Berufungsverfahren.[14] Die Fakultät hatte ihn für die Nachfolge Albert Friedrich Berners (1818–1907) hinter dem „Klassiker" Karl Binding (1841–1920) und Oberreichsanwalt Justus v. Olshausen (1844–1924) (pari passu) lediglich auf Listenplatz drei positioniert. Ausweislich der Sitzungsprotokolle speisten sich die Vorbehalte gegen v. Liszt aus der vermeintlichen „Einseitigkeit seiner Grundrichtung", seiner „bedenklichen agitatorischen Tätigkeit" sowie aus der Mitunterzeichnung eines Aufrufs zur Entkriminalisierung einfacher männlicher Homosexualität.[15] v. Liszt kam allein aufgrund einer ursprünglich geheimen, jedoch alsbald durchgesickerten und von der Presse aufgegriffenen Vorabsprache mit der preußischen Ministerialbürokratie zum Zuge.[16] Anlässlich einer wenige Jahre zuvor erfolgten Rufabwehr von Halle nach Straßburg war ihm vom Ministerium über den Kopf der Berliner Fakultät hinweg die Übernahme des Bernerschen Lehrstuhls schriftlich zugesichert worden.[17] In Berlin lehrte v. Liszt bis zum Frühjahr 1916. Nach Feststellung einer schweren Krebserkrankung nahm er zuerst einen einjährigen Urlaub, zum 1.4.1917 ließ er sich schließlich von seinen Dienstpflichten befreien.[18] v. Liszt übersiedelte nach Seeheim an der Bergstraße, wo er am 21.6.1919 verstarb.

2. *Programme, Netzwerke, Institutionen*

v. Liszt konnte zum Zeitpunkt seines Wechsels an die führende Fakultät des Kaiserreichs auf eine glänzende akademische Karriere zurückblicken. 1851 in Wien geboren, studierte er in seiner Heimatstadt, wo er auch promoviert wurde.[19] Nach der Habilitation in Graz folgten Lehrstühle in Gießen

[14] Hierzu *Herrmann* (Fn. 9), S. 61 f.

[15] Aus den Sitzungsprotokollen der Juristischen Fakultät der Friedrich-Wilhelms-Universität, zit. aus *Herrmann* (Fn. 9), S. 61.

[16] Allgemeine Zeitung (München) v. 3.6.1896, in: Geheimes Staatsarchiv Preußischer Kulturbesitz (GStA) PK, I. HA Rep. 76 Kultusministerium, Vf Lit. L Nr. 34 Bd. 1 (Personalakte Franz v. Liszt), Bl. 227.

[17] *Herrmann* (Fn. 9), S. 57, 61.

[18] Faksimile des ministerialen Freistellungsschreibens, das zugleich die Nachricht von der Verleihung des „Roten Adlerordens III. Klasse mit Schleife" enthielt, *Elbert* (Fn. 11), S. 437.

[19] Über v. Liszt „als Österreicher" *Moos*, ZStW 81 (1969), 660.

(1879–1882), Marburg (1882–1889) und Halle (1889–1898). Während seine Frühwerke eher konventionell und unauffällig geblieben waren, eröffnete ein publizistischer Paukenschlag den Beginn seines akademischen Aufstiegs. In seinem Marburger Programm konstatierte der gerade Dreißigjährige nichts weniger als das vollständige Versagen der traditionellen Strafrechtslehre vor den sozialen Herausforderungen des Industriezeitalters.[20] Sein hier erstmals skizziertes kriminalpolitisches Programm sowie sein Verständnis von den Strafzwecken und Aufgaben der Strafrechtswissenschaft lösten den sog. „Schulenstreit" zwischen „Modernen" und „Klassikern" aus.[21] In den 1880er Jahren schuf v. Liszt sodann eine Reihe von Institutionen, die den strafrechtswissenschaftlichen Diskurs über die nächsten Jahrzehnte prägten und v. Liszt als Wissenschaftsorganisator und „Netzwerker" zu einer „Zentralgestalt" des europäischen kriminalwissenschaftlichen Diskurses werden ließen.[22] Hierzu zählen das führende und in zahlreichen Auflagen erschienene „Lehrbuch des Deutschen Strafrechts"[23], die bis heute maßgebliche „Zeitschrift für die gesamte Strafrechtswissenschaft", die wirkungsmächtige „Internationale Kriminalistische Vereinigung" (IKV) sowie das „Kriminalistische Seminar", das sich als Anlaufstelle für aufstrebende in- und ausländische Strafrechtswissenschaftler erwies.[24] Die 30.000 Bände umfassende Seminarbibliothek war, wie v. Liszt ohne falsche Bescheidenheit bemerkte, „in ihrer Vollständigkeit (...) von keiner Bibliothek des Deutschen Reiches oder eines der übrigen Kulturstaaten übertroffen"[25]. Aus dem Kriminalistischen Seminar gingen „Liszt-Schüler" wie Alexander Graf zu Dohna (1876–1944), Eduard Kohlrausch (1874–1948), Gustav Radbruch (1878–1949) und Eberhard Schmidt (1891–1977) hervor.[26] Die gemeinsam

[20] *v. Liszt*, ZStW 3 (1883), 1; zur Herkunft der Bezeichnung „Marburger (Universitäts-) Programm" *Naucke*, ZStW 94 (1982), 309 Anm. 1.

[21] Hierzu *Koch*, in: Hilgendorf/Weitzel (Hrsg.), Der Strafgedanke in seiner historischen Entwicklung, 2007, S. 127 ff.; *Naucke*, in: Festschrift für Hassemer, 2010, S. 559 ff.

[22] Zur Beschreibung des Kreises um v. Liszt als „Schule" bzw. „Netzwerk" *Koch*, in: Koch/Löhnig (Fn. 7), S. 45 ff.; *Zabel*, ebd., S. 91 ff. Als Pionierstudie zur Schulenbildung in der Strafrechtswissenschaft *Hilgendorf*, in: Alwart/Hallmann/Krämer (Hrsg.), Freiheit und Freiheitsverluste in Rechtsregime, Gesellschaft und Wissenschaft, 2014, S. 29 ff.; *ders.*, in: Hilgendorf/Kudlich/Valerius (Fn. 13), § 18 Rn. 48 ff.

[23] *v. Liszt*, Das deutsche Reichsstrafrecht, 1881, ab der zweiten, stark erweiterten Auflage umbenannt in „Lehrbuch des Deutschen Strafrechts". Die 21./22. und zugleich letzte Auflage erschien 1919.

[24] Namensliste bei *v. Liszt*, Das kriminalistische Seminar, in: Lenz (Hrsg.), Geschichte der Königlichen Friedrich-Wilhelms-Universität zu Berlin, Bd. 3, 1910, S. 29 ff.

[25] *v. Liszt*, in: Lenz (Fn. 24), S. 32.

[26] Zum Personenkreis um v. Liszt *Koch*, in: Koch/Löhnig (Fn. 7), S. 40 ff.; auch *Elbert* (Fn. 11), S. 478 ff.; monographisch *Stäcker* (Fn. 7), S. 72 ff.; zu Stäcker *Frommel*, Jahrbuch der Juristischen Zeitgeschichte, Bd. 14 (2013), S. 290 ff. und *Koch* ZStW 127 (2015), 451.

mit Adolf Dochow (1844–1881) als übernationales „kriminalistisches Zentralorgan“[27] gegründete ZStW verfolgte im Gegensatz zu den bestehenden Konkurrenzblättern „Der Gerichtssaal“ und „Archiv für Preußisches Strafrecht“ eine dezidiert wissenschaftliche Zielsetzung.[28] Sie bot einerseits Autoren der Reformbewegung ein Forum, andererseits blieb sie offen für traditionelle dogmatische Beiträge. Die wohl bedeutendste wissenschaftsorganisatorische Leistung gelang v. Liszt mit der 1889 gemeinsam mit dem Belgier Adolphe Prins (1845–1919) und dem Niederländer Gerardus Antonius van Hamel (1842–1917) begründeten „Internationalen Kriminalistischen Vereinigung“[29]. Unmittelbar vor Ausbruch des Ersten Weltkrieges besaß die IKV nicht weniger als 1148 Mitglieder aus 27 Staaten, die regelmäßig in europäischen Metropolen zu sog. „Hauptkongressen“ zusammenkamen.[30] Weitaus weniger bekannt als der Schulenbegründer, Wissenschaftsorganisator und „Netzwerker“ ist hingegen der Politiker v. Liszt, der uns im folgenden Abschnitt begegnen wird.

IV. Schlaglichter auf das Spätwerk

1. Ein fortschrittlicher Liberaler – Der Politiker Franz v. Liszt

a) Aufrufe, Petitionen, Programme

Ein bislang wenig belichteter Aspekt in v. Liszts Biographie ist seine bereits angesprochene Hinwendung zur Politik, auch zur Parteipolitik.[31] Während sich der jüngere v. Liszt noch als „selbständigen Konservativen“ bezeichnet und gar die Gründung einer entsprechenden Partei in Aussicht gestellt hatte,[32] schloss er sich um die Jahrhundertwende dem (Links-)Liberalismus an. v. Liszts tagespolitisches Engagement spiegelt sich in der Beteiligung an einer kaum zu überblickenden Vielzahl von Aufrufen, Petitionen und Resolutionen wider. So zählte v. Liszt 1897 zu den ersten Unterzeichnern der

---

27 *v. Liszt/Dochow*, ZStW 1 (1881), 1.

28 *Roth*, in: Stolleis (Hrsg.), Juristische Zeitschriften, 1999, S. 320 ff.

29 Eine Auflistung der 75 Gründungsmitglieder findet sich bei *v. Liszt*, ZStW 9 (1889), 369; zur IKV *Koch*, in: Koch/Löhnig (Fn. 7), S. 34 ff. sowie *Bellmann*, Die Internationale Kriminalistische Vereinigung (1889–1933), 1994; *Kesper-Biermann*, in: Kesper-Biermann/Overath (Hrsg.), Die Internationalisierung von Strafrechtswissenschaft und Kriminalpolitik (1870–1930), 2007, S. 85 ff.; *Radzinowicz*, The Roots of the International Association of Criminal Law and their Significance, 1991; *Wetzell*, in: Koch/Löhnig (Fn. 7), S. 209 ff.

30 Vgl. das letzte veröffentliche Mitgliederverzeichnis, in: MIKV 20 (1913), S. V ff.

31 Hierzu *Ostendorf*, Kriminalsoziologische Bibliographie 1984, Heft 42, 1 ff.; als Desiderat angemahnt von *Naucke*, ZStW 94 (1982), 531 f.

32 Neue Preußische Zeitung (Kreuz-Zeitung) v. 25.9.1884, in: GStA PK, I. HA Rep. 76 Kultusministerium, Vf Lit. L Nr. 34 Bd. 1 (Personalakte Franz v. Liszt), Bl. 37.

erwähnten, von Magnus Hirschfeld angestoßenen Resolution zur Reform des § 175 RStGB. Mitunterzeichner waren Schriftsteller und Künstler wie Gerhard Hauptmann, Max Liebermann, Karl May, Rainer Maria Rilke und Arthur Schnitzler.[33] Mit der Kulturprominenz des Kaiserreichs hatte v. Liszt zwei Jahre zuvor gegen die sog. „Umsturzvorlage" votiert, einen gegen die politische Opposition gerichteten Reformentwurf des Reichsjustizamtes.[34] Später findet sich sein Name beispielsweise unter Aufrufen zur Unterstützung des Bundes für Mutterschutz (1904), einem Verein der radikalen bürgerlichen Frauenbewegung,[35] zur Freilassung des in Russland inhaftierten Maxim Gorki (1905)[36] oder zur Gründung des „Verbandes für internationale Verständigung" (1910).[37] v. Liszt kämpfte mit Verve für die Beseitigung des preußischen Dreiklassenwahlrechts und dessen Ersetzung durch ein allgemeines (männliches) Wahlrecht. So zählte er zu den Erstunterzeichnern des prominent unterstützten Aufrufs „Für die Preußische Wahlreform", der 1909 auf dem Titelblatt des liberalen Berliner Tageblatts erschien.[38] Die Kontroverse über das preußische Wahlrecht bildete einen der zentralen innenpolitischen Streitpunkte des späten Kaiserreichs.[39] Kämpferisch, ja geradezu martialisch kommentierte v. Liszt einen den Status quo zementierenden Regierungsentwurf: „Mit der Vorlage hat die Regierung dem Liberalismus den Krieg erklärt"[40]. 1917 betrachtete er schließlich die Einführung des allgemeinen männlichen Wahlrechts als eine zwingende Folge der aus dem Krieg gewonnenen Erkenntnis, „daß den Geldleistungen des Steuerzahlers die Op-

[33] Petition an die gesetzgebenden Körperschaften des Deutschen Reichs behufs Abänderung des § 175 des R.-Str.-G.-B. und die sich daran anschließende Reichstags-Verhandlung, in: Jahrbuch für sexuelle Zwischenstufen unter besonderer Berücksichtigung der Homosexualität, 1899, S. 239 ff. Zu den Hintergründen der Petition *Herzer*, Magnus Hirschfeld und seine Zeit, 2017, mit Blick auf v. Liszt insbes. S. 74. Die Petition plädierte dafür, dass § 175 RStGB homosexuelle Akte nur dann erfassen solle, wenn diese unter Anwendung von Gewalt, an Personen unter 18 Jahren oder in einer öffentliches Ärgernis erregenden Weise begangen wurden. v. Liszt blieb seiner Position bis zuletzt treu, vgl. *v. Liszt*, Lehrbuch, 21./22. Aufl. 1919, S. 369.

[34] Erklärung gegen die Umsturzvorlage. Beilage zu den Grenzboten 1895, Heft 6. Hintergründe bei *Wilhelm*, Das Deutsche Kaiserreich und seine Justiz, 2014, S. 329 ff.

[35] Der Text des Aufrufs findet sich in der Max Weber Gesamtausgabe, Abt. I, Bd. 8, 1998, S. 425 ff.

[36] Hierzu *Elm*, Zwischen Fortschritt und Reaktion. Geschichte der Parteien der liberalen Bourgeoisie in Deutschland 1893–1918, 1968, S. 124 ff.

[37] Max Weber Gesamtausgabe, Abt. I, Bd. 8, 1998, S. 462 ff.

[38] Berliner Tageblatt v. 7.12.1909, 1. Mitunterzeichner waren neben v. Liszt u.a. Anschütz, Corinth, Preuß, Schücking, Slevogt, Tönnies, A. Weber und M. Weber.

[39] *Bruendel*, Volksgemeinschaft oder Volksstaat. Die „Ideen von 1914" und die Neuordnung Deutschlands im Ersten Weltkrieg, 2003, S. 249.

[40] *v. Liszt*, „Die sogenannte ‚Wahlrechtsreform' in Preußen", in: Blaubuch. Wochenschrift für öffentliches Leben, Literatur und Kunst v. 10.2.1910, 125.

fer an Gut und Blut mindestens ebenbürtig sind, die die breiten Massen dem Vaterlande willig und treu dargebracht haben“[41].

In einer mehrteiligen Artikelserie über die „Zukunft des deutschen Liberalismus“ (1908) entfaltete v. Liszt sein politisches Programm.[42] Das Wesen der liberalen Weltanschauung sah er begründet „in dem unerschütterlichen Glauben an die aufwärtsstrebende Entwicklung alles organischen Lebens und damit auch der Menschheit“[43]. Der im Marburger Programm für das Gebiet der Kriminalpolitik erstmals ausformulierte Entwicklungsgedanke wurde ihm in späteren Jahren zu einem universalen Glaubensbekenntnis, das er auf die Politik, das Staatsrecht und das Völkerrecht übertrug. Neben der Reform des preußischen Wahlrechts standen auf seiner politischen Agenda die schrittweise Gleichberechtigung der Frau,[44] die Gewährung gleicher Rechte für die Sozialdemokratie, die Freiheit der Schule von der Herrschaft der Kirche, der Ausbau der kommunalen Selbstverwaltung sowie eine volkstümliche Rechtspflege. Bezeichnend für einen überzeugten Liberalen des Kaiserreichs sah er den politischen Gegner neben den Konservativen vor allem in den sog. „Neothomisten“ des katholischen Zentrums, wo man kein Mittel scheue, „um die Anhänger der Reformbewegung herabzusetzen und zu verdächtigen“[45]. Auch eine Strafrechtsreform sei „niemals mit dem Zentrum, sondern nur gegen das Zentrum durchzusetzen“[46].

Überblickt man seine tagespolitischen Stellungnahmen, so erweist sich R. vom Bruchs Charakterisierung v. Liszts als eines „kulturpolitisch aufgeschlossenen Linksliberalen“ bzw. „fortschrittlichen Liberalen“ als zutreffend.[47] Mit seiner politischen Einstellung musste er unter seinen bestenfalls nationalliberalen oder aber konservativen und „ziemlich weit rechts stehenden“[48] Berliner Fakultätskollegen ein Außenseiter bleiben. v. Liszt selbst bekannte, dass er „mit den Berliner Kollegen gar keine politische Fühlung habe“[49]. So überrascht es nicht, dass er anders als in seinen früheren Stationen in Marburg und Halle mit dem Vorhaben scheiterte, das Amt des Universi-

---

[41] *v. Liszt*, Europäische Staats- und Wirtschaftszeitung 1917, 1126.

[42] *v. Liszt*, „Die Zukunft des deutschen Liberalismus“, Der Tag, 8.5.1908 (Tl. 1: „Der Niedergang des deutschen Liberalismus“), 9.5.1908 (Tl. 2: „Der Niedergang des deutschen Liberalismus. Schluss“), 16.5.1908 (Tl. 3: „Der Liberalismus als Staatsnotwendigkeit“), 26.5.1908 („Die liberale Partei“).

[43] *v. Liszt*, „Die Zukunft des deutschen Liberalismus“, Der Tag v. 16.5.1908, 2.

[44] Für die Zulassung von Frauen zum Schöffenamt *v. Liszt*, in: Festschrift für Riesser, 1913, S. 126.

[45] *v. Liszt*, März. Halbmonatsschrift für deutsche Kultur 1 (1907), 77.

[46] *v. Liszt*, „Zentrum und Strafrechtsreform“, Frankfurter Zeitung v. 19.1.1907, 3.

[47] *vom Bruch*, Wissenschaft, Politik und öffentliche Meinung. Gelehrtenpolitik im wilhelminischen Deutschland, 1980, S. 144, auch S. 40.

[48] *Anschütz* (Fn. 1), S. 119.

[49] *Herrmann* (Fn. 9), S. 72.

tätsrektors zu übernehmen. Bei den kurz vor Ausbruch des Weltkrieges abgehaltenen Wahlen unterlag er seinem Fakultätskollegen, dem Zivilrechtler Theodor Kipp (1862–1931), deutlich.[50]

b) Parteipolitik

aa) Von der Stadtverordnetenversammlung bis zum Reichstag

In seiner Berliner Zeit wandte sich v. Liszt erstmals der Parteipolitik zu. Als „Hochschullehrer von Weltrang“[51] begab er sich zunächst in die Niederungen der Kommunalpolitik. Für die Unabhängige liberale Fraktion gehörte er zwischen 1903 und 1912 der Charlottenburger Stadtverordnetenversammlung an.[52] Zwischen 1908 und 1913 war v. Liszt außerdem Mitglied des Preußischen Abgeordnetenhauses.[53] Nach einem erfolglosen Versuch zog er schließlich 1912 – als Höhepunkt seiner parteipolitischen Karriere – als Abgeordneter des Stimmkreises Glogau/Schlesien in den Reichstag ein. v. Liszt gehörte der 40 Sitze starken Fraktion der linksliberalen Fortschrittlichen Volkspartei an. Als einer der letzten „politischen Professoren“ gelang es ihm freilich nicht, sich innerhalb seiner Fraktion oder vor dem Forum des Reichstags nennenswert zu profilieren.[54] So ergriff v. Liszt während der bis November 1918 andauernden Legislaturperiode lediglich bei sieben Gelegenheiten das Wort, wobei er ausschließlich zu straf- oder völkerrechtlichen Themen sprach.[55] So etwa über den „Entwurf eines Ausführungsgesetzes zu dem internationalen Übereinkommen zur Bekämpfung des Mädchenhandels“[56], einen „Gesetzesentwurf gegen den Verrat militärischer Geheimnisse“[57], den „Entwurf eines Gesetzes über das Verfahren gegen Jugendliche“[58], über „Die Befugnisse der Militärbefehlshaber zur Ausübung der öffentlichen Gewalt“[59] oder über die „Zwischen dem Deutschen Reich und dem Osmanischen Reich geschlossenen Verträge“[60]. Die Berliner konservative

---

[50] *Maurer*, „... und wir gehören auch dazu“. Universität und „Volksgemeinschaft“ im Ersten Weltkrieg, Bd. 1. 2015, S. 162.

[51] *Kempe*, ZStW 81 (1969), 813.

[52] *Herrmann* (Fn. 9), S. 80 ff., eingehend auch *Elbert* (Fn. 11), S. 189 ff.

[53] Hierzu eingehend *Elbert* (Fn. 11), S. 215 ff.

[54] *Vom Bruch* (Fn. 47), S. 288; im Reichstag von 1912 waren lediglich sieben Hochschullehrer vertreten, im sog. „Professorenparlament“ der Paulskirche waren es deren 49, ebd., S. 49. Zu „politischen Professoren“ *Herrmann* (Fn. 9), S. 67 ff.

[55] Zsf. *Ostendorf*, Kriminalsoziologische Bibliographie 1984, Heft 42, 21 f.; eingehend *Elbert* (Fn. 11), S. 311 ff.

[56] RGBl. 14. Sitzung, 27.2.1912, S. 270–271.

[57] RGBl. 175. Sitzung, 26.11.1913, S. 5990–5994.

[58] RGBl. 89. Sitzung, 13.1.1913, S. 2907–2911.

[59] RGBl. 198. Sitzung, 23.1.1914, S. 6740–6749; im Kontext der sog. „Zabern-Affäre“.

[60] RGBl. 105. Sitzung, 10.5.1917, S. 3902–3904.

Presse hatte v. Liszts politische Ambitionen von Beginn an mit unverhohlener Häme begleitet. So bemerkte die Neue Preußische Zeitung mit Blick auf seine Person, „dass eine hervorragende wissenschaftliche Begabung und ihre Betätigung noch lange nicht den Nachweis für das Vorhandensein auch nur mäßigen Geschicks für Teilnahme an politischer Arbeit gewährt“[61].

bb) Voluntarismus vs. Intellektualismus

Weshalb aber begann der international präsente und durch zahlreiche wissenschaftliche und wissenschaftsorganisatorische Aktivitäten mehr als ausgelastete Gelehrte im reiferen Alter eine politische Karriere? Schon der Wissenschaftler v. Liszt hatte stets betont, dass sein Fach, die Strafrechtswissenschaft, „als hervorragend praktische Wissenschaft“, ohne Kriminalpolitik in „öd-unfruchtbares Formelspiel versinke“[62]: „Das Wissen allein befriedigt sie (die Wissenschaft, A.K.) nicht; sie will die Tat“[63]. Für v. Liszt, der von seinen Schülern als unermüdlich angriffslustiger Kämpfer beschrieben wird,[64] war der Intellektuelle nur dann „ein ganzer Mann (…), wenn er zugleich auch ein Mann der Tat ist“[65]. Seinen Studenten rief er nach seinem Einzug in den Reichstag zu, dass es für das politische Leben eines Volkes ein schwerer Fehler sei, „wenn alle diejenigen Männer, die sich so gerne die Intellektuellen nennen hören, abseits vom politischen Leben stehen“[66]. Der Intellektualismus des 19. Jahrhunderts mit seiner „liebevollen Versenkung in das Bestehende“ sei überwunden durch ein neues „voluntaristisches Zeitalter“ des Handelns und Eingreifens.[67] Diesem Diktum fühlte er sich über die engen Grenzen der Fachwissenschaft hinaus verpflichtet. In einer flammenden Rede, gehalten auf einer Kundgebung des Goethebundes, forderte er die anwesenden Künstler und Wissenschaftler zum gemeinsamen Kampf gegen die „rücksichtslose konservativ-klerikale Mehrheit“ auf: „Wollen wir für

[61] Neue Preußische Zeitung (Kreuzzeitung) v. 11.2.1903, in: GStA PK, I. HA Rep. 76 Kultusministerium, Vf Lit. L Nr. 34 Bd. 1 (Personalakte v. Liszt), Bl. 275.

[62] *v. Liszt*, Lehrbuch, 5. Aufl. 1892, S. 2, 6 f.

[63] *v. Liszt*, März 1 (1907), 73 ff.

[64] *Georgakis*, Geistesgeschichtliche Studien zur Kriminalpolitik und Dogmatik Franz v. Liszts, 1940, S. 3 f.; *Radbruch*, Der innere Weg, 2. Aufl. 1961, S. 54: „Ich dachte mir als seine Vorfahren immer jene zähen Reiter, die eins waren mit den mageren Rossen aus den Steppen und in wilder Jagd gen Westen stürmten. Liszt war ein Tatmensch, auch in der Wissenschaft (…)“.

[65] *v. Liszt*, in: Im Kampf um die Weltanschauung. Kundgebung des Goethebundes, 1908, S. 46.

[66] Berliner Tageblatt v. 26.1.1912, in: GStA PK, I. HA Rep. 76 Kultusministerium, Vf Lit. L Nr. 34 Bd. 1 (Personalakte v. Liszt), Bl. 338.

[67] *v. Liszt*, März 1 (1907), 79; *ders.*, Archiv für Rechts- und Wirtschaftsphilosophie 3 (1909/10), 613.

Kunst und Wissenschaft die Freiheit, wollen wir für unser ureigenes Lebenswerk die Freiheit, dann müssen wir eintreten in den Kampf um die politische Macht"[68] – auch wenn dies für Geistesgrößen bedeute, dass sie „als gemeine Soldaten" – im Falle v. Liszts als Hinterbänkler – in die Reihen der politischen Kämpfer eintreten müssten.[69]

cc) Bekenntnis zum „deutschen demokratischen Freistaat"

Die umfassende Demokratisierung des Strafrechts, des Strafprozessrechts und des Völkerrechts, das waren für den Wissenschaftler v. Liszt die aus dem Untergang des Kaiserreiches notwendigerweise zu ziehenden Konsequenzen. Schon 1917 hieß es bei ihm hoffnungsfroh: „Wie auch immer der Krieg ausgehen mag – das eine steht schon heute fest: Sieger auf der ganzen Linie, bei den Freunden wie bei den Feinden, ist die demokratische Idee"[70]. Entsprechend handelte der Parteipolitiker v. Liszt. Wenige Tage nach der Novemberrevolution gehörte er mit Unternehmern, führenden Journalisten und Wissenschaftlern zu den Unterzeichnern des Gründungsaufrufs für eine neue liberale Partei, die Deutsche Demokratische Partei.[71] Die DDP bildete in den folgenden Jahren mit dem Zentrum und der SPD das Rückgrat diverser Weimarer Koalitionsregierungen. Der Aufruf enthielt neben dem Bekenntnis zur republikanischen Staatsform und der Forderung nach Einberufung einer Nationalversammlung durchaus „linke" Positionen. Hierzu zählten der Gedanke einer möglichen Sozialisierung von Schlüsselindustrien, die Einschränkung des Großgrundbesitzes und die Forderung nach einmaligen progressiven Vermögensabgaben. In unmissverständlicher Klarheit erklärte der Aufruf das gestürzte monarchische Regierungssystem für „unrettbar tot. Niemand weckt es wieder auf". v. Liszt gehörte damit zu den ganz wenigen deutschen Wissenschaftlern, die sich im Herbst 1918 vorbehaltlos zur Demokratie und Republik bekannten.[72] Sein Bekenntnis zum „deutschen demo-

[68] *v. Liszt*, Im Kampf um die Weltanschauung. Kundgebung des Goethebundes, 1908, S. 46.

[69] *v. Liszt* (Fn. 69), S. 47. Die Rede endete mit einem Appell: „Bleiben Sie Männer des Gedankens, werden Sie aber Männer der Tat. Treten Sie ein in den politischen Kampf, in den Kampf um die politische Macht! Führen Sie den Kampf Schulter an Schulter mit den Männern aus dem Volk, und gemeinsam mit ihnen".

[70] *v. Liszt*, Vom Staatenverband zur Völkergemeinschaft, 1917, S. 74. Aufgrund eines Verlagsfehlers gelangte der unsinnige Titel „Vom Völkerbund zur Staatengemeinschaft" auf den Bucheinband.

[71] Berliner Tageblatt v. 16.11.1918, 1 („Die große demokratische Partei"); hierzu *Albertin*, Liberalismus und Demokratie am Anfang der Weimarer Republik, 1972, S. 54 ff.; *Stephan*, Aufstieg und Verfall des Linksliberalismus 1918–1933, 1973, S. 13 ff. Prominente Mitunterzeichner waren etwa Hugo Preuß und Albert Einstein.

[72] *Bleuel*, Deutschlands Bekenner. Professoren zwischen Kaiserreich und Diktatur, 1968, S. 99; zur Demokratisierungsdebatte nach 1918 *Llanque*, Demokratisches Denken im Krieg, 2000, S. 311 ff.

kratischen Freistaat"[73] geht weit über den abwartenden „Vernunftrepublikanismus" hinaus, welchen die reformerische bürgerliche Avantgarde der Kriegszeit (Delbrück, Meinecke, Troeltsch und M. Weber), seine Mitstreiter in zahllosen politischen Aufrufen, nach dem Ende des Kaiserreiches an den Tag legten.[74]

2. Kriegsschriften

a) Vom Doppelmord in Sarajewo bis nach Versailles

Kurz nachdem v. Liszt die große politische Bühne des Kaiserreiches betreten hatte, wenn auch nur als „Nebendarsteller", brach der Erste Weltkrieg aus. v. Liszt begleitete den Krieg mit zahllosen politischen und völkerrechtlichen Schriften, vom Attentat in Sarajewo über den U-Bootkrieg und die Kriegszielfrage bis hin zu Deutschlands Niederlage und dem Ausbruch der Novemberrevolution.[75] Den Schlusspunkt bildeten seine Unterschrift unter einem Aufruf deutscher Staats- und Völkerrechtler gegen die Auslieferung Wilhelm II.[76] sowie eine bittere Kritik an der organisatorischen Ausgestaltung des entstehenden Völkerbunds, aus dem Deutschland ausgeschlossen blieb.[77]

v. Liszts literarischer Kriegseinsatz als solcher ist keineswegs ungewöhnlich, er reihte sich ein in die Phalanx wilhelminischer Gelehrter, die am Schreibtisch mit der Feder für den deutschen Sieg fochten.[78] Kriegsschriften verfassten beispielsweise auch v. Liszts Gegenspieler Karl Binding (1840–1920)[79] oder seine Berliner Fakultätskollegen Otto v. Gierke (1841–

[73] *v. Liszt*, JW 1919, 283.

[74] *Töpner*, Gelehrte Politiker und politisierende Gelehrte. Die Revolution von 1918 im Urteil deutscher Hochschullehrer, 1970, S. 234 f.

[75] Der zeitliche Bogen spannt sich von einem Beitrag über „Die Rechtsfolgen des Doppelmordes von Sarajewo", Deutsche Strafrechts-Zeitung, 1914, 377 bis zu Ausführungen über die „Völkerrechtliche Haftung Rußlands für spartakistische Gewalttaten auf deutschem Boden", DJZ 1919, 208 (v. Liszt sah die sowjetische Regierung völkerrechtlich „zum vollen Ersatz aller durch die „spartakistische Aufruhrbewegung" und die Rückeroberung angerichteten Schäden verpflichtet" (S. 209)).

[76] Neue Preußische Zeitung (Kreuz-Zeitung) v. 21.2.1919, 1 („völliger Bruch der völkerrechtlichen Ordnung").

[77] *v. Liszt*, „Zwei Entwürfe zum Völkerbund", Münchner Neueste Nachrichten v. 8./9.3.1919, 2.

[78] Überblick bei *Bruhns*, Max Weber und der Erste Weltkrieg, 2017, 134 ff.; auch *Flasch*, Die geistige Mobilmachung. Die deutschen Intellektuellen und der Erste Weltkrieg, 2000, passim.

[79] Eingehend *Westphalen*, Karl Binding (1841–1920), 1989, S. 461 ff. Vgl. etwa *Binding*, Zeitschrift für Völkerrecht 9 (1916), 135; *ders.*, „Die gleichzeitige Überschätzung und Unterschätzung der belgischen Frage", Der Tag, 21.8.1918, 1 f.; zuletzt *ders.*, „Die absolute Nichtigkeit der Artikel 227/228 des Versailler Friedensvertrages", Der Tag, 14.2.1920, 1 f.

1921),[80] Wilhelm Kahl (1849–1932)[81] und Josef Kohler (1849–1919).[82] Augenfällig ist freilich die Intensität, mit der v. Liszt das Kriegsgeschehen publizistisch begleitete, sei es in Reden, Aufrufen, Zeitungsartikeln, wissenschaftlichen Fachbeiträgen oder Monographien. Zudem warf er sein internationales Renommee in die Waagschale, um etwa in der New York Times, im Pennsylvania Law Review oder in der Neuen Zürcher Zeitung für seine Positionen zu werben.[83] Neben seinem publizistischen Kriegseinsatz ließ es sich der gesundheitlich angeschlagene v. Liszt nicht nehmen, in der zur geistigen Erhebung der Frontsoldaten eingerichteten „Etappen-Universität" Conflans-Labry rechtswissenschaftliche Kurse abzuhalten.[84]

Überblickt man die Kriegsschriften v. Liszts, so lassen sich recht deutlich zwei Phasen unterscheiden. Bis Ende 1915 erschienen patriotisch-euphorisch grundierte Aufrufe und Abhandlungen, nach 1916 dominierte hingegen die Idee einer friedlichen Nachkriegsordnung gleichberechtigter Staaten, wobei die Gründung eines mitteleuropäischen Staatenverbandes sowie eines friedenssichernden Völkerbundes im Vordergrund standen.

b) Patriotische Schriften und Aufrufe der frühen Kriegsjahre

Zu Beginn des Kriegs trat v. Liszt als Mitunterzeichner zahlreicher patriotischer Aufrufe in Erscheinung. So zählte er im Oktober 1914 zum Initiativkomitee und zu den ersten Unterzeichnern des berühmten Aufrufs der 93 „An die Kulturwelt", in dem sich die geistige Elite des Kaiserreiches vorbehaltlos mit dem deutschen Heer und der Heeresleitung solidarisierte.[85] Schon Ende

---

[80] Z.B. *v. Gierke*, Der deutsche Volksgeist im Kriege, 1915; *ders.*, Unsere Friedensziele, 1917; *ders.*, Der germanische Staatsgedanke, 1919.

[81] Näher *Appel*, Der Strafrechtler und Strafrechtsreformer Wilhelm Kahl (1849–1932), 2014, S. 26 ff.; *Burghard*, Professor Dr. Wilhelm Kahl. Leben zwischen Wissenschaft und Politik, 2005, S. 46 ff.

[82] Übersicht in *Arth. Kohler* (Hrsg.), Josef Kohler Bibliographie, 1931, S. 120 ff., 126 ff.

[83] *v. Liszt*, „Noted German suggests European Union", New York Times v. 21.2.1915, 11; *ders.*, „The Reconstruction of International Law", University of Pennsylvania Law Review 64 (1916), 765; *ders.*, „Gewaltfrieden oder Völkerbund. Ein Mahnwort in letzter Stunde", Neue Zürcher Zeitung v. 27.10.1918, 1.

[84] *Maurer*, „... und wir gehören auch dazu". Universität und „Volksgemeinschaft" im Ersten Weltkrieg, Bd. 2, S. 977.

[85] Abgedruckt in *Kellermann*, Der Krieg der Geister, 1915, S. 64 ff. Monographisch *J. v. Ungern-Sternberg/W. v. Ungern-Sternberg*, Der Aufruf „An die Kulturwelt!", 1996. Außerdem, *Maurer* (Fn. 50), S. 261. Mitunterzeichner waren etwa Wilhelm v. Bode, Gerhard Hauptmann, Max Liebermann, Max Planck, Max Reinhardt, Wilhelm Röntgen und Franz v. Stuck. Kurz vor seinem Tod bekannte v. Liszt, dass er „jederzeit bereit sei, seine Unterschrift unter den damaligen Aufruf zurückzuziehen, wenn eine Gesamtaktion des Bundes deutscher Gelehrter und Künstler herbeigeführt werden könne", hierzu *Wehberg*, Wider den Aufruf der 93, 1920, S. 10.

August 1914 hatte v. Liszt den Aufruf „Die Wahrheit ins Ausland!" unterschrieben, welcher die gegnerischen Mächte der systematischen Lüge über die deutsche Kriegsführung bezichtigte.[86] Es folgten im sog. „Gelehrtenkrieg" die „Erklärung deutscher Universitätslehrer über die Niederlegung englischer Auszeichnungen"[87] sowie die „Erklärung gegen die Oxforder Hochschulen"[88]. Im ersten Kriegsjahr stand v. Liszt mit der intellektuellen Elite des Kaiserreiches im Banne des „Augusterlebnisses" und der „Ideen von 1914", d.h. der als standes- und parteiübergreifend empfundenen Einheit des deutschen Volkes.[89] v. Liszts frühe Kriegsschriften spiegeln die seinerzeitige Stimmung wider: „Mit dem Augenblick der Mobilmachung sind wir Alle andere Menschen geworden, größer und besser als wir waren, alle von einheitlichem Geist erfüllt"[90]. Empathisch sprach er von einem „heiligen Krieg um die Zukunft des Deutschen Reiches"[91] oder beschwor mittels waghalsiger literarischer Analogien die „Nibelungentreue" zwischen Deutschland und Österreich-Ungarn.[92] An seiner Siegeszuversicht ließ er keinen Zweifel aufkommen, denn „ein Volk, das entschlossen ist, bis zum letzten Atemzug zu kämpfen, ist unbesiegbar"[93]. Den eigentlichen Gegner sah v. Liszt in England: „Unser 'deutscher Krieg' ist in Wahrheit ein Krieg um die Befreiung der Menschheit von dem Joche der englischen Weltherrschaft"[94]. Unter Inanspruchnahme völkerrechtlicher Expertise fand er juristische Gründe für die Rechtmäßigkeit des Einmarschs deutscher Truppen in das neutrale Belgien,[95]

---

[86] *Kellermann* (Fn. 85), S. 5 ff.

[87] *Kellermann* (Fn. 85), S. 28 ff., hier heißt es u.a.: „Aus schnödem Neid auf Deutschlands wirtschaftliche Erfolge hat das uns blut- und stammverwandte England seit Jahren die Völker gegen uns aufgewiegelt und insbesondere sich mit Rußland und Frankreich verbündet um unsere Weltmacht zu vernichten, unsere Kultur zu erschüttern".

[88] *Kellermann* (Fn. 85), S. 90 ff.

[89] Zur Reaktion der wilhelminischen Intellektuellen auf den Ausbruch des Ersten Weltkriegs existieren zahlreiche Studien, vgl. nur *Bruendel* (Fn. 39), S. 67 ff.; *Bruhns* (Fn. 78), S. 36 ff.; *Maurer* (Fn. 50), S. 241 ff.; *Flasch* (Fn. 78), S. 15 ff.; *Llanque* (Fn. 72), S. 21 ff.; *Mommsen* (Hrsg.), Kultur und Krieg: Die Rolle der Intellektuellen, Künstler und Schriftsteller im Ersten Weltkrieg, 1996.

[90] *v. Liszt*, Ein Mitteleuropäischer Staatenverband als nächstes Ziel der deutschen und auswärtigen Politik, 1914, S. 10.

[91] *v. Liszt*, Internationale Monatsschrift für Wissenschaft, Kunst und Technik 9 (1915), Sp. 62 (verfasst am 7.9.1914); euphorisch auch *Irmer/Lamprecht/v. Liszt*, Geleitwort zu *Irmer*, Los vom englischen Weltjoch, 1914.

[92] *v. Liszt*, Von der Nibelungentreue, 1914, insbes. S. 16, 21.

[93] *v. Liszt* (Fn. 90), S. 3.

[94] *v. Liszt*, England und das Völkerrecht, in: Das englische Gesicht. England in Kultur, Wirtschaft und Geschichte, 1915, S. 251; ähnl. *ders.*, Das Völkerrecht, 10. Aufl. 1915, Vorbem., S. III.

[95] *v. Liszt*, „Gibt es noch ein Völkerrecht?", Dresdner Anzeiger v. 23.9.1914, 1; *ders.*, Das Völkerrecht, 10. Aufl. 1915, S. 202.

für die Legitimität des sog. „Tauchbootkrieges“[96] und für die von ihm vorgeschlagene Bombardierung englischer Städte durch Zeppeline als zulässige und gebotene Repressalmaßnahme.[97] Selbst sein Glaube an die Zukunft der internationalen wissenschaftlichen Zusammenarbeit schien v. Liszt in den ersten Kriegsmonaten verlassen zu haben. Angesichts der „Schmutzflut von Haß und Lüge, die alle Kulturwerte mit sich hinweggespült hat“ erwiderte er van Hamel, dem niederländischen Mitbegründer der IKV, ist „uns (den Deutschen, A.K.) die ‘internationale Stimmung’ (…) ausgetrieben auf Jahrzehnte hinaus“[98].

Der im ersten Kriegsjahr angeschlagene Ton erscheint heutigen Lesern fremd und irritiert, doch bleiben selbst v. Liszts frühe Kriegsschriften mit Blick auf die Auslassungen anderer namhafter Gelehrter wie etwa Rudolf Eucken, Adolf v. Harnack, Friedrich Meinecke, Werner Sombart oder Ernst Troeltsch vergleichsweise moderat.[99] Erst recht fehlen jene berüchtigten „sprachlichen Ausfälle“ eines Max Weber.[100] Die auftrumpfende völkische Rhetorik seines Berliner Fakultätskollegen Josef Kohler wird man bei ihm ebenfalls vergeblich suchen.[101] Auch findet man bei v. Liszt keine Ausführungen zur vermeintlich reinigenden „Kraft des Krieges“, einer nicht nur in Thomas Manns fragwürdiger Kriegspublizistik verbreiteten Vorstellung.[102] Aus Sicht v. Gierkes etwa kam dem Krieg eine übergeordnete „weltgeschichtliche Aufgabe“ zu, weil er „morsche Kultur, überlebtes Recht, entartete Freiheit erbarmungslos (zerbreche), um verjüngte Kultur, gerechteres Recht, echtere Freiheit mit urwüchsiger Kraft zu zeugen“[103]. Entsprachen v. Liszts frühe Kriegsschriften somit dem Zeitgeist, ohne freilich durch besondere Schärfe hervorzustechen, brachen seine nach 1916 publizierten Schriften mit dem Mainstream professoraler Kriegspublizistik.

---

[96] So noch *v. Liszt*, DJZ 1917, 257 ff., 262 und *ders.*, JW 1918, 344.

[97] *v. Liszt*, JW 1914, 803 ff.

[98] *v. Liszt*, Nachwort zu *van Hamel*, „Internationale Stimmung“, Vossische Zeitung v. 25.12.1914 (fünfte Beilage zur Vossischen Zeitung).

[99] *Flasch* (Fn. 78), S. 15 ff., 49 ff., 55 ff., 97 ff.; vgl. etwa *v. Harnack*, Was wir schon gewonnen haben und was wir noch gewinnen müssen, 1914; *Troeltsch*, Der Kulturkrieg, 1915.

[100] Kostproben bei *Bruhns* (Fn. 78), S. 170 ff.

[101] So hielt Kohler es für richtig, die Westmächte als eine Gesellschaft zu beschreiben, deren Moral auf der Stufe von Zuhältern stehe, *Kohler*, „Völkerbund und Nichtvölkerbund“, Der (rote) Tag, 3.10.1918 (o.S.), zit. nach *Fortuna*, Der Völkerbundgedanke in Deutschland während des Ersten Weltkriegs, 1974, S. 244; zu Kohler ebd., S. 57. In weiteren Beiträgen diffamierte Kohler den amerikanischen Präsidenten Wilson (DJZ 1917, 457 ff.), geißelte die „Lügenpresse“ des Auslands (DJZ 1917, 625 ff.) oder träumte noch 1918 von „Genugtuung durch territoriale Maßnahmen“ (DJZ 1918, 18 ff.).

[102] *Görtemaker*, Thomas Mann und die Politik, 2005, S. 25 ff.

[103] *v. Gierke*, Friedensziele (Fn. 80), S. 29.

c) Nach 1916: Bildung einer friedenssichernden Nachkriegsordnung

aa) „Annexionisten“ vs. „Völkerbundgelehrte“

In der Kriegszielfrage bildeten sich mit dem zweiten Kriegsjahr unter den deutschen Gelehrten zwei gegenüberstehende Gruppen heraus.[104] Mit der „Ideenwende“ von 1916 zog sich ein Teil vormals nationalistisch euphorisierter Intellektueller auf moderatere Positionen zurück.[105] Die zahlenmäßig weitaus stärkere Fraktion setzte indes weiter auf einen „Siegfrieden“ mit beträchtlichen Gebietszuwächsen. Dagegen votierte die moderate Gruppe für einen „Verständigungsfrieden“ und den Aufbau einer neuen, friedenssichernden Völkerrechtsordnung. v. Liszt hatte von Beginn an Annexionen abgelehnt und den Verteidigungscharakter des Kriegs akzentuiert.[106] Auch nach einem Sieg stehe Deutschland nicht im Range einer Weltmacht neben England, Russland und den USA, sondern verbleibe auf dem Status einer bloßen Großmacht.[107] Es gehe Deutschland im Gegensatz zu England nicht um „Weltherrschaft“, sondern um die bloße Sicherung seiner „Weltgeltung“[108]. In einem Beitrag in der New York Times wies v. Liszt weiterreichende Forderungen scharf zurück. Wer in Deutschland nach Weltherrschaft strebe „may confuse some heads that are already not very clear“[109].

---

[104] *Bruendel* (Fn. 39), S. 149; *Schwabe*, Wissenschaft und Kriegsmoral. Die deutschen Hochschullehrer und die politischen Grundfragen des Ersten Weltkriegs, 1969, S. 158 ff.; *Töpner* (Fn. 74), S. 20 ff., 114 ff.

[105] Zur „Ideenwende“ *Flasch* (Fn. 78), S. 279 ff. Zu Troeltsch *Schöning*, in: Seybert/Stauder (Hrsg.), Heroisches Elend. Der erste Weltkrieg im intellektuellen, literarischen und bildnerischen Gedächtnis der europäischen Kulturen, Bd. 1, 2014, S. 429 ff.

[106] *v. Liszt* (Fn. 90), S. 6: „Erwerb von europäischen Gebieten mit fremdsprachigen Bevölkerungen lockt uns nicht“. Freilich bringt v. Liszt hier auch den Gedanken des Grenzschutzes ins Spiel, der zu „Veränderungen auf der Landkarte Europas“ führen könnte, ebd., S. 7 f.

[107] *v. Liszt* (Fn. 90), S. 25; *ders.*, New York Times v. 21.2.1915, 11.

[108] *v. Liszt,* New York Times v. 21.2.1915, 11; *ders.*, Völkergemeinschaft (Fn. 70), 1917, S. 32, 39. Rund 20 Jahre früher, während seiner „konservativen Phase“, waren von v. Liszt durchaus andere Töne zu hören gewesen. In seiner Eigenschaft als Rektor der Universität Halle wandte er sich wie folgt an die Studierenden: „Das erste, was der deutschen Jugend not thut, das ist die stramme Erziehung zu durch und durch deutscher Gesinnung, die sich gegebenenfalls mit aller Rücksichtslosigkeit auch dem Gegner kundgiebt (sic). Denn wir haben jetzt nicht bloß die Stellung zu wahren, die der glückliche Krieg uns gegeben hat, es handelt sich darum, unserem Volke die Weltstellung zu verschaffen, ohne die seine europäische Stellung nicht dauernd erhalten werden kann. Unbedingt notwendig ist es, daß die deutsche Jugend zu derartiger Gesinnung sozusagen gedrillt wird, so lange wir es uns nicht gefallen lassen wollen, daß uns Russen und Engländer auf die Hühneraugen treten“, zit. nach: Das Volk, 8.11.1894, in: GStA PK, I. HA Rep. 76 Kultusministerium, Vf Lit. L Nr. 34 Bd. 1 (Personalakte Franz v. Liszt), Bl. 196.

[109] *v. Liszt,* New York Times v. 21.2.1915, 11. Zu deutscher Weltgeltung gehörten für v.

In der Gründung zweier überparteilicher Organisationen manifestierte sich die politische Spaltung der deutschen Gelehrtenschaft. Während die „Deutsche Vaterlandspartei" für den „Siegfrieden" stritt, votierte der „Volksbund für Freiheit und Vaterland" unter Beteiligung v. Liszts für einen Verständigungsfrieden.[110] Sowohl die Trennlinie als auch die Größenverhältnisse lassen sich anhand konkurrierender Denkschriften aus dem Jahr 1915 veranschaulichen.[111] Die von „Annexionisten" initiierte „Seeberg-Adresse" fand binnen weniger Tage 1347 Unterzeichner, unter ihnen 352 Hochschullehrer. Gefordert wurden u.a. eine rücksichtslose territoriale und wirtschaftliche Schwächung Frankreichs, die Eingliederung Belgiens und der baltischen Staaten in das Deutsche Reich sowie die Abtretung von Siedlungsland durch Russland.[112] Die von Delbrück veranlasste Gegendenkschrift der gemäßigten „Völkerbundgelehrten" wurde lediglich von 90 Hochschullehrern unterzeichnet, darunter auch von v. Liszt und weiteren Angehörigen des liberalen Establishments wie Gerhard Anschütz, Albert Einstein, Max Planck, Ernst Troeltsch und Alfred und Max Weber.[113] Auf dieser Linie lag es, dass v. Liszt im Oktober 1917 zu der Minderheit unter den Berliner Hochschullehrern zählte, welche sich gegenüber dem Reichskanzler für die Aufnahme von Friedensverhandlungen aussprach.[114] Wenn die „Annexionisten" im Zuge der innenpolitischen Auseinandersetzung gegen „unerfreuliche Erscheinungen" und sog. „Völkerrechtsfanatiker" an Juristischen Fakultäten polemisierten, so hatten sie, wie im Folgenden deutlich wird, zweifellos auch v. Liszt im Visier.[115]

bb) Rechtseinheit, Mitteleuropa und Völkerbund

Für v. Liszt stand fest, dass eine wesentliche Ursache für den Ausbruch des Weltkriegs „in dem Mangel jeder organisatorischen Gliederung" der Staatengemeinschaft lag.[116] Oder anders gewendet: „Die Völkerrechtsgemeinschaft der Staaten ist an dem Mangel jeglicher innerer Organisation zugrunde gegangen"[117]. Vorrangiges Ziel müsse daher der Aufbau einer dauer-

---

Liszt ganz selbstverständlich Kolonialbesitz, eine starke Flotte und Flottenstützpunkte, hierzu *v. Liszt* (Fn. 90), S. 7.

[110] *Maurer* (Fn. 50), S. 598, 610.

[111] Näher *Bleuel* (Fn. 72), S. 4 ff.; *Bruendel* (Fn. 39), S. 7, 77 ff.

[112] „Seeberg-Adresse", in: Böhme (Hrsg.), Aufrufe und Reden deutscher Professoren im Ersten Weltkrieg, 1975, S. 125 ff.

[113] Delbrück-Gegendenkschrift, in: Böhme (Fn. 112), S. 135 ff.

[114] Kundgebung für den Verständigungsfrieden, in: Böhme (Fn. 112), S. 185; näher *Maurer* (Fn. 50), Bd. 1, S. 593 f. Zu den Mitunterzeichnern zählten Einstein, Delbrück, Harnack, Meinecke und Troeltsch.

[115] *v. Below*, Deutschlands Erneuerung 2 (1918), 817.

[116] *v. Liszt* (Fn. 90), S. 16; zu ähnlichen Stimmen *Fortuna* (Fn. 101), S. 58 f.

[117] v. *Liszt* (Fn. 70), S. 44, auch S. 23 ff.

haft friedenssichernden Nachkriegsordnung sein, wobei v. Liszt anfangs die führende Rolle des Deutschen Reiches bei diesem Prozess akzentuierte.[118] Schnell fand v. Liszt seinen Fortschrittsglauben wieder, indem er nicht müde wurde zu betonen, dass auf den Weltkrieg notwendigerweise eine „gewaltige Fortentwicklung" des Völkerrechts folgen müsse:[119] „Die Sehnsucht nach einem Dauerfrieden (…) wird schließlich stärker werden als der blutüberströmte Völkerhass und über die im Kampf entstandenen Gegensätze der Einzelstaaten hinausführen zu einer neuen Organisation der Völkergemeinschaft"[120].

Doch wie sollte die friedenswahrende Neuorganisation der Völkergemeinschaft aussehen? v. Liszt entwickelte im Verlauf des Kriegs sich ergänzende nationale, europäische und globale Konzepte. Auf der ersten Stufe plädierte er für den Zusammenschluss Deutschlands und Österreich-Ungarns zu einer wirtschaftlichen Einheit,[121] einschließlich der Schaffung eines einheitlichen Strafgesetzbuchs.[122] Schon 1894 hatte v. Liszt die Ausarbeitung eines europäischen Strafgesetzbuchs nicht für gänzlich utopisch gehalten, zwei Jahrzehnte später löste seine Forderung nach einem mitteleuropäischen Strafgesetzbuch eine lebhafte Debatte aus.[123] Als zweites sei ein mitteleuropäischer Staatenverband zu bilden, der so stark sei, dass er „den Weltherrschaftsgelüsten auch des mächtigsten Weltstaats erfolgreich entgegenzutreten imstande ist"[124]. Das entstehende Gebilde sollte sich vom Nordkap bis nach Sizilien erstrecken und über eine einheitliche Währung, einheitliche Maße und Gewichte und über ein Ständiges Schiedsgericht zur Beilegung interner Streitigkeiten verfügen.[125] Nur ein solcher Staatenverband mit einem, anachronistisch gesprochen, harmonisierten Wirtschaftsraum sei im Stande, den europäischen Frieden zu sichern – „gegen England, ohne Rußland, wenn möglich mit Frankreich"[126]. Die Forderung nach einem zentraleuropäischen Staatenverband war geradezu avantgardistisch. Erst Friedrich Naumanns

---

[118] *v. Liszt* (Fn. 90), S. 14; *ders.*, Dresdner Anzeiger v. 23.9.1914, 1: Das Deutsche Reich „hat das Recht und die Pflicht (…), bei einer Aufrichtung des neuen Friedensbundes der Völker die führende Macht zu sein".

[119] *v. Liszt*, Dresdner Anzeiger v. 23.9.1914, 1.

[120] *v. Liszt*, „Der amerikanische Friedensbund," Die Zeit (Wien) v. 26.11.1916, 4.

[121] *v. Liszt* (Fn. 92), S. 23.

[122] *v. Liszt*, ZStW 38 (1917), 4; nochmals *ders.*, JW 1918, 786.

[123] *v. Liszt*, Zur Einführung. Rückblick und Zukunftspläne, in: ders. (Hrsg.), Das Strafrecht der Staaten Europas, 1894, S. XII. Eingehend *Kubiciel*, in: Koch/Löhnig (Fn. 7), S. 229 ff.; *v. Mayenburg*, in: Duss et. al. (Hrsg.), Rechtstransfer in der Geschichte, 2006, S. 139 ff.; die internationale Diskussion aufzeigend *Van der Linden*, The International Peace Movement during the First World War, 2006, S. 726 ff.

[124] *v. Liszt* (Fn. 90), S. 18.

[125] *v. Liszt* (Fn. 90), S. 36 ff.

[126] *v. Liszt* (Fn. 90), S. 26.

Bestseller „Mitteleuropa" aus dem Folgejahr verbreiterte die Diskussion und regte ebenso zahlreiche wie divergierende Mitteleuropa-Konzepte an, bis hin zur – von v. Liszt abgelehnten –[127] Gründung der „Vereinigten Staaten von Europa"[128]. Im Gegensatz zu annexionistischen Mitteleuropa-Ideen intendierte das Lisztsche Modell keine Vorherrschaft des Deutschen Reiches, sondern betrachtete dieses unter Wahrung der Unabhängigkeit der Verbandsmitglieder lediglich – bezogen auf die zu übernehmenden Pflichten – als primus inter pares.[129]

Den Schlussstein des Lisztschen Konzepts einer friedlichen Völkergemeinschaft bildete der Gedanke eines Völkerbundes, in welchem die großen Mächte in Gruppen (Kurien) zu organisieren seien.[130] Die Idee eines Völkerbundes avancierte seit Mitte des Kriegs zu einem beherrschenden Thema unter pazifistischen Politikern und liberal-gemäßigten Völkerrechtlern.[131] v. Liszt unternahm den Versuch, sein Mitteleuropakonzept in eine künftige globale Staatenorganisation zu integrieren. Dem mitteleuropäischen Block standen hiernach ein Anglo-Amerikanischer und Russisch-Japanischer Block gegenüber sowie eine diffuse vierte Gruppe aus neutralen und mittleren Staaten.[132] Als zentrale Neuerung des Völkerrechts müsse das Moment des Zwangs und der Pflicht der Staaten zum Versuch einer gerichtsförmigen Beilegung von Konflikten durch Anrufung eines internationalen Schiedsgerichts (bei Rechtsstreitigkeiten) oder Einigungsamtes (bei Interessenskonflikten) eingeführt werden.[133] In der neuen Staatenorganisation müsse zudem der demokratische Gedanke verwirklicht werden. So seien etwa die von den einzelnen Staaten in die Völkerbundorganisation zu entsendenden Delegierten von den nationalen Volksvertretungen zu bestimmen, nicht von den jeweiligen Regierungen.[134]

Mit dem Untergang des Kaiserreichs zerplatzten v. Liszts hochfliegenden Pläne eines mitteleuropäischen Staatenverbandes und eines demokratisch verfassten Völkerbundes gleichberechtigter Staaten. Wenige Tage vor dem Waffenstillstand hatte er in der Neuen Zürcher Zeitung, ausdrücklich adres-

---

[127] *v. Liszt* (Fn. 70), S. 48.

[128] *Naumann*, Mitteleuropa, 1915. Zur Diskussion *Bruendel* (Fn. 39), S. 99 ff., 236 ff.; *v. Mayenburg*, in: Duss et. al. (Fn. 123), S. 142 ff.

[129] *v. Liszt* (Fn. 90), S. 45.

[130] *v. Liszt* (Fn. 70), S. 48 ff.

[131] *Van der Linden* (Fn. 123), S. 816 ff.; *Fortuna* (Fn. 101), S. 82 ff., 105 ff. Vgl. etwa *Schücking*, Der Weltfriedensbund und die Wiedergeburt des Völkerrechts, 1917; *ders.*, Die völkerrechtlichen Lehren des Weltkrieges, 1918, S. 205 ff.

[132] *v. Liszt* (Fn. 70), S. 52 ff.

[133] *v. Liszt*, Die Zeit (Wien) v. 26.11.1916, 4; *v. Liszt*, Völkergemeinschaft (Fn. 70), S. 69 ff.; *ders.*, Das Völkerrecht, 11. Aufl. 1918, S. 366 f., auch S. 135. Für obligatorische Schiedsgerichte auch *Schücking* (Fn. 131 – Lehren), S. 205 ff.

[134] *v. Liszt* (Fn. 70), S. 74 ff.

siert an die Vertreter der neutralen Staaten, vor den Folgen eines „Gewaltfriedens" gewarnt: „Gewaltfrieden und Völkerbund sind nun einmal unversöhnliche Gegensätze. Denn jede Vergewaltigung des niedergerungenen Gegners legt den unausrottbaren Keim zu neuen Kämpfen"[135]. Auch nach Deutschlands Niederlage setzte v. Liszt seine Hoffnung auf das Völkerrecht. Konsequenterweise zählte er zu den Mitgliedern des Arbeitsausschusses der „Deutschen Liga für Völkerbund", in dem sich seit Dezember 1918 parteiübergreifend die völkerrechtsfreundlichen Politiker und Wissenschaftler versammelten.[136] In seiner letzten einschlägigen Stellungnahme aus dem Frühjahr 1919 äußerte er schließlich als jemand, der selbst zu Zeiten höchster deutscher Siegeshoffnungen „für die unbedingte Notwendigkeit einer allgemeinen Friedensorganisation eingetreten sei", seine „bitterste Enttäuschung" über die Organisation des – unter Ausschluss des Deutschen Reiches – im Entstehen begriffenen Völkerbundes.[137] v. Liszts Traum einer globalen Friedensordnung gleichberechtigter Staaten hatte sich am Ende seines Lebens nicht erfüllt.

V. Fazit

v. Liszt nahm unter den Rechtswissenschaftlern und Gelehrten des späten Kaiserreichs eine Ausnahmestellung ein. Als einer der letzten „politischen Professoren" findet sich sein Name mit der Kulturprominenz des Kaiserreichs unter zahlreichen obrigkeitskritischen Aufrufen.[138] Als einziger Wissenschaftler von internationalem Rang saß v. Liszt in der Sitzungsperiode zwischen 1912 und 1918 als Abgeordneter im Deutschen Reichstag. Auch wenn er dort nicht zu reüssieren vermochte, blieb er durch seine politische Publizistik als linksliberaler Intellektueller sichtbar. Die strikte Ablehnung seines kriminalpolitischen Programms durch die Nationalsozialisten beruhte auch darauf, dass die Erinnerung an den Politiker v. Liszt in den frühen

[135] *v. Liszt*, Neue Zürcher Zeitung v. 27.10.1918, 1.

[136] *Acker*, Walther Schücking, 1970, S. 148 f.; *Dülffer*, Frieden stiften. Deeskalations- und Friedenspolitik im 20. Jahrhundert, 2008, S. 174 ff.

[137] *v. Liszt*, Münchner Neueste Nachrichten v. 8./9.3.1919, 2. Für v. Liszt zementierte der neue Völkerbund den „Imperialismus der siegreichen Großmächte".

[138] Eine engere persönliche Beziehung zu den üblichen Mitunterzeichnern solcher Aufrufe lässt sich nicht nachweisen. In einschlägigen zeitgenössischen Memoiren sucht man – mit Ausnahme der Erinnerungen von G. Anschütz – den Namen v. Liszt vergeblich. Von Max Weber ist lediglich eine knappe, zudem wenig freundliche Äußerung überliefert: „habe endlich *sehr* (Hervorhebung im Original) begrenzte Sympathie für Liszt", *Weber*, Brief an Willy Hellpach v. 5.4.1905, in: Max Weber Gesamtausgabe, Abt. II, Bd. 4, 2015, S. 452.

1930er Jahren noch nicht verblasst war.[139] Einerseits war der machtvolle Wissenschaftler, Schulenbegründer und „Netzwerker" v. Liszt ein Vertreter jener von Fritz K. Ringer beschriebenen „deutschen Mandarine", ein Angehöriger der kleinen Kaste von Großordinarien, welche die Wissenschaft des Kaiserreichs dominierten.[140] Andererseits zählte v. Liszt zu den ganz wenigen Gelehrten, die sich nach der Novemberrevolution und dem Ende des Deutschen Kaiserreichs vorbehaltlos zur Republik und zur Demokratie bekannten.[141] Der Glaube an aufstrebende Entwicklungsgänge war es, der v. Liszt scheinbar unanfechtbare Selbstgewissheit und unerschütterlichen Optimismus verlieh. Sein Optimismus überdauerte den Ausbruch des Weltkriegs, mit dem ein wesentlicher Teil seines wissenschaftlichen Lebenswerks, die Internationalisierung des Strafrechts, zerbrach und Freundschaften zerrissen.[142] So soll dieser Beitrag mit dem wenige Wochen vor v. Liszts Tod geschriebenen Schlusssatz des Vorworts zur letzten Auflage seines Strafrechtslehrbuchs enden: „Glücklich das Geschlecht, das die Wiederaufrichtung der internationalen Arbeitsgemeinschaft auch auf dem Gebiet der Wissenschaft erlebt"[143]!

---

[139] Auf der berüchtigten Berliner Tagung „Das Judentum in der Rechtswissenschaft" (1936) erschien v. Liszts internationalistisches Denken gar als Ausdruck einer Verbundenheit mit „jüdischem Geist"; Völkisches und rassisches Denken seien ihm fremd, vielmehr huldige er der liberalen Demokratie; hierzu *Herrmann* (Fn. 9), S. 173; zur Berliner Tagung allgemein *Felz*, ZNR 2017, 87 ff.

[140] *Fritz K. Ringer*, Die Gelehrten. Der Niedergang der deutschen Mandarine, 1890–1933, 1983.

[141] Während v. Liszt am Ende seines Lebens für eine umfassende Demokratisierung stritt, zog etwa Binding, sein Opponent aus den Tagen des „Schulenstreits", gänzlich andere Schlüsse aus der Niederlage Deutschlands. In seinem berüchtigten Alterswerk „Die Freigabe der Vernichtung lebensunwerten Lebens" verwies Binding auf den „grellen Missklang" zwischen der millionenhaften Opferung wertvoller Menschen im Weltkrieg einerseits, und der „größten Pflege nicht nur absolut wertloser, sondern negativ zu wertender Existenzen auf der anderen Seite", *Binding/Hoche*, Die Freigabe der Vernichtung lebensunwerten Lebens, 1920, hrsg, v. Th. Vormbaum, 2006, S. 26.

[142] *v. Liszt*, Internationale Monatsschrift für Wissenschaft, Kunst und Technik 9 (1915), Sp. 64.

[143] *v. Liszt*, Lehrbuch, 21./22. Aufl. 1919, S. IV.

Carl Schmitt als Strafrechtler

Monika Polzin

I. Einführung

Tagebucheinträge von Victor Klemperer vom 6.[1] und 18. Januar 1920[2]

„(…) Morgen lese ich wieder. Petrarca. Vorher will ich in Schmidt-Dorotićs ‚*Politische Romantik*'. Mir graut vor diesem schwer verständlichen Buch, das ich mir aufgehalst habe. Schmidt, früher Priv. Doz. in Straßburg, Jurist, jetzt Dozent hier an der Handelsschule und Habilitandus an der Univ., sitzt neben (...) mir im Arbeitssaal (klein, Eichhörnchenaugen hinter großen runden Brillengläsern), er interessiert sich für meinen Montesquieu, behauptet, gleiche Themen wie ich zu behandeln – u. so habe ich schon vor Monaten versprochen, sein Buch zu lesen u. anzuzeigen u. habe das immer wieder auf die Ferien verschoben, die nun vorüber sind. – (…)"

„Gestern Nachm. zum Kaffee bei Schmitt Dorotić. Er hat eine elegante Wohnung Schraudolphstr. u. empfing mich allein in seinem Arbeitszimmer bei märchenhaft gutem Mocca. Seine Frau (‚wie alle Kroatinnen') reite mit Begeisterung, gerade um diese Zeit, er werde mit ihr bei *uns* Besuch machen. Sie sei aus ältestem kroatischem Adel, die Familie sei im Kriege ausgestorben, so führe er den Namen mit. Er selber 31 Jahre, Westfale, aber von französisch-lothringischer Mutter, Assessor, Privatdozent bei Laband, bereits in hohen praktischen juristischen Ämtern gewesen. Erzberger habe ihm persönlich eine Regierungs- und Geheimratsstelle angeboten – er wolle aber im Wissenschaftlichen bleiben. Er empfinde die Forderung, sich hier nun habilitieren zu müssen, als ungerecht. Aber der Dozentenposten an der Handelshochschule bette ihn inzwischen bequem. All das nicht protzig, aber ruhig selbstbewusst vorgebracht. Was er über sein Buch sagte, bewies mir, daß ich es durch die Wolke der dunklen Fachwörter hinweg hindurch richtig begriffen habe. Er ist ganz Rationalist, deßhalb erbittert gegen die Romantiker in der Politik. Und so der Romantik überhaupt gegenüber etwas eng. – Von meinem Montesquieu kannte er nur den ersten Band u. war ganz überrascht, als ich ihn auf den großen zweiten Teil hinwies. Er will nun über das Ganze ausführlich schreiben (…)"

Als sich 1920 die Wege von Victor Klemperer und Carl Schmitt kurzzeitig in München kreuzten, war Carl Schmitts wissenschaftliche Karriere als Strafrechtler schon so gut wie beendet. Er war bereits als hauptamtlicher Dozent für öffentliches Recht an der Münchner Handelshochschule tätig[3] und hatte

---

[1] *Klemperer*, Leben sammeln, nicht fragen wozu und warum; Tagebücher 1918–1924, 1996, S. 214.

[2] *Klemperer* (Fn. 1), S. 218.

[3] *Mehring*, Carl Schmitt: Aufstieg und Fall, 2009, S. 115. Schmitt war bereits 1919 auf diese Position berufen worden.

sein Werk „Politische Romantik“[4] veröffentlicht. 1921 und 1922 sollten die zentralen Monographien „Die Diktatur“[5] und „Politische Theologie“[6] folgen.

Zehn Jahre früher, im Jahre 1910, war diese Entwicklung noch nicht vorhersehbar gewesen. 1910 begann Carl Schmitts wissenschaftliche Karriere als Strafrechtler an der damaligen Kaiser-Wilhelms-Universität in Straßburg. Schmitt promovierte 1910 mit einer strafrechtlichen Arbeit zum Thema „Über Schuld und Schuldarten“ bei Professor Fritz van Calker (siehe unter II.).[7] Die Verwandlung vom Strafrechtler zum Staatsrechtler des Ausnahmezustands fand während des Ersten Weltkriegs statt. In dieser Zeit arbeitete Schmitt bei der bayerischen Militärverwaltung, dem Stellvertretenden Generalkommando des bayerischen Königsreichs in München, das für die Umsetzung und Anwendung des Belagerungszustands in Bayern zuständig war[8] und veröffentlichte 1916 und 1917 in der Zeitschrift für die gesamte Strafrechtswissenschaft die für sein späteres Werk zentralen Aufsätze „Die Einwirkungen des Kriegszustandes auf das ordentliche strafprozessuale Verfahren“[9] und „Diktatur und Belagerungszustand“[10] (siehe unter III.). Die strafrechtliche Karriere nahm ein endgültiges und widersprüchliches Ende zur Zeit des Dritten Reichs (siehe unter IV.). Eine abschließende Bewertung von Schmitts wissenschaftlicher Tätigkeit als Strafrechtler erfolgt im Rahmen der Schlussbemerkung (siehe unter V.).

II. Der unscheinbare Beginn

Die ersten wissenschaftlichen Publikationen zeichnen sich dadurch aus, dass sie sich mit klassischen Fragen des Strafrechts befassen und rechtspositivistisch geprägt sind. Das strafrechtliche Werk beginnt mit der Dissertation „Über Schuld und Schuldarten“, die im Jahr 1910 bei dem Verlag Schletter'sche Buchhandlung in Breslau erscheint und mit der Note summa cum laude bewertet wurde.[11] Es handelt sich um eine begriffsjuristische und rechtsdogmatische Arbeit. Sie zeichnet sich – im Gegensatz zu späteren Werken – auch durch eine große Fülle von Zitaten und Belegen sowie einer ausführlichen Auseinandersetzung mit in der Lehre vertretenen Ansichten aus.

---

[4] *Schmitt*, Politische Romantik, 1. Aufl. 1919.
[5] *Schmitt,* Die Diktatur, 1. Aufl. 1921.
[6] *Schmitt*, Politische Theologie, 1. Aufl. 1922.
[7] *Mehring* (Fn. 3), S. 36.
[8] *Mehring* (Fn. 3), S. 78 ff.
[9] *Schmitt*, ZStW 38 (1916), 783. Siehe ausführlich unter III 1.
[10] *Schmitt*, ZStW 38 (1917), 138. Siehe ausführlich unter III. 2.
[11] *Mehring* (Fn. 3), S. 36.

So heißt es auch in einer zeitgenössischen Rezension: „Die selbstständige, die Literatur gründlich beherrschende Arbeit befaßt sich nur mit dem geltenden Recht.“[12]

Ihr Zweck besteht darin, das Verhältnis der Begriffe „Vorsatz“ und „Fahrlässigkeit“ zu dem Begriff der „Schuld“ im Sinne des Strafrechts zu bestimmen.[13] Im ersten Teil erfolgt eine Begriffsbestimmung der Schuld im formalen Sinne. Diese definiert Schmitt im Ergebnis als „die konkrete, den Zwecken des Rechts nicht entsprechende Zwecksetzung eines zurechnungsfähigen Menschen, bei dem das Bewußtsein der Pflichtwidrigkeit möglich war.“[14] Fahrlässigkeit und Vorsatz kategorisiert er dann im Gegensatz zu der damals herrschenden Auffassung als Schuldsymptome und nicht als Schuldarten.[15]

Danach folgte 1911 ein erster strafrechtlicher Aufsatz mit dem Titel „Über Tatbestandsmäßigkeit und Rechtswidrigkeit des kunstgerechten operativen Eingriffs“, der in der Zeitschrift für die gesamte Strafrechtswissenschaft erschien.[16] Der rechtspositivistische sowie klar und prägnant geschriebene Beitrag befasst sich mit der Straflosigkeit des Arztes bei einem operativen Eingriff. Die zentrale These ist, dass der Gesetzgeber in dem damals diskutierten neuen deutschen Strafgesetzbuch die Straflosigkeit des ärztlichen Heileingriffs ausdrücklich regeln solle. Im Kern fordert Schmitt eine explizite Regelung aus Gründen der Rechtssicherheit, da es in der juristischen Lehre unterschiedliche Begründungen für die Straflosigkeit des Arztes gebe und sie daher nicht ausreichend geklärt sei.[17]

III. Die Wandlung vom Straf- zum Staatsrechtler

Wenige Jahre nach der Veröffentlichung dieser Werke begann der Erste Weltkrieg und Carl Schmitt fand das Thema seines Lebens, den Ausnahmezustand. Er veröffentlichte seine wichtigsten Aufsätze als Strafrechtler in der Wandlung zum Verfassungsrechtler. 1916 und 1917 erschienen in der Zeitschrift für die gesamte Strafrechtswissenschaft die Aufsätze „Die Einwirkungen des Kriegszustandes auf das ordentliche strafprozessuale Verfahren“[18] und „Diktatur und Belagerungszustand“.[19] Diese beiden wegweisenden Werke entstanden während seiner Tätigkeit bei der bayerischen Militärver-

[12] *Köhler*, DJZ 14 (1911), 940.
[13] *Schmitt*, Über Schuld und Schuldarten, 1910, S. 1.
[14] *Schmitt* (Fn. 13), S. 92.
[15] *Schmitt* (Fn. 13), S. 153.
[16] *Schmitt*, ZStW 31 (1911), 467.
[17] Insbesondere *Schmitt*, ZStW 31 (1911), 478.
[18] Siehe ausführlich unter 1.
[19] Siehe ausführlich unter 2.

waltung, dem Stellvertretenden Generalkommando des bayerischen Königsreichs in München.

1. Der Beginn: Eine relativ positivistische Betrachtung des Ausnahmezustands

Den Auftakt bildete die 1916 veröffentlichte Probevorlesung an der Juristischen Fakultät der damaligen Kaiser-Wilhelm Universität in Straßburg vom 16. Februar desselben Jahres[20] mit dem Titel „Die Einwirkungen des Kriegszustands auf das ordentliche strafprozessuale Verfahren". Sie ist Schmitts konkretestes und rechtspositivistischstes Werk zum Ausnahmezustand.[21]

Hintergrund des Beitrags ist der am 31.7.1914[22] von Kaiser Wilhelm II erklärte Kriegszustand gem. Art. 68 der Reichsverfassung von 1871.[23] Rechtsfolge des Kriegszustands war die Anwendung des preußischen Gesetzes über den Belagerungszustand vom 4.6.1851. Die für den Aufsatz relevanten Bestimmungen waren dabei §§ 4 und 5 des preußischen Gesetzes. § 4 bestimmte, dass mit der Erklärung des Belagerungszustands die vollziehende Gewalt auf den Militärbefehlshaber übergeht.[24] § 5 regelte die Suspension von bestimmten Grundrechten der preußischen Verfassung von 1850,[25] insbesondere des Rechts auf persönliche Freiheit und der Unverletzlichkeit der Wohnung.[26] Der Aufsatz widmet sich der Bedeutung dieser Bestimmungen für den Strafprozess. Im Mittelpunkt stehen zwei Fragestellungen:[27]

[20] *Schmitt*, ZStW 38 (1916), 783 ff.

[21] *Schmitt*, ZStW 38 (1916), 783, 785.

[22] RGBl. 1914, 263.

[23] Gesetz, betreffend die Verfassung des Deutschen Reiches v. 16.4.1871 (abgedr. in: *Triepel*, Quellensammlung zum Deutschen Reichsstaatsrecht, 1. Bd., 1901, Nr. 1). Art. 68 der Reichsverfassung von 1871 lautete: „Der Kaiser kann, wenn die öffentliche Sicherheit in dem Bundesgebiete bedroht ist, einen jeden Theil desselben in Kriegszustand erklären. Bis zum Erlaß eines die Voraussetzungen, die Form der Verkündigung und die Wirkungen einer solchen Erklärung regelnden Reichsgesetzes gelten dafür die Vorschriften des Preußischen Gesetzes v. 4.6.1851 (Gesetz.Samml. für 1851, S. 451 ff.)".

[24] § 4 des Preußischen Gesetzes über den Belagerungszustand v. 4.6.1851 lautete: „§ 4. Mit der Bekanntmachung der Erklärung des Belagerungszustandes geht die vollziehende Gewalt an die Militairbefehlshaber über. Die Civilverwaltungs- und Gemeindebehörden haben den Anordnungen und Aufträgen der Militairbefehlshaber Folge zu leisten. Für ihre Anordnungen sind die betreffenden Militärbefehlshaber persönlich verantwortlich."

[25] Da aufgrund von Art. 68 RV das preußische Gesetz v. 4.6.1851 für das gesamte Reichsgebiet (außer Bayern) galt, konnten die anderen Staaten entsprechende Bestimmungen in ihren Landesverfassungen ebenfalls suspendieren. Siehe *Schmitt*, ZStW 38 (1916), 783, 785. Für Bayern galt das Gesetz über den Kriegszustand von 1912.

[26] § 5 des Preußischen Gesetzes über den Belagerungszustand v. 4.6.1851 lautete: „Wird bei Erklärung des Belagerungszustandes für erforderlich erachtet, die Artikel 5, 6, 7, 27, 28, 29, 30 und 36 der Verfassungs-Urkunde, oder einzelne derselben, zeit- und distriktweise außer Kraft zu setzen, so müssen die Bestimmungen darüber ausdrücklich in die Bekanntmachung über die Erklärung des Belagerungszustandes aufgenommen oder in einer besonderen, unter der nämlichen Form (§ 3) bekannt zu machenden Verordnung verkündet

1. Welche Auswirkung hat es für den Strafprozess, wenn Verfassungsbestimmungen außer Kraft gesetzt werden können?
2. Was bedeutet es für den Strafprozess, wenn die vollziehende Gewalt auf den Militärbefehlshaber übergeht?

Um diese Fragen zu beantworten, stellt Schmitt zunächst dar, dass die Befugnisse des Militärbefehlshabers auch für das ordentliche Strafverfahren von Bedeutung sind.[28] Der Militärbefehlshaber verfüge über weitreichende Befugnisse im Rahmen des Kriegszustands, die nur durch das öffentliche Interesse begrenzt seien. Der Begriff des öffentlichen Interesses sei dabei weit zu verstehen. Diese weitreichenden Befugnisse werden dabei insbesondere mit der damaligen Rechtspraxis begründet. Er schreibt: „Gerade im gegenwärtigen Krieg hat sich dies besonders deutlich gezeigt. Zahlreiche, nicht nur militärische und politische, sondern auch wirtschaftliche Angelegenheiten haben ihre Regelung nur der Initiative von kommandierenden Generälen zu verdanken, die unter Berufung auf das öffentliche Interesse eingriffen."[29] Als Beleg nennt er Maßnahmen seines damaligen Arbeitgebers – der bayerischen Militärverwaltung.[30]

Aufgrund dieser weitreichenden Befugnisse könne der Militärbefehlshaber im Interesse der Strafverfolgung Haftbefehle erlassen, aber auch Durchsuchungen oder Beschlagnahmen anordnen. Aufgrund der in § 5 des preußischen Gesetzes über den Belagerungszustand geregelten Suspension der Grundrechte sei der Militärbefehlshaber allerdings nicht an die Vorgaben der Reichsstrafprozessordnung gebunden. So heißt es: „Die Folge ist dann, daß die Bestimmungen der StrPO über Beschlagnahme, Durchsuchung und Verhaftung inhaltslos werden: der Verdächtige verliert die Garantien, die von der StrPO zum Schutz des Beschuldigten im Ermittlungsverfahren aufgestellt sind."[31]

werden. Die Suspension der erwähnten Artikel oder eines derselben ist nur für den Bezirk zulässig, der in Belagerungszustand erklärt ist und nur für die Dauer des Belagerungszustandes."

[27] *Schmitt*, ZStW 38 (1916), 783, 785.

[28] *Schmitt*, ZStW 38 (1916), 783, 786 ff.

[29] *Schmitt*, ZStW 38 (1916), 783, 787.

[30] *Schmitt*, ZStW 38 (1916), 783, 787 Fn. 6: „So ist das stellvertretende Generalkommando des I. bayerischen (...) vorangegangen mit der Regelung der Versorgung Bayerns mit Erzeugnissen der Milchwirtschaft, es hat den Bedarf des Heeres an Bier und Heu gesichert und zahlreiche andere wirtschaftliche Maßnahmen getroffen, die auf Grund von Art. 4 Nr. 2 KZG [Bayerisches Gesetz über den Kriegszustand], also unter Berufung nicht nur auf das öffentliche Interesse, sondern sogar auf das Interesse der öffentlichen Sicherheit erfolgten. (...)".

[31] *Schmitt*, ZStW 38 (1916), 783, 788.

Schmitt argumentiert weiterhin, dass diese Befugnisse nicht unbeschränkt seien. Vielmehr bilde der Grundsatz der richterlichen Unabhängigkeit, der in Art. 86 der preußischen Verfassung[32] und § 1 des Gerichtsverfassungsgesetzes von 1877 kodifiziert sei, die Grenze für die Tätigkeit des Militärbefehlhabers.[33] Der Grundsatz der richterlichen Unabhängigkeit sei auch im Belagerungszustand nicht suspendierbar.[34] Damit gelte: „Die gesamte Tätigkeit, die dem Gericht im ordentlichen Strafverfahren zugewiesen ist, vor allem der Beschluß über die Eröffnung des Hauptverfahrens, die Vorbereitung der Hauptverhandlung, die gesamte mündliche Verhandlung als Grundlage der richterlichen Beweisführung und des unabhängigen richterlichen Urteils, bleiben von der Einwirkung des Militärbefehlshabers ausgeschlossen."[35]

Als nächstes zeigt Schmitt auf, dass aufgrund des Übergangs der vollziehenden Gewalt gem. § 4 des Gesetzes über den preußischen Belagerungszustand der Militärbefehlshaber die Befugnisse der Staatsanwaltschaft im ordentlichen Strafprozess besitze.[36] Auch diese Befugnis finde allerdings ihre Grenze im nicht derogierbaren Grundsatz der richterlichen Unabhängigkeit.[37] So könne der Militärbefehlshaber selbst keine Strafurteile aussprechen, diese Befugnis obliege allein dem Strafrichter.[38]

In dieser ersten Veröffentlichung zum Ausnahmezustand arbeitet Carl Schmitt also noch nicht rechtstheoretisch. Er widmet sich vielmehr der rechtspraktischen Frage nach der Bedeutung des Belagerungszustands für das Strafverfahren. Er beantwortet diese anhand der damaligen Rechtslage- und Praxis. Im Mittelpunkt des Beitrags steht die tatsächliche Rechtsanwendung. Die methodische Auseinandersetzung mit den damals geltenden Normen spielt lediglich eine untergeordnete Rolle. Daher kommt Schmitt zu dem Ergebnis, dass die Militärregierung im Bereich des Strafverfahrens über weitreichende Kompetenzen verfüge. Die einzige Grenze sei der Grundsatz der richterlichen Unabhängigkeit. Eine Kritik hieran erfolgt nicht. Der amerikanische Jurist Scheuermann schreibt daher treffend:

> „Addressing its fellow jurists, Schmitt defends a measure of judicial integrity. Yet crucially, he does so not to challenge the military regime head-on by subjecting it to judicial review or blocking its activites but instead to maintain a role for his colleagues in Germany's wartime legal system: they should be allowed to continue to punish and sentence criminals."[39]

---

[32] Art. 86 der preußischen Verfassung von 1850 (Preußische Gesetz-Sammlung, 1850, S. 17 ff.) lautete: „Die richterliche Gewalt wird im Namen des Königs durch unabhängige, keiner anderen Autorität als der des Gesetzes unterworfene Gerichte ausgeübt. Die Urtheile werden im Namen des Königs ausgefertigt und vollstreckt."

[33] *Schmitt*, ZStW 38 (1916), 783, 788.

[34] *Schmitt*, ZStW 38 (1916), 783, 788 f.

[35] *Schmitt*, ZStW 38 (1916), 783, 789.

[36] *Schmitt*, ZStW 38 (1916), 783, 791 ff.

[37] *Schmitt*, ZStW 38 (1916), 783, 796.

[38] *Schmitt*, ZStW 38 (1916), 783, 796.

2. Die zentrale „staatsrechtliche Studie“: Diktatur und Belagerungszustand

a) Die Publikation

Der nachfolgende Aufsatz „Diktatur und Belagerungszustand – Eine staatsrechtliche Studie“ aus dem Jahr 1917 widmet sich erneut dem Ausnahmezustand, diesmal allerdings ohne einen strafrechtlichen Bezug.[40] Inspiriert wurde Schmitt zu dieser Arbeit durch eine Publikation des Reichsgerichtsrats Werner Rosenberg über „Die rechtlichen Schranken der Militärdiktatur[41].“[42] Werner Rosenberg hatte untersucht, ob die Rechtsprechung des Reichsgerichts,[43] wonach § 9b des preußischen Gesetzes über den Belagerungszustand,[44] dem Militärbefehlshaber ein selbstständiges – an gesetzliche Schranken nicht gebundenes – Verordnungsrecht einräume, rechtlich zulässig und überzeugend ist. Rosenberg verneinte ein solches Notverordnungsrecht aufgrund einer rechtspositivistischen und methodischen Argumentation, die auch rechtsvergleichende und historische Aussagen berücksichtigt.[45]

Schmitt selbst wählte in seiner auf einem hohen Abstraktionsgrad verfassten Studie eine abstraktere Betrachtungsweise. Er verzichtete zunächst auf jeden direkten Bezug zum damals geltenden Rechtszustand in Deutschland. Seine Studie sollte eine „ausschließlich juristischer Erkenntnis dienende Untersuchung“ sein, die nicht in die „Mißverständnisse einer politischen Diskussion“ zu ziehen sei.[46] Stattdessen wollte er die Frage „prinzipieller und unter weiteren historischen Aspekten“[47] behandeln und den begrifflichen Unterschied zwischen Belagerungszustand und Diktatur ermitteln.[48] Um dies zu erreichen, untersuchte er ausführlich die französische Verfassungsgeschichte, die er als wesentlich für die Entstehung der deutschen Gesetzgebung zum Belagerungszustand ansah.[49]

---

[39] *Scheuerman*, in: Meierhenrich/Simons (Hrsg.), The Oxford Handbook of Carl Schmitt, 2016, 547 (550).

[40] *Schmitt*, ZStW 38 (1917), 138.

[41] *Rosenberg*, ZStW 37 (1916), 808.

[42] *Schmitt*, ZStW 38 (1917), 138 Fn. 1.

[43] *Rosenberg*, ZStW 37 (1916), 808 Fn. 1 m.w.N.

[44] § 9b) des Preußischen Gesetzes über den Belagerungszustands v. 4.6.1851 bestimmte: „Wer in einem in Belagerungszustand erklärten Orte oder Distrikte (…) b) ein bei Erklärung des Belagerungszustandes oder während desselben vom Militairbefehlshaber im Interesse der öffentlichen Sicherheit erlassenes Verbot übertritt, oder zu solcher Uebertretung auffordert oder anreizt, (…) soll, wenn die bestehenden Gesetze keine höhere Freiheitsstrafe bestimmen, mit Gefängniß bis zu Einem Jahr bestraft werden.“

[45] *Rosenberg*, ZStW 37 (1916), 808, 809 ff.

[46] *Schmitt*, ZStW 38 (1917), 138, 161 Fn. 52.

[47] *Schmitt*, ZStW 38 (1917), 138 Fn. 1.

[48] *Schmitt*, ZStW 38 (1917), 138 Fn. 1.

[49] *Schmitt*, ZStW 38 (1917), 138.

Sein Ausgangspunkt ist, dass die Gleichsetzung der Begriffe von Belagerungszustand und Militärdiktatur wie sie seit der Revolution von 1848 in Frankreich üblich war, historisch unberechtigt sei.[50] Die Delegierten der französischen Nationalversammlung von 1848 hätten fälschlicherweise den Begriff der Diktatur für den Belagerungszustand, der durch den Übergang der vollziehenden Gewalt auf den Militärbefehlshaber und einer Suspendierung von bestimmten Grundrechten gekennzeichnet sei, verwendet.[51] Der Belagerungszustand hätte vielmehr wie im Jahr 1793 von dem der Diktatur unterschieden werden müssen.[52] 1793 habe eine Diktatur durch die Herrschaft des Wohlfahrtsausschusses (comité du salut) bestanden.[53] Hintergrund sei die besondere Gefahrenlage gewesen. Die Französische Republik musste 1793 gegen fast alle europäischen Mächte verteidigt werden. In dieser Ausnahmesituation sei die Herrschaft des Wohlfahrtsausschusses entstanden, der die Aufgaben der Exekutive und der Legislative übernommen hatte. Die Trennung der Gewalten sei aufgehoben worden. Daher sei seine Herrschaft als Diktatur zu qualifizieren.[54] Anders sei die Situation während der Ausrufung des Belagerungszustands in den Jahren 1830 und 1848 zu bewerten. In diesen Jahren musste der französische König jeweils innere Aufstände bekämpfen. Im Rahmen der Ausrufung des Belagerungszustands sei dem jeweiligen Militärbefehlshaber durch eine konkrete königliche Anweisung bzw. ein Gesetz die vollziehende Gewalt übertragen worden, um eine spezielle, genau bestimmte Aufgabe zu erledigen. Dieser habe dann nach Erfüllung des Auftrags die Macht wieder an den König abgeben müssen.[55]

Aufgrund dieser Analyse der Revolutionen von 1830 und 1848 und der Herrschaft des Wohlfahrtsausschusses gelangt Schmitt zu dem zentralen Befund seiner Untersuchung: Belagerungszustand und Diktatur seien zwei theoretisch unterscheidbare Zustände bzw. Regierungsformen. Der erste Unterschied bestehe darin, dass in einer Diktatur die Gewaltenteilung aufgehoben werde, im Belagerungszustand dagegen bestehen bleibe. Der Militärbefehlshaber erhalte lediglich gesteigerte Exekutivbefugnisse, aber keine Gesetzgebungskompetenzen.[56] So lautet seine zentrale, auch von ihm selbst optisch hervorgehobene These: „Beim Belagerungszustand tritt unter Aufrechterhaltung der Trennung von Gesetzgebung und Vollzug eine Konzentration innerhalb der Exekutive ein; bei der Diktatur bleibt der Unterschied von Gesetzgebung und Vollzug zwar bestehen, aber die Trennung wird be-

[50] *Schmitt*, ZStW 38 (1917), 138, 139.
[51] *Schmitt*, ZStW 38 (1917), 138, 139.
[52] *Schmitt*, ZStW 38 (1917), 138, 139.
[53] *Schmitt*, ZStW 38 (1917), 138, 140.
[54] *Schmitt*, ZStW 38 (1917), 138, 140–144, 161.
[55] *Schmitt*, ZStW 38 (1917), 138, 140–144.
[56] *Schmitt*, ZStW 38 (1917), 138, 156.

seitigt, in dem die gleiche Stelle den Erlaß wie den Vollzug der Gesetzte in der Hand hat – sei es, daß die Exekutive auch die Legislative oder daß die Legislative auch die Exekutive übernimmt."[57]

Ein weiterer Unterschied sei, dass im Belagerungszustand ein rechtsfreier Raum entstehe, während dies bei der Diktatur nicht der Fall sei. In einer Diktatur würden die beiden Funktionen Gesetzgebung und Verwaltung von derselben Zentralstelle ausgeübt. In einer solchen Konstellation trete kein rechtsfreier Raum ein, weil alles durch gesetzliche Anforderungen sofort ausgefüllt werden kann.[58] Hinsichtlich des Belagerungszustands aber gelte: „Die rechtliche Behandlung des rein tatsächlichen Zustands einer konkreten Gefahr erfolgt also in der Weise, daß vom Recht ein rechtsfreier Raum abgesteckt wird, innerhalb dessen der Militärbefehlshaber jedes ihm geeignet erscheinende Mittel anwenden darf."[59]

Dabei sieht Schmitt die Diktatur als Steigerung des Belagerungszustandes an. Sie würde dann errichtet, wenn die Regelungen zum Belagerungszustand nicht mehr ausreichend sind. Die Begründung einer Diktatur könne insbesondere immer bei einer sehr kritischen äußeren Bedrohungslage notwendig sein. Eine solche erhebliche Bedrohungslage habe 1793 in Frankreich bestanden.[60]

b) Tragweite und Bedeutung

aa) Zeitgenössische Kritik

Das Bemerkenswerte an dieser Publikation ist zunächst, dass sie eine leise Kritik an dem damals herrschenden Belagerungszustand in Deutschland zu enthalten scheint.[61] Dies folgt aus zwei Aspekten. Zum einen bezeichnet Schmitt den Belagerungszustand allgemein als eine Regierungsform, in der ein rechtsfreier Raum entsteht.[62] Zum anderen beschreibt er den Belagerungszustand als eine Gefahrenbekämpfungsform, in der der Militärbefehlshaber über keine gesetzgeberischen Befugnisse verfüge.[63] In dieser Darstellung scheint eine Missbilligung der damaligen deutschen Rechtslage zu liegen, wonach der Militärbefehlshaber aufgrund einer weiten Auslegung von § 9b des preußischen Gesetzes über den Belagerungszustand des Reichsgerichts, über gesetzgeberische Befugnisse verfügte.[64] Für eine solche zeitge-

---

[57] *Schmitt*, ZStW 38 (1917), 138, 156.

[58] *Schmitt*, ZStW 38 (1917), 138, 160.

[59] *Schmitt*, ZStW 38 (1917), 138, 159.

[60] *Schmitt*, ZStW 38 (1917), 138, 160.

[61] Vgl. auch *Mehring* (Fn. 3), S. 92.

[62] Siehe oben, insbes. Fn. 59.

[63] Siehe oben, insbes. Fn. 56.

[64] Siehe oben Fn. 43. Schmitt selbst nimmt ausdrücklich zu dem Streit um § 9b) des

nössisch-kritische Deutung spricht auch der Tagebucheintrag von Schmitt vom 7.9.1915. Dort heißt es: „Nachmittags: Bericht über das Belagerungszustands-Gesetz machen. Begründen, dass man den Belagerungszustand noch einige Jahre nach dem Krieg beibehält. Wofür mich die Vorsehung noch bestimmt hat. Und ich bin feige und gebe nach, obwohl doch alles durch Widerspruch erreicht wird. (…)“[65].

bb) Die Suche nach der ewigen Wahrheit des Staates

Weiterhin legt Schmitt in seiner ersten staatsrechtlichen Studie zum Ausnahmezustand die Grundlage für seine ihm eigene Methodik im Öffentlichen Recht. Er beginnt wie auch in seinem späteren Werk seine Thesen nicht rechtsmethodisch, rechtsdogmatisch oder rechtspositivistisch zu begründen, sondern anhand realer verfassungsgeschichtlicher Ereignisse in unterschiedlichsten Staatsformen eine fiktive ewige Wahrheit der Staatsformen bzw. des Staats zu suchen. Im Gegensatz zu dem Aufsatz von Werner Rosenberg, der ihn inspirierte, begründet Schmitt seine Kritik an der Auslegung von § 9b des preußischen Gesetzes über den Belagerungszustand nicht anhand der geltenden Rechtslage, sondern mit einer aus der französischen Verfassungsgeschichte abgeleiteten Begriffsfindung. Danach zeichne sich der Belagerungszustand durch eine Intensivierung von Exekutivbefugnissen aus. Er führe aber nicht zur Übertragung von legislativen Aufgaben auf den Militärbefehlshaber.[66]

cc) Vorarbeit für die spätere Auslegung von Art. 48 Abs. 2 WRV

Schließlich ist die Studie auch eine inhaltliche Vorarbeit für Schmitts staatsrechtliches Werk während der Weimarer Zeit. Dies gilt insbesondere für die 1921 in erster Auflage erschienene Monographie „Die Diktatur“[67] und der von Schmitt auf der Staatsrechtslehrertagung 1924 vorgestellten weiten Auslegung der Befugnisse des Reichspräsidenten in Art. 48 Abs. 2 WRV.[68] Art. 48 Abs. 2 WRV[69] regelte das sog. „Notverordnungsrecht“ des Reichspräsidenten und bestimmte: „Der Reichspräsident kann, wenn im Deutschen Reiche die öffentliche Sicherheit und Ordnung erheblich gestört oder gefährdet

---

preußischen Gesetzes über den Belagerungszustand keine Stellung. *Ders.*, ZStW 38 (1917), 138, 153.

[65] *Hüsmert/Giesler* (Hrsg.), Tagebücher Carl Schmitt, Die Militärzeit 1915–1919, 2015, S. 125 f.

[66] Siehe oben Fn. 56.

[67] *Schmitt* (Fn. 5).

[68] *Schmitt*, VVDStRL 1 (1924), 63–101.

[69] Die Verfassung des Deutschen Reiches (Weimarer Reichsverfassung) v. 11.8.1919, RGBl. 1919, 1383.

wird, die zur Wiederherstellung der öffentlichen Sicherheit und Ordnung nötigen Maßnahmen treffen, erforderlichenfalls mit Hilfe der bewaffneten Macht einschreiten. Zu diesem Zwecke darf er vorübergehend die in den Artikeln 114, 115, 117, 118, 123, 124 und 153 festgesetzten Grundrechte ganz oder zum Teil außer Kraft setzen."

Diese Regelung versteht Schmitt so, dass dem Reichspräsidenten diktatorische Befugnisse[70] verliehen wurden. Dies sei notwendig gewesen, um die besonders gravierenden Gefahren des Jahres 1919 zu bekämpfen. So argumentiert er in seinem Buch „Die Diktatur" in der ausführlicheren Fassung seines Berichts für die Staatsrechtsrechtslehrertagung im Jahr 1924: „Die Weimarer Verfassung konnte an der schwierigen Frage nicht vorbeigehen, die Praxis des ‚Kriegszustandes' (nach dem preußischen Belagerungszustandsgesetz von 1851 und dem bayerischen Kriegszustandsgesetz von 1912) war 1919 noch in frischer Erinnerung; gleichzeitig war die Lage Deutschlands damals so gefährdet, daß man vernünftigerweise weitgehende Ausnahmebefugnisse erteilen mußte, um dieser Lage Herr zu werden. In Art. 48 wurden dem Reichspräsidenten diktatorische Befugnisse verliehen, (...)."[71]

Den Umfang der diktatorischen Befugnisse des Reichspräsidenten bestimmt Schmitt primär anhand der von ihm in seinem Weimarer Werk vorgenommenen Unterscheidung zwischen einer souveränen und einer kommissarischen Diktatur und nicht anhand der Regelungen der WRV selbst. Eine souveräne Diktatur[72] sei eine nach einer Revolution eingesetzte Nationalversammlung. Diese verfüge bis zur Beendigung ihres Werks über rechtliche schrankenlose Macht und vereinige die gesamte Staatsgewalt in ihrer Hand. Die Nationalversammlung könne ihre uneingeschränkte Macht nach ihrem Ermessen ausüben, da sich die konstituierende Gewalt des Volkes noch nicht an Schranken gebunden habe.[73] Schmitt verwendet hierfür den Begriff der souveränen Diktatur, da eine Einheit die gesamte rechtliche Macht habe, aber wie ein Diktatur nur beauftragt sei, im konkreten Fall vom pouvoir constituant des Volkes.[74] Daher sei die Nationalversammlung nur eine souveräne Diktatur und kein Souverän, wie der „Monarch in einer absoluten oder in einer auf dem monarchischen Prinzip beruhenden Monarchie."[75]

[70] Die Bezeichnung der Kompetenzen des Reichspräsidenten in Art. 48 WRV als diktatorisch entsprach auch dem üblichen Wortgebrauch der Weimarer Staatsrechtslehre. Siehe hierzu z.B.: die Kommentierung von Anschütz zu Art. 48 WRV *Anschütz*, Die Verfassung des Deutschen Reichs v. 11.8.1919, Ein Kommentar für Wissenschaft und Praxis, 14. Aufl., 1. Teil 1932, S. 275 ff.

[71] *Schmitt*, Die Diktatur des Reichspräsidenten nach Artikel 48 der Weimarer Verfassung, Anhang, Die Diktatur, 2. Aufl. 1928, 213 (254 f.).

[72] Ausführlich: *Schmitt*, Die Diktatur, 2. Aufl. 1928, S. 130 ff.

[73] *Schmitt*, VVDStRL 1 (1924), 63 (86).

[74] *Schmitt*, VVDStRL 1 (1924), 63 (86).

[75] *Schmitt*, VVDStRL 1 (1924), 63 (86).

Diese souveräne Diktatur grenzt Schmitt von der kommissarischen Diktatur ab, die sich aufgrund der rechtsstaatlichen Einhegung des Ausnahmezustands entwickelt habe.[76] Merkmal der kommissarischen Diktatur sei die tatbestandsmäßige Umschreibung und Aufzählung des Inhalts und des Umfangs der diktatorischen Befugnisse.[77]

Unter dem Blickwinkel der Existenz dieser beiden Diktaturformen versteht Schmitt Art. 48 Abs. 2 WRV. Er sieht Art. 48 Abs. 2 S. 1 WRV als eine Bestimmung an, die eigentlich eine kommissarische Diktatur etablieren sollte. Dies sei jedoch nicht gelungen, da kein Reichsgesetz nach Art. 48 Abs. 5 WRV[78] erlassen wurde, das die Befugnisse des Reichspräsidenten im Rahmen von Art. 48 Abs. 2 S. 1 WRV genauer regelt und begrenzt. Daher sei die für eine kommissarische Diktatur erforderliche Eingrenzung der Befugnisse nicht erfolgt und es bestehe faktisch eine souveräne Diktatur. Er führte aus:

> „Die Eigenart der zwischenzeitlich geltenden Befugnis aus Art. 48 Abs. 2 Satz 1 liegt darin, daß einerseits die souveräne Diktatur der verfassungsgebenden Versammlung mit dem Inkrafttreten der Verfassung aufhört, andererseits eine der typischen rechtsstaatlichen Entwicklung entsprechende Umgrenzung der kommissarischen Diktatur noch nicht erfolgte, weil man sich, angesichts der abnormen Lage des Deutschen Reiches, einen weiteren Spielraum sichern wollte."[79]

In der Sache liege daher ein „Residuum einer souveränen Diktatur der Nationalversammlung" vor.[80]

Daher kann Schmitt den Wortlaut und die Entstehungsgeschichte des Art. 48 Abs. 2 S. 1 der WRV so verstehen, dass dieser eine grundsätzlich unbegrenzte Befugnis („plein pouvoir") des Reichspräsidenten enthalte, Maßnahmen zu erlassen.[81] Der Reichspräsident dürfe alle notwendigen temporären Maßnahmen, d.h. Einzelmaßnahmen oder generelle Anordnungen treffen, solange sie dem Zwecken dienten, die jeweilige gefährliche Sachlage zu beseitigen.[82] Zu diesem Zweck dürfe der Reichspräsident sich im Einzelfall auch über die Grundrechte und andere Verfassungsbestimmungen hinwegsetzen und sie ignorieren. Einzige Grenze sei das in Art. 48 WRV enthaltene unantastbare organisatorische Minimum (wie beispielsweise das Erfordernis der Gegenzeichnung)[83] und die „Verfassung als Voraussetzung der öffentlichen Sicherheit und Ordnung".[84] Letztere Grenze bedeute, dass verfassungs-

---

[76] *Schmitt*, VVDStRL 1 (1924), 63 (87).
[77] *Schmitt*, VVDStRL 1 (1924), 63 (87).
[78] Art. 48 Abs. 5 WRV lautete: „Das Nähere bestimmt ein Reichsgesetz."
[79] *Schmitt*, VVDStRL 1 (1924), 63 (89).
[80] *Schmitt*, VVDStRL 1 (1924), 63 (89).
[81] *Schmitt*, VVDStRL 1 (1924), 63 (74 ff.).
[82] Siehe auch *Schmitt* (Fn. 72), S. 201.
[83] *Schmitt*, VVDStRL 1 (1924), 63 (93 ff.).
[84] *Schmitt*, VVDStRL 1 (1924), 63 (91).

mäßige Einrichtungen als solche und die Verfassung selbst keine Gefährdung der öffentlichen Sicherheit darstellen können.[85] Im Gegensatz zu der damals herrschenden Lehre sieht Schmitt Art. 48 Abs. 2 S. 2 WRV nicht als Schranke für die Befugnisse des Reichspräsidenten an. Die damals herrschende Lehre legte Art. 48 Abs. 2 S. 2 WRV so aus, dass der Reichspräsident im Rahmen seiner Befugnisse gem. Art. 48 Abs. 2 S. 1 WRV lediglich von den in Abs. 2 genannten sieben Grundrechtsartikeln abweichen dürfe, aber nicht von den übrigen Verfassungsbestimmungen.[86] Schmitt versteht Art. 48 Abs. 2 S. 2 WRV dahingegen als eine zusätzliche besondere Befugnis, die dort aufgezählten Grundrechte außer Kraft zu setzen, d.h. sie nicht nur im Einzelfall zu ignorieren, sondern sie generell aufzuheben.[87] Dies folge insbesondere daraus, dass der Reichspräsident im Rahmen von Art. 48 Abs. 2 S. 1 WRV aufgrund der allgemeinen Systematik des Ausnahmezustands[88] nur Maßnahmen, d.h. zeitlich begrenzte tatsächliche bindende Handlungen, die keine rechtsförmigen Akte seien, erlassen könne.[89] Das bedeute beispielsweise, dass der Reichspräsident z.B. Beamte suspendieren oder ihres Amtes entheben könne. Die rechtliche Stellung eines vom Reichspräsidenten mittels einer Maßnahme entlassenen Beamten entspreche aber nicht dem im Rahmen eines rechtsförmigen Verfahrens entlassenen Beamten. Vielmehr bleibe der durch eine Maßnahme des Reichspräsidenten enthobene Beamte staatsrechtlich in einer beamtenrechtlichen Beziehung.[90] Da diese tatsächlichen Handlungen sich lediglich über die Grundrechte hinwegsetzten, diese aber nicht

---

[85] *Schmitt*, VVDStRL 1 (1924), 63 (91 ff).

[86] Siehe hierzu z.B.: *Anschütz*, Die Verfassung des Deutschen Reichs v. 11.8.1919, Ein Kommentar für Wissenschaft und Praxis, 14. Aufl. 1932, Art. 48 WRV, S. 289 m.w.N.

[87] Besonders deutlich: *Schmitt*, VVDStRL 1 (1924), 63 (77).

[88] *Schmitt*, VVDStRL 1 (1924), 63 (101): „Die strenge theoretische Trennung zwischen Maßnahmen und anderen, von Rechts Idee und Rechtsförmigkeit beherrschten Akten oder Normen widerspricht wohl einer bestimmten Denkgewohnheit, die sich nicht gern von dem abbringen läßt, was sie der Einfachheit halber Positivismus nennt. Aber jede rechtswissenschaftliche Betrachtung einer Diktatur führt dazu, die alte Unterscheidung zu wiederholen, die für das rechtsstaatliche Denken grundlegend ist und überdies nach allen rechtsgeschichtlichen Erfahrungen jedesmal auftritt, wenn Juristen gezwungen sind, auf Prinzipien zurückzugehen, weil Ausnahmefälle und Ausnahmezustände nicht mit der Routine des Alltags erledigt werden können. Es handelt sich um das Prinzip des Rechtsstaats und des Rechts überhaupt. Auch in der absoluten Monarchie, in der doch alles unterschiedslos auf einen Willen des souveränen Fürsten beruhen soll, war die Rechtspraxis gezwungen um Rechtspraxis zu sein, zwischen bloßen Maßnahmen und Befehlen und Akten auf der andern Seite zu unterscheiden. Insbesondere wird diese Unterscheidung notwendig, wo unter Berufung auf den Ausnahmefall eine abnorme Situation durch Maßnahmen beseitigt werden soll."

[89] Ausführlich: *Schmitt*, VVDStRL 1 (1924), 63 (95 ff.). Siehe auch *Schmitt* (Fn. 72), S. 201.

[90] *Schmitt,* VVDStRL 1 (1924), 63 (95 ff.).

generell außer Kraft setzen könnten, sei hierfür eine besondere Befugnisnorm, wie Art. 48 Abs. 2 S. 2 WRV, notwendig.

IV. Das widersprüchliche Ende

Das Ende von Schmitts Karriere als Strafrechtler bilden zwei sehr unterschiedliche praxisbezogene Arbeiten. Zu Beginn des Dritten Reichs verfasst er[91] die Stellungnahme der wissenschaftlichen Abteilung der damaligen Berufsorganisation der Juristen, des NS-Rechtswahrerbundes, zum Entwurf einer Strafverfahrensordnung vom 15.9.1936.[92] Schmitt war Mitglied des Arbeitsausschusses bei der Reichsführung des NS-Rechtswahrerbundes, der zu dem Aufbau eines neuen nationalsozialistischen Strafverfahrensrechts Stellung nehmen sollte.[93] Konkret ging es dabei um einen Entwurf einer neuen Strafverfahrensordnung, die ein vom Reichsminister der Justiz im Jahr 1933 eingesetzter Ausschuss zur Beratung eines neuen deutschen Strafprozessrechts im Frühjahr 1936 vorgelegt hatte.[94] Mit seiner Stellungnahme positionierte sich Schmitt mit den Worten von Mehring gegenüber seinen Kollegen im Rechtswahrerbund als „nationalistischer Scharfmacher".[95] Er fordert die vollständige Umgestaltung des Strafverfahrens im Sinne des nationalsozialistischen Systems,[96] da auch das Strafverfahrensrecht „ein

---

[91] *Mehring* (Fn. 3), S. 674; vgl. auch Neuordnung des Strafverfahrensrechts, Denkschrift des NS-Rechtswahrerbundes zum Entwurf einer Strafverfahrensordnung, einer Friedensrichter- und Schiedsmannsordnung und eines Gerichtsverfassungsgesetzes der amtlichen Strafprozesskommission des Reichsjustizministeriums, 1937, Vorb., S. 5 „unter der Leitung des Staatsrats Prof. Dr. Carl Schmitt".

[92] Stellungnahme der wissenschaftlichen Abteilung des NS-Rechtswahrerbundes zum Entwurf einer Strafverfahrensordnung, Auszug – (abgeschlossen am 15.9.1936) abgedruckt in: Neuordnung des Strafverfahrensrechts, Denkschrift des NS-Rechtswahrerbundes zum Entwurf einer Strafverfahrensordnung, einer Friedensrichter- und Schiedsmannsordnung und eines Gerichtsverfassungsgesetzes der amtlichen Strafprozesskommission des Reichsjustizministeriums, 1937, S. 81 ff.

[93] Stellungnahme der wissenschaftlichen Abteilung des NS-Rechtswahrerbundes (Fn. 92), S. 5 f. Neben Schmitt waren Mitglied: Rechtsanwalt und Notar Dr. Rilk, Oberamtsanwalt Brederek, Ministerialdirektor Senatspräsident Jäger, Generalstaatsanwalt Dr. Lauk, Justizinspektor Liese, Rechtsanwalt Dr. Seydel und Landgerichtsdirektor i.R. Dr. Töwe. Alle Mitglieder waren vom dem damaligen Reichsrechtsführer Dr. Frank ernannt worden.

[94] Stellungnahme der wissenschaftlichen Abteilung des NS-Rechtswahrerbundes (Fn. 92), S. 5 f.

[95] *Mehring* (Fn. 3), S. 371.

[96] Besonders klar: Stellungnahme der wissenschaftlichen Abteilung des NS-Rechtswahrerbundes zum Entwurf einer Strafverfahrensordnung (Fn. 92), S. 81 (111 f.).

Stück Verfassungsrecht" sei.[97] Daher müsse auch das Strafverfahren im Sinne des Führergrundsatzes ausgestaltet werden. Denn: „Die einheitliche Grundlage des Strafverfahrens läßt sich nur aus der Gesamtverfassung unseres völkischen Lebens ableiten. Da diese Gesamtverfassung in erster Linie durch den Führergrundsatz bestimmt ist, muss jede Neuordnung des Strafverfahrens zu diesem Gestaltungsgrundsatz Stellung nehmen."[98] Weiter heißt es: „Der Führergrundsatz muss, wenn er folgerichtig durchgeführt wird, das Verfahren als Ganzes ergreifen und neu gestalten. Als richterlicher Führer erhält der Richter nicht nur die Prozessleitung, sondern im gesamten Verfahren die ihm gebührliche Stellung."[99] Abschließend schreibt er:

> „Alle wesentlichen Einrichtungen des Strafverfahrens, wie Richter, Ermittlungsbehörde, Ankläger, Verletzter und Beschuldigter, müssen mit den Einrichtungen und Begriffen übereinstimmen, die sich in der Gesamtverfassung des nationalsozialistischen Deutschlands in Partei, Staat und Stand bereits entwickelt habe und noch weiter entwickeln. Damit allein ist der gesetzgeberischen Arbeit die feste Richtung gewiesen."[100]

Den Abschluss der strafrechtlichen Karriere bildet das Rechtsgutachten „Das internationalrechtliche Verbrechen des Angriffskrieges und der Grundsatz nullum crimen, nulla poena sine lege."[101] vom 25.8.1945. Das Gutachten war von dem Rechtsanwalt (Dr. Walther Schmidt) von Friedrich Flick in Auftrag gegeben worden.[102] Friedrich Flick befürchtete im Sommer 1945 als einer der führenden deutschen Industriellen auch wegen der Beteiligung an einem Angriffskrieg angeklagt zu werden.[103] Carl Schmitt sollte daher ein Gutachten über die Verantwortlichkeit von Zivilpersonen für Angriffskriege der Regierung erstellen.[104] Das Rechtsgutachten verfasst Schmitt wieder in den Argumentationsformen des liberalen Rechtsstaats und begründet seine Ergebnisse u.a. mit bestehenden völkerrechtlichen Verträgen und der in Kontinentaleuropa, England und den Vereinigten Staaten von Amerika beste-

---

[97] Stellungnahme der wissenschaftlichen Abteilung des NS-Rechtswahrerbundes (Fn. 92), S. 81.

[98] Stellungnahme der wissenschaftlichen Abteilung des NS-Rechtswahrerbundes (Fn. 92), S. 85.

[99] Stellungnahme der wissenschaftlichen Abteilung des NS-Rechtswahrerbundes (Fn. 92), S. 93.

[100] Stellungnahme der wissenschaftlichen Abteilung des NS-Rechtswahrerbundes (Fn. 92), S. 111 f.

[101] *Schmitt*, Das internationalrechtliche Verbrechen des Angriffskrieges und der Grundsatz „Nullum crimen, nulla poene sine lege", hrsg. mit Anm. und einem Nachw. Verz. von *Quaritsch*, 1994.

[102] Ausführlich hierzu *Quaritsch*, Carl Schmitt, Das internationalrechtliche Verbrechen des Angriffskrieges und der Grundsatz „Nullum Crimen, nulla poene sine lege", Nachwort, S. 125 ff.

[103] *Quaritsch* (Fn. 102), Nachwort, S. 125 ff.

[104] *Quaritsch* (Fn. 102), Nachwort, S. 125 ff.

henden Rechtslage und Praxis. Allerdings argumentiert er auch hier nur bedingt anhand der Methodik des Völkerrechts. Auch in diesem Gutachten schimmert letztendlich sein Ansatz durch, absolute „Wahrheiten" begründen zu wollen. So schließt er das Gutachten mit der Feststellung, dass der Grundsatz „nullum crimen, nulla poene sine lege" nicht nur ein Satz des positiven Rechts sei, „sondern auch eine naturrechtliche und moralische Maxime, auf die sich der nicht an den atrocities beteiligte Staatsbürger unbedingt berufen kann."[105]

Inhaltlich legt Schmitt dar, dass der Grundsatz „Grundsatz nullum crimen, nulla poene sine lege" auch für das völkerrechtliche Verbrechen des Angriffskriegs gelte.[106] Er argumentiert, dass es 1939 keine internationale Pönalisierung des Angriffskriegs gab[107] und selbst wenn dies der Fall gewesen sein sollte, nur das Hitler-Regime tauglicher Täter sein könnte.[108] Dahingegen könne der einzelne Staatsbürger und damit auch der normale Geschäftsmann („ordinary business man") selbst weder Täter noch Teilnehmer sein. Er widerlegt die in der Literatur teilweise vertretene These, wonach der einzelne Staatsbürger strafrechtlich verantwortlich sei, da er völkerrechtlich verpflichtet sei, der Regierung, die einen ungerechten Krieg führt, den Kriegsdienst und den Gehorsam zu verweigern.[109] Dies folge daraus, dass der einzelne Bürger keine rechtliche Möglichkeit habe, sein Urteil über das Unrecht des Krieges gegen seine eigene Regierung durchzusetzen.[110] Ihn treffe vielmehr im Kriegsfalle die Pflicht zu Treue und Gehorsam. Würde man eine Pflicht zur Gehorsamsverweigerung auferlegen, würde dies insbesondere in illiberalen Staaten zu nicht vertretbaren Ergebnissen führen.[111] Hier würde eine Pflicht zur Gehorsamkeitsverweigerung bedeuten, dass dem Einzelnen eine Rechtspflicht zum aussichtslosen Versuch eines Bürgerkriegs oder aber eine Rechtspflicht zum Martyrium auferlegt würde.[112] Damit gelte abschließend: „Für die Begriffe des Staatsbürgers und des ordinary business-man eines europäischen Staates konnte der Angriffskrieg als solcher im Sommer 1939 nicht als kriminelles, einer internationalen Strafgerichtsbarkeit unterstehendes Unrecht gelten."[113]

Zu Schmitts Bedauern verweigerten seine Auftraggeber die Zustimmung zur Veröffentlichung des Gutachtens während der Kriegsverbrecherpro-

[105] *Schmitt* (Fn. 101), S. 80.
[106] *Schmitt* (Fn. 101), S. 17 ff.
[107] *Schmitt* (Fn. 101), S. 32 ff.
[108] *Schmitt* (Fn. 101), S. 58 ff.
[109] *Schmitt* (Fn. 101), S. 70 ff.
[110] *Schmitt* (Fn. 101), S. 78.
[111] *Schmitt* (Fn. 101), S. 78.
[112] *Schmitt* (Fn. 101), S. 78.
[113] *Schmitt* (Fn. 101), S. 79.

zesse.[114] Er soll selbst diesbezüglich geschrieben haben: „Ich wäre gern gestorben, wenn meine Darlegung über die Kriminalisierung des Angriffskrieges vom August 1945 damals oder während der Prozesse hätte veröffentlicht werden können.“[115]

V. Schlussbemerkung

Schmitts Karriere als Strafrechtler zeigt zunächst vor allem in ihrer letzten Phase seine Anpassungsfähigkeit an unterschiedliche politische Systeme. Exemplarisch stehen hierfür seine letzten zwei strafrechtlichen Arbeiten. Besonders deutlich wird sein amöbenhaftes Wesen in seinem Gutachten zum Angriffskrieg. Hier verteidigt er vehement den rechtsstaatlichen Grundsatz des „Nullum Crimen, nulla poene sine lege“. Den gleichen Grundsatz hatte er jedoch 1934 in dem Aufsatz „Nationalsozialismus und Rechtsstaat[116] klar und deutlich abgelehnt. Dort heißt es: „Demjenigen, der in der Sache gerecht denkt, liegt daran, daß kein Verbrechen ohne Sühne bleibt. Ich setzte diesem rechtsstaatlichen „nulla poena sine lege“ den Gerechtigkeitssatz „nullum crimen sine poena“ entgegen. Die Diskrepanz zwischen „Rechtsstaat“ und gerechtem Staat wird sofort sichtbar.“[117]

Weiterhin beginnt während seiner kurzen Karriere als Strafrechtler Schmitts Faszination für den Ausnahmezustand. So schreibt er in seinem Buch „Politische Theologie“: „Die Ausnahme ist interessanter als der Normalfall. Das Normale beweist nichts, die Ausnahme beweist alles; sie bestätigt nicht nur die Regel, die Regel lebt überhaupt von der Ausnahme. In der Ausnahme durchbricht die Kraft des wirklichen Lebens die Kruste einer in Wiederholung erstarrten Mechanik.“[118] Seine strafrechtliche Karriere ist damit auch die Vorarbeit zu dem berühmten Satz des 1. Kapitels des Buches „Politische Theologie“: „Souverän ist, wer über den Ausnahmezustand entscheidet“.[119]

Zudem zeigt bereits seine kurze strafrechtliche Karriere Schmitts Faszination für Begrifflichkeiten und ihre Definitionen. Er beherrscht bereits eine gewisse „Begriffsmagie“[120]. Sowohl seine strafrechtliche Dissertation als auch sein wichtigster Aufsatz zur Diktatur und dem Belagerungszustand waren begriffsjuristische Arbeiten.

---

[114] Siehe ausführlich *Quaritsch* (Fn. 102), Nachwort, S. 137 ff.

[115] Zitiert nach *Quaritsch* (Fn. 102), Nachwort, S. 137.

[116] *Schmitt*, JW 1934, 713 ff.

[117] *Schmitt*, JW 1934, 713 (714).

[118] *Schmitt*, Politische Theologie, 2. Aufl. 1934, S. 22.

[119] *Schmitt* (Fn. 118), S. 11.

[120] *Müller*, A Dangerous Mind, 2003, S. 8.

Letztendlich legt Schmitt als Strafrechter die Grundlagen für seine staatsrechtlichen Werke und seine zweifelhafte absolute Methodik. Er beginnt nach der ewigen „Wahrheit" des Staats zu suchen, indem er verfassungsrechtliche Begriffe aufgrund verfassungsgeschichtlicher Erkenntnisse unabhängig von konkreten Regierungsformen und den jeweilig relevanten Verfassungsbestimmungen definieren will.[121] Damit begründet er seine Methodik des ungenauen Größenwahns. Diesen Ansatz präzisiert er auch in dem Vorwort zur 2. Auflage seines Werkes zur Diktatur im Jahr 1928. Er schreibt zur Interpretation des Art. 48 der WRV:

> „Ohne tiefere Untersuchungen der Verfassungsgeschichte und Verfassungslehre wird man heute weder eine solche Auslegungsfrage, noch das allgemeine Problem der Diktatur wissenschaftlich behandeln können. In verschiedenen Gestalten zeigt sich in fast allen europäischen Ländern das gleiche merkwürdige Phänomen: als offene Diktatur, als Praxis der Ermächtigungsgesetze; in scheinbar legalen, d.h. die vorgeschriebenen Formen einer Verfassungsänderung wahrenden Verfassungsdurchbrechungen, in der Gesetzgebung absoluter Parlamentsmehrheiten usw. Es durchaus nicht ‚positiv' das einfach zu ignorieren."[122]

[121] *Nawiasky*, AöR 48 (1925), 1 (11) schreibt daher zu der von Schmitt und Jacobi entwickelten neuen Auslegung des Art. 48 WRV: „Es wird jetzt klar geworden sein, warum die kritische Betrachtung der Konsequenzen der neuen Theorie vorausgenommen wurde. Diese sind so ungeheuerlich, daß man von vornherein sagen muß, die Auslegung einer Bestimmung der neuen RV, die zu solchen Ergebnissen führt, kann nicht im Sinne dieser Verfassung gelegen sein, sie ist nicht aus ihr entwickelt, Fleisch von ihrem Fleisch, sie ist künstlich an sie herangetragen, ein fremder Pfahl, der herausgegraben werden muß."

[122] *Schmitt* (Fn. 72), S. VII.

Strafrechtsreformer und revolutionärer Charakter

Gustav Radbruchs Ideen für ein postrevolutionäres Strafrecht

Sascha Ziemann

I. Es war einmal: Gustav Radbruch und der Moment revolutionären Neubeginns

Es war einmal. Was wie der Beginn eines Märchens klingt, war in Wirklichkeit die Beschreibung eines Endes. Die Wendung stammt aus Gustav Radbruchs Schrift „Ihr Jungen Juristen!" aus dem Jahre 1919. Gustav Radbruch brachte damit das Ende einer Ära nach den revolutionären Ereignissen 1918/19 zum Ausdruck und verabschiedete in einer wiederkehrenden Wendung die vorrevolutionäre Zeit.

> „Kein Zweifel, daß uns, den Geistigen von gestern, die sozialistische Revolution Opfer auferlegen wird, – sittlicher Überzeugung freudig dargebrachte Opfer, Opfer trotzalledem! Wohl möglich, daß wir einst auf die Zeit, die am 9. November mit einem Schlage unwiederbringlich versunken ist, zurückblicken werden wie die Marquis und Marquisen des Rokoko, denen die große Revolution zu überleben beschieden war, auf die Tage des Schnallenschuhs und der Puderquaste, der Schäferspiele und des Menuetts. (…) Es war einmal."[1]

Radbruchs in Berlin erschienene Schrift „Ihr jungen Juristen!" wandte sich, wie schon der Titel andeutet, an den juristischen Nachwuchs. Ihm rief er zu:

> „Vorbei sind auch die Privilegien der Studentenjahre, bunte Bänder, blitzende Schläger, sangesfrohe Kommerse, Schmisse und Räusche unwiederbringlich vorüber. Es war einmal. Neue Menschen stürmen die Hörsäle, Menschen mit starken Gliedern und starken, ausgehungerten, gefräßigen Hirnen, mit ursprünglicher Lernbegier und rücksichtslosem Drang zur Höhe."[2]

---

[1] *Radbruch*, in: Hefte zur „Jugendgemeinde". Neue Folge des „Aufbau", Flugblätter an Jugend, hrsg. im Auftrag der „Freien Hochschulgemeinde", 1919, S. 3 ff.; wiederabgedruckt in: *De With*, Gustav Radbruch, Reichsminister der Justiz, 1978, S. 59 ff., hier 61, sowie in: Gustav Radbruch-Gesamtausgabe (GRGA), hrsg. v. Arthur Kaufmann, Bd. 13, bearb. v. Alessandro Baratta, 1993, S. 23 ff.

[2] *Radbruch* (Fn. 1) zit. nach *De With*, S. 61.

Radbruch beabsichtigte mit der Schrift nichts weniger als den Versuch, „aus der Revolution Folgerungen für das Rechtsleben zu ziehen".[3] Dies beinhaltete nach Radbruch zunächst die Forderung nach einem neuen Recht. Entgegen der früheren Vorstellung, Recht „mit blindem Gehorsam nur als Staatswille" aufzufassen, solle es jetzt als „eine Ordnung zum gemeinen Besten" betrachtet und die Rechtspflege zu „einer Art sozialer Fürsorge" werden.[4] Darüber hinaus werde aber auch ein neuer Juristentypus gebraucht: „Denn darüber kann kein Zweifel sein", so Radbruch, dass der „soziale Volksstaat (…) einen ganz neuen Typus des Juristen (fordert), eine völlig neue Berufsauffassung und Berufsstellung."[5] Und weiter: „Die Revolution begann als eine Auflehnung gegen den Offizier. Sie setzt sich fort als eine Revolution gegen den anderen Herrenstand von gestern, die Juristen."[6]

Radbruchs Ausführungen führten in Kiel zu einem handfesten fakultätsinternen Streit mit dem Romanisten und Zivilrechtler Gerhard v. Beseler.[7] Nicht allein, dass Radbruch sich – ungewöhnlich für einen Angehörigen der eher zum Konservatismus neigenden Gruppe der Hochschullehrer und Juristen – für die Sache der Revolution ausgesprochen hatte; er hatte seinen Ausführungen auch weitergehende Gedanken zur Neuausrichtung des juristischen Studiums beigefügt, die einige Grundsätze des überkommenen juristischen Studiums in Frage stellten und von seinem Fakultätskollegen, sicher nicht ganz zu Unrecht, als persönlicher Angriff auf die eigenen wissenschaftlichen Grundanschauungen gedeutet wurden. Eine Kernstelle bei Radbruch lautet:

---

[3] *Radbruch*, Der innere Weg, 2. Aufl. 1961, S. 96; wiederabgedr. in: GRGA, Bd. 16, bearb. v. Günter Spendel, 1988, S. 167 ff.

[4] *Radbruch* (Fn. 1) zit. nach *De With*, S. 63; siehe auch *dens*., in: Zentrale für Heimatdienst (Hrsg.), Der Geist der neuen Volksgemeinschaft: eine Denkschrift für das deutsche Volk, 1919, S. 72 ff., wiederabgedr. in: GRGA (Fn. 1), S. 59 ff. Über Radbruchs Konzept eines „sozialen Rechts" siehe *Le Bouëdec*, in: Astérion. Philosophie, historie des idées, pensée politique 4/2006, http://journals.openedition.org/asterion/497, Stand 1.3.2020.

[5] *Radbruch* (Fn. 1) zit. nach *De With*, S. 62.

[6] *Radbruch* (Fn. 1) zit. nach *De With*, S. 62. Hierzu *De With*, in: ders. (Fn. 1), S. 9 ff., hier 20.

[7] Der Streit ist dokumentiert bei *Otte*, Gustav Radbruchs Kieler Jahre 1919–1926, 1982, S. 42 ff.; *Graue*, in: Derrik (Redaktion), Gustav Radbruch und die Kieler Volkshochschule. Gedenkschrift (…), 1990, S. 6 ff., hier 8 ff.; *Behme*, StudZR 1/2006, 147 ff. Das „Talent" Gustav Radbruchs, gesellschaftlich anzuecken und Kontroversen hervorzurufen, kann schon in die Privatdozentenzeit in Heidelberg zurückverfolgt werden. Hierzu etwa *Kaufmann*, Gustav Radbruch. Rechtsdenker, Philosoph, Sozialdemokrat, 1987, S. 46 f.; *Ziemann*, in: Saliger u.a. (Hrsg.), Rechtsstaatliches Strafrecht. Festschrift für Ulfrid Neumann zum 70. Geburtstag, 2017, S. 493 ff., hier 494 f.

„Der veränderte Geist des Rechtsstudiums muß sich in einer Veränderung seines Aufbaus auswirken: Bisher war das Rechtsstudium auf drei Grundsätze aufgebaut: 1. Erst die Theorie, dann die Praxis. 2. Erst das Recht der Vergangenheit, dann das Recht der Gegenwart. 3. Erst das Privatrecht, dann das öffentliche Recht. Diese drei Grundsätze müssen sämtlich in ihr Gegenteil verkehrt werden.“[8]

Eine besondere Angriffsfläche für die Kritik des Romanisten v. Beseler boten Radbruchs Zweifel am „Bildungswert“ des römischen Rechts, das zwar in der Vergangenheit große Verdienste für die Herausbildung der „juristischen Denkform“ gehabt, aber durch die Einführung des Bürgerlichen Gesetzbuches „seine Geltung verloren“ habe und ohnehin nicht mehr von den Studenten verstanden werde.[9] Man setze daher „nur die Wahrheit an die Stelle einer Fiktion“, wenn man, „gewiß schweren Herzens“, „das System des römischen Rechts aus der juristischen Ausbildung in Zukunft“ ausschalte.[10]

Gerhard v. Beseler reagierte mit einer polemischen Vorlesung an der Kieler juristischen Fakultät unter dem Titel „Römisches Recht und Revolution“. „Nicht leichten Herzens“ habe er sich entschlossen, so v. Beseler, „gegen einen Kollegen zu sprechen“, den er „persönlich sehr hoch schätze“. Allerdings seien „Heiligtümer, die Amt und Beruf in meine Hut stellen“, bedroht und müssten verteidigt werden.[11] Zu diesen Heiligtümern zählte für den Romanisten v. Beseler insbesondere das Römische Recht, das zwar durch das Inkrafttreten des Bürgerlichen Gesetzbuches im Jahr 1900 weitgehend seinen Status als gesetzesnahe Rechtsquelle eingebüßt hatte, aber gleichwohl noch als Höhepunkt juristischer Begriffs- und Systembildung galt. Radbruchs Ruf nach einem Abschied vom Römischen Recht, so berechtigt er auch angesichts der neuen Rechtsquellenlage im Zivilrecht war, brachte v. Beseler auf die Zinnen. v. Beseler fragte provokant: „Was weiß ein revolutionärer Kriminalist von Interpolationenforschung?“[12] Radbruch ließ sich nicht beirren und nahm den Fehdehandschuh auf; er erwiderte schon wenige Tage später in einem Vortrag unter dem gleichen Titel, in dem er seinerseits fragte: „Aber was versteht ein Interpolationenforscher von Rechtsphilosophie!“[13] Die Konfrontation zwischen den beiden Fakultätskollegen kann an dieser Stelle nicht weiter im Detail verfolgt werden. Seinen formalen Abschluss fand der

---

[8] *Radbruch* (Fn. 1) zit. nach *De With*, S. 67.

[9] *Radbruch* (Fn. 1) zit. nach *De With*, S. 68.

[10] *Radbruch* (Fn. 1) zit. nach *De With*, S. 68.

[11] *v. Beseler*, Römisches Recht und Revolution (Antwort auf Gustav Radbruchs Flugschrift „Ihr jungen Juristen!“, Vortrag gehalten in der Kieler Universität am 15.11.1919), 1919, S. 10, wiederabgedr. in: GRGA (Fn. 1), S. 39 ff.

[12] *v. Beseler* (Fn. 11), S. 10.

[13] *Radbruch*, Römisches Recht und Revolution. Eine Erwiderung (auf Gerhard v. Beselers „Römisches Recht und Revolution“), Vortrag gehalten in der Kieler Universität am 22.11.1919 von Gustav Radbruch nebst einer Triplik von Gerhard v. Beseler, 1919, wiederabgedr. in: *Otte* (Fn. 7), S. 243 ff.

Disput mit einer abschließenden schriftlichen Triplik von v. Beseler, die in einer Broschüre mit Radbruchs Erwiderung enthalten war und nicht mehr von Radbruch kommentiert wurde. Anzumerken ist allerdings an dieser Stelle, dass Gerhard v. Beseler seinem Fakultätskollegen die Sache noch längere Zeit nachtragen sollte. Eine günstige Gelegenheit fand sich bei Radbruchs Ernennung zum Reichsjustizminister im Jahre 1921, als v. Beseler sich aufgerufen sah, in der konservativen Berliner Kreuz-Zeitung eine geharnischte Einschätzung über den Charakter und die fachliche Eignung seines früheren Fakultätskollegen und jetzigen Reichsjustizministers abzugeben:

> „Radbruch hat ein gutes Herz. Er hat ein starkes Mitgefühl für Unglückliche und ein starkes Bedürfnis, Unglücklichen zu helfen. (…). Radbruch hat Ideen, aber seine Ideen taugen nichts. (…) Radbruch ist kein Jurist (…). Radbruch ist, was man einen Literaten zu nennen pflegt.[14] (…) Ich würde Radbruchs Flugschrift und seine Erwiderung für durch und durch verlogen erklären, wenn ich nicht wüsste, dass Radbruch ein bis zum Irrsinn fanatischer Bolschewist ist. Denn das ist er: ein Bolschewist. Das mögen sich die Mehrheitssozialisten und das Zentrum gesagt sein lassen."[15]

v. Beselers Philippika gipfelte schließlich in der unverhohlenen Forderung nach der Absetzung des Reichsjustizministers:

> „Je eher Radbruch von der Stelle wieder verschwindet, auf welche ihn die Gunst tumultarischer Zustände hinausgeworfen hat, desto besser für die Zukunft des deutschen Volkes, desto besser für die Menschheit."[16]

II. Nicht zur Unzeit revolutionär: Gustav Radbruch als Sozialdemokrat aus Solidarität

Die Begeisterung für die Sache der Revolution, bei der gleichwohl auch eine gewisse Wehmut über das Vergangene und Verlorene zu spüren ist, waren für einen Hochschullehrer in dieser Zeit ungewöhnlich. Bei Radbruch war die revolutionäre Euphorie allerdings nicht überraschend, war er doch im Dezember 1918 im revolutionären Berlin, nach der Rückkehr aus dem Weltkrieg, in die (M)SPD eingetreten.[17] Bekannt ist Radbruchs Begründung aus seiner Autobiografie:

---

[14] *v. Beseler*, Kreuz-Zeitung (Berlin) v. 22.11.1921, wiederabgedr. in: *Otte* (Fn. 7), S. 261 ff., hier 262; v. Beseler setzte seine Radbruch-Philippika in weiteren Artikeln fort (*ders.*, Kreuz-Zeitung [Berlin] v. 2.12.1921; *ders.* Kreuz-Zeitung [Berlin] v. 30.12.1921).

[15] *v. Beseler* (Fn. 14), S. 264. v. Beseler selbst war ein Anhänger der nationalliberalen Deutschen Volkspartei.

[16] *v. Beseler* (Fn. 14), S. 265.

[17] *Kaufmann* (Fn. 7), S. 57 ff.

„Ich wurde Sozialdemokrat, weil diese Partei eine vernünftige, vorsichtige und redliche, verantwortungsvolle (...), nicht zur Unzeit revolutionäre und nicht zur Unzeit nationalistische Politik trieb (...). Nur eine solche nüchterne und glanzlose, völlig unballadeske und unpittoreske Politik konnte Deutschland durch die schwere Zeit nach 1918 hindurchretten.“[18]

Dieser Schritt war gleichwohl nicht allein der Revolutionsstimmung zu verdanken, sondern hatte tiefere biografische Ursprünge. Obwohl Gustav Radbruch aus dem Lübecker Großbürgertum stammte, hatte er schon früh mit der Sozialdemokratie und der Arbeiterbewegung sympathisiert und, wie sein Biograph und Schüler Arthur Kaufmann schreibt, ein „schon sehr früh verwurzelte(s), ‚soziales Grundgefühl‘“ besessen,[19] das ihn zwar nicht zu einem Sozialisten qua Klassenherkunft, aber zu einem Sozialisten aus „Solidarität“[20] werden ließ. Insbesondere die Teilnahme am Begräbnis des Arbeiterführers August Bebel in Zürich bezeichnete Radbruch sls ein Erweckungserlebnis, über das er auch – anonym – einen Bericht für die Zeitung verfasste.[21] Gustav Radbruch war also kein Novembersozialist.[22]

In der Weimarer Republik wurde Gustav Radbruch zu einer der führenden juristischen Stimmen der Sozialdemokratie. Eine besondere Bedeutung kommt Radbruch dabei durch seine Doppelrolle als Hochschullehrer und Rechtspolitiker zu.[23] Wie schon sein Lehrer Franz v. Liszt[24] war auch Gustav

---

[18] *Radbruch* (Fn. 3), S. 130.

[19] *Kaufmann* (Fn. 7), S. 61.

[20] *Wolf,* Große Rechtsdenker der deutschen Geistesgeschichte, 4. Aufl. 1963, S. 732. Zu den verschiedenen Typen sozialistischer Akademiker siehe *Radbruch*, in: GRGA, Bd. 12, bearb. v. Alessandro Baratta, 1992, S. 154 ff., hier 155 f.

[21] Radbruch veröffentlichte seinen Bericht über das Begräbnis anonym in den „Heidelberger neuesten Nachrichten“. Deren Redaktion distanzierte sich in einer Vorbemerkung politisch von der Feier. Vgl. *Radbruch*, August Bebels Totenfeier (1913), wiederabgedr. in: GRGA, Bd. 20, bearb. v. Berthold Kastner, 2003, S. 45 ff.

[22] Die Zeitgenossen sahen das anders. Siehe etwa Krückmann in seinem Verriss von Radbruch Schrift „Ihr jungen Juristen!“ (*Krückmann*, ARWP 14 [1920/21], 216 ff., hier 216).

[23] Biografisch zu Gustav Radbruch (1878–1949): *Kaufmann* (Fn. 7); *ders.*, in: GRGA, Bd. 1, bearb. v. Arthur Kaufmann, 1987, S. 7 ff.; *Schröder*, in: Kleinheyer/Schröder (Hrsg.), Deutsche und Europäische Juristen aus neun Jahrhunderten: Eine biographische Einführung in die Geschichte der Rechtswissenschaft, 6. Aufl. 2017, S. 368 ff.; *Spendel*, NDB, Bd. 21, 2003, S. 83 ff.

[24] Promotion 1902 bei Franz v. Liszt in Berlin. Die Habilitation erfolgte dann durch Vermittlung v. Liszts bei Karl v. Lilienthal in Heidelberg. Radbruch war damit Teil des um v. Liszt entstandenen großen Netzwerks strafrechtsreformerischer Kräfte in Gestalt der sog. Modernen oder Soziologischen Schule des Strafrechts. Über die Liszt-Schule: *Stäcker*, Die Franz-von-Liszt-Schule und ihre Auswirkungen auf die deutsche Strafrechtsentwicklung, 2012; *Vormbaum*, in: ders., Juristische Zeitgeschichte, 2017, S. 267 ff.; *Zabel*, in: Koch/Löhnig (Hrsg.), Die Schule Franz v. Liszts. Spezialpräventive Kriminalpolitik und die Entstehung moderner Kriminalpolitik, 2016, S. 87 ff.; *Koch*, in: Koch/Löhnig (Hrsg.),

Radbruch neben seiner Tätigkeit als Hochschullehrer in Kiel (1919–25) und Heidelberg (1925–33) politisch aktiv. Radbruch war Reichstagsabgeordneter im ersten Reichstag der Weimarer Republik (1920–24) und amtierte zweimal als Reichsjustizminister (1921/22, erneut 1923).[25]

Am Anfang seiner politischen Karriere stand dabei ein Ereignis, das er rückblickend als „den dramatischen Höhepunkt" seiner politischen Tätigkeit in Kiel bezeichnete.[26] Gemeint ist sein Einsatz für die Sache der Republik beim konterrevolutionären Kapp-Putsch im März 1920 in Kiel.[27] Radbruch hatte zusammen mit seinem Kieler Kollegen aus dem öffentlichen Recht, dem damaligen Habilitanden Hermann Heller, Partei für die Arbeiterschaft bezogen und wurde in Schutzhaft genommen.[28]

Durch seinen Einsatz für die Republik wurde der SPD-Parteivorstand auf ihn aufmerksam, der ihn auf die Reichsliste für die Wahl zum Reichstag 1920 setzte.[29] Die Kandidatur für den Reichstag bereitete Radbruch gleichwohl „allerschwerstes Kopfzerbrechen", wie Radbruch in einem Brief an seinen

---

Die Schule Franz v. Liszts, ebd., S. 27 ff.; *Frommel*, in: Jahrbuch der Juristischen Zeitgeschichte 14 (2013), 291 ff.

[25] *Kaufmann* (Fn. 23), S. 31; autobiografisch zu dieser Zeit *Radbruch* (Fn. 3), zit. nach Orig. S. 102 ff. Radbruchs politische Karriere als Reichsjustizminister in der Weimarer Republik hat bereits einige Aufmerksamkeit erhalten. Siehe: *De With*, Gustav Radbruch, Reichsminister der Justiz, 1978, darin insbes. der Beitrag von *De With*, Gedanken zur Rechtspolitik Gustav Radbruchs, S. 9 ff.; *Friedrich-Ebert-Stiftung, Forum Berlin* (Hrsg.), Gustav Radbruch als Reichsjustizminister (1921–1923), 2004, darin insbes. die Beiträge von *Neumann*, „Gustav Radbruchs Beitrag zur Strafrechtsreform", S. 49 ff. (auch in: KJ 2004, 431); *Perels*, „Politik am Abgrund. Die Herausforderungen des Reichsjustizministers in den Krisenjahren 1922/23", S. 63 ff.; *Spendel*, „Gustav Radbruchs politischer Weg", S. 23 ff.

[26] *Radbruch* (Fn. 3), zit. nach Orig. S. 97.

[27] *Radbruch* hat einen Bericht über die Vorkommnisse in Kiel im März 1920 erstellt, vgl. *Radbruch*, in: GRGA (Fn. 3), S. 298 ff.; *ders.*, auch in: Dähnhardt/Granier (Hrsg.), Der Kapp-Putsch in Kiel: eine Dokumentation zum 60 Jahrestag der Märzereignisse von 1920, 1980, S. 104 ff.; *ders.*, in: GRGA (Fn. 20), Politische Schriften der Weimarer Zeit I, S. 78 ff.; *ders.*, GRGA (Fn. 3), zit. nach Orig. S. 98 ff. Reiches Quellenmaterial zu den Auswirkungen des Kapp-Putsches in Kiel findet sich bei *Dähnhardt/Granier* (Hrsg.), ebd.; *Rocca*, in: Demokratische Geschichte. Jahrbuch zur Arbeiterbewegung und Demokratie in Schleswig-Holstein, Bd. 3, 1988, S. 285 ff.

[28] Über Radbruchs nicht ungefährlichen Einsatz berichtet *Danker*, Gustav Radbruch in Kiel. Eine vorsichtige Annäherung an den ‚Politiker', Demokratische Geschichte. Jahrbuch zur Arbeiterbewegung und Demokratie in Schleswig-Holstein, Bd. 20, 2010, S. 77 ff., insbes. 85 ff.; *Otte* (Fn. 7), S. 66 ff.

[29] *Radbruch* (Fn. 3), S. 102: „Daß ich auf der Reichsliste für den Reichstag kandidieren konnte, hatte seine Ursache einerseits in meinem Einsatz in den Kämpfen und Gefahren des Kapp-Putsches, der wohl auch dem Parteivorstand bekannt wurde, andererseits aber darin, dass ich als einziger Jurist für die Reichstagsfraktion verfügbar war."; siehe auch *Otte* (Fn. 7), S. 79.

Vater schreibt, da sie seinen „ganzen Lebensplan“ störe, vielleicht sogar zerstöre. Zugleich eröffne sie aber auch neue Möglichkeiten.[30]

„Die neue Strafprozeßordnung, das neue Strafgesetzbuch (…) und sonst noch unübersehbar Vieles auf dem Gebiet der Justizgesetze wird gerade von diesem Reichstage zu machen sein – all das und mehr, um deswillen sich damals Liszt in die Politik überhaupt hineinbegab und daran ich nun als sein getreuer Testamentsvollstrecker mitarbeiten könnte.“[31]

In einem Artikel für die „Juristische Wochenschrift“ von 1932 bekannte sich Radbruch, sicher auch unter dem Eindruck der schwierigen politischen Lage, in der sich die Republik befand, zu der Aufgabe für jeden Juristen, sich nicht allein „als totes Werkzeug von der Geschichte brauchen zu lassen“, sondern sie zu einem „kleinen Teil mitzuschaffen“.[32]

In der SPD-Reichstagsfraktion war Gustav Radbruch zunächst der einzige Jurist, was ihm „eine außerordentlich befriedigende selbständige Stellung“ einbrachte, wie Radbruch rückblickend schreibt.[33] Nach dem Zusammenschluss mit der USPD sollte Kurt Rosenfeld hinzukommen,[34] mit dem Radbruch das eine oder andere Mal die Klinge kreuzte. Radbruch erwarb sich durch seine parlamentarische Arbeit und sein Redetalent schnell Anerkennung. Besondere Bedeutung kommt hier Radbruchs Rede zum Justizhaushalt aus dem Jahr 1920[35] zu, über die ein Parteigenosse gesagt haben soll, dass sich Radbruch mit dieser Rede zum Minister „heraufgeredet“[36] habe. Weitere Meriten erwarb er sich durch die Tätigkeit in verschiedenen SPD-Parteiorganisationen; Radbruch war unter anderem Gründungsmitglied der Vereinigung sozialistischer Juristen und wirkte mit bei der Ausarbeitung des SPD-Parteiprogramms von 1923 (sog. Görlitzer Programm),[37] für das er den Abschnitt zur Rechtspflege[38] verfasste. Auf Parteiveranstaltungen hielt er zudem Hauptreferate über Rechtspflege.[39]

---

[30] *Radbruch*, in: GRGA, Bd. 18, bearb. v. Günter Spendel, 1995, S. 34, Brief Nr. 27.

[31] *Radbruch* (Fn. 30).

[32] *Radbruch*, in: JW 1932, 37, 38; zit. nach *Kraemer*, Strafe und Strafrecht im Denken des Kriminalpolitikers Gustav Radbruch, Diss. 1956, S. 31.

[33] *Radbruch* (Fn. 3), S. 103.

[34] *Radbruch* (Fn. 3), S. 10. Über Kurt Rosenfeld (1877–1943) siehe *Weber*, in: NDB 22 (2005), S. 66 f. Rosenfeld, der von der USPD kam, war einer der führenden Vertreter des linken Flügels der SPD; 1931 wurde er aus der SPD ausgeschlossen.

[35] *Radbruch*, in: Reichstag, Verhandlungen des Reichstags, I. Wahlperiode 1920, Bd. 347: Stenographische Berichte, 1921, 56. Sitzung v. 25.1.1921, S. 2106 ff.; wiederabgedr. in: *De With* (Fn. 1), S. 73 ff.; sowie in: GRGA, Bd. 19, bearb. v. Volkmar Schöneburg, 1998, S. 46 ff.

[36] *de With* (Fn. 1), S. 21.

[37] Abgedruckt in: *Potthoff/Miller*, Kleine Geschichte der SPD: 1848–2002, 8. Aufl. 2002, S. 469 ff.

[38] *Laufs*, Rez. *Otte,* ZRG, GA, 1982, 464, hier 465. Zu Radbruchs innerparteilichen Stellungnahmen siehe z.B. *Radbruch*, in: Das Programm der Sozialdemokratie – Vorschläge für seine Erneuerung, 1920, wiederabgedr. in: GRGA (Fn. 1), 1993, S. 67 ff.; *Rad-*

1921 wurde Gustav Radbruch dann zum ersten Mal Reichsjustizminister (im Kabinett des Zentrumspolitikers Wirth 1921–22). Anschließend folgte 1923 eine kurze 2. Amtszeit im Kabinett Stresemann.[40] Trotz des revolutionären Tatendrangs setzte Radbruch als Minister mehr auf Sacharbeit und weniger auf politische Arbeit. So nutzte er seine Ministerstellung beispielsweise nicht für eine Neubesetzung des Ministeriums; stattdessen verließ sich Radbruch auf bewährte Kräfte aus der vorrevolutionären Zeit wie zum Beispiel Staatssekretär Curt Joël.[41] Radbruch nannte ihn in seinem Abschiedsbrief die „Seele" und den „verkörperten guten Geist des Amtes."[42] Seine Mitarbeiter lobte er kurz nach Amtsantritt als „lauter sachliche, juristische, nicht bewußt politische Leute", auf deren „Loyalität" man sich verlassen könne.[43]

In Radbruchs Amtszeit als Reichsjustizminister ergingen einige maßstabmildende Gesetze, von denen einige auf seine Initiative zurückgingen (wie etwa die Öffnung der juristischen Berufe für Frauen),[44] andere immerhin durch ihn umgesetzt wurden (zum Beispiel die Geldstrafengesetzgebung[45] oder das Jugendgerichtsgesetz).[46] Radbruch sah sich während seiner Amts-

bruch, in: Protokoll über die Verhandlungen des Parteitages der Sozialdemokratischen Partei Deutschlands abgehalten in Görlitz v. 18.–24.9.1921, 1921, S. 227 ff., wiederabgedr. in: GRGA (Fn. 1), ebd., 86; *Radbruch*, in: Braun (Hrsg.), Programmentwurf der Sozialdemokratischen Partei – ein Kommentar, 1921, S. 64 ff., wiederabgedr. in: GRGA (Fn. 1) ebd., S. 77 ff.; *Radbruch*, Rechtspflege. Erläuterungen zum Görlitzer Programm, 1922, wiederabgedr. in: GRGA (Fn. 1), ebd., S. 99 ff.

[39] *Radbruch* (Fn. 3), zit. nach Orig. S. 104.

[40] Eine 3. Amtszeit im Kabinett von Hermann Müller (SPD) lehnte er 1928 ab. Vgl. *Radbruch* (Fn. 3), zit. nach Orig. S. 129.

[41] Dazu *Kuhn*, Die Vertrauenskrise der Justiz (1926–1928). (…), 1983, S. 44. Biografisch zu Curt Joël *Godau-Schüttke*, Rechtsverwalter des Reiches Staatssekretär Dr. Curt Joël, 1981.

[42] *Radbruch*, in: de With (Fn. 1), S. 89; siehe auch *ders.*, in: SJZ 1948, Sp. 57 ff., hier 57; wiederabgedr. in: GRGA, Bd. 8, bearb. v. Arthur Kaufmann, 1998, S. 258 ff.

[43] *Radbruch*, in: Wolf (Hrsg.), Gustav Radbruch. Briefe, Göttingen 1968, S. 77.

[44] Gesetz über die Zulassung der Frauen zu den Ämtern und Berufen der Rechtspflege v. 11.7.1922, RGBl. I 1923, S. 573. Dazu *Kaufmann* (Fn. 7), S. 71.

[45] Gesetz zur Erweiterung des Anwendungsgebietes der Geldstrafe und zur Einschränkung der kurzen Freiheitsstrafe vom 21.12.1921, RGBl. I 1921, S. 1604. Die Geldstrafengesetzgebung stieß nicht überall auf Zustimmung. Überraschenderweise stieß sie auch bei der politischen Linken auf Kritik: diese warfen Radbruch Klassenjustiz vor, da die Erweiterung der Geldstrafe den „besitzenden Klassen" zu Gute komme – eine „Justizreform im Sinne der Kapitalisten", wie es der Abgeordnete Kurt Rosenfeld (USPD) formulierte (*de With*, S. 27). Näheres zu diesem Reformvorhaben siehe z.B. *Goltsche*, Der Entwurf eines Allgemeinen Deutschen Strafgesetzbuches von 1922 (Entwurf Radbruch), 2010, S. 47 ff.

[46] Jugendgerichtsgesetz v. 16.2.1923, RGBl. I 1923, S. 135. Dazu *Goltsche* (Fn. 45), S. 50 ff.

zeit mit einigen realpolitischen Herausforderungen konfrontiert und geriet dabei auch selbst in die Schusslinie. Hierzu ein paar Schlaglichter: Ein ausdruckstarkes Beispiel für die Herausforderungen der Realpolitik für Radbruchs Amtszeit als Reichsjustizminister war die Debatte über die Republikschutzgesetzgebung von 1922:[47] In seine Amtszeit fiel die Ermordung des Reichsaußenministers Rathenau am 24.6.1922, auf die zwei Tage später die Regierung mit der Verabschiedung der Republikschutzgesetzgebung reagierte. Diese sah unter anderem die Todesstrafe vor und brachte Radbruch Kritik von allen Seiten ein. Die Kritik bezog sich einerseits auf den Vorwurf der Inkonsistenz gegenüber Radbruchs sonstigem Kampf gegen die Todesstrafe,[48] andererseits aber auch auf Radbruchs erklärte Absicht, die Republikschutzgesetzgebung nur gegen rechts zur Anwendung bringen zu wollen.[49]

Weitere Konflikte mit der parlamentarischen Linken ergaben sich im Zuge der Begnadigungspraxis, die durch Radbruch intensiviert, aber aus Sicht der parlamentarischen Linken noch nicht weit genug ging und zur Forderung nach einer gesetzlichen Amnestie führte.[50] Radbruch stellte sich der Diskussion[51] und entfachte damit einen Tumult.[52] Einige machten ihn persönlich verantwortlich, sprachen von „Rachejustiz“[53] oder reihten ihn sogar ein in die Reihe der „Bluthunde der deutschen Konterrevolution“.[54]

---

[47] Verordnung des Reichspräsidenten zum Schutz der Republik v. 26. 6.1922, RGBl. I 1922, S. 521. Dazu *Goltsche* (Fn. 45), S. 53 ff. sowie jüngst *v. Mayenburg*, in: Stang-Albrecht/Fleck (Hrsg.), 60 Jahre JVA Frankfurt am Main IV Gustav-Radbruch-Haus 1959–2019. Festschrift, 2019, S. 87 ff.

[48] Über die innere Zerrissenheit Radbruchs bei seinem Votum für die Todesstrafe siehe z.B. *Radbruch*, in: GRGA (Fn. 30), S. 61–63, hier 62.

[49] Vgl. *Radbruch*, in: Reichstag, Verhandlungen des Reichstags, I. Wahlperiode 1920, Bd. 356: Stenographische Berichte, 1922, 236. Sitzung v. 25.6.1922, S. 8050; wiederabgedr. in: *De With* (Fn. 1), S. 82: „Meine Damen und Herren! (…) Die Verordnung des Reichspräsidenten ist aus einer Notlage erwachsen, die durch Ausschreitungen und Kundgebungen rechtsradikaler Kreise entstanden ist. (…). Besorgnisse der Arbeiterschaft, daß (…) diese Verordnung zwar gegen den Rechtsradikalismus gerichtet sei, aber nachher nach links angewendet werden würde, sind völlig unbegründet.“

[50] *de With* (Fn. 1), S. 28 f.

[51] *Radbruch*: „Amnestien sind Meilensteine der Revolution. Sie bezeichnen endgültig abgeschlossene Abschnitte ihrer Entwicklung, die sich nicht wiederholen werden. Ein solcher Abschnitt ist noch nicht wieder erreicht. Meine Herren von der äußersten Linken, solange Sie nicht auf das Kampfmittel der Gewalt verzichten, können Sie von uns nicht verlangen, daß wir darauf verzichten, Gewalt gegen Gewalt zu setzen.“ (Reichsjustizminister *Radbruch*, in: Reichstag, 147. Sitzung v. 19.11.1921, Verhandlungen des Deutschen Reichstages, 1. Wahlperiode 1920, Stenographische Berichte, 1922, Bd. 351, S. 5128 C). Das Protokoll vermerkt hieran anschließend: „Stürmische Pfui-Rufe bei den Unabhängigen Sozialdemokraten und den Kommunisten.“ (ebd.).

[52] *de With* (Fn. 1), S. 28 ff.

[53] Abg. *Rosenfeld*, USPD: „Die Rachejustiz wird erbarmungslos fortgesetzt, ganz

Für unsere Zwecke am bedeutendsten war freilich Radbruchs Einsatz für die Strafrechtsreform, dem ich mich im Folgenden näher widmen möchte.[55] Dass das Strafrecht reformiert werden musste, war überparteilich klar. Der normative Kern des deutschen Strafgesetzbuchs von 1871 stammte, worauf Radbruch wiederholt hinwies,[56] aus der Mitte des 19. Jahrhunderts (maßgeblich: das Preußische Strafgesetzbuch von 1851) und reichte in seinen geistigen Grundlagen vielleicht noch weiter bis ins 18. Jahrhundert zurück.[57] Nach einem Ausspruch Franz v. Liszts[58] (1851–1919) auf dem Deutschen Juristentag des Jahres 1902, der zur Initialzündung der Gesamtreform des Strafrechts werden sollte, war das StGB von 1871 bereits „bei seiner Geburt (...) veraltet".[59] Der Deutsche Juristentag folgte v. Liszt und bezeichnete die „Revision des deutschen StGB vom 15. Mai 1871" als „eine dringende Aufgabe der Reichsgesetzgebung".[60] Das deutsche Kaiserreich hatte – trotz größter Bemühungen (Vorentwurf 1909,[61] Kommissionsentwurf 1913,[62] strafrechtsver-

gleich, ob ein Deutschvolksparteiler oder ein Sozialdemokrat Reichsjustizminister ist." Vgl. Reichstag, 147. Sitzung v. 19.11.1921, Verhandlungen des Deutschen Reichstages, 1. Wahlperiode 1920, Stenographische Berichte, 1922, Bd. 351, S. 5128 A.

[54] Abg. *Koenen*, in: Reichstag, 147. Sitzung v. 19.11.1921 (Fn. 53), S. 5135 A. Diese Bemerkung brachte Koenen einen Ordnungsruf des Reichstagspräsidenten Paul Löbe ein.

[55] Über Radbruchs Beitrag zur Strafrechtsreform siehe *Neumann*, in: KJ 2004, 431; *Kaufmann* (Fn. 7), S. 74 ff.; *Wassermann*, in: GRGA, Bd. 9, bearb. v. Rudolf Wassermann, 1992, S. 1 ff.

[56] Z.B. *Radbruch*, in: Gustav Radbruchs Entwurf eines Allgemeinen Deutschen Strafgesetzbuches (1922), 1952, S. 136.

[57] Das österreichische Strafgesetzbuch, das in einer gemeinsamen Reform mit dem deutschen StGB reformiert werden sollte, war im Übrigen sogar noch älter: es stammte von 1852 (Strafgesetz über Verbrechen, Vergehen und Uebertretungen [für das Kaisertum Österreich]) und war seinerseits eine nur geringe Neufassung eines Strafgesetzbuchs von 1803.

[58] *v. Liszt* (1851–1919). Biografisch: *Frommel*, in: NDB, Bd. 14, 1985, S. 704 f.; *Schröder*, in: Kleinheyer/Schröder (Fn. 23), S. 271 ff.; *Schmidt*, Einführung in die Geschichte der Deutschen Strafrechtspflege, 3. Aufl. 1965, §§ 307 ff. (S. 357 ff.); *Vormbaum*, Einführung in die moderne Strafrechtsgeschichte, 3. Aufl. 2016, S. 118 ff.; siehe auch die Würdigungen durch *Radbruch*, in: ders., Radbruch, Elegantiae Juris Criminalis, 2. Aufl. 1950, S. 208–232; wiederabgedr. in: GRGA (Fn. 3), S. 27 ff.

[59] *v. Liszt*, in: Verhandlungen des 26. Deutschen Juristentages, Bd. 1, 1902, S. 259 ff., hier 262; ähnl. *Liepmann*, demzufolge die Bestimmungen des Strafgesetzbuches nur noch „'Bilder aus der deutschen Vergangenheit'" enthielten (vgl. *Liepmann*, ZStW 28 (1908), 1 ff., hier 1).

[60] Verhandlungen des 26. Deutschen Juristentages, Bd. II, 1902, S. 681, zit. nach LK-Jescheck, 10. Aufl., 1985, Einl., Fn. 75.

[61] Vorentwurf zu einem Deutschen Strafgesetzbuch, 1909 (Vorentwurf 1909, VE 1909); wiederabgedr. in: Schubert (Hrsg.), Entwürfe der Strafrechtskommission zu einem Deutschen Strafgesetzbuch und zu einem Einführungsgesetz (1911–1914), 1990. Der Vorentwurf war kein amtlicher Entwurf, sondern wurde im Auftrag des Reichsjustizamtes durch eine fünfköpfige Expertenkommission von Justizpraktikern in 101 Sitzungen von

gleichende Vorarbeiten[63] und Gegenentwurf 1911[64]) und trotz eines Parteigrenzen und wissenschaftliche Schulrichtungen übergreifenden Engagements[65] – keine Gesamtreform zustande gebracht. Der letzte Entwurf, der Kommissionsentwurf 1913, konnte wegen des Kriegsbeginns keine Wirkung mehr entfalten; er sollte aber nach dem Krieg zur Grundlage der Reformarbeiten in der Weimarer Republik werden.

Die Arbeiten an der Strafrechtsreform wurden nach den Revolutionswirren wieder aufgenommen[66] und führten bereits 1919 zu einem Gesetzesentwurf auf Grundlage des vorrevolutionären Kommissionsentwurfs 1913, der im Jahre 1920 der Öffentlichkeit vorgestellt wurde.[67]

Radbruch erkannte die mit dem Amt des Reichsjustizministers verbundene, einmalige Chance, den Reformprozess voranzubringen und legte dem Kabinett im Herbst 1922 einen eigenen Entwurf für ein „Allgemeines Deutsches Strafgesetzbuch" vor,[68] den viele heute für einen „Höhepunkt" der

---

1906–1909 erstellt, vgl. *Wassermann*, in: GRGA (Fn. 55), S. 7. Zum Vorentwurf 1909 siehe *Müller*, Verbrechensbekämpfung im Anstaltsstaat: Psychiatrie, Kriminologie und Strafrechtsreform in Deutschland 1871–1933, 2004, S. 161 ff.

[62] Entwurf eines Deutschen Strafgesetzbuches nach den Beschlüssen der Strafrechtskommission (Kommissionsentwurf), 1913 (Kommissionsentwurf 1913, E 1913). Zum Kommissionsentwurf 1913 siehe *Müller* (Fn. 61), S. 167.

[63] Vergleichende Darstellung des deutschen und ausländischen Strafrechts: Vorarbeiten zur deutschen Strafrechtsreform, hrsg. auf Anregung des Reichsjustizamtes *von Birkmeyer, van Calker, Frank, v. Hippel, Kahl, Lilienthal, Liszt, Wach*, 1905–1909 (15 Bde. u. Registerband) (allein Karl Binding, das Haupt der Klassischen Strafrechtsschule, versagte seine Teilnahme).

[64] *Kahl, von Lilienthal, v. Liszt, Goldschmidt*, Gegenentwurf zum Vorentwurf eines deutschen Strafgesetzbuches., 1911 (Gegenentwurf, GE 1911). Zum Gegenentwurf siehe *Müller* (Fn. 61), S. 165.

[65] Hervorzuheben ist an dieser Stelle insbesondere *Kahl* (Nationalliberale Partei, ab 1919 Deutsche Volkspartei), der ein Anhänger der Klassischen Strafrechtsschule war. Kahl war 1918/19 Mitglied der verfassunggebenden Weimarer Nationalversammlung und Vorsitzender des Rechtspflegeausschusses und später des Strafrechtsausschusses des Reichstags. Biografisch: *Appel*, Der Strafrechtler und Strafrechtsreformer Wilhelm Kahl (1849–1932). „Die Wissenschaft kann rücksichtslos aus den als wahr erkannten Prinzipien die letzten Folgerungen ziehen. Der Gesetzgeber nicht.", 2014.

[66] Zur Geschichte der deutschen Strafrechtsreform in der Weimarer Republik: *Müller* (Fn. 61), S. 180 ff.; LK-*Jescheck*, 10. Aufl., 1985, Einl., Rn. 66 ff.

[67] Entwürfe zu einem Deutschen Strafgesetzbuch. Veröffentlicht auf Anordnung des Reichsjustizministeriums, 1920 (E 1919). Darin enthalten: Entwurf der Strafrechtskommission (1913), Entwurf von 1919, Denkschrift zu dem Entwurf von 1919 (E 1919). Zum E 1919 siehe *Müller* (Fn. 61), S. 181 f.

[68] Entwurf eines Allgemeinen Deutschen Strafgesetzbuches, 1922. Der Entwurf hatte den Status einer internen Kabinettsvorlage und wurde erst 1952 vollständig veröffentlicht: Gustav Radbruchs Entwurf eines Allgemeinen Deutschen Strafgesetzbuches (1922), 1952.

„Forderungen der modernen Schule" halten.[69] Grund hierfür ist, dass er viele Forderungen der Modernen Strafrechtsschule und des 1919 verstorbenen Schuloberhaupts Franz v. Liszt enthielt, darunter etwa die Abschaffung der Zuchthaus- und Ehrenstrafen, die Zurückdrängung der kurzen Freiheitsstrafen und die Ausweitung der Geldstrafe.[70]

III. Strafrecht für die neue Gesellschaft: Gustav Radbruchs Ideen für ein postrevolutionäres Strafrecht

Was lehnte Gustav Radbruch ab und wofür kämpfte er? Drei Themenfelder sollen im Folgenden im Mittelpunkt der Betrachtung stehen: der Strafrechtsschutz (1.), das Sanktionensystem (2.) und das Juristenbild (3.).

1. Der Strafrechtsschutz in einem postrevolutionären Strafrecht

Zunächst zum Umfang des Strafrechtsschutzes.[71] Ausgehend von der klaren Trennung zwischen nachweisbar gesellschaftsschädlichem Verhalten einerseits und bloßen Moralwidrigkeiten andererseits, trat Gustav Radbruch für eine Rücknahme des Strafrechtsschutzes in manchen Gebieten ein. Zu diesen Feldern einer Entkriminalisierung gehörte insbesondere das Sexualstrafrecht mit seinen überkommenen strafbewehrten Verboten von Ehebruch, Erwachsenenhomosexualität und Kuppelei.[72]

Vereinzelt sah Radbruch aber auch die Notwendigkeit einer Ausweitung des Strafrechtsschutzes, an Kriminalisierung, etwa im Bereich des strafrechtlichen Schutzes der Arbeitskraft.[73]

---

[69] *Kaufmann*: „Geist vom Geiste der ‚Modernen Schule' Franz von Liszts", *Kaufmann* (Fn. 23), S. 32.

[70] Über Radbruchs Entwurf von 1922: *Goltsche* (Fn. 45); *Schmidt*, in: Gustav Radbruchs Entwurf eines Allgemeinen Deutschen Strafgesetzbuches (1922), 1952, S. VII ff.; *Neumann* (Fn. 55); *Kaufmann* (Fn. 7), S. 76 ff.; *Müller* (Fn. 61), S. 183 ff.

[71] Zum Folgenden siehe *Neumann* (Fn. 55), S. 437 ff.

[72] *Neumann* (Fn. 55), S. 437.

[73] Vgl. *Radbruch*, in: GRGA (Fn. 55), S. 253 ff. Zur Kontroverse zwischen Radbruch und Hugo Sinzheimer in dieser Frage siehe *Neumann*, in: Arbeitnehmermitwirkung in einer sich globalisierenden Arbeitswelt: liber amicorum Manfred Weiss, 2005, S. 639 ff.; *Martiny*, Integration oder Konfrontation? Studien zur Geschichte der sozialdemokratischen Rechts- und Verfassungspolitik, 1976, S. 173 ff.

2. *Das Sanktionensystem in einem post-revolutionären Strafrecht*

Ein weiteres wichtiges Feld für Reformen bildete das Sanktionensystem. Radbruch plädierte hier für einen ausdifferenzierten Katalog von Sanktionen, der sich an der Persönlichkeit des Täters orientierte. Entsprechend der Liszt'schen Dreiteilung[74] bedeutete dies:[75] 1. Abschreckung des Gelegenheitsverbrechers, 2. Besserung des besserungsbedürftigen und besserungsfähigen Gewohnheits- und Berufsverbrechers und 3. Sicherung („Unschädlichmachung") des nicht besserungsfähigen Gewohnheits- und Berufsverbrechers.

Um welche Sanktionen ging es konkret?

Die *Todesstrafe* lehnte Radbruch entschieden ab. Sie war für ihn inhuman und sei schon im damaligen Strafensystem ein „Fremdkörper" gewesen.[76] Allerdings war sie in der Republikschutzgesetzgebung von 1922 enthalten, die Radbruch explizit auf die Bekämpfung von Straftaten von rechts beschränkt wissen wollte.[77] In seiner Autobiografie erinnert er sich, wie erleichtert er gewesen sei, als er erfahren habe, dass der Rathenaumörder nicht zum Tode verurteilt worden sei.[78]

Die *Freiheitsstrafe*[79] hielt Radbruch dagegen für grundsätzlich zulässig, setzte sich aber für ihre Beschränkung auf das unbedingt notwendige Maß ein. Dies beinhaltete zunächst die Ablehnung der *Zuchthausstrafe*,[80] die er wegen der mit ihr verbundenen Stigmatisierungseffekte für resozialisierungsfeindlich hielt und durch ein „strenges Gefängnis"[81] ersetzt werden sollte. In gleicher Weise sprach er sich gegen *kurze Freiheitsstrafen* aus und setzte sich aus Gründen der Resozialisierung für die Ausweitung der Möglichkeit ein, die Vollstreckung einer Freiheitsstrafe unter bestimmten Voraussetzungen auszusetzen.[82]

---

[74] *v. Liszt*, in: ders. (Hrsg.), Strafrechtliche Aufsätze und Vorträge, Bd. 1 (1875–1891), 1905, S. 126 ff., hier 166. Man könnte auch von einer Fünfteilung sprechen, wenn man die Besserung des jugendlichen Straftäters und die Heilung des unzurechnungsfähigen Straftäters hinzunimmt, wie dies etwa Wetzell vorschlägt (*Wetzell*, in: ders. [Hrsg.], Crime and Criminal Justice in Modern Germany, 2014, S. 1 ff., hier 7).

[75] *Radbruch*, in: Gustav Radbruchs Entwurf eines Allgemeinen Deutschen Strafgesetzbuches (1922), 1952, S. 56.

[76] *Radbruch* (Fn. 75), S. 52.

[77] Dazu oben bei Fn. 49. *Radbruchs* Bemerkung erfuhr viel Kritik, auch aus den eigenen Reihen. So etwa von *Kohlrausch*, der die „innere Politik" der Reichsregierung im Anschluss an die Ermordung Rathenaus für „verderblich" hielt und Radbruchs „Ausspruch von der einseitigen Anwendung des Schutz-Gesetzes" zum Beleg nahm, dass ihre „Wege sich getrennt" hätten. Vgl. *Kohlrausch*, Br. an Radbruch v. 30.7.1922, zit. in: *Spendel*, in: Haft u.a. (Hrsg.), Strafgerechtigkeit: Festschrift für Arthur Kaufmann zum 70. Geburtstag, 1993, S. 321 ff., hier 337, teilw. hervorgehoben.

[78] *Radbruch* (Fn. 3), S. 121.

[79] § 29 Entwurf 1922.

[80] *Radbruch* (Fn. 75), S. 54.

[81] § 30 Entwurf 1922. Dazu *Radbruch* (Fn. 75), S. 53.

Radbruch befürwortete aber zugleich das Institut der *Sicherungsstrafe* für die besserungsunfähigen Gewohnheits- und Berufsverbrecher.[83] Radbruch betonte, dass der Entwurf „ein scharfes Durchgreifen gegen das Gewohnheitsverbrechertum in Vorschlag“ bringe.[84] Hierzu gehörte für Radbruch die Rückfallstrafe,[85] zeitlich befristet (15 Jahre) und bestimmt,[86] und die Sicherungsverwahrung,[87] zeitlich unbefristet und unbestimmt. Die Sicherungsverwahrung war Teil der sichernden Maßnahmen der Besserung, Sicherung und Heilung (z.B. Unterbringung in einer öffentlichen Heil- und Pflegeanstalt oder einer Trinkerheilanstalt, Wirtshausverbot (§ 52)). Eine Besonderheit bei der Freiheitsstrafe stellte die Forderung nach einer besonderen Strafe für Überzeugungstäter dar: die sog. *Einschließung*,[88] eine Art zivile Festungshaft.

Eine weitere Forderung Radbruchs war die Abschaffung der resozialisierungsfeindlichen *Ehrenstrafen*.[89] Als Alternative zur Freiheitsstrafe trat Radbruch für die Ausweitung der *Geldstrafe*[90] ein. Während seiner Amtszeit wurde der Anwendungsbereich der Geldstrafen zu Lasten der kurzen Freiheitsstrafe erweitert,[91] was Radbruch allerdings den Vorwurf der Klassenjustiz einbrachte (s.o.).[92]

---

[82] Nach damaliger Terminologie: „bedingter Straferlaß“ als „Aufschub der Strafvollstreckung unter Einräumung einer Bewährungsfrist“, *Radbruch*, in: Gustav Radbruchs Entwurf eines Allgemeinen Deutschen Strafgesetzbuches (1922), 1952, S. 55. Dieses Vorgehen war in der Begnadigungspraxis entwickelt worden, da es im damaligen Strafgesetzbuch keine gesetzliche Regelung eines Aufschubs der Strafvollstreckung gab. Das heutige Institut der Bewährungsstrafe, also die Aussetzung der Vollstreckung einer Freiheitsstrafe zur Bewährung (§§ 56 ff. StGB), wurde erst 1953 (Drittes Strafrechtsänderungsgesetz v. 4.8.1953, BGBl. I 1953, S. 735) gesetzlich normiert und 1969 erheblich erweitert, Zweites Gesetz zur Reform des Strafrechts (2. StrRG) v. 4.7.1969, BGBl. I 1969, S. 717.

[83] *Radbruch* (Fn. 75), S. 57.

[84] *Radbruch* (Fn. 75), S. 57.

[85] § 77 Entwurf 1922. Dazu *Radbruch* (Fn. 75), S. 57.

[86] Das unbestimmte Strafurteil wurde hingegen nicht übernommen. Vgl. *Radbruch* (Fn. 75), S. 57.

[87] § 45 Entwurf 1922. Dazu *Radbruch* (Fn. 75), S. 57.

[88] *Radbruch* (Fn. 75), S. 54.

[89] „Nicht als ein Entehrter, sondern als ein Entsühnter soll der Bestrafte in die Gesellschaft zurückkehren“, *Radbruch* (Fn. 75), S. 53.

[90] Dazu *Radbruch* (Fn. 75), S. 55 f.

[91] Dez. 1921: Gesetz zur Erweiterung des Anwendungsgebietes der Geldstrafe und zur Einschränkung der kurzen Freiheitsstrafe v. 21.12.1921, RGBl. S. 1604, vgl. *Goltsche* (Fn. 45), S. 47 ff.

[92] Die Umstellung auf das sog. Tagessatzsystem nach skandinavischem Vorbild, das nach dem Einkommen des Täters differenzierte und damit auch vermögende Täter empfindlich treffen konnte, sollte allerdings erst in der Großen Strafrechtsreform Ende der 1960er/Anfang der 1970er Jahre erfolgen. Vgl. Zweites Gesetz zur Reform des Strafrechts (2. StrRG) v. 4.7.1969, BGBl. I 1969, S. 717.

Wichtige Aufgabe und für den Entwurf „kennzeichnend", wie Radbruch sagte, war die *richterliche Strafzumessung*, die sich ebenfalls an der Persönlichkeit des Täters orientieren sollte. Radbruch setzte sich hier in weitem Umfang für eine Erweiterung des richterlichen Ermessensspielraums ein.[93] Der richterliche Ermessensspielraum sollte dabei in beide Richtungen gehen, also sowohl zu einer Strafmilderung nach freiem Ermessen des Gerichts[94] als auch, wie bei der Rückfallstrafe und der Sicherungsverwahrung deutlich zu sehen, zu einer Strafschärfung führen können. Radbruchs Forderungen nach einer Ausweitung des richterlichen Ermessensspielraums waren umstritten, auch innerhalb der eigenen Reihen wie etwa in der SPD, die eine tendenziöse Handhabung befürchtete.[95] Gustav Radbruch demgegenüber verband mit der Ausweitung des gerichtlichen Ermessensspielraums die Hoffnung, die (ohnehin unhintergehbare) gerichtliche Ermessensentscheidung transparent zu machen und das Gericht damit in die Verantwortung zu nehmen. Trotz der damals verbreiteten Vorstellung einer „Vertrauenskrise" der Justiz brachte Radbruch hier dem Richterstand einen enormen Vertrauensvorschuss entgegen, da „ohne Vertrauen in den Richterstand (…) eine Neuordnung des Strafrechts (…) unmöglich" sei.[96] Auch dürfte man, wie er seinen Kritikern zurief, nicht ein Strafgesetz, das voraussichtlich „ein kleines Jahrhundert beherrschen" werde, mit der „Tagesfrage" einer Vertrauenskrise in die Justiz verknüpfen.[97]

3. Das Juristenbild in einem postrevolutionären Strafrecht

Gustav Radbruch wusste, dass ein neues, postrevolutionäres Recht auch ein neues Juristenbild benötigte. Dieses Erfordernis hatte Radbruch schon 1919 in der eingangs zitierten Schrift „Ihr jungen Juristen" klar zum Ausdruck gebracht:

> „Denn darüber kann kein Zweifel sein: der soziale Volksstaat fordert einen ganz neuen Typus des Juristen, eine völlig neue Berufsauffassung und Berufsstellung. Die Revolution begann als eine Auflehnung gegen den Offizier. Sie setzt sich fort als eine Revolution gegen den andern Herrenstand von gestern, die Juristen."[98]

---

[93] Vgl. *Radbruch* (Fn. 75), S. 61 f.; siehe auch *ders.*, in: Sozialistische Monatshefte 1927, 522 ff., wiederabgedr. in: GRGA (Fn. 55), S. 270 ff.

[94] §§ 73, 75 Entwurf 1922. Dazu *Radbruch* (Fn. 75), S. 56 f.

[95] Siehe etwa Radbruchs Verteidigung seiner Reformvorstellungen in der SPD-Parteizeitung „Vorwärts", *Radbruch*, in: Vorwärts v. 12.11.1926, wiederabgedr. in: GRGA (Fn. 55), S. 215 ff.

[96] *Radbruch*, Bemerkungen (Fn. 75), S. 62. Zu den Hintergründen der Vertrauenskrise der Justiz in der Weimarer Republik siehe *Siemens*, in: Föllmer/Graf (Hrsg.), Die „Krise" der Weimarer Republik. Zur Kritik eines Deutungsmusters, 2005, S. 139 ff.

[97] *Radbruch* (Fn. 93), S. 273.

[98] *Radbruch* (Fn. 1) zit. nach *De With*, S. 62. Hierzu *De With*, in: ders. (Fn. 1), S. 9 ff., hier 20.

Radbruch machte sich darüber hinaus Gedanken zur juristischen und politischen Bildung außerhalb und jenseits der Universität, wie etwa auf dem Gebiet der politischen (staatsbürgerlichen) Bildung und der Erwachsenenbildung (insbesondere Volkshochschulbewegung).[99]

Radbruchs Einsatz für die Volkshochschulbewegung, die auch der Arbeiterklasse den Zugang zum Bildungssystem des Kulturstaats ermöglichen sollte und als Teil der „Volksbildung" Bestandteil des verfassungsrechtlichen Bildungsauftrags der Weimarer Reichsverfassung war,[100] beginnt schon im Jahre 1919. Deutlich wird dies in Radbruchs Rede zur Eröffnung der Kieler Volkshochschule aus diesem Jahr, in der die revolutionäre Euphorie des Redners mit Händen zu greifen ist.

> „Die haben die Revolution nicht erlebt, die in ihr nur etwas Zufälliges und Vorübergehendes sehen, die (…) hoffen, daß eines schönen Morgens die Revolution sich wie ein böser Traum wieder in Nichts auflöse. Die Revolution erlebt haben heißt: wissen, daß am 9. November etwas endgültig (…) versunken ist, nicht etwa Monarchie, Militarismus oder dergleichen, sondern viel mehr: ein ganzes Kulturzeitalter (…). Die Revolution erlebt haben heißt: wissen, daß es keinen Wiederaufbau gibt, sondern nur einen Neubau von Grund aus, äußerlich und innerlich. Die, welche die Revolution erlebt haben, jammern nicht über die Vergangenheit und schimpfen nicht über die Gegenwart, sondern sie handeln für die Zukunft, weil sie an die Zukunft und an unser Volk glauben. Nur solche Menschen können wir brauchen."[101]

Radbruchs Einsatz für die staatsbürgerliche Bildung zeigt sich vor allem durch seine Tätigkeit in Bildungsausschüssen in der SPD und im Rahmen der gemeinsamen Kulturpolitik der Länder.[102] In einem Grundsatzreferat auf der „Staatsbürgerlichen Woche" von Juli 1923 bezeichnete er als „Aufgaben des staatsbürgerlichen Unterrichts" unter anderem die Erziehung zur „Vaterlandsliebe", zur „staatsbürgerlichen Gesinnung", zu „Völkerversöhnung" und „Toleranz".[103] Das „Staatsbewußtsein", so Radbruch weiter, könne „sich nicht auf irgendeinen Phantasie und Ideal-, irgendeinen Vergangenheits- oder Zukunftsstaat beziehen, sondern nur auf den konkreten Staat der deutschen Gegenwart, den Staat der Weimarer Verfassung, die deutsche Republik."[104] Darüber hinaus befasste sich Radbruch, meist in Gestalt von Fest-

---

[99] Dazu insbes. *Wollenberg*, in: Derrik (Redaktion) (Fn. 7), S. 45 ff., insbes. 57 ff., 74 ff.

[100] Vgl. Art. 148 Abs. 4 der Weimarer Verfassung 1919.

[101] Vgl. *Radbruch*, in: Derrik (Redaktion) (Fn. 7), S. 113 ff., hier 118; wiederabgedr. in: GRGA (Fn. 1), S. 170 ff.

[102] *Wollenberg* (Fn. 99), S. 66.

[103] *Radbruch*, Die Aufgabe des Staatsbürgerlichen Unterrichts (1923), wiederabgedr. in: GRGA (Fn. 1), S. 239 ff., passim. Die Staatsbürgerkunde war Teil des in der Verfassung festgeschriebenen schulischen Bildungsauftrags (vgl. Art. 148 Abs. 1 und Abs. 3 der Weimarer Verfassung 1919). Zum Kontext siehe *Wollenberg* (Fn. 99), S. 57 ff.; *Busch*, Staatsbürgerkunde in der Weimarer Republik: Genese einer demokratischen Fachdidaktik, 2016.

[104] *Radbruch* (Fn. 103), S. 241.

reden als Reichsjustizminister a.D., beispielsweise zum Verfassungstag am 11. August (dem Tag der Verkündung der Weimarer Reichsverfassung),[105] mit dem Konzept einer „republikanischen Pflichtenlehre“.[106]

IV. Fazit: Gustav Radbruch als Strafrechtsreformer und revolutionärer Charakter

Was lässt sich als Fazit ziehen? Welche Bedeutung hatten die revolutionären Geschehnisse von 1918/19 für das strafrechtsreformerische Denken von Gustav Radbruch? Es dürfte sich ein differenziertes Bild ergeben. Was die strafrechtsreformerischen Forderungen anbelangt, erweist sich Gustav Radbruch in weiten Teilen als treuer Anhänger der Ideen seines Lehrers Franz v. Liszt. Stärker noch als bei v. Liszt werden allerdings beim Sozialdemokraten Radbruch die Spannungen deutlich, die sich zwischen den „Prinzipien eines rechtsstaatlich-liberalen“ Strafrechts einerseits und denen eines „präventionsorientierten ‚sozialen‘ Strafrechts“ andererseits ergeben.[107] Seine Tätigkeit als Reichsjustizminister lässt Radbruch dabei eine Sonderstellung in der Geschichte der Strafrechtsreform einnehmen, auch wenn es, wie Ulfrid Neumann mit Recht hervorhebt, zur „Tragik des Strafrechtspolitikers und Strafrechtsreformers Radbruch“ gehört, dass dessen kriminalpolitische Forderungen „nicht realisiert wurden, als sie politisch noch durchsetzbar gewesen wären“.[108]

Die Revolution von 1918/19 bildet bei Gustav Radbruch zunächst in biografischer Hinsicht eine wichtige Zäsur, da sie dem in die Sozialdemokratie eingetretenen Kriegsheimkehrer den Weg zur lang ersehnten ordentlichen

---

[105] Siehe z.B. *Radbruch*, Rede am 11.8.1929 (1929), wiederabgedr. in: GRGA, Bd. 14, bearb. v. Hans-Peter Schneider, 2002, S. 129 ff. Zur Tradition der Verfassungsfeier siehe *Dreier*, in: Jestaedt/Paulson (Hrsg.), Staatsrecht in Demokratie und Diktatur: Studien zur Weimarer Republik und zum Nationalsozialismus, 2016, S. 1 ff., insbes. S. 36 ff.

[106] *Radbruch*, Republikanische Pflichtenlehre (1926), wiederabgedr. in: GRGA (Fn. 105), S. 85 ff.

[107] *Neumann* (Fn. 55), S. 436. Die Bereitschaft und die Fähigkeit Radbruchs, „Kompromisse einzugehen“, selbst „wenn es mit seinen Überzeugungen nur schwer zu vereinbaren war“, betont neuerdings auch *v. Mayenburg* (Fn. 47), S. 117.

[108] *Neumann* (Fn. 55), S. 432; ähnl. LK-*Jescheck*, 10. Aufl., 1985, Einl., Rn. 66: „Die Entwürfe der Weimarer Zeit sind Ausdruck des starken Erneuerungswillens, der Parlament, Justizministerien und Strafrechtswissenschaft in jenem kurzen Jahrzehnt beseelte. Die Entwicklung führte im Jahre 1922 mit dem Entwurf Gustav Radbruchs (…) zu einem wahren Höhepunkt im Sinne der Forderungen der modernen Schule, um dann wieder mehr in das traditionelle Fahrwasser der Kriminalpolitik der Kompromisse zurückzukehren, bis mit dem Jahre 1933 der Geist des liberalen Rechtsstaats und damit auch die Chance einer humanitären Strafrechtsreform versank.“ (teilw. hervorgehoben).

Professur in Kiel ebnet. Die Kieler Jahre werden zugleich zum Schauplatz der ersten Versuche, aus den politischen Umwälzungen von 1918/19 Folgerungen für den Aufbau einer nachrevolutionären, gleichsam republikanischen Rechts- und Gesellschaftsordnung zu ziehen. Einen bislang nur wenig beachteten Aspekt bilden dabei die Vorstellungen Gustav Radbruchs für eine Demokratisierung von Justiz und Juristenstand. Ein republikanisches Strafrecht war auch für Radbruch ohne republikanische Richter nicht realisierbar.

Der revolutionäre Gestus sollte Gustav Radbruch auch noch in späteren Jahren erhalten bleiben. Einen lebhaften Ausdruck hiervon gibt ein Diskussionsbeitrag Gustav Radbruchs auf der Tagung der Internationalen Kriminalistischen Vereinigung 1927 in Karlsruhe, in dem er unter „lebhafte(m) Bravo! und Händeklatschen" der Versammlung bemerkte:

> „Ich hätte den Wunsch, woviel Ehrfurcht ich auch vor der Rechtsprechung des Reichsgerichts habe, daß sämtliche Exemplare der strafrechtlichen Entscheidungen des Reichsgerichts mit Inkrafttreten des neuen Strafgesetzbuchs auf einen Scheiterhaufen gelegt und (…) verbrannt würden… (…), denn das neue Strafgesetzbuch muß in einem neuen Geist (…) ausgelegt werden."[109]

Ein Scheiterhaufen für die strafrechtlichen Entscheidungen des Reichsgerichts… – für einen ehemaligen Reichsjustizminister waren das ungewöhnlich scharfe Worte. Aber Gustav Radbruch war wütend, wütend über den politischen Prozess und insbesondere über das „Zerstörungswerk",[110] das sein Strafgesetzentwurf von 1922 in Kabinett (1925) und Reichsrat (1927) erfahren hatte. Die Strafrechtsreform befand sich nach Absicht von Radbruch „auf schiefer Ebene" und drohte „mit zunehmender Geschwindigkeit bergab zu gleiten."[111] Gustav Radbruchs Befürchtung sollte sich bewahrheiten. Zwar kam es im Jahr 1930 auf Initiative von Wilhelm Kahl noch einmal zur Einbringung eines überarbeiteten Gesetzentwurfs in den Reichstag, doch scheiterte dieser am Widerstand der Parteien am äußersten linken und rechten Rand. Die Reichstagswahlen 1930, in denen die Nationalsozialisten zweitstärkste Fraktion im Reichstag wurden, besiegelten schließlich das Ende der Strafrechtsreform der Weimarer Republik. Die Machtübernahme

---

[109] *Radbruch*, in: Mitteilungen der Internationalen Kriminalistischen Vereinigung, N.F. 3 (1928), S. 90–99, wiederabgedr. in: GRGA (Fn. 55), S. 293 ff., 300.

[110] *Radbruch*, „Der neue Kurs in der Strafrechtsreform", Vossische Zeitung v. 10.5.1927, Morgenausgabe, wiederabgedr. in: GRGA (Fn. 55), S. 241 ff.: „Das Zerstörungswerk an dem Entwurf von 1922, Radbruchs Entwurf, Anm. d. Verf.), das im Reichskabinett begonnen hat, hat im Reichsrat seinen Fortgang genommen. Es trifft schon nicht mehr nur Einzelheiten, sondern den *Geist* des Entwurfs." (Hervorgehoben im Original).

[111] *Radbruch*, in: Vossische Zeitung v. 10.5.1927, Morgenausgabe, wiederabgedr. in: GRGA (Fn. 55), S. 241 ff.; siehe auch *Radbruch*, in: Die Justiz II (1926/27), S. 537 ff., wiederabgedr. in: GRGA (Fn. 55), S. 246 ff.

der Nationalsozialisten im Jahr 1933 bedeutete somit auch das Ende der Karriere von Gustav Radbruch, der als einer der ersten Hochschullehrer im April/Mai 1933 aus politischen Gründen aus dem Dienst entlassen wurde.

Autoritäres Strafrechtsdenken und die Krise der Demokratie

Über Wissenschaft, Politik und Ideologie in der Weimarer Republik

Benno Zabel

I. Zwischen Rechtsstaat und Massendemokratie: Das Politische als Problem

Um autoritäres Strafrechtdenken verstehen und kritisieren zu können, muss es in den gesellschaftlichen Kontexten und den Ideenfeldern verortet werden, in denen es sich etabliert und seine Wirkungen entfaltet hat – und unter bestimmten Umständen auch wieder entfalten kann. Denn grundsätzlich kann jede Epoche autoritäres Strafrechtsdenken hervorbringen. Die Programmatik autoritärer Denkansätze, autoritärer Ordnungen, Rechtsvorstellungen oder ganzer Staaten ist aber selbst eingebettet in ein *hochpolitisches Diskursfeld.* Das sieht man beispielhaft, wenn man die inneren Kräfte und Transformationsprozesse beleuchtet, die die politische Architektur und die Verfassungswirklichkeit von Weimar prägten. Um die besonderen Dynamiken und die Folgen für die Strafkultur besser einordnen zu können, werden wir uns in einem ersten Schritt mit der Genealogie der demokratischen Krise beschäftigen, bevor wir uns im Anschluss dem eigentlichen Projekt autoritären Strafrechtsdenkens (II.) und dem Verhältnis von Strafrechtswissenschaft und Ideologie zuwenden (III.).

In der gängigen Deutung werden das liberale Gesellschaftsmodell und die politische Architektur von Weimar bereits in ihrer Genese als instabil angesehen.[1] Danach sind es der disruptive Wandel und die sozialen Verwerfungen im späten Kaiserreich, der Krieg und die damit einhergehende Kriegsgesellschaft, der massive Legitimitätsverfall des monarchischen Staates und nicht zuletzt die Radikalisierung ideologischer Positionen durch die Anerkennung der Versailler Friedensordnung, die frühzeitig für antidemokratische Ressentiments sorgten.[2]

---

[1] *Rürup*, in: Kolb (Hrsg.), Vom Kaiserreich zur Weimarer Republik, 1972, S. 218 ff.

[2] Siehe *Gusy* (Hrsg.), Demokratisches Denken in der Weimarer Republik, 2000; *Hacke*,

„Die Weimarer Republik entstand nicht als Resultat eines heroischen oder wenigstens in der nationalen Mythologie heroisierbaren Aktes. Sie war vielmehr das Ergebnis eines komplizierten und schmerzhaften Kompromisses, mehr Endprodukt von Niederlagen und wechselseitigen Zugeständnissen, als strahlender Entwurf eines Neubeginns (...). Hinzu kam, dass die Republik nicht nur die Traditionslast des verlorenen Krieges abtragen musste. Vielmehr verknüpfte sich diese besondere Variante der Kontinuität als Rechtsnachfolger des gescheiterten Wilhelminischen Kaiserreiches mit neuen gesellschaftlichen Belastungen und krisenhaften Verzerrungen, die in den Jahren...seit dem ersten Weltkrieg auftraten."[3]

Dieser Deutung soll gar nicht widersprochen werden. Die antidemokratischen Ressentiments artikulieren die umfassende Krise des Politischen im „Traumland der Waffenstillstandszeit".[4] Will man allerdings die tieferen Gründe für die antidemokratischen, antiliberalen und vor allem autoritären Überzeugungen verstehen, die die Weimarer *Rechtskultur* begleiten und die bis zum Ende der Republik das gesellschaftliche Bewusstsein (und die alltägliche Lebenswelt) zunehmend beeinflussen, muss man die Dynamik betrachten, die demokratisches Denken und säkulare Gemeinwesen überhaupt erst erzeugen. Denn wegweisend für die Kämpfe *um* und *gegen* die gängigen Demokratievorstellungen sind die sehr heterogenen Liberalisierungstendenzen, die das 19. und frühe 20. Jahrhundert hervorbringt.[5] So entwickelt sich der liberale Impuls (wenn man diese Transformationskräfte so nennen möchte) im Ausgang von den bürgerlichen Revolutionen in den amerikanischen Kolonien und besonders in Frankreich am Ende des 18. Jahrhunderts und wird so zu einem zentralen Faktor der Moderne. Das freie Individuum und mit ihm das moralische Subjekt avancieren zum Dreh- und Angelpunkt eines nachmetaphysischen Ordnungs- und Legitimationskonzepts.[6] Ermöglicht werden soll ein Höchstmaß an Selbstverwirklichung durch eine effektive Garantie individueller Rechte.[7]

Aber das liberale und demokratische Projekt der Moderne ist keineswegs auf dieses *philosophisch-emanzipatorische* Moment beschränkt. Mit ihm verbinden sich mindestens noch zwei weitere Perspektiven, die man die *rechts-*

Die Existenzkrise der Demokratie. Zur politischen Theorie des Liberalismus in der Zwischenkriegszeit, 2018; *Kolb* (Fn. 1); *Peukert*, Die Weimarer Republik, 1987; *Ullmann*, Die Politik im deutschen Kaiserreich 1871–1918, 1999; *Sontheimer*, Antidemokratisches Denken in der Weimarer Republik, 1968; *Stolleis*, Der lange Abschied vom 19. Jahrhundert, 1997; *Stürmer* (Hrsg.), Die Weimarer Republik. Belagerte Civitas, 1980; *Winkler*, Weimar 1918–1933. Die Geschichte der ersten deutschen Demokratie, 2. Aufl. 1994.

[3] *Peukert* (Fn. 2), S. 16.

[4] *Troeltzsch*, Spectator-Briefe, hrsg. v. Baron, 1924, S. 69.

[5] *Langewiesche* Liberalismus in Deutschland, 1991, S. 65 ff.; *Stolleis* (Fn. 2), S. 12 ff.; ideengeschichtlich *Zabel*, ARSP 101 (2015), 525.

[6] Klassisch *v. Humboldt*, Ideen zu einem Versuch, die Grenzen der Wirksamkeit des Staates zu bestimmen, 1792/1851.

[7] *Mill*, On Liberty, 1859.

staatsliberale und die *gesellschaftsliberale* nennen könnte. Die Etablierung und Ausgestaltung des Rechtsstaates kann als „urliberales" Anliegen bezeichnet werden. Mit der Programmatik des Rechtsstaates verbindet sich gerade die Einsicht, dass die Freiheit des Einzelnen Grund des Gemeinwesens und Grenze hoheitlichen Handelns sein müsse. Dafür sorgen soll das *allgemeine Gesetz*. Das allgemeine Gesetz stiftet insofern nicht nur den Legitimationszusammenhang zwischen dem einzelnen Rechtssubjekt und dem Herrschaftsanspruch der Staatsgewalt. Es verbürgt auch die Verbindlichkeit und Gesetzmäßigkeit jeglichen Verwaltungshandelns.[8] Es erscheint, so Lorenz von Stein, als der „freie" Staatswille, in dem Allgemeinwille und Selbstbestimmung der Einzelnen vermittelt sind; die Herrschaft des Gesetzes ist „die Herrschaft des Prinzips der staatsbürgerlichen Freiheit".[9] Bis zum Ende des Kaiserreichs bleibt dieses Rechtsstaatskonzept zwar präsent, dennoch ist nicht zu übersehen, dass es durch die konservativen, teilweise noch aristokratischen Strukturen der konstitutionellen Monarchie, den Positivismus der juristischen Elite und das Machtbewusstsein der Staatsbürokratie in erheblichem Maße mediatisiert wurde. Politische Teilhabe der Rechtssubjekte und eine freie Gesellschaft waren kein vordringliches Anliegen wilhelminischen Obrigkeits- und Ordnungsdenkens, was nicht nur im Wahlrecht, sondern auch in der im Vergleich zum Parlament hervorgehobenen Stellung der Exekutive zum Ausdruck kam.

Die obrigkeitsstaatliche Mediatisierung liberaler Transformationskräfte oder die „Umformung des Liberalismus von oben"[10] hat im Kaiserreich aber auch eine Umgestaltung des Liberalismus von unten zur Folge. Statt der politischen Emanzipation entwickelt sich bis zur Jahrhundertwende (und darüber hinaus) eine zunehmend *eigenständig organisierte soziale und wirtschaftliche Sphäre*.[11] Man kann das die gesellschaftsliberale Seite der Rechtsstaatsmoderne nennen. Insbesondere die sich durchsetzende Industrialisierung führt zu einer radikalen Beschleunigung, Urbanisierung und Ausdifferenzierung der Lebenswelt, zu einer Vermassung der Gesellschaft und zur Massendemokratie.[12] Die Umgestaltung des Liberalismus in diesem Sinne forciert eine Freisetzung der Individuen (das, was man heute Liberalisierung nennt) bei einer mehr oder weniger gesicherten ökonomischen Teilhabe. Die Wirtschaftsverfassung des Kaiserreichs wird damit – neben dem privaten

[8] *Böckenförde*, in: Ehmke/Schmid/Scharoun (Hrsg.), Festschrift für Adolf Arndt zum 65. Geburtstag, 1969, S. 53 ff.

[9] *v. Stein*, Die Verwaltungslehre 1/1, 2. Aufl. 1869, S. 87.

[10] *Stürmer* (Fn. 2), S. 193 ff.

[11] *Polanyi*, The Great Transformation. Politische und ökonomische Ursprünge von Gesellschaften und Wirtschaftssystemen, 1977.

[12] *Llanque*, in: Gusy (Fn. 2), S. 38 ff.; *Schieder*, Staat und Gesellschaft im Wandel unserer Zeit, 1958, S. 58 ff.; *Wiegand*, Demokratie und Republik, 2017, S. 94 ff.

und familiären Bereich – zu *dem* Ort der Selbstverwirklichung oder puren Selbsterhaltung. Andererseits bewirken gerade die Klassengegensätze, die ökonomischen und sozialen Ungleichheiten, eine erhebliche gesellschaftliche Instabilität, eine Verarmung und Entfremdung ganzer Bevölkerungsteile und Milieus. Im Kaiserreich beginnt sich deshalb eine Rechts- und Gesetzgebungskultur zu etablieren, die auch das Ordnungsregime der Weimarer Republik beeinflussen wird. Maßgeblich für eine funktionierende demokratisierte Gesellschaft wird ein Staat, der als Interventions-, Versicherungs- und Sozialstaat auftritt (sichtbar vor allem in den Gesetzgebungsvorhaben Bismarcks) und auf diese Weise die Spannungen, Verwerfungen und Verunsicherungen einer Massendemokratie zu moderieren versucht.[13] Neben den prominenten Bereichen der Wirtschafts-, Arbeits- und Sozialpolitik, lässt sich das auch in der Strafrechtswissenschaft und der Kriminalpolitik beobachten, etwa an Franz von Liszts „Marburger Programm" und an der praktisch intensivierten Bekämpfung ubiquitärer Massen- und Milieu-, Armuts- und gewerbsmäßiger Kriminalität.[14]

Aber warum entsteht aus diesen staatlichen und gesellschaftlichen Transformationsprozessen des Kaiserreichs ein antidemokratisches Denken, eine antiliberal-autoritäre Grundstimmung, die schließlich eine ganze Epoche prägt? Die Antwort liegt in der bereits erwähnten Dynamik des Liberalismus begründet.[15] Der Liberalismus erzeugt aus sich heraus eine *unauflösbare* Spannung: Subjektive Rechte und ökonomische Freisetzung, Autonomie und Autorität, säkulare Moral und Gesetz konturieren ein Feld, innerhalb dessen das Leben und die normativen Orientierungen der einzelnen Individuen organisiert und gestaltet werden sollen.[16] Es ist aber gerade dieses liberale Versprechen eines nachmetaphysischen Ordnungs- und Legitimationskonzepts, das zugleich eine *Leerstelle*, ein *sozialethisches Vakuum* erzeugt. Denn in dem Maße, in dem der liberale Rechtsstaat vornehmlich das bestehende Privatrechtssystem absichert (etwa durch das nach der Reichsgründung entstandene Bürgerliche und Strafgesetzbuch) und die Gesellschaft mit einer Markt- und Wirtschaftsverfassung identifiziert wird, verliert das, was man eine *politische Kultur* und *Ordnungsidee* nennen kann, immer weiter an

---

[13] *Ullmann* (Fn. 2), S. 18 ff.; *Mommsen*, Das Ringen um den nationalen Staat. Bürgerstolz und Weltmachtstreben. Teil 2: Deutschland unter Wilhelm II. 1890 bis 1918, 1995, S. 11 ff.

[14] *v. Liszt*, ZStW 3 (1883), 1.

[15] Zur Struktur, Dynamik und den Legitimationsproblemen liberaler Gesellschaftsmodelle siehe nur *Jellinek*, System der subjektiven öffentlichen Rechte, 2. Aufl. 1905; *Kelsen*, Reine Rechtslehre, 2. Aufl. 1960, S. 130 ff.; *Strauss*, Naturrecht und Geschichte, 1956; *Feinberg*, Journal of Value Inquiry 4 (1970), 263; zuletzt *Menke*, Kritik der Rechte, 2015.

[16] *Hacke* (Fn. 2), S. 90 ff.; *Kocka* (Hrsg.), Bürger und Bürgerlichkeit im 19. Jahrhundert, 1987.

Bindungskraft. Zwar sind die Politisierungsschübe in der späten Kaiserzeit durch den zunehmenden Einfluss der Parteien und Gewerkschaften und erst Recht durch die Mobilisierung der Kriegsgesellschaft unübersehbar. Aber sie schaffen kaum neue zukunftsweisende Verbindungen zwischen den immer weiter auseinander driftenden Lebenswelten der Klassen und Milieus, zwischen Recht und Staat (wenn man von der anfänglichen Kriegsbegeisterung absieht), sondern forcieren gerade die Polarisierung der Gesellschaft und fördern eine weit verbreitete Modernisierungsskepsis.[17]

Die Weimarer Republik und ihre Rechts- und Verfassungskultur hat nicht nur die Traditionslasten des verlorenen Krieges abzutragen. Sie muss auch die liberalen Transformationskräfte und den rasanten Zerfall überkommener Gemeinschaftsideologien einhegen, aber vor allem auf die *Krise des Politischen* und auf die Fragilität des Legitimationskonzepts reagieren.[18] Das mag zunächst verwundern, denn mit der „konstitutionellen Revolution" (Peukert) und durch die Inkraftsetzung der Reichsverfassung im Sommer 1919 sollte doch – jedenfalls auch – der Bruch mit dem monarchischen Regime und ein politischer Neuanfang markiert werden.[19] Dass dieser Neuanfang zugleich ein Kompromiss sein musste, versteht sich im Grunde von selbst. Die konstitutionelle Revolution hatte zwar über die sozialistische gesiegt und auch das Projekt einer Räterepublik abgewehrt. Dennoch (oder gerade deshalb) ist die Verfassung der Weimarer Republik Ausdruck eines labilen Machtgleichgewichts, sozialer Gegensätze, antagonistischer Interessen, sich unversöhnlich gegenüberstehender Ideologien und Weltanschauungen.[20] Die wirklichen Demarkationslinien verlaufen allerdings dort, wo es um eine Verteidigung der liberal-demokratischen Republik oder um eine radikale Demokratie- und Liberalismuskritik geht. Symptomatisch und für das Weimarer Rechtsdenken wegweisend ist die Kontroverse, wie sie etwa zwischen Hans Kelsen, Richard Thoma, Hugo Preuß und Carl Schmitt, Rudolf Smend u.a. geführt wird. Die Verteidiger der liberalen Demokratie beharren nicht nur auf der politischen Bedeutung eines Repräsentativsystems (d.h. der Kopplung von Parlamentarismus und Demokratie) als *Partizipations- und Stabilitätsgaranten*. Sie bestehen auch auf der Organisationsform des Rechts-

[17] *Wehler*, Das deutsche Kaiserreich 1871–1918, 7. Aufl. 1994, S. 78 ff. und öfter.

[18] Für die zeitgenössische Debatte *Meinecke*, Politische Schriften und Reden, 1918, S. 247 ff.

[19] *Meinecke* (Fn. 18), S. 299 ff.; hellsichtige Analyse auch bei *Weber*, Zur Politik im Weltkrieg, 1918, S. 203 ff.; für die aktuelle Debatte *Kühne*, in: Gusy (Fn. 2), S. 115 ff. und *Hacke* (Fn. 2), S. 209 ff.

[20] *Kirchheimer*, Von der Weimarer Republik zum Faschismus. Die Auflösung der demokratischen Rechtsordnung, hrsg. v. Luthardt, 2. Aufl. 1981, S. 64 ff.; außerdem *Peukert* (Fn. 2), S. 46 f.

staates in Gestalt von Gewaltenteilung, allgemeinem Gesetz und individuellen Freiheitsrechten.[21]

Es ist gerade diese *radikale Entpolitisierung* der Lebenswelt, der Primat des Rechts vor dem Politischen, der von den Gegnern vehement angegriffen wird. Denn verfolgt werde damit das Ziel, so Smend, „geistige Wirklichkeit möglichst umgehend in Fiktion, Illusion, Verschleierung und Betrug aufzulösen".[22] Kelsen versuche, so Schmitt, die „leere Hülle dieser Art Liberalismus (...) noch eine Zeitlang zu konservieren". Allerdings sei es eben nicht mehr „der alte liberale Glaube an die ‚Souveränität der Vernunft', sondern eine widerspruchsvolle Position: einerseits die souveräne ‚Verfassung', andererseits ihre Relativierung und Auflösung in einzelne verfassungsrechtliche Einzelnormen".[23] Diesem Relativismus wissenschaftlichen Denkens und das heißt dem selbstgenügsamen Positivismus der liberalen Moderne könne nur, so Schmitt, durch eine Mobilisierung des Politischen gegenüber der Politik, der Legitimität gegenüber der Legalität und der Dezision gegenüber der Deliberation begegnet werden.[24] Während die einen also Rechtsstaat, Pluralismus und liberale Demokratie – trotz der Widersprüche und Aporien – als alternativloses Ordnungskonzept ansehen (was Kelsen bekanntermaßen mit der Konsequenz verbindet, dass die Demokratie auch eine auf ihre Vernichtung gerichtete Bewegung dulden müsse)[25], wollen die anderen den Knoten der Dauerkrisen durchschlagen; *Macht und Wirklichkeit des sozialen Lebens* in ihr Recht setzen. Dass man hierfür verschiedene Wege einschlagen konnte, zeigen nicht nur Smend und Schmitt, sondern auch „linke" bzw. marxistische Theoretiker wie Otto Kirchheimer, Franz L. Neumann oder Ernst Fraenkel.[26]

Letztlich ist es aber vor allem Schmitt, der die Idee einer legitimen Ordnung in einem *autoritären Konzept der identitären Demokratie* verdichtet. Die Pointe dieses Konzepts besteht zum einen darin, dass das rousseausche Demokratiemodell – die Identität von Regierten und Regierenden – mit den faktischen Verhältnissen der Massengesellschaft und dem Prinzip demokra-

---

[21] *Kelsen*, Vom Wesen und Wert der Demokratie (1. Aufl. 1920), in: ders. Verteidigung der Demokratie, hrsg. v. Jaestedt/Lepsius, 2006, S. 1 ff.; *ders.*, Staatsform und Weltanschauung, 1933; *Thoma*, in: Palyi (Hrsg.), Hauptprobleme der Soziologie. Erinnerungsgabe für Max Weber, 1923, S. 37 ff.; *Preuß*, Staat, Recht und Freiheit (1926), 2006 (unveränderter ND), S. 335 ff.

[22] *Smend*, Staatsrechtliche Abhandlungen und andere Aufsätze, 1968, S. 204.

[23] *C. Schmitt*, Verfassungslehre (1928), 1954 (unveränderter ND), S. 55.

[24] *C. Schmitt*, Der Begriff des Politischen (1927), 6. Aufl., 1996; *ders.*, Die geistesgeschichtliche Lage des heutigen Parlamentarismus (1926), 8. Aufl., 1996; *ders.*, Legalität und Legitimität (1932), 8. Aufl. 1996; *ders.*, Staat, Großraum, Nomos. Arbeiten aus den Jahren 1916–1969, 1995, S. 71 ff.

[25] *Kelsen*, Verteidigung der Demokratie (Fn. 21), S. 229 ff., hier 237.

[26] *Kirchheimer* (Fn. 20), S. 9 ff.; *Neumann*, Wirtschaft, Staat, Demokratie. Aufsätze 1940–1954, hrsg. v. Söllner, 1978, S. 76 ff.; *Fraenkel*, Die Gesellschaft 9 (1932), 486.

tischer Führung verknüpft wird.[27] Die Stoßrichtung ist nicht zu übersehen, es geht um die effektive Bildung und Formierung des Volkswillens. Das Volk kann, so Schmitt, auf eine ihm vorgelegte Frage in der Regel nur mit Ja oder Nein antworten. Ausschlaggebend wird daher in der Moderne die Fähigkeit plebiszitärer Führung, d.h. „das Volk durch die gelenkte Mobilisierung als homogene Einheit hinter sich zu versammeln" (hier wird dann auch die omnipräsente Freund-Feind-Unterscheidung relevant).[28] Die Idee besteht aber zum anderen darin, dass plebiszitäre Führung, mobilisierter Volkswillen und die „höhere Würde des Staates" *gegen* das liberale Recht in Stellung gebracht werden können. Denn zur legitimen Ordnung können aus dieser Perspektive nur solche Normen gehören, die dem Willen des „wahren demokratischen Volkes" (Schmitt) nicht widersprechen.

Das Recht wechselt damit seine Funktion: nicht mehr die Absicherung von Pluralität, von individuellen subjektiven Rechten steht im Vordergrund, sondern die Aufrechterhaltung einer homogenen politischen Gemeinschaft.

II. Autoritäres Strafrechtsdenken als Krisenphänomen

Wir haben uns so ausführlich mit den Entstehungsbedingungen, mit der Krise und den Konflikten der Weimarer Demokratie beschäftigt, weil die autoritären Tendenzen der Rechts- und Strafrechtswissenschaft nur vor diesem Hintergrund verständlich sind. Das ist umso naheliegender als das Strafrecht zugleich eng mit den kulturellen Reproduktionsformen moderner Gesellschaften (Moral, Religion, Politik, Ökonomie) verwurzelt ist. Das Strafrecht ist Seismograph der politischen Verfassung eines Gemeinwesens.[29]

1. Liberales oder autoritäres Strafrecht?

Die Grundsatzfrage *Liberales oder autoritäres Strafrecht?* ist in der Weimarer Republik prominent geworden und diente bekanntermaßen als Titel für die von Georg Dahm und Friedrich Schaffstein verfasste Kampfschrift.[30] Pro-

---

[27] „…Identität von Regierenden und Regierten, Herrscher und Beherrschten, Identität von Subjekt und Objekt staatlicher Autorität, Identität des Volkes mit seiner Repräsentation im Parlament.", so *C. Schmitt*, Die geistesgeschichtliche Lage (Fn. 24), S. 35. An Schmitts Projekt einer identitären oder „diktatorischen" Demokratie wird deutlich, wie vielschichtig oder konturlos der Demokratiebegriff in der Weimarer Zeit geworden ist.

[28] *Hacke*, C. Schmitt, Antiliberalismus, identitäre Demokratie und Weimarer Schwäche, in: Gegneranalyse. Antiliberales Denken von Weimar bis heute, https://gegneranalyse.de/personen/carl-schmitt/, Stand: 1.3.2020.

[29] In Anlehnung an Roxins Formulierung vom Strafverfahrensrecht als Seismograph der Staatsverfassung, *Roxin/Schünemann*, Strafverfahrensrecht, 29. Aufl. 2017, § 2 Rn. 9.

[30] *Dahm/Schaffstein*, Liberales oder autoritäres Strafrecht?, 1933.

grammatisch markiert sie den Übergang in eine neue rechtliche, politische und wissenschaftliche Epoche. Darauf werden wir zurückkommen. Beobachten lässt sich an dieser Polemik allerdings auch, wie sich ein zunehmend „konservativ-organisches Rechtsdenken" (Dahm/Schaffstein) auf Traditionslinien bezieht und sich gegen sie abgrenzt; um gleichzeitig die Deutungshoheit über das Liberale, Sozialistische und Autoritäre im Strafrecht zu gewinnen. Zentraler Bezugspunkt dieser konservativ-organischen Position sind – was wenig verwundert – die „Erscheinungsformen des Individualismus in der modernen Strafrechtsentwicklung".[31] Prinzip, Erscheinungsformen und Narrative des Individualismus werden von Dahm/Schaffstein als Leitmotive eingeführt, um das Kompromisshafte, das Ambivalente und wie es heißt die „Auflösungssymptome" liberaler Strafrechtsordnungen zu veranschaulichen. Für Dahm/Schaffstein ist jede Form der Straflegitimation, die Frage nach dem Strafzweck, die konkrete Ausgestaltung, der Strafvollzug und die rechtsstaatlichen Garantien, *weltanschaulich* bedingt (womit sie klar gegen Webers These von der Wertneutralität theoretischer Aussagen und den juridischen Positivismus Kelsens Stellung beziehen).[32] Die Weltanschauung des liberalen Individualismus ist aus antiliberalem Blickwinkel relativistisch und politisch indifferent. Für die deutsche Staats- und Kulturentwicklung ist es daher typisch, „daß in ihr niemals eine Idee völlig rein und einschränkungslos zum Ausdruck gekommen ist. Das gilt namentlich für jenes zweite Reich, wie es von 1871 bis zur Revolution von 1918 bestand".[33] Unter Verweis auf Radbruch wird der wilhelminische Rechtsstaat auch „als national-liberales Gebilde" bezeichnet (und gegen den *sozialen Liberalismus* der Weimarer Republik abgegrenzt). Gerade weil der alte Staat „zugleich Obrigkeitsstaat und Rechtsstaat war, so trafen sich in der weltanschaulichen Fundierung und Einzelgestaltung seines Strafrechts Konservatismus und Liberalismus in den Prinzipien der Vergeltung und Abschreckung, auf denen das Strafgesetzbuch von 1871 beruht".[34] Vergeltung und Abschreckung, Individualinteresse und Gesellschaftsschutz waren keinen alternativen, sich wechselseitig ausschließenden Positionen zugeordnet. Der liberale Einfluss sorgte vielmehr dafür, dass die dogmatische Einordnung von Schuld, Strafe und Vollstreckung dynamisch gehalten und – offen oder camoufliert – mit verschiedenen ideologischen Vorstellungen verknüpft werden konnte.[35]

Dieser Einfluss liberalen Denkens machte sich für Dahm/Schaffstein auch in anderen Bereichen des Straf- und Verfassungsrechts bemerkbar, etwa beim

[31] *Dahm/Schaffstein* (Fn. 30), S. 7 ff.; siehe dazu auch *Marxen*, Der Kampf gegen das liberale Strafrecht, 1976, S. 103 ff.

[32] *Dahm/Schaffstein* (Fn. 30), S. 7.

[33] *Dahm/Schaffstein* (Fn. 30), S. 7.

[34] *Dahm/Schaffstein* (Fn. 30), S. 7.

[35] *Dahm/Schaffstein* (Fn. 30), S. 8, zur Ideologie des autoritären Strafrechts S. 3.

richterlichen Umgang mit dem Gesetzlichkeitsprinzip (nulla poena sine lege) und der Begründung des Gewaltenteilungsmodells. Die Richter wurden damit auf die „begriffs-juristische" Methode der Gesetzesauslegung verpflichtet (gemeint ist die Methode des Relativismus und Positivismus). „Sie verfuhr streng formal-logisch, hielt sich vor allem an den Wortlaut des geschriebenen Rechts und lehnte ein Zurückgehen auf den dahinterstehenden Zweck der Rechtssätze und das ‚natürliche Recht' ab."[36] Im national-liberalen Selbstverständnis zielt das nicht nur auf die Unabhängigkeit und Unabsetzbarkeit der Richter. Auf diese Weise glaubte man auch, „Eingriffe der gesetzgebenden und der ausführenden Gewalt in die Rechtspflege ausschließen zu können".[37]

Stoßrichtung und Pointe dieser Rekonstruktion sind nicht zu übersehen: Einerseits sollen die liberalen Einflüsse auf die Strafrechtskultur nicht völlig negiert oder gänzlich verworfen werden. Gezeigt werden soll vielmehr, dass die zeitgenössische Deutung, zwischen klassischem und modernem Strafrecht zu unterscheiden oder auf den konträren Standpunkten des Schulenstreits zu beharren (plakativ: Binding oder Liszt),[38] nicht zu den tieferliegenden Strukturproblemen des Strafrechts vordringt. Die eigentlichen Fronten verlaufen für Dahm/Schaffstein eher dort, wo das formelle Gesetz, der Tatbestand, und die abstrakten Strafbarkeitsvoraussetzungen gegen das „natürliche Recht", gegen „das Verlangen klarer weltanschaulicher Entscheidungen" und gegen „transpersonale Werte" in Stellung gebracht werden.[39] Der Gegensatz besteht danach zwischen dem Rechtstaat als einem „künstlich geschaffene(n) Ordnungsinstrument, bestimmt zum Dienst am Individuum", und dem totalen Staat, in dem „jeder Bezirk des öffentlichen Lebens sein Gepräge durch die Bedeutung (erhält), die ihm für die Gesamtheit des staatlichen Lebens zukommt, durch den Eindruck, der nach außen entsteht".[40] Gerade diese Entgegensetzung zwischen dem durch das individualistische Prinzip und eine pragmatische Kompromissbereitschaft definierten Staat und einer durch das politische Leben geprägten Rechtsordnung wird, so die Überzeugung von Dahm/Schaffstein, in der Weimarer Republik ins Extrem gesteigert. Die Weimarer Republik habe die individuelle Freiheit und die allgemeine Gleichheit zur alles bestimmenden Legitimationsgrundlage gemacht und zudem mit dem Wohlfahrtsgedanken, d.h. dem Sozial- und Wohlfahrtsstaat verbunden.

---

[36] *Dahm/Schaffstein* (Fn. 30), S. 9.

[37] *Dahm/Schaffstein* (Fn. 30), S. 9.

[38] Zu den Rezeptionsproblemen (wenngleich aus anderer theoretischer Perspektive) vgl. jüngst *Naucke*, in: Herzog/Neumann (Hrsg.), Festschrift für W. Hassemer, 2010, S. 559 ff.

[39] *Dahm/Schaffstein* (Fn. 30), S. 47, 50.

[40] *Dahm/Schaffstein* (Fn. 30), S. 10, 40.

„Das Ergebnis war wenigstens theoretisch ein Höchstmaß an Vorteilen für das Individuum, das zwar selbst von den Verpflichtungen gegenüber dem Staat und seinen Eingriffen weitmöglich freibleibt, aber doch durch ihn positive Förderung und Fürsorge empfängt. Wie mehr oder weniger auf allen Gebieten, so mußte auch im Strafrecht der liberalistisch-sozialistische Kompromiß zur Überbetonung der gemeinsamen individualistischen Grundlage und damit zur immer stärkeren Zurückdrängung der Strafe als einer staatlichen Übelszufügung gegenüber dem Einzelnen führen.“[41]

Mit anderen Worten: Der massive Einfluss des Liberalismus auf Recht, Staat und Gesellschaft setzt zerstörerische Kräfte frei. Es ist diese Deutung, dass die Hegemonie des liberalen Denkens (konkret des sozialen Liberalismus) den zunehmenden Zerfall eines politisch und gemeinschaftlich wirksamen Strafrechts bedingt oder seine Wiedereinsetzung verhindert, die die Kritik der Weimarer Reformbemühungen begleitet, ja eigentlich motiviert.

Dahm und Schaffstein stehen nur *pars pro toto* für eine Gruppe namentlich jüngerer Strafrechtswissenschaftler, die bis zum Ende der Weimarer Republik versuchen, sich öffentlich Gehör zu verschaffen. Zu dieser Gruppe zählte etwa Wilhelm Gallas, der die Überwindung der Krise an eine Staats- und Kriminalpolitik adressiert, die sich zuallererst als Vollstrecker eines „einheitlichen staatsbejahenden Willens“ verstehen soll.[42] Zu dieser Gruppe gehörten aber auch Erik Wolf mit seiner Untersuchung zur Wertordnung der Rechtsgüter und Franz Exner mit seinen Studien über die Strafzumessungspraxis der deutschen Strafgerichte. Beiden, Exner und Wolf, ging es um den Nachweis, dass die Transformation von Staat und Gesellschaft nicht zu unterschätzende Auswirkungen auf den Normhaushalt und die Strafanwendung hatte, eine Höherbewertung individueller Rechtsgüter gegenüber staatlichen Interessen hier, eine moralpsychologische Beurteilung des Täters durch die fortschreitende Praxis eines „einfühlenden Verstehens“ dort.[43]

Nun dürfte unbestritten sein, dass diese Gruppe, dieses Netzwerk (das noch wesentlich mehr Personen umfasste)[44] keine klar umgrenzte, homogene Einheit bildete; dass sich nicht nur die einzelnen Forschungsinteressen stark unterscheiden konnten, sondern auch die weltanschaulichen Überzeugungen und kriminalpolitischen Motivationen. Das betraf die Zugehörigkeit zu bestimmten Schulen oder das konkrete Verständnis von Reformkritik, Antiliberalismus, von der Zukunft des „neuen“ Strafrechts ganz allgemein. Dahm und Schaffstein formulierten gemeinsam mit Albrecht Erich Günther wohl

---

[41] *Dahm/Schaffstein* (Fn. 30), S. 10 ff.

[42] *Gallas*, ZStW 53 (1934), 11.

[43] *Exner*, Studien über die Strafzumessungspraxis der deutschen Gerichte, 1931 und *Wolf*, Die Justiz Bd. III (1927/1928), 110; richtungsweisend war auch dessen Freiburger Antrittsvorlesung, siehe *ders.*, Vom Wesen des Täters, 1932.

[44] Zu erwähnen sind u.a. Albrecht Erich Günther, Erich Schwinge, Helmut Nicolai und (aus der Vorgänger- bzw. Gründerzeitgeneration) Wenzel Graf von Gleispach; siehe dazu die nachfolgenden Erörterungen und die Nachweise bei *Marxen* (Fn. 31), S. 85 ff.

die radikalste Position (wobei Günther ebenso wie Helmut Nicolai nicht in erster Linie strafrechtswissenschaftlich, sondern *strafrechtspopulistisch*, Nicolai sogar rassenideologisch argumentierte)[45]. Andere wie Wolf, Gallas und Exner waren jedenfalls bis zur Machtübernahme der Nationalsozialisten eher bestrebt, Kompromisse zu finden oder Einsichten (der modernen Schule) im Sinne der Weimarer Entwicklung fortzuschreiben. Wieder andere wie der Kriminologe Gustav Aschaffenburg taktierten und wollten sich nicht festlegen.[46] Beobachten lässt sich aber dennoch, wie die Gegenposition semantisch scharf gestellt wird: Begriffe wie die des starken, des totalen oder Volksstaates, des autoritären oder Gemeinschaftsstrafrechts werden zu *Selbstermächtigungsformeln*, die sich der liberalen Destruktion der Lebens- und Volkseinheit, des Geistes und der nationalen Tradition widersetzen sollen.[47] Gemeinsam ist den Begriffen des Totalen, des Autoritäten, der Gemeinschaft usw., dass sie auf die Kohäsionskräfte des Politischen, des Ethischen, des Volkes und des Nationalen abstellen. Recht und Staat leiten sich nicht vom einzelnen Individuum oder der Gesellschaft ab. Recht und Staat behaupten danach einen Gestaltungswillen, der durch die Institutionen und Gesetze, durch die Wissenschaft und die Rechtsprechung die hohe Würde des Staates und die transpersonal geteilten Werte zur Geltung bringt, gleichzeitig aber auch drastische Inklusions- und Exklusionseffekte erzeugt. „Der Staat benutzt die Strafe“, so erneut Dahm/Schaffstein,

> „um seine Macht aller Welt sichtbar vor Augen zu führen. In der Strafe offenbart sich symbolisch die Würde des Staates, die Todesstrafe macht dringlich sichtbar, daß der einzelne dem Staat preisgegeben werden darf.“[48]

Das national-liberale Strafrecht des späten Kaiserreichs und besonders die Reformbewegung der Weimarer Republik werden im Gegenzug zur Chiffre für das, was Carl Schmitt (in Vorwegnahme seines späteren Feindbegriffs) romantischen Occasionalismus genannt hatte. Zeige sich darin doch die radikale Entleerung aller staatlichen und sittlichen Institutionen, ein ausufernder Polykratismus und eine defätistische Selbstgenügsamkeit, verbunden mit einer nie dagewesenen Promiskuität der Begriffe und Ideen.[49] Man muss sich

---

[45] *Nicolai*, Rassengesetzliche Rechtslehre, 1932.

[46] *Aschaffenburg*, MschKrim 24 (1933), 158.

[47] *Dahm/Schaffstein* (Fn. 30), S. 40 ff.; *Gallas*, ZStW 53 (1934), 11, 21 ff.; *Günther* (Fn. 47), S. 101 ff.; *Wolf*, Die Justiz Bd. III (1927/1928), 110, 112 ff. Wie vielgestaltig die Begriffe verwendet wurden, zeigen auch die Positionen bei *Ziegler*, Autoritärer oder totaler Staat, 1932.

[48] *Dahm/Schaffstein* (Fn. 30), S. 41.

[49] *C. Schmitt*, Römischer Katholizismus und politische Form, 1923, S. 11; *ders.*, Politische Romantik, 1922, 4. unveränderte Aufl. 1982, S. 26; vgl. zum Ganzen *Breuer*, Anatomie der konservativen Revolution, 2. Aufl. 1995, S. 52; vgl. auch *Mohler*, Die konservative Revolution in Deutschland, 1999, 2. Aufl. 1972.

diese unverkennbaren Absetzbewegungen antiliberalen und autoritären Denkens, diese vielfältigen weltanschaulichen, staatstheoretischen und strafrechtspolitischen Standpunkte vergegenwärtigen, wenn man den Kampf um die Reform des liberalen Strafrechts am Ende der Weimarer Republik verstehen will.

2. Freiheit und Unterwerfung oder von der Macht und Ohnmacht des Strafrechts

Klar ist nach dem bisher Gesagten aber auch: Der Kampf um die Strafrechtsreform und d.h. um die Programmatik eines zukünftigen Strafrechts ist – löst man sich von den hoch ideologisierten Deutungsangeboten der Kontrahenten – kein Kampf der allein unter dem Rubrum *Liberales oder autoritäres Strafrecht?* verhandelt werden kann. Schon Klaus Marxen hat in seiner auch heute noch lesenswerten Untersuchung über den Kampf gegen das liberale Strafrecht darauf aufmerksam gemacht, dass die Standpunkte von Reformbefürwortern und Reformgegnern mit einem umfassenden Bündel an Interessen und Zielen verbunden, dass theoretische Positionen wenn notwendig relativiert, weltanschauliche Koalitionen neu justiert und damit den rechtspolitischen Entwicklungen angepasst wurden.[50] Was aber deutlicher als bei Marxen hervorgehoben werden sollte, ist die zunächst geteilte Krisendiagnose und Erwartungshaltung beider Lager.

Denn Verteidiger der Weimarer Strafrechtsreform wie auch Gegner diagnostizieren eine mangelnde Wirksamkeit, wir können auch sagen eine defizitäre Einwirkungsfähigkeit von Staat und Strafrecht auf die moderne Gesellschaft.

Die Erwartung an die Strafrechtsentwicklung war daher auf beiden Seiten, dass das Strafrecht mit einer neuen Funktionalität verknüpft wird und deshalb auch eine neue soziale Gestaltungsmacht ausüben kann. Wie allerdings diese Ohnmacht des Strafrechts in Macht umgewandelt werden soll, in welcher Form also das Strafrecht funktional und sozial gestaltend sein kann, war nun in der Tat umstritten.

Dreh- und Angelpunkt waren bekanntermaßen die besonders von Gustav Radbruch und Wilhelm Kahl seit Beginn der zwanziger Jahre forcierten Reformgesetze. Im Detail kann das hier nicht rekonstruiert werden. Die Stoßrichtung bestand darin, die Idee Franz v. Liszts, das Strafrecht zu vergesellschaften, auch für die Massendemokratie der Weimarer Republik fruchtbar zu machen. Dazu diente ein Strafrechtsverständnis, das drei Perspektiven miteinander verbinden sollte: *Zweckmäßigkeit* staatlichen Handelns, *Spezialprävention* und *Resozialisierung*.[51] Das Strafrecht und nicht zuletzt das

---

[50] *Marxen* (Fn. 31), S. 99 ff., 159 ff.

[51] Vgl. dazu *Neumann*, KJ 37 (2004), 432 und *Zabel*, in: Koch/Löhnig (Hrsg.), Die

Strafverfahren sollte demnach die staatliche Strafgewalt unmittelbar mit dem prekären Status des Individuums (des Delinquenten als Beschuldigtem, Inhaftiertem usw.) und den Bedürfnissen der Gesellschaft abgleichen.[52] Daraus ergab sich, wie Eberhard Schmidt in seiner Schrift „Strafrechtsreform und Kulturkrise“ von 1931 formulierte,

> „die Ideenwelt der ‚Strafrechtsreform‘. ‚Strafe und sichernde Maßnahmen‘, spezialpräventive Ausgestaltung des Strafvollzuges, Orientierung der Strafzumessung an der Persönlichkeit des Täters und nicht an der Schwere der Tat, unbestimmtes Strafurteil, progressiver Strafvollzug, Sonderbehandlung, namentlich der Jugendlichen und der Gewohnheitsverbrecher, kurz: weitgehende Individualisierung im Strafrecht und Erfüllung des Strafrechts mit sozialreformerischen Geist“.[53]

Aber es war gerade dieser sozialreformerische Geist, dem die Gegner der Weimarer Reform- und Strafrechtsentwicklung meinten, mit Vehemenz entgegentreten zu müssen. Wie erwähnt war es nicht die Krisen- und allgemeine Gesellschaftsdiagnose, die abgelehnt wurde, sondern die Funktion, die Mittel und die Gestaltungsmacht, auf die das moderne Strafrecht verpflichtet werden sollte. Sichtbar werde das, so Dahm/Schaffstein, an der „veränderte(n) Bestimmung der Strafzwecke“, an „der Bewertung der durch das Strafrecht zu schützenden Interessen“ und an der „Durchbrechung des Gewaltenteilungsprinzips“.[54] Nun war es zu keiner Zeit der Kontroverse so, dass die Reformgegner nicht selbst Wert auf eine Neubestimmung strafrechtlicher Funktionen, Mittel und Gestaltungsmacht gedrängt hätten (darauf ist noch einzugehen). Worauf es ankam, war vielmehr die *Form*, in der die Einwirkungsmechanismen, die Lenkung, Steuerung und Intervention durch das Strafrecht organisiert werden sollten. Es ist die sozial-liberale Deutung der Reform, gegen die sich die Kritik wandte. Denn aus Sicht der Reformgegner war die sozial-liberale Deutung der Einwirkung nur mit Vorteilen für den Einzelnen, zugleich aber mit erheblichen Nachteilen für die Volksgemeinschaft, namentlich für die Staatsautorität verbunden.[55] Die negativen Effekte dieser Deutung zeigten sich dann an der *Vernachlässigung* der Gemeinschaftsinteressen durch den Vorrang von Spezialprävention (und des Erziehungsgedankens); an der *Überbewertung* des Individualschutzes im Normhaushalt und an der Erweiterung und *Unberechenbarkeit* der Richtermacht.[56]

Schule Franz von Liszts, 2016, S. 87 ff.; aus der Perspektive der Kriminalpolitik *Reinke/Becker*, in: Lange (Hrsg.), Kriminalpolitik, 2008, S. 25 ff.

[52] *Kahl*, DJZ 1927, Sp. 998; *Radbruch*, Gesamtausgabe Bd. 9. Strafrechtsreform, hrsg. v. Wassermann, 1992, S. 187 ff.

[53] *Eb. Schmidt*, Strafrechtsreform und Kulturkrise, 1931, S. 13.

[54] *Dahm/Schaffstein* (Fn. 30), S. 12.

[55] *Graf v. Gleispach*, Mitteilungen der IKV Bd. 6, 1932, S. 160 ff.; *Schaffstein*, Diskussionsbeitrag, Fortführung der Strafrechtsreform, a.a.O., S. 181 ff.; *Günther* (Fn. 47), S. 101 ff.

[56] *Dahm/Schaffstein* (Fn. 30), S. 13 ff., 24 ff., 28 ff.

Die Strafrechtsreformdiskussion bei der Tagung der Internationalen Kriminalistischen Vereinigung von 1932 (vor allem die Beiträge der Kritiker), darüber hinaus die programmatischen Positionen von Günther und Dahm/Schaffstein bündelten nicht nur dogmatische und kriminologische Erfahrungen mit der Weimarer Strafrechtsentwicklung, sondern verknüpften sie auch mit einer national-konservativen (partiell, wie bei Günther, bereits mit einer nationalsozialistischen) Deutung: Dem Gedanken der Spezialprävention wurde nicht nur mit dem theoretischen Argument der Vernachlässigung staatlich zu schützender Gemeinschaftsinteressen begegnet; verstärkt wurde die Reformkritik zusätzlich durch die bereits erwähnte Untersuchung Exners zur Strafzumessungspraxis deutscher Strafgerichte. Exner hatte aufgezeigt, dass die Freiheitsstrafe zunehmend von der Geldstrafe verdrängt wurde und auch die Anwendung der Zuchthausstrafe bei gewohnheitsmäßig verübten Straftaten rückläufig war. Als ebenso rückläufig erwiesen sich nach Exner die veranschlagten Strafhöhen in den verschiedensten Deliktsbereichen.[57] Im Ganzen hatte sich die Strafzumessungspraxis der Strafgerichte zwar nicht auf die Kriminalität in der Gesellschaft ausgewirkt, diese war weitgehend konstant geblieben, gleichzeitig waren aber massive Schwankungen zu beobachten. So nahmen im Untersuchungszeitraum die Delikte gegen die Person stark ab, während die Delikte gegen den Staat und die öffentliche Ordnung deutlich zunahmen. Zudem schien die Untersuchung nahezulegen, dass die Strafjustiz nur sehr selten die strengen Strafrahmen bei Wiederholungstätern und gewerbsmäßiger Kriminalität (der sog. „Unverbesserlichen“) ausschöpfte.[58] Exners Hinweis auf eine richterliche Praxis des „einfühlenden Verstehens“ und die durchschimmernde Skepsis bezüglich der Zweckmäßigkeit spezialpräventiven Strafens interpretierten Dahm/Schaffstein als Folge eines auf allen Ebenen der Strafjustiz platzgreifenden liberalen „Milderungssystems“; und das trotz der sehr vielgestaltigen, nicht immer eindeutigen Tendenzen und trotz der von Exner konzedierten richterlichen Rückbindung an die „Ethik des alltäglichen Lebens“ und die traditionellen Werturteile des Volkes.[59]

„Die liberale Strafe als Preis für die Verletzung fremder Güter bleibt bestehen, der soziale Gedanke aber kommt in einer Senkung des Preises zum Ausdruck. Das Ergebnis ist hier wie überall ein Höchstmaß an Vorteilen für das Individuum zum Nachteil der Staatsinteressen.“[60]

---

[57] *Exner* (Fn. 43), S. 22 und öfter, 108 ff.

[58] Nachweise auch bei *Gallas*, ZStW 53 (1934), 11, 13 f.; zur Bestimmung und Einteilung der Verbrechenstypen und insbesondere zum Umgang mit den sog. „Unverbesserlichen“ bereits *v. Liszt*, Vorträge und Aufsätze Bd. 2, 1970 (1905), S. 308 ff.

[59] *Exner* (Fn. 43), S. 94.

[60] *Dahm/Schaffstein* (Fn. 30), S. 23.

Diese national-konservative Kritik an dem liberalen Sanktions- und Gesellschaftsschutzkonzept und der hierbei zugrundeliegende *Wille zum Autoritären* zeigen sich auch in der Beurteilung individualistischer Rechtsgüterschutztendenzen. Dieses Argument ist von Erik Wolf in seiner Arbeit zur Wertordnung der Rechtsgüter vorbereitet worden.[61] In der daran anschließenden Debatte (etwa in den Beratungen des Reformentwurfes von 1930 und auf der bereits erwähnten Tagung der IKV 1932) wird von Seiten der Reformkritiker gerade ein durch Strafgesetzgebung und Strafrechtsanwendung forcierter Werteverfall behauptet. Denn unter dem Druck der Krise hätten sich massive Relativierungen des Schutzumfanges bis hin zu einer Beseitigung der Sanktionsbewehrung ergeben.[62] „In der Art der Verschiebungen", so heißt es dann zugespitzt bei Dahm/Schaffstein, „treten aber die gleichen Tendenzen hervor, wie sie die veränderte Strafzweckbestimmung im sozial-liberalen Strafrecht charakterisieren. Individualismus und die Tendenz zur Loslösung des Rechts von der Ethik beherrschten auch hier die Entwicklung der letzten Jahrzehnte".[63] Als beispielhaft für diese Tendenz wurden namentlich Bestrebungen angesehen, den Religionsschutz und das strafrechtliche Eidesrecht zu beschränken, Abtreibungshandlungen gemäß § 218 RStGB und die Homosexualität unter Männern gem. § 175 RStGB zu entkriminalisieren.[64] Das eigentlich Defätistische des liberalen Rechtsgüterschutzes kam aber für die Reformgegner in der geforderten Privilegierung des Überzeugungstäters zum Ausdruck. Bekanntermaßen hatte sich vor allem Radbruch für eine solche Privilegierung (durch den Strafausspruch und den Strafvollzug) ausgesprochen. Der Überzeugungstäter, so Radbruch, setze den sittlichen, politischen und religiösen Werten der geltenden Rechtsordnung den eigenen sittlichen Standpunkt entgegen. Dem Staat stünde insofern zwar ein Verteidigungsrecht zu. Eine überlegene sittliche Position könne daraus jedoch nicht abgeleitet werden. Radbruch beharrt hier auf seiner wertrelativistischen Sicht, die dem Staat Respekt vor der höchstpersönlichen Gewissensent-

---

[61] *Wolf*, Die Justiz Bd. III (1927/1928), 110, 112 ff., siehe auch die vorangegangenen Erörterungen.

[62] Vgl. zu den parlamentarischen Beratungen von 1930 *Schubert* (Hrsg.), Quellen zur Reform des Straf- und Strafprozeßrechts. Protokolle der Strafrechtsausschüsse des Reichstages. Abt. 1. Bd. 3.3., 1997; zu den Diskussionsbeiträgen auf der Tagung der IKV, Mitteilungen der IKV Bd. 6, 1932, S. 181 ff.

[63] *Dahm/Schaffstein* (Fn. 30), S. 25; darüber hinaus *Günther* (Fn. 47), S. 103 ff.; *ders.*, Widerstand Jahrbuch, 1930, S. 244 ff.

[64] *Dahm/Schaffstein* (Fn. 30), S. 25. Zu den von den Kritikern beschriebenen Tendenzen in Bezug auf die Abtreibung siehe die Mitteilungen der IKV Bd. 6, 1932, S. 126 sowie *v. Liszt/ Eb. Schmidt*, Lehrbuch des deutschen Strafrechts, 25. Aufl. 1927, S. 562; in Bezug auf den Religionsschutz *Thümmel*, Der Religionsschutz durch das Strafrecht, 1927; zur Eidesreform *Hegler*, Die Eidesreform, 1930.

scheidung abfordere.[65] Die Privilegierung bezeichnet die *Selbstbegrenzung* staatlicher Autorität und offenbart für die Reformgegner das grundsätzliche Problem der Weimarer Demokratie. Denn es geht um einen strafenden Staat, „der sich selbst keinen unableitbaren Eigenwert, keine höchste Würde beimißt, der die Toleranz zu seinem obersten Prinzip erhebt, der nur die Gleichheit der Waffen garantieren will in dem Kampf der Ideen, Interessen, Klassen und ihrer Träger".[66] Damit werden die Gegensätze mehr als deutlich: Während sich die Wirksamkeit, die Einwirkungsfähigkeit von Staat und Strafrecht für liberale Positionen danach bestimmen soll, wie sie für eine effektive Resozialisierung des Täters und einen sozialen Ausgleich innerhalb der Gesellschaft sorgen kann, verweisen Wirksamkeit und Einwirkungsfähigkeit von Staat und Strafrecht für das national-konservative Verständnis auf eine *selbständige Macht der Autorität*, die ethische und politische Bindungskräfte erst erzeugt und deshalb auch die eigene Überlegenheit gegenüber dem Einzelnen und der Gesellschaft ausspielen kann.

Dass sich das Selbstverständnis des strafenden Staates nicht nur am zeitbedingten Rechtsgüterschutz und der konkreten Strafzumessungspraxis ablesen lässt, sondern sich auch im Umgang mit dem Gewaltenteilungsmodell moderner demokratischer Verfassung zeigt, wurde von keiner Seite bestritten. Das Feld der Kontroverse wurde dort betreten, wo es um die *spezifische Funktion* der Gewaltenteilung und das *Wechselspiel* der verschiedenen Gewalten, Legislative, Exekutive und Judikative, ging. Die kriminalpolitische und strafrechtswissenschaftliche Diskussion wurde also, was nicht verwundert, auch von den schon skizzierten demokratie- und verfassungstheoretischen Debatten der Weimarer Republik beeinflusst. Im Zentrum der national-konservativen Kritik steht die liberale Deutung der Richtermacht. Denn die Richtermacht sei unberechenbar und interessengesteuert, und zwar, so Dahm, zugunsten des Individuums. Gesetzgebung, Status und richterliche Rechtsanwendung (namentlich die Auslegung) führten danach zu einer einseitigen, individualistisch begründeten Lockerung des Gewaltenteilungskonzepts.[67] Wogegen sich die Kritik richtet, wird klar, wenn man sich Radbruchs Vorstellung der richterlichen Tätigkeit vor Augen führt; würde diese doch entscheidend durch die „elastische Gestalt des Strafrechts"[68] geprägt. Künftig, so Radbruch, werde der Richter „innerhalb weitgezogener

---

[65] *Radbruch*, Gesamtausgabe Bd. 8. Strafecht II, hrsg. v. Kaufmann, 1998, S. 126 ff.

[66] *Dahm/Schaffstein* (Fn. 30), S. 27.

[67] *Dahm*, Die Zunahme der Richtermacht im modernen Strafrecht, 1931; *ders.*, Der Richter im modernen Strafrecht, 1932. Die Grundaussagen werden später bei *Dahm/Schaffstein* wiederholt, vgl. *dies.* (Fn. 30), S. 28 ff. Kurz darauf erscheint dann von *Dahm*, Das Ermessen des Richters im nationalsozialistischen Strafrecht, 1934. Der Text radikalisiert die vorherigen Aussagen erheblich, dazu auch im Text.

[68] *Radbruch*, Gesamtausgabe Bd. 1, hrsg. v. Kaufmann, 1987, S. 211, 316.

Rechtsschranken mehr Aufgaben der Fürsorge und Sicherung als der bloßen Rechtsanwendung erfüllen; eine Art Sozialbeamter, sozialer Diagnostiker und sozialer Therapeut, dem Verwaltungsmann ähnlicher als dem Zivilrichter".[69]

Für Dahm, aber nicht nur für ihn, ist das eine Provokation (und es dürfte auch für manchen liberalen Mitstreiter Radbruchs gewöhnungsbedürftig gewesen sein). Gesetzgebung, Rechtsprechung und die Richterschaft als solche unterliefen die festgelegten Grenzen der jeweiligen Staatsgewalten, machten sie zu Interessensvermittlern und höhlten auf diese Weise – und das ist der Punkt – die politische Gestaltungsmacht des Staates, eben seine Autorität aus.[70] Dass diese Flexibilität richterlicher Tätigkeit eine Herausforderung, um nicht zu sagen ein rechtsstaatliches Risiko ist, hat Radbruch selbst gesehen (und die Debatte um die Kompetenzen der Richterinnen und Richter ist bis heute nicht abgeschlossen). Seine Nähe zur Freirechtsbewegung um Ernst Kantorowicz hat ihn veranlasst, die Funktion der Gewaltenteilung und das Wechselspiel der verschiedenen Gewalten auf ein *dynamisches Sanktionsregime* zu beziehen.[71] Radbruch sprach sich deshalb für eine Unterscheidung von Kriminal- und Polizeiunrecht aus. Für das erste war strikt auf dem Gesetzlichkeitsprinzip und den strafprozessualen Voraussetzungen zu beharren, das zweite hingegen sollte verschiedene, effektiv wirkende Sanktionszweckerwägungen bündeln.[72] Ungeachtet der Tatsache, dass diese Unterscheidung eine Reihe von Schwierigkeiten aufwirft (mit der auch die moderne Straftheorie und Sanktionspraxis zu kämpfen hat), ist das Insistieren auf der Gestaltungsmacht, auf der Autorität des Staates bei Dahm, nur dem ersten Anschein nach der alternative Weg. Denn Dahm geht es mit dem Hinweis auf die Autorität in erster Linie um die Ausschaltung des Individualismus, um ein Gegengewicht zur, wie es jetzt heißt, „liberalen Verweichlichung" des Strafrechts und vor allem um die *politische Bindung* der richterlichen Tätigkeit. Mit anderen Worten, was am sozial-liberalen Modell der Richtermacht als unberechenbar, als nicht den Standards der Gewaltenteilung entsprechend, kritisiert wurde, galt in der national-konservativen Deutung des Rechts als durchaus akzeptabel. Entscheidend sei vielmehr, „daß der Richter das Strafrecht im Sinne der autoritären Staatsführung auch wirklich anwendet".[73] Welche destruktiven Wirkungen diese *autoritäre Politisierung* der Gewaltenteilung und der richterlichen Tätigkeit hatte, zeigt sich dann in Dahms

[69] *Radbruch* (Fn. 68), S. 211, 316.

[70] *Dahm*, Die Zunahme der Richtermacht (Fn. 67), S. 5 ff.

[71] Vgl. aus der zeitgenössischen Debatte auch *Goldschmidt*, Verwaltungsstrafrecht. Eine Untersuchung der Grenzgebiete zwischen Strafrecht und Verwaltungsrecht auf rechtsgeschichtlicher und rechtsvergleichender Grundlage, 1902.

[72] *Radbruch*, Gesamtausgabe Bd. 9, hrsg. v. Wassermann, 1992, S. 47 ff.

[73] *Dahm/Schaffstein* (Fn. 30), S. 51.

1934 erschienenem Text über „Das Ermessen des Richters im nationalsozialistischen Strafrecht". So wurde das Gesetzlichkeitsprinzip seiner Abwehrfunktion entkleidet und an den „Führerwillen" bzw. an die „von der Führung anerkannten Werturteile" gekoppelt. Gesetze und Klauseln sollten im Sinne der politischen Führung offengehalten werden, was die Preisgabe des „radikalen Analogieverbots" notwendig machte. Die Strafzumessungspraxis wiederum hatte sich von der „kriminalpolitischen Anarchie" des Liberalismus zu lösen. Tat und Täter, Erfolg und individuelle Verantwortung müssten mit Blick auf die Volksordnung und die politische Gemeinschaft verarbeitet werden.[74] Die Strafzumessungsentscheidung stelle damit, heißt es bei Dahm, „keine leidenschaftslose Zweckmaßnahme dar, sondern einen Ausspruch über den Wert des Täters für die Gemeinschaft, somit eine Entscheidung über seine Ehre".[75] Die weitere Entwicklung des Strafrechts ist bekannt.

Nicht nur der erhebliche Druck, der auf die „liberale Fraktion" und den sozialreformerischen Geist ausgeübt wurde, lässt sich nach dem Gesagten gut erkennen; auch die Macht der eingesetzten Begriffe ist nicht zu übersehen. Gerade die starke und permanente Behauptung eines liberalen Versagens, eines liberalen Anarchismus, eines defätistischen Rechts- und Staatsverständnisses usw. hinterließ deutliche Spuren.[76] Es ist deshalb nicht ohne Ironie, dass sich Eberhard Schmidt im Namen der Reformbefürworter gegen diese Angriffe zu wehren versuchte, indem er seinerseits darauf beharrte, dass etwa die Strafzweckerwägungen, namentlich die Idee der Spezialprävention und der Resozialisierung, alles andere als „liberalistisch" genannt werden könnten. „Ich bin überzeugt", so Eberhard Schmidt,

> „daß nichts so illiberalistisch, ja antiliberalistisch ist, wie das, was unsere Strafrechtsreform in den Vordergrund rückt, jene spezialpräventive Auffassung von Strafen und sichernden Maßnahmen, und daß sich unsere Reform insofern völlig und grundsätzlich von dem unterscheidet, was zum 19. Jahrhundert mit seinem typisch rationalistischen und liberalistischen Strafrecht gehört."[77]

Woran Eberhard Schmidt erinnern will, ist offensichtlich die Auffassung Franz v. Liszts. Dieser hatte sein Verständnis des Strafrechts und der Strafzweckerwägungen bekanntlich eng an die Entwicklung eines intervenierenden Verwaltungsstaates geknüpft, der „in das freie Spiel der Kräfte eingreift", um jedenfalls auch „die Interessen der Gesamtheit gegenüber dem Übermut des Einzelnen wahrzunehmen."[78] v. Liszts Liberalismus (wenn man ihn so

---

[74] *Dahm*, Das Ermessen des Richters (Fn. 67), S. 5 ff.

[75] *Dahm*, Das Ermessen des Richters (Fn. 67), S. 9; auf die „autoritäre Agenda" des Weimarer Strafrechtsdenkens kommen wir unter 3. zurück.

[76] Vgl. die vorangegangenen Erörterungen.

[77] *Eb. Schmidt*, Mitteilungen der IKV Bd. 6, 1932, S. 176 ff.

[78] Insofern Max Weber folgend: „Aus dem Rechtsstaat, dem Nichts-als-Rechtsstaat, der sich nur damit begnügt hat oder begnügen wollte, dem freien Spiel der Kräfte seinen

bezeichnen möchte) war also im Grunde ein *Interventionsstaatsliberalismus*, dessen Legitimation sich über das Kraftfeld von Recht, Freiheit und Regulierung herstellte. In seiner Verteidigungsstrategie geht es Eberhard Schmidt scheinbar darum, daran anschließend den Reformliberalismus als einen pragmatischen und gesellschaftswirksamen auszuweisen und gegen den rationalistisch liberalen Rechtsstaatspositivismus des 19. Jahrhunderts abzusetzen, mit dem er, Radbruch und andere fälschlicherweise identifiziert würden. Ob Eberhard Schmidt mit der Einschätzung einiger Reformtendenzen[79] als illiberal oder antiliberal nicht über das Ziel hinausgeschossen ist (abgesehen davon, ob v. Liszt diese Einschätzung geteilt hätte), kann hier dahinstehen. Was man jedenfalls sieht, ist die Dynamik, die durch die aufgeheizte politische Situation einer nur noch per Notverordnung regierten Demokratie, aber auch durch die massive Politisierung der Strafrechtswissenschaft entsteht. Individualismus, Liberalismus, liberale Demokratie und Verfassung sind zu *Kampfbegriffen* geworden, die dazu dienen, Abgrenzungen und Lagerbildung zu ermöglichen. Die Krise der parlamentarischen Demokratie und das apolitische Freiheitskonzept des Liberalismus[80] bringen das autoritäre Denken nicht hervor; dennoch schaffen sie die Voraussetzungen dafür, dass sich die Macht des Autoritären entfalten und in die Kommunikationsräume von Recht, Gesellschaft und Kultur eindringen kann.[81]

3. Die autoritäre Agenda

Autoritäres Denken und autoritäres Rechtsverständnis speisen sich, wie bereits hervorgehoben wurde, aus nationalen und konservativen, aus identitären und volksgemeinschaftlichen Wertvorstellungen.[82] Gemeinsam ist allen diesen Vorstellungen, dass sie sich gegen die Idee eines bürgerlichen und „selbstgenügsamen" Liberalismus (als Rechtsstaatsliberalismus), gegen das Projekt einer parlamentarischen Demokratie wenden. Das Bürgerliche, Li-

---

Lauf zu sichern, hat sich im Verlaufe der Jahrzehnte der moderne Verwaltungsstaat entwickelt, der durch bewusste Zwecksetzung in das freie Spiel der Kräfte eingreift, um auf der anderen Seite die Interessen der Gesamtheit gegenüber dem Übermut des Einzelnen wahrzunehmen.", *v. Liszt*, Mitteilungen der IKV Bd. 19, 1912, S. 376, 377.

[79] Zu den Reformideen gehören auch die Einführung des „unbestimmten Strafurteils" (*Eb. Schmidt*, Zur Theorie des unbestimmten Strafurteils, SchwZStr 1931, 200 ff.) und das Ziel, Tatbestände des Besonderen Teils im Sinne einer elastischeren Handhabung des Strafrechts aufzulockern, zum Ganzen *Kohlrausch*, Mitteilungen der IKV Bd. 6, 1932, S. 145 ff., 157.

[80] Vgl. die Darstellung im ersten Abschnitt.

[81] Detaillierte Analyse bereits bei *Bracher*, Die Auflösung der Weimarer Demokratie. Eine Studie zum Problem des Machtzerfalls in der Demokratie, 1978 (ND der 5. Aufl. 1971).

[82] *Hacke* (Fn. 2), S. 69 ff.; *Sontheimer* (Fn. 2), S. 93 ff.

berale und Individualistische wird als „feindliches Prinzip" begriffen, das mit allen zur Verfügung stehenden Mitteln bekämpft werden muss.[83] Diese Frontstellung (um in der Semantik zu bleiben) ergab sich offenbar aus einem Ungenügen, das ganz ohne Zweifel mit der konkreten Situation Deutschlands nach dem Krieg zu tun hatte, mit der Niederlage, den unterschiedlichsten traumatischen Kriegserlebnissen vieler Bevölkerungsteile, mit der Zerrissenheit der Nachkriegsgesellschaft und den daraus erwachsenen Radikalisierungen. Insofern bewegte sich das Land nach dem Zerfall des wilhelminischen Kaiserreichs und der Gründung der Weimarer Republik in einem Spannungsfeld gesellschaftlicher Depressionen, von milieuspezifischen Ohnmachtserfahrungen und neuen revolutionären Grundstimmungen. Das betraf die „in der Heimat" gebliebenen Bevölkerungsgruppen, die „aus dem Feld" zurückgekehrten Soldaten, die sich sehr schnell in neuen Interessensverbänden und Kampfbünden organisierten; und es betraf die politische und intellektuelle Elite.[84] Aber wir hatten auch gesehen, dass diese Erfahrungen, Erwartungen und neuen weltanschaulichen Orientierungen zugleich in eine Antwort auf die Grundentscheidung des Liberalismus, der liberalen Demokratie und des liberalen Rechtsstaates, umgemünzt werden.[85]

Diese Grundentscheidung beruht (bis heute) auf einem durch Recht und Politik moderierten Ausgleich gesellschaftlicher Interessen, auf der Idee eines neutralen Staates, der durch Gesetzgebung, Verwaltung und Justiz für Teilhabe und Stabilität sorgt. Dass sich hinter dieser Politik der Vergesellschaftung (der Entpolitisierung des Sozialen) ein Legitimationsdilemma verbirgt, hat vor allem die Kontroverse zwischen den Liberalen um Kelsen und den autoritären Nationalisten um Schmitt bestimmt.[86] Während die liberale Fraktion die individuelle Freiheitssicherung und damit die Relativierung staatlicher Gewalt als zentrale Errungenschaft der Moderne preist, steht für die andere Seite fest, dass diese Errungenschaft die Krise der Demokratie und des Rechts und die Krise des Politischen erst hervorgerufen hat.

---

[83] *Jung*, Revolutionäre Außenpolitik, 1930, S. 236; *Niekisch*, Die Entscheidung, 1930, S. 163.

[84] Allgemein zur Nach- und Zwischenkriegsgesellschaft *Hardtwig* (Hrsg.), Ordnungen in der Krise: Zur politischen Kulturgeschichte Deutschlands 1900–1933, 2007; zeitgenössisch *Mannheim*, Konservatismus, 1925; *Plessner*, Die Grenzen der Gemeinschaft. Eine Kritik des sozialen Radikalismus, 1924; zur Weimarer intellektuellen Elite etwa *Lethen*, Verhaltenslehren der Kälte, 1994.

[85] Inwiefern es sinnvoll oder überhaupt angebracht erscheint, diese gesellschaftlichen Gruppen und Eliten unter den Begriff der *Konservativen Revolution* zu bringen, so *Mohler*, Konservative Revolution in Deutschland, S. 24 ff., 78 ff., dürfte zweifelhaft sein, kann hier aber nicht vertieft werden, kritisch etwa *Kondylis*, Konservatismus. Geschichtlicher Gehalt und Untergang, 1986.

[86] Zur Kontroverse in der Weimarer Republik siehe die Erörterungen im ersten Abschnitt; zur gegenwärtigen Debatte *Menke* (Fn. 15), S. 177 ff. und *Müller*, Furcht und Freiheit, 2019.

„Denn die Negation des Politischen, die in jedem konsequenten Individualismus enthalten ist", so Carl Schmitt,

> „führt wohl zu einer politischen Praxis des Mißtrauens gegen alle denkbaren politischen Mächte und Staatsformen, niemals aber zu einer eigenen positiven Theorie von Staat und Politik"[87]

Die gegen die liberale Freiheits- und Gesellschaftsideologie gerichtete Mobilisierung einer *Identitätspolitik* war (und ist) das Thema des autoritären Denkens. Für die autoritäre Agenda des Rechts- und Strafrechtsdenkens geht es nicht nur um eine dezidierte Abgrenzung, sondern darüber hinaus um zweierlei: Zum einen muss das Verhältnis des Politischen zu Recht und Staat neu justiert, zum anderen das Strafsystem angepasst werden. Einige Aspekte sind schon angeklungen, im Folgenden sollen daher die wesentlichen Punkte ausdrücklich benannt werden:

Der autoritäre Staat bestimmt das Recht als Teil des Politischen; Strafe und Strafzumessung ergeben sich aus dem konkreten Ordnungs- und Machtdurchsetzungsinteresse; Rechtsgüterschutz legitimiert sich als Ausdruck einer nationalen („völkischen") Weltanschauung; der Täter handelt nicht nur formal gegen das Gesetz, sondern gegen die Gemeinschaftswerte. Im Einzelnen:

Der autoritäre Staat ist ein totaler Unterwerfungsstaat. Er regiert als Machtinstanz die Gesellschaft und kommuniziert diese Macht mit Hilfe des Rechts. Insofern bezeichnet auch das Strafrecht eine Machtfunktion des Staates.

> „Denn das Strafrecht ist keine Insel, kein abgesonderter Raum mit undurchsichtigen Wänden, sondern ein öffentliches Schauspiel, dem die Gesamtheit der Rechtsgenossen beiwohnt. Und zwar nicht etwa mit dem leidenschaftslosen Interesse des unbeteiligten Zuschauers, sondern mit ganz bestimmten Erwartungen und Hoffnungen, mit der inneren Anteilnahme eines lebendigen Rechtsgefühls".[88]

Bedeutung von Strafe und Strafzumessung dienen der Demonstration und Wiederherstellung eines transpersonalen Machtwillens. Die Funktion der jeweiligen Strafzwecke hat sich nach den Kohärenzbedürfnissen der politischen Gemeinschaft zu richten. Denn auch bei der Verbrechensbekämpfung des autoritären Staates gelte es,

> „das richtige Verhältnis zu finden zwischen Einwirkungen auf den Einzelnen und auf die Gemeinschaft, zwischen Erziehung, Unschädlichmachung und Abschreckung (…) Damit scheint der Rücksichtnahme auf den Verbrecher von vornherein eine doppelte Grenze gezogen. Diese Rücksichtnahme darf einmal nur so weit gehen, daß die Staatsautorität gewahrt bleibt, der Eindruck auf die Gesamtheit nicht verfehlt wird. Zweitens muß die Einwirkung auf den Einzelnen so nachhaltig sein, daß außer dem Täter auch andere für die Zukunft abgeschreckt werden."[89]

---

[87] *C. Schmitt*, Der Begriff des Politischen (Fn. 24), S. 68 f.

[88] *Dahm/Schaffstein* (Fn. 30), S. 40 f.

Rechtsgüter im Sinne des autoritären Staates sind durch die „organisch gewachsene“ Ordnung gewährte Interessen. D.h., in den Rechtsgütern und den (verschiedenen) Strafdrohungen drücke sich aus, „wie der Staat die Lebensinteressen der Rechtsgenossen wertet und welchen Wert er der Erhaltung seiner selbst in allen drei Gewalten beimißt.“ Und weiter:

„Bei der Anerkennung eines Gutes als Rechtsgut überhaupt folgt der gesetzgebende Staat den Weisungen der natürlichen Kultur. Den spezifischen Wert eines solchen Gutes aber, seinen Rang unter den anderen Gütern, verleiht ihm der Staat maßgeblich der politischen Idee, welche die in Frage stehende Kulturgüterwelt: die soziale Wirklichkeit einer Zeit, zum Staate formt.“[90]

Der Täter wendet sich gegen die Lebensordnung und die Interessen der politischen Gemeinschaft; der Täter bezeichnet als Rechtsperson zugleich den Typus des individuellen Gesinnungsverfalls. Dieser Gesinnungsverfall äußert sich in einem „gemeingefährlichen, gemeinwidrigen, gemeinfeindlichen, gemeinlässigen und gemeinschädlichen Verhalten“;[91] d.h.: als „natürlich-triebhafte Existenz“, als „kalte Asozialität, die jeder Gemeinschaftsbindung (…) den nackten Egoismus des Individuums entgegensetzt“, als „glühende Antisozialität oder Hypersozialität“, in Gestalt des „Überzeugungstäters“ oder staatsfeindlichen „Revolutionäres“, als „sozial-inaktive Einstellung“ und „negativ-individualistische Haltung, die dem Angerufenwerden durch positives Sollen stumpfen Gehorsam und leeres Vergessen entgegenbringt“ und in Form einer „sozial-gleichgültigen“ Gesinnung.[92]

Damit ist das autoritäre Strafrechtsdenken in den wesentlichen Zügen umrissen. Wir erkennen deutliche Distanzierungen gegenüber dem „sozialliberalen Strafrecht“, die bis in Einzelfragen des Zurechnungssystems und der Dogmatik hineinreichen, man denke an die „gemeinschaftskonforme“ Auslegung der Tatbestände, an den Umgang mit der subjektiven Tatseite, an Fragen der Zumutbarkeit, des übergesetzlichen Notstandes usw. Wir erkennen aber auch, dass das autoritäre Strafrecht noch nicht das faschistische oder nationalsozialistische ist, wie es dann von Dahm und Schaffstein, von Wolf, Exner oder Mezger und bis zu einem gewissen Grade auch von Gallas und Welzel ausbuchstabiert wurde.[93] Das autoritäre Strafrecht ist noch ein-

---

[89] *Dahm/Schaffstein* (Fn. 30), S. 42.

[90] *Wolf*, Die Justiz Bd. III (1927/1928), 110 f.

[91] *Wolf*, Vom Wesen des Täters (Fn. 43), S. 31.

[92] *Wolf*, Vom Wesen des Täters (Fn. 43), S. 30 f.

[93] *Dahm*, Gemeinschaft und Strafrecht, 1935, S. 6 ff.; *Exner*, MschrKrim 29 (1938), 404; *ders.*, Kriminalbiologie, 1939, S. 47 ff.; *Gallas*, in: Dahm u.a. (Hrsg.), Festschrift für Graf Wenzel Gleispach, 1936, S. 50 ff.; *Mezger*, ZStW 55 (1936), 1; *Schaffstein*, in: Larenz (Hrsg.), Grundfragen der neuen Rechtswissenschaft, 1935, S. 108 ff.; *Welzel*, Naturalismus und Wertphilosophie im Strafrecht, 1935, S. 6, 36, 49, 77 und 88; *Wolf*, ZStW 54 (1935), 544; dazu bereits *Marxen* (Fn. 31), S. 176 ff.; darüber hinaus *Cattaneo*, Strafrechtstotali-

gebettet in eine wenn auch fragile Demokratie und Verfassung.[94] Gleichzeitig ist nicht zu übersehen, wie die *Politisierung* der Weimarer Gesellschaft und die *Polemisierung* der Wissenschaft, speziell der Strafrechtswissenschaft, die Sprache, die Begriffe und die Semantiken verändern. Rechtsverhältnisse werden zunehmend als *totale Unterwerfungsverhältnisse* gedeutet, damit aber das Freiheitskonzept und die Idee der subjektiven Rechte zum Verschwinden gebracht (die häufige Bezeichnung „sittlich" oder „ethisch" für das Recht der Volksgemeinschaft sollte die ideologischen Zersetzungsprozesse camouflieren). Das autoritäre Strafrecht ist ein Strafrecht ohne reflektierten Freiheitsbegriff. An diesen Regressionstendenzen hatte allerdings auch das liberale Rechts- und Demokratieverständnis seinen Anteil. Indem es Freiheit auf eine epistemische Größe reduzierte, von der handlungsleitenden Norm und dem Gesetz löste und der alleinigen Verfügungsmacht des Individuums unterstellte, verlor es auch einen Begriff des Politischen aus dem Blick, der nicht das autoritäre Moment betont, sondern das *legitimitätsbegründende* Handeln und Urteilen der Subjekte.[95]

III. Wissenschaft als Ideologie

Gerade an der Umstellung des Strafrechts auf ein autoritäres (und später nationalsozialistisches) Steuerungsinstrument zeigt sich, welche Wirkungen Ideologien in der Wissenschaft, zumal in der Strafrechtswissenschaft haben können. Gemeinhin werden unter einer Ideologie Überzeugungen, Weltanschauungen oder Wertvorstellungen verstanden, die mit einem *ausschließlichen* Wahrheitsanspruch verknüpft sind, d.h. auf *unbedingter* Geltung beharren. Ideologien,[96] so heißt es dann bei Theodor W. Adorno, begründen einen Verblendungszusammenhang, der die Lebensrealität der Menschen bestimmt, gleichzeitig aber die Interessen konkreter Gruppen verschleiert oder die Machtansprüche staatlicher Autoritäten sanktioniert.[97] Wendet man das auf das autoritäre (Strafrechts-)Denken an, dann kann man sehen, dass der Primat der identitären Gemeinschaft, die weltanschauliche Homogenität der

---

tarismus, 2001, S. 223; *Rüping*, in: Dreier u.a. (Hrsg.), Reich und Justiz im „Dritten Reich", 1989, S. 180 ff.; *Kirchheimer* (Fn. 20), S. 186 ff. und jüngst *Ambos*, Nationalsozialistisches Strafrecht, 2018, passim.

[94] Siehe dazu die Überlegungen im ersten Abschnitt.

[95] Daran wird sich später das Konzept des Politischen von Hannah Arendt orientieren, *dies.*, Das Urteilen. Texte zu Kants politischer Philosophie, 1985, S. 94; *dies.*, Was ist Politik?, 1993, S. 9 ff. und öfter.

[96] *Luhmann*, Soziologische Aufklärung I, 1970, S. 54 ff.; *ders.*, ARSP 53 (1967), 531.

[97] *Adorno*, Gesammelte Schriften Bd. 8. Soziologische Schriften, 1972, S. 457 ff.; *ders.*, Gesammelte Schriften, Bd. 10. Prismen, 2006, S. 22.

Rechtsgenossen und die nicht verhandelbare Autorität eines politischen Willens hochideologische Annahmen darstellen. Genau besehen handelt es sich auch gar nicht um den Schutz und die Gestaltung einer politischen Kultur (der Verfassung, der Institutionen und der Lebensformen), sondern um die machtpolitische Durchsetzung des Vorpolitischen. Weltanschauung, Gemeinschaft, Volk usw. werden als etwas *Gegebenes* und *Vorrational-Organisches* behauptet, das nicht von dem Urteil des Einzelnen oder der Gesellschaft abhängig ist; das diesem Urteil sogar entgegengesetzt werden kann. Die Rede von der Unabdingbarkeit eines totalen Staates, vom Vorrang der Volksanschauung, der Gemeinschaftswerte oder eines lebendigen Rechtsgefühls meint genau dies.[98] Und aus dieser ideologischen Annahme speist sich auch die skizzierte autoritäre Agenda: Schuld, Strafe, Rechtsgüterschutz, Täterbegriff und die ganze damit einhergehende Dogmatik sind juristischen Konzepte, die die Präponderanz des Vorpolitischen voraussetzen (mit anderen Worten, das reflexive Verhältnis von individueller und sozialer Freiheit einfach stillstellen) und die Rechte und Pflichten des Einzelnen oder von Gruppen daran messen. Es ist deshalb auch kein Wunder, dass Individualismus und Pluralität, liberale Demokratie und liberaler Rechtsstaat in der Weimarer Republik zu Kampfbegriffen werden. Denn sie stellen gerade diese autoritäre Identitätspolitik in Frage (oder versuchen dazu eine Alternative zu formulieren). Dass es dem sozial-liberalen Strafrechtsdenken nicht gelungen ist, den autoritären Angriffen und theoriebezogenen Verwerfungen wirksam entgegenzutreten, hat viele Gründe. Ein ausschlaggebender dürfte in dem verschiedentlich betonten Problem des Liberalismus zu suchen sein, einen eigenständigen und positiv besetzten Begriff des Politischen zu bilden und daraus sozialethische Bindungskräfte für Recht und Strafe zu mobilisieren (er also selbst einer unreflektierten Ideologie verhaftet blieb).[99] Welche Folgen das hatte, konnte an Eberhard Schmidts „Verteidigungsstrategie" beobachtet werden, der Weimarer Strafrechtsreform ein eigenständiges illiberales oder sogar antiliberales Grundmotiv zu attestieren.[100]

Das Strafrechtsdenken der Weimarer Republik und das der Gegenwart sind von hoch ausdifferenzierten Massendemokratien und dem individualistischen Prinzip geprägt.[101] Der Übergang vom sozial-liberalen zum autori-

---

[98] Siehe die vorstehenden Erörterungen im zweiten Abschnitt.

[99] Ernst-Wolfgang Böckenförde hat diese Problematik bekanntermaßen in seinem „Diktum" aufgegriffen, vgl. *ders.*, Recht, Staat, Freiheit. Studien zur Rechtsphilosophie, Staatstheorie und Verfassungsgeschichte, 1991, S. 92 ff., 112.

[100] Warum ein Wertfreiheitspostulat – wie es Kelsen vorschlägt – dennoch keine Alternative für das Recht darstellt, habe ich an anderer Stelle erläutert, vgl. *Zabel*, „Das Volk oder die totemistische Maske der Demokratie", erscheint in: Bung/Kuhli (Hrsg.), Volk als Konzept in Recht und Politik, 2020.

[101] *Zabel*, in: Stekeler-Weithofer/Zabel (Hrsg.), Philosophie der Republik, 2018, S. 264 ff.

tären und schließlich zum nationalsozialistischen Strafrecht muss auch als Versuch interpretiert werden, die Differenzierungen und Entfremdungseffekte bürgerlicher Gesellschaften in einem identitären Rechtsbegriff zum Verschwinden zu bringen.[102] Devianz und Kriminalität wurden daher grundsätzlich als Angriff des Gesinnungslosen auf die „organisch gewachsene" Volksgemeinschaft aufgefasst. Besonders durch die Bekämpfung von Kriminalität sollte die homogene Ordnung erhalten und das autoritäre Gestaltungsinteresse kommuniziert werden.[103] Es war die Kapitulation des Strafrechts vor einer *freiheitszersetzenden* Ideologie. Das Strafrecht der Gegenwart muss auch deshalb die Genealogie und Geschichte des autoritären Strafrechtsdenkens im Blick behalten. Denn keine noch so liberale Strafrechtskultur (Strafrechtsordnung, Strafrechtswissenschaft, Rechtsprechung) ist vor autoritären oder totalitären Tendenzen gefeit. Eine Verfassung wie das Grundgesetz der Bundesrepublik, die das gesellschaftliche Autonomiebedürfnis, aber auch die Umschlagpunkte moderner Freiheit reflektiert, kann hier stabilisierend wirken. Gleichzeitig muss sie die *autoritären Potentiale* bewusst halten, die mit dem Gewalt- und Strafmonopol des Staates verbunden bleiben. Das Strafrecht soll die Gesellschaft dauerhaft befrieden, d.h. Gewalt aus der Welt schaffen, und kann das selbst nur durch rechtsförmigen Zwang bewerkstelligen. Dieses Dilemma kann keine Rechtsordnung ignorieren.

Das Problem spitzt sich in dem Maße zu, in dem politische Ordnungen – und das gilt auch für die Weimarer Republik – auf einer besonderen Wertschätzung der Subjekte und ihrer Rechte beharren. Wenn ein modernes Strafrecht das angesprochene Dilemma produktiv wenden und nicht in den Sog einer freiheitswidrigen Ideologie geraten will, dann muss es Strafe und damit das Verhältnis von Staat und Einzelnem perspektivisch denken: und zwar *als Zusammenhang von Abhängigkeit und Differenz* verstehen. Die Seite der Abhängigkeit verweist darauf, dass Strafrecht nicht nur eine „rein juristische" Institution darstellt, mit Gesetzen, Verfahren und Entscheidungen. Abhängigkeit bedeutet, dass das Strafrecht politische und gesellschaftliche Wertüberzeugungen aufnimmt, artikuliert und die Sphäre des Sozialen nachhaltig gestaltet. Aufgrund seiner demokratischen Legitimation soll sich das Strafrecht darauf berufen dürfen, dass der Schutz, die Befriedung politischer Ordnungen grundsätzlich im vernünftigen Interesse aller liegt; dass die Ausübung des staatlichen Strafanspruchs auf Anerkennung beruht und im konkreten Fall Respekt verdient. Abhängigkeit bezieht sich auf eine wechselseitige Übereinstimmung in Fragen der *Strafgerechtigkeit*. Die Seite

[102] Mit welcher „theoretischen Radikalität" das vorangetrieben wurde, zeigt etwa *Larenz*, Rechtsperson und subjektives Recht. Zur Wandlung der Rechtsgrundbegriffe, 1935.

[103] Siehe die vorstehenden Erörterungen im zweiten Abschnitt.

der Differenz insistiert hingegen darauf, dass jedes freie Gemeinwesen von einem individuellen Interesse ausgehen muss, das sich gegen die Vereinnahmung durch Staat und staatliche Autorität richtet. Die Differenz bezieht sich also darauf, dass der Einzelne immer auch als Träger subjektiver Rechte und zugleich als empirisches, vielleicht vulnerables Individuum in Erscheinung tritt; mit anderen Worten, dass die Ausübung des Strafanspruchs ebenso ein *Macht- und Einwirkungsverhältnis* zur Geltung bringt. Dieses Macht- und Einwirkungsverhältnis ist prekär, aber nicht per se repressiv und total wie im autoritären Strafrechtsdiskurs. Aber es wird deutlich, wieviel Reflexivität notwendig ist, damit der Rechtszwang nicht in nackte Gewalt umschlägt. Strafrecht, Strafverfahren und Strafe begründen paradox gesprochen ein *freiheitliches Machtverhältnis*.

Es ist dieses freiheitliche Machtverhältnis, das das Strafrecht seit der Aufklärung maßgeblich strukturiert hat, und das – je nach Zustand der Gesellschaft – unterschiedlich gedeutet, radikalisiert oder missachtet werden kann. Das (autoritäre) Strafrechtsdenken der Weimarer Republik ist dafür ein sehr eindringliches Beispiel.

Autorenverzeichnis

Prof. Dr. Martin Asholt: Professor für Strafrecht, Strafprozessrecht, Wirtschaftsstrafrecht und Strafrechtsgeschichte an der Universität Passau.

Dr. Verena Dorn-Haag: Wissenschaftliche Mitarbeiterin am Lehrstuhl von Prof. Dr. Arnd Koch für Strafrecht, Strafprozessrecht, Risiko- und Präventionsstrafrecht sowie Juristische Zeitgeschichte an der Universität Augsburg.

Dr. Sven Großmann: Akademischer Rat a.Z. am Lehrstuhl von Prof. Dr. Dr. h.c. Michael Kubiciel für Deutsches, Europäisches und Internationales Straf- und Strafprozessrecht, Medizin- und Wirtschaftsstrafrecht an der Universität Augsburg.

Prof. Dr. Arnd Koch: Professor für Strafrecht, Strafprozessrecht, Risiko- und Präventionsstrafrecht sowie Juristische Zeitgeschichte an der Universität Augsburg.

Prof. Dr. Dr. h.c. Michael Kubiciel: Professor für Deutsches, Europäisches und Internationales Straf- und Strafprozessrecht, Medizin- und Wirtschaftsstrafrecht an der Universität Augsburg.

Prof. Dr. Martin Löhnig: Professor für Bürgerliches Recht, Deutsche und Europäische Rechtsgeschichte und Kirchenrecht an der Universität Regensburg.

Prof. Dr. Monika Polzin, LL.M. (NYU): Professorin für Öffentliches Recht an der Wirtschaftsuniversität Wien.

Dr. Mareike Preisner, LL.M. (Kanonistik, Wien): Staatsanwältin in München.

Dr. Hubert Seliger: Historiker, Augsburg.

Prof. Dr. Daniel Siemens: Professor of European History an der Newcastle University, Großbritannien.

Prof. Dr. Dietmar Süß: Professor für Neuere und Neueste Geschichte an der Universität Augsburg.

Prof. Dr. Benno Zabel: Professor für Strafrecht an der Rheinischen Friedrich-Wilhelms-Universität Bonn.

Prof. Dr. Sascha Ziemann: Professor für Strafrecht und Strafprozessrecht an der Leibniz Universität Hannover.